記》所論分爲三種：物器（籩簋俎豆之類）、名器（制度之類）和文器（文章之類）。基於這樣的理解，參考歷代分門別類著録匯輯專業文獻的經驗，可以將歷史上遺留下來的全部傳統禮學文獻析分爲如下三個部分。

第一部分是作爲源頭的禮學原典和歷代研究禮學的論著。根據文獻的性質，又可細分爲兩類。

1. 禮經類。《四庫提要》經部總序所謂“經稟聖裁，垂型萬世”，乃“天下之公理”之所，爲後世明體達用、返本開新的源頭活水。又經部禮類序云：“三《禮》並立，一從古本，無可疑也。鄭康成注，賈公彦、孔穎達疏，於名物度數特詳。宋儒攻擊，僅摭其好引讖緯一失，至其訓詁則弗能逾越。……本漢唐之注疏，而佐以宋儒之義理，亦無可疑也。”《周禮》是制度之書，《儀禮》主要記載了士大夫曾經踐行過的各種典禮儀式，《禮記》主要是七十子後學闡發禮義的匯編。雖然三《禮》被列爲儒家研習的典籍之後變成了經學，然而從禮學的角度來看，於《周禮》可考名物典章制度，於《儀禮》可見儀式典禮的主要儀節及揖讓周旋、坐興起跪的威儀，於《禮記》可知儀式典禮及日常行爲的種種威儀皆有意義可尋。若再從更加廣泛的禮學角度審視先秦兩漢的文獻，七十子後學闡釋禮義的文獻匯編還有《大戴禮記》，漢代出現的禮緯也蘊藏着不見於其他文獻記載的禮學內容。因此，禮經類除三《禮》之外還應該包括《大戴禮記》與禮緯。至於後人綜合研究禮經原典而又不便歸入任何一部經典之下的文獻，宜倣《四庫全書》設通論之屬、雜論之屬分別纂輯。

2. 禮論類。此類文獻特指歷代綜合禮學原典與其他文獻，突破以禮學原典爲經學典籍的傳統觀念，自擬論題，自定體例，結合禮儀實踐、禮學原典與禮學理念等進行研究而撰作的文獻，如朱熹的《儀禮經傳通解》、任啓運的《天子肆獻祼饋食禮纂》、秦蕙田的《五禮通考》等都宜歸入禮論類。此類文獻與禮經類中綜論性質的文獻容易混淆，最大的區別就在於禮經類中綜論性質的文獻是對禮學原典的闡釋，而禮論類文獻則是對各類文獻所記禮儀實踐與理念的綜合探索，二者研究的問題、對象，特別是研究目的皆有所不同。

第二部分是基於對禮儀結構的觀察而針對某一方面進行獨立研究而撰作的文獻。根據文獻關注的焦點，又可分爲三類。

3.禮器類。根據前引《禮記·樂記》的説明，禮器包括物器、名器和文器。物器爲禮器之代表形態，自來皆無疑議。名器所涉及之制度、樂舞、數術，因逐漸發展而略具專業特點，有相對的獨立性，固當別爲門類。就制度、樂舞、數術本屬於禮儀實踐活動而言，可分別以禮法、禮樂、禮術概之。又文器亦皆因器而顯，故宜附於禮器類中。因此，凡專門涉及輿服、宫室、器物的禮學文獻，如聶崇義的《新定三禮圖》、張惠言的《冕弁冠服圖》和《冕弁冠服表》、程瑶田的《釋宫小記》、俞樾的《玉佩考》等都屬禮器類文獻。

4.禮樂類。據《禮記·樂記》所言"樂統同，禮辨異，禮樂之説，管乎人情矣"，可知禮與樂本是關乎人情的兩個方面。因此，禮之所至，樂必從之。考察歷代各個階層踐行過的許多儀式典禮，若不借助於禮樂則無以行禮。《通志·樂略第一》云："禮樂相須以爲用，禮非樂不行，樂非禮不舉。"禮與樂既相將爲用，則凡涉及禮樂的文獻，皆當歸入禮樂類。然而歷史上因囿於經學爲學科正宗、樂有雅俗之分的觀念，故有將涉及禮樂的文獻一分爲二分別纂輯的方法。《四庫提要》樂類云："大抵樂之綱目具於《禮》，其歌詞具於《詩》，其鏗鏘鼓舞則傳在伶官。漢初制氏所記，蓋其遺譜，非別有一經爲聖人手定也。特以宣豫導和，感神人而通天地，厥用至大，厥義至精，故尊其教得配於經。而後代鐘律之書亦遂得著録於經部，不與藝術同科。顧自漢代以來，兼陳雅俗，豔歌側調，並隸《雲》、《韶》。於是諸史所登，雖細至等

日涉編

中華禮藏 禮俗卷
歲時之屬

高雲萍 點校

浙江大學出版社 · 杭州
ZHEJIANG UNIVERSITY PRESS

國家古籍工作規劃重點出版項目（二〇二一至二〇三五年）

本書受浙江大學『中華優秀傳統文化傳承與創新專項』資助

總　序

　　中華民族的禮義傳統積澱了人與人、人與社會、人與自然和諧相處的經驗與秩序,從而形成了一種"標誌着中國的特殊性"(錢穆語)的生存方式。《禮記·曲禮上》對此有概括的説明:"道德仁義,非禮不成;教訓正俗,非禮不備;分争辨訟,非禮不決;君臣上下,父子兄弟,非禮不定;宦學事師,非禮不親;班朝治軍,涖官行法,非禮威嚴不行;禱祠祭祀,供給鬼神,非禮不誠不莊。"千百年來,正因爲中華民族各個階層對"禮"的認同與踐行,不僅構建了中華民族的精神家園,彰顯了民族文化的獨特面貌,也爲人類社會樹立了一個"禮義之邦"的文化典範。實際上,對"禮"的認同,體現了對文化的認同,對民族的認同,對國家的認同。

　　在不同文化交流日益頻繁的今天,弘揚傳統文化,提升文化實力,強化精神歸屬,增強民族自信,已是社會各界的共識,也是刻不容緩的要務。温故籍以融新知,繼傳統而闡新夢,大型專業古籍叢書的整理與編纂,分科別脈,各有專擅,蔚然已成大觀。然而對於當今社會有重要意義的禮學文獻的整理與編纂,至今仍付之闕如。即使偶有禮學文獻被整理出版,因未形成規模而不成系統,在傳統觀念的影響下往往還被視爲經學典籍,既不能反映中華禮學幾千年的總體面貌與發展軌迹,也直接影響了在弘揚優秀傳統文化的前提下重建體現民族精神的禮儀規範。醪澄莫饗,孰慰饑渴。浙江大學古籍研究所全體同仁爲順應時代要求,發揮學科特色與優勢,在學校的大力支持下,願精心整理、編纂傳統禮學文獻,謹修《中華禮藏》。

　　自從歷史上分科治學以來,作爲傳統體用之學之致用部分

1

的禮學就失去了學科的獨立性。漢代獨尊儒術，視記載禮制、禮典、禮義的《周禮》《儀禮》《禮記》爲儒家的經學典籍。《漢書·藝文志》著録禮學文獻十三家，隸屬於六藝，與《易》《書》《詩》、《樂》《春秋》《論語》《孝經》相提並論。迄至清修《四庫全書》，采用經、史、子、集四分法，將禮學原典及歷代研究禮學原典的文獻悉數歸於經學，設《周禮》之屬、《儀禮》之屬、《禮記》之屬、三禮總義之屬、通禮之屬、雜禮之屬六個門類著録纂輯禮學文獻，又於史部政書類下設典禮之屬著録纂輯本屬於禮學範疇的文獻，至於記載區域、家族、個人禮儀實踐的文獻則又散見於多處。自《漢書·藝文志》至於《四庫全書》，著録纂輯浩如煙海的禮學文獻，不僅使禮學失去了學科的獨立性，而且還使禮學本身變得支離破碎。因此，編纂《中華禮藏》，既以專門之學爲標幟，除了裒輯、點校等方面的艱苦工作外，還面臨着如何在現代學術語境中界定禮學文獻範圍的難題。

《説文》云："禮，履也，所以事神致福也。"事神以禮，即履行種種威儀以表達敬畏之義而得百順之福。禮本是先民用來提撕終極關懷的生存方式，由此衍生出了在政治生活和社會生活中表達尊讓、孝悌、仁慈、敬畏等禮義的行爲規範。《禮記·禮器》云："禮器，是故大備。"以禮爲器而求成人至道，與儒學亞聖孟子的"禮門義路"之論頗相一致。然而踐履之禮、大備之禮的具體結構又是怎樣的呢？《禮記·樂記》云："簠簋俎豆、制度文章，禮之器也；升降上下、周還裼襲，禮之文也。故知禮樂之情者能作，識禮樂之文者能述。作者之謂聖，述者之謂明。明聖者，述作之謂也。"根據黄侃《禮學略説》及沈文倬《略論禮典的實行和〈儀禮〉書本的撰作》的論述，所謂"禮之文"、"禮之情"又被稱爲"禮儀"和"禮意"。禮器、禮儀用以呈現和表達禮意，此即所謂"器以藏禮，禮以行義"（《左傳·成公二年》）。三者之中，禮儀和禮意的内容相對明確，而禮器的内容則比較複雜，具目則可略依《樂琶,亦附於經末。循是以往,將小説稗官未嘗不記言記事,亦附之《書》與《春秋》乎?悖理傷教,於斯爲甚。今區別諸書,惟以辨律吕、明雅樂者仍列於經,其謳歌末技,弦管繁聲,均退列雜藝、詞曲兩類中。用以見大樂元音,道侔天地,非鄭聲所得而奸也。"此乃傳統文獻學之舊旨,今則據行禮時禮樂相將的事實,凡涉及禮樂的文獻不分雅俗兼而存之,一並歸於禮樂類。

5. 禮術類。《禮記·表記》載孔子之語云:"昔三代明王,皆事天地之神明,無非卜筮之用。"卜筮之用在於"决嫌疑,定猶與"(《禮記·曲禮上》)。歷代踐行的各種儀式典禮,正式行禮之前往往都有卜筮的儀節,用於判斷時空、賓客、牲牢等的吉凶,本是整個儀式典禮的組成部分。《儀禮》於《士冠禮》、《士喪禮》、《既夕禮》、《特牲饋食禮》、《少牢饋食禮》皆記卜筮的儀節,而於其他儀式典禮如《士婚禮》等皆略而不具。沈文倬先生已指出,《儀禮》一書,互文見義,其實每一個儀式典禮都有卜筮的儀節。因儀式典禮所用數術方法有相對的獨立性,故歷代禮書多有專論。秦蕙田《五禮通考》立"觀象授時"之目,黄以周《禮書通故》設"卜筮通故"之卷。自《漢書·藝文志》數術略分數術爲六類:天文、曆譜、五行、蓍龜、雜占、形法,又於諸子略中收有與數術相關的陰陽家及兵陰陽文獻之目,至清修《四庫全書》子部術數類分爲六目:數學(三易及擬易書)、占候、相宅相墓、占卜、命書相書、陰陽五行(栻占曆數),分類著録纂輯數術文獻,各有錯綜,亦因時爲變以求其通耳。因此,就歷代各個階層踐行的儀式典禮皆有卜筮的儀節而言,凡涉及卜筮的文獻宜收入禮術類。

第三部分是基於對歷代禮儀實踐的規模、等級、性質的考察而撰作的文獻,又可以分爲如下四類。

6. 禮制類。《左傳·桓公二年》載晉大夫師服之語云:"禮以體政,政以正民,是以政成而民聽,易則生亂。"《國語·晉語四》記寧莊子之語云:"夫禮,國之紀也,……國無紀不可以終。"凡此皆説明禮在政治生活和社會生活中有重要的主導作用,故自春秋戰國之際禮崩樂壞之後,歷代皆有制禮作樂的舉措。《隋書·經籍志》云:"儀注之興,其所由來久矣。自君臣父子,六親九族,各有上下親疏之別,養生送死、弔恤賀慶則有進止威儀之數,唐虞已上分之爲三,在周因而爲五,《周官》宗伯所掌吉、凶、賓、軍、嘉,以佐王安邦國、親萬民,而太史執書以協事之類是也。是時典章皆具,可履而行。周衰,諸侯削除其籍;至秦,又焚而去之;漢興,叔孫通定朝儀,武帝時始祀汾陰后土,成帝時初定南北之郊,節文漸具;後漢又使曹褒定漢儀,是後相承,世有制作。"歷代踐行的禮,不僅僅是進止威儀之數,而是對文明制度的實踐。因此,歷代官方頒行的儀注典禮皆可稱爲禮制,是朝野實現認同的文化紐帶,涉及禮制的文獻世有撰作。漢代以後,此類文獻也往往被稱爲儀注,傳統目錄學多歸入史部。今則正本清源,一並歸入禮制類。

　　7. 禮俗類。從人類學的角度來看,禮俗的産生先於禮制並成爲歷代制禮作樂的基礎。所謂"禮失而求諸野",正説了俗先於禮、禮本於俗。實際上,歷代踐行的禮制,根基都在於風俗,長期流行於民間的風俗若得到官方認可並制度化就是禮制。因此,禮俗者,禮儀之於風俗也,特指在民間習慣上形成而具備禮儀特點的習俗,其特點是以民間生活爲基礎、以禮儀制度爲主導,在一定程度上兼具形式的自發性和内容的複雜性。早在先秦時代,荀子就曾説:"儒者在本朝則美政,在下位則美俗。"又説:"遇君則修臣下之義,遇鄉則修長幼之義,遇長則修子弟之義,遇友則修禮節辭讓之義,遇賤而少者則修告導寬容之義。無不愛也,無不敬也,無與人爭也,恢然如天地之苞萬物。如是則賢者貴之,不肖者親之。"因此,自漢代應劭《風俗通義》以來,歷代有識之士往往述其所聞、條其所遇之禮俗,或筆記偶及,或著述專論,數量之多,可汗馬牛,以爲美俗、修義之資糧,故立禮俗類以集其精華，以見禮儀風俗具有强大的生命力且早已滲透到民族精神之中。此類文獻在傳統的文獻學中分佈較廣，史部的方志、譜牒，子部的儒家、農家、雜家乃至小説家，集部中的部分著作，皆有涉及禮俗的篇章，固當集腋成裘，匯編爲册，歸於禮俗類中。

8. 家禮類。《左傳·隱公十一年》云："禮，經國家、定社稷、序民人、利後嗣者也。"禮之於國，則爲國家禮制；禮之於家，則爲家禮。家禮一詞，最早見於先秦禮書。《周禮·春官》云："家宗人掌家祭祀之禮，凡祭祀致福。國有大故，則令禱祠，反命，祭亦如之。掌家禮，與其衣服、宮室、車旗之禁令。"自古以來，家禮就是卿大夫以下至於庶人修身、齊家的要器，上至孝悌謹信等倫理觀念，下至婚喪嫁娶之居家禮儀，無不涵蓋於其中。家禮包括家庭内部的禮儀規範和倫理觀念：禮儀規範主要涉及冠婚喪祭等吉凶禮儀以及居家雜儀；倫理觀念則包括父慈子孝、兄友弟恭、夫義婦順等綱常。涉及家禮的文獻源於《周禮》，經《孔子家語》、《顔氏家訓》的發展，定型於司馬光的《書儀》、《家範》和朱熹的《朱子家禮》，其中《朱子家禮》成了宋代以來傳統家禮的範本。因國家禮制的"宏闊"和民間禮俗的"偏狹"，故素負修身、齊家、治國、平天下之理想的有識之士，往往博稽文獻、出入民俗而備陳家禮儀節之曲目與要義，以爲齊家之據、易俗之本。家禮類文獻中以此種撰作爲代表形態，延伸則至於鄉約、學規之類的文獻。

9. 方外類。中華民族是一個多種文化相互融合的共同體，整理、編纂《中華禮藏》不能不涉及佛、道兩家有關儀軌的文獻。佛教儀軌是規範僧尼、居士日常生活與行爲之戒律清規以及用於各種節日與法事活動之科儀，雖然源於印度，與中華本土文化長期互動交融，固已成爲中華禮樂文明不可分割的一部分。佛教儀軌與儒家禮儀相互影響，在一定程度上改變、重塑了中華傳統的禮樂文明。道教是中國的本土宗教，深深根植於中國的現實社會，具有鮮明的中國特色與社會調節功能。魯迅曾指出："中國根柢全在道教。"道教儀軌有其特定的從教規範，體現了道教的思想信仰，規範着教徒的生活方式，體現了儀式典禮的特點。另外，佛教儀軌和道教儀軌保存相對完整，也是重建中華禮樂文明制度的重要參考。因此，凡涉及佛教儀軌和道教儀軌的文獻分別歸入方外佛教類和方外道教類。

綜上所述，《中華禮藏》的編纂是因類設卷，卷内酌分子目，子目内的文獻依時代順序分册纂輯（其中同書異注者則以類相從），目的是爲了充分展示中華禮儀實踐和禮學研究的全貌以及發展變化的軌迹。

編纂《中華禮藏》不僅僅是爲了完成一項學術事業，更重要的現實意義是爲了通過整理、編纂傳統禮學文獻，從中提煉出滲透了民族精神的價值觀和價值體系，爲民族國家認同提供思想資源，爲制度文明建設提供借鑒，爲構建和諧社會提供禮儀典範。

《中華禮藏》編委會

二〇一六年

凡　例

一、整理工作包括題解、録文和校勘等項。

二、題解除揭示書名、卷數、内容及著者生平事迹、版本流變等情況外，亦須交代已有的重要校勘研究成果，其具有創見性的校勘意見則别於校記中加以采納。

三、底本原文中明確的錯誤（訛奪衍乙）一般皆直接改正，並用校記加以説明。其不影響文意表達的兩可之異文，則酌情忽略不校。至於文意不通或懷疑有誤之處，則適當以校記形式提出疑問或給出可能的詮釋理路。

四、録文一依底本，個别生僻的異體字、俗體字等改作通行字，然不甚生僻而爲古籍通用者，保留底本文字原樣。鑒於俗寫“扌”旁與“木”旁，“巾”旁與“忄”旁，“礻”旁與“衤”旁以及“己”與“已”、“巳”，“瓜”與“爪”，“曰”與“日”之類相混無别，一般皆徑據文意録定，其不影響文意的則不别爲出校説明。

五、避諱字一律改爲通行繁體字，但須在題解或首見條下説明。

六、底本所用省代符等一律改爲相應的本字。

七、底本缺字用“□”號表示，缺幾字用幾個“□”號，不能確定者用長條形符號（長度爲三個空格字，其中原文一行的上部或前部殘缺用“＿＿＿|”，中部殘缺用“|＿＿＿|”，下部或後部殘缺用“|＿＿＿”）表示。模糊不清無法録出者用“▨”號表示，有幾個字不清楚就用幾個“▨”號。

八、文本的段落格式一依今日之文意理解重行設計，不必盡依原書之舊貌。

九、底本圖片如果可以重繪者，則自行改繪，以便觀覽。

题　解

　　《日涉編》，十二卷，作者陳堦，字升也，明代湖北應城人。其父陳公士元，登嘉靖甲辰進士，爲州太守，後去官抵里，家藏二酉，於書無所不窺，一意以著書爲事，卒而有《歸雲集》行於世。其子堦列應庠弟子員，雖未博一第，然體先君不虛度之念，取其所藏諸書日涉獵之，二十餘年而《日涉編》成焉。該書雜采故實詩歌，按時令編次，每一月爲一卷。先敘月令節候，而三十日以次列之，皆以故實居前，詩賦居後。詩賦等類或録其全，長篇難以備録者止摘數句以見大意，其事與詩迄元而止，所采頗爲蕪雜，凡天文、地理、禎祥、妖孽、人物、風俗、嘉言、善行靡不書，清周中孚认为“至有關勸懲者俱未詳録，蓋以供詞賦、慶賀之需，故專取吉祥善事，猶王伯厚《玉海》意也”①，有“爲啓劄應用而設”②之意。直指徐公養量（生於明穆宗隆慶二年，字叔宏，號京咸）重其人因重其書，籌謀付梓以傳。清代范邦甸《天一閣書目》、周中孚《鄭堂讀書記》、丁丙《善本書室藏書志》均載有對此編的介紹。

　　对于該書的評價，明代畢自嚴在《石隱園藏稿》卷二《類選四時絶句序》中評説，《日涉編》“雖以四時爲主，而諸體兼收，譬之凌雲搆具而乏剪裁”，四庫館臣指出該編疏漏之處是没載閏月，

---

①　周中孚：《鄭堂讀書記》卷二十七《日涉編》記。
②　周中孚《鄭堂讀書記》卷二十七《玉海日編》記載：“《玉海日編》至具載閏月，足以補《日涉編》之漏略，且較之諸家（馮應京《月令廣義》，陳堦《日涉編》，董谷士、董炳文《古今類傳》）所纂獨能識其大端，是則並有資於掌故，不第爲啓劄應用而設矣。”

《鄭堂讀書記》更指出其"雖排日編次,而事多瑣屑,無關經常之大"①,"唯不載閏月,殊屬闕典,且所采又頗蕪雜,其去唐宋人類書誠不可以道里計矣"②。

《日涉編》現有《四庫全書存目叢書》本、影印岫廬現藏罕傳善本叢刊本和 1960 年《歲時習俗資料彙編》本。《四庫全書存目叢書》本《日涉編》十二卷爲江西省圖書館藏明萬曆三十九年(1611)應城徐養量刊本,《歲時習俗資料彙編》本據明萬曆三十九年徐養量刊本影印。影印岫廬現藏罕傳善本叢刊本爲清康熙刊本,清畏堂藏板,康熙六年(1667)白輝補輯、康熙二十七年(1688)紀元遞修,此本乾隆己丑年重鐫。

本次整理以《四庫全書存目叢書》本爲底本,參校影印岫廬現藏罕傳善本叢刊本。底本十二卷開始缺失較多,整理時據校本補入。《存目叢書》徐本前有十三人序言,後有張雲翼跋文,岫廬康熙本僅有紀元序,《歲時習俗資料彙編》本首還有嚴一萍《重印日涉編序》,今各本序跋文一併輯入。

---

① 周中孚:《鄭堂讀書記》卷二十七《玉海日編》記。
② 周中孚:《鄭堂讀書記》卷二十七《日涉編》記。

整理説明

（一）因《日涉編》是對各文獻的徵引采集，所收録的内容較原文有變動，變動有影響文意之處，據不同情況處理：變動疑爲字形相近所致者，如二月卷中出自《宋史》的一條"保順軍城壕冰，陷起文爲桃李花、雜樹、人物之狀"，"冰"底本爲"水"，《宋史》原文爲"冰"，整理時根據文意和原文改爲"冰"；根據文意和原文獻都不好確定者，仍保留底本；改動不知緣由者，如五月二日的"豆參爲中書侍郎平章事、度支使"條，查所出原文爲"竇參"，整理時根據原文"豆"改爲"竇"；變改較大，不結合原文獻會費解之處，如三月四日的"葉衡奏謝宣示太上宸翰"條，整理時加注附上《玉海》原文。

（二）有漏字影響文意者，如十月十二日"汝南屈雍妻王氏生男，從腹下而出，其母自若，無他異痛"條，底本"汝南屈雍妻王"後無"氏"字，整理時根據原文及文意補入"氏"字。

（三）所引詩跟現通行該詩不一致者，仍保留底本原貌，如五月五日詩第一首"節分端午候誰言，萬古傳聞爲屈原。堪笑楚江空浩浩，不能洗得直臣冤"，此詩第一、三句現爲"節分端午自誰言""堪笑楚江空渺渺"。詩句後小字或爲題目，與現通行有差異者，一般不作詩歌題目，不加書名號，如十二月三日所列潘閬詩，詩後小字爲"潘閬歲暮初三日自桐廬歸錢塘晚泊漁浦作"，今題爲《歲暮自桐廬歸錢塘晚泊漁浦》，整理時只在最後加了句號。

（四）文中書名簡稱易引起異義者，隨文加注。

（五）文中對話與所引文獻一致者用双引號，否則不用。

目　録

李光元序

《日涉編》序

　　夫日逝物也疾，與人俱往，然而天道之通、人事之紀存焉，則有不與日俱往之人[①]焉爾。前不與俱往者流也，後不與俱往[②]者遡也。凡史皆遡爾，其於事之[③]要者必日謹之也，然有世數焉，且失日者甚衆。楚陳君堦自今以上，至乎邃古，亡論事之要、言之奇，餘必日焉所以涉也，涉故能千百世而日不虛也。夫人有好自樹者矣，未嘗百歲之中日有著焉，使史氏書之無間；亦有好與天下士遊者矣，未必一日之間必接一賢士大夫焉，軌其懿行而佩其美言。陳君取善古人，數十載無虛日，信乎其涉之博也。由是，務日益者美其勤，務日損者疑其玩物而幾於喪志，而余以爲皆非也。夫引而不窮者日也，天下之生之所以久也；涉而不復者人也，先後世之所以波也。無本剽之中數有今古，然則經緯托乎靈秀，綿邈寄於流覽，是故惜分陰，非近也，其存遠也；臨川而嘆逝，非偶也，其閱長也。聖人之所以不與日俱往，則一爾。是故天道之通、人事之紀觀乎日焉，不然，雖日涉，未見其成趣也，而述者之意豈其然哉！豈其然哉！

　　萬曆辛亥歲獻春，賜進士第翰林院編修豫章李光元題。

---

① 底本脱"往之人"三字，今據明崇禎刻本李光元《市南子》中該序文補。
② 底本脱"不與俱往"四字，今據明崇禎刻本李光元《市南子》中該序文補。
③ 底本脱"事之"二字，今據明崇禎刻本李光元《市南子》中該序文補。

董元學序

《日涉編》序

往余如楚探二酉藏書之所，不可覩已。既登雲夢，觀一百八善，涉洞庭八百里，磅礴浩瀚，天下之大觀也。土産於斯，多博雅好奇，蓋有山川之助焉。左史倚相善訓典，楚國寶之，白珩之玩不足問，文之不可已也如是。應城直指徐公按西土出《日涉編》，捽之而徵序於諸監司曰：此同里人陳君塈緝古之事，編日而記之者也。余惟日者，光景之太紀①也。期三百有六旬有六日，而天運周。古者天子置日官，諸侯置日御，自有甲子以來越千五百歲而得孔子，始以其法著之於《春秋》，年以首事，時以繼年，月以繼時，日以繼月，以天道而明人事，蓋其詳哉。歷代史所表者，年爾。《禮·月令》皆王者事，而日則闕。日之行也，歷九州七舍，何所不有。古人往矣，而日復來，世之所崇，俗之所禁，往往有符合者焉。占往者尚其源，知來者尚其流。經傳所載第弗深考。陳君乘日之車而遊於翰墨之林，博綜群典。自蔀首訖歲杪，日日而紀之，四時八節、二十四位無不收，首以事，次以詩。天道消息之機，人事得失之故，爛然具在，而怡情適志，可以興，可以群，無日而不有矣。旺樂喜好，陰晴明晦，日亦有之，而況於人乎？展

---

① “紀”字不確定，疑爲此字。

卷而閱之，一年之事周矣。流覽於古今之際，三百六十運可坐而得也。或曰洛下閎有言顓之曆差一日，則今之日非昔之日矣。然余觀周公指南，天地子午不相對絶，獨以金畏火爍也，錯綜流轉而後變化生焉。天運三十年一小變，百年中變，五百年大變，吾於變之中觀其變焉，而古今之情大可見矣。夫三百六十輪者，周天之度也。天地間聲色香味何物不然。天行健，君子以自強不息。日隨天而旋，一日一周，此天之所以程日也，而黜明黃莫，公卿士庶各司其位，孜孜矻矻，若不足焉，分日爲之程矣。故曰日者實也，滿也，世界皆滿；又曰日者翔也，忽忽焉而過隙者也。虛此日，如此生何？盤古日長一丈，天日高一丈，地日厚一丈，積萬八千歲，相去九萬里。迦没之國，天色正曛，煮一羊脾而東方曙，東方朔乘神馬於扶木之曛，繞日三匝，比入漢關，關門猶未掩，而朔猶然比之駢駕也。由斯以譚學問之道，消長早暮，亦若是而已矣。昔庾峻爲秘書丞，遍觀古籍，聞見益廣。朝廷有大政久不決，拜峻爲侍御往斷之，朝野稱慶焉。

直指公蚤年讀中秘書，持綉斧循行風俗，長城所起之玉關直抵遠塞，暵暵然如日之正中也。督課郡國，河西之士一日而改觀焉。是編也，且公而布於海内，文寢之被人也深矣。日周於天而無不遍，天下之公器也。五色煌煌，光照四方，文之至也，不在茲乎？《春秋緯》曰：君臣和，得道度，則日之中王字含焉。章於雲漢矣，天之文耶？人之文耶？其有運而不可強者耶。所由來矣，豈其微哉。賜進士第中奉大夫整飭鞏昌等處撫民兵備分巡隴右道陝西布政司右布政前兵部職方清吏司郎中濟南董元學撰。

岳萬階序

刻《日涉編》題詞

萬曆辛亥春，隴頭刻楚陳君堦《日涉編》成，孰命諸直指徐公也。陳氏先大夫二千石，藏書二酉，沉酣著述。陳君困於弟子員，棄而修箕裘業，乃有是編。直指公重其人併重其文，志載翼軫之墟，黃鵠金雞，山川結靈，士生純秀，日趨禮樂，文藝相高，風味不減六朝舊體，詎不信歟？余謂古人論涉，大都稱讀書如涉水，然不必一一逐遂，但疎節濶步，得其梗概焉之謂也。計日以涉，則精神不耗費而晷刻無曠暇，非徒霑涉玩日，僅僅得其梗概云，爲①語不云乎？天以爲日，人以爲心，心②日渾合。日涉者，是涉③於心而觸目皆心境也。直指公心學日新④，斗望⑤夙著，頃讀書中秘，力破萬卷，涉獵高邁⑥，前無蒼宙，無⑦何持斧督學西土，即務以日新之學磨襲西人士，西人士去畿甸遼絕，編刻鮮及，即銳意實修而博涉岡助，得是刻，手持口誦，如斗之有杓，航洪濤之

---

① “爲”字不確定，疑爲此字。
② “心”字不確定，疑爲此字。
③ “是涉”二字底本漫漶不清，疑爲此二字。
④ “日新”二字底本漫漶不清，疑爲此二字。
⑤ “望”字不確定，疑爲此字。
⑥ “邁”字不確定，疑爲此字。
⑦ “無”字底本漫漶不清，疑爲此字。

有指南矣,然則直指公是命豈直爲一鄉發潛積?將爲天下開群蒙,恩至渥,功至宏遠也。自有斯刻,而人皆始有所藉①,以不玩愒時日。陳君父子先後示墨②,有所藉傳,再世之著述,永永不磨▨夫齊魯二大夫史竟③逸其名,君子至今惜之。張衡《二京》、左思《三都》,得孫綽一摽重而五經鼓吹之名稱,若揭日月而行。士固有幸不幸,文亦以人重耳。陳君幸甚哉,西人士幸甚哉。賜進士第奉敕整飭靖虜兵糧道中奉大夫陝西布政使司右布政撫按察司副使武陽岳萬階頓首書。

---

① "所藉"二字不確定,疑爲此二字。
② "示墨"二字不確定,疑爲此二字。
③ "竟"字不確定,疑爲此字。

張鶴鳴序

《日涉編》序

自古聖賢競業足以法，今傳後者，多起於不虛此日，一此日也，顓蒙與聖賢同照，顓蒙者虛焉，彼其虛之也，濛濛焉，未知夫日之急於人如此其亟也。夫日，出於暘谷，登於扶桑，臨於曾泉，迴於女紀，息於六螭。自旦及昏，天地一息也，歲之積也，浩乎逝而不可留者也。聖人知日之不再得也，瞬息呼吸，乾行無已，故禹以寸陰而肇夏，湯以日躋日新而茂商，文以日昃不食而造周，夫是以緝熙淵穆而勛名焜燿也。至於創業之英主，三日不食，七日不解甲，盡瘁勤王之藎臣，並▨而食，分陰必競，焚膏繼晷，志士之所以畢潛修而日涉成趣，茂林終日，高逸之所以駐清景，是皆知日之不易得，急急恐虛也。彼顓蒙者，滋惰逐欲，茫茫駒隙而已。楚陳君堦博物君子也，恐晷陰瞬息，松月交虛，取平日簡編寓目記之，自人事肇端之辰，迄君絕筆之夕，紛紜疊錯，殆無虛日，名曰“日涉編”。陳君名賢之裔，兀兀窮年而未獲展其全鼎之一臠，其為是編，夫亦不敢虛此日焉耳。使乾惕之哲覿而益奮，玩愒之夫觸而猛省。是編也，獨紀載陳跡已哉。柱史徐公京咸嘉其志，付之梓而為之序，屬余并序之，余不敢以陋辭，聊以附瓦礫云。賜進士第臨鞏兵備陝西布政司右參政前南京吏部考功司郎中禮部祠祭司郎中亞中大夫晉修正庶尹張鶴鳴撰。

張以謙序

《日涉編》序

昔晉陶侃云聖人惜寸陰，吾人當惜分陰，由斯以談分寸之陰尚不可忽，況於日乎？故日有所涉則無虛日，日無所涉則爲玩日。楚有陳公諱士元者，家藏二酉，於書無所不窺，嘉靖朝以雄文掇取南宮爲州太守，後去官抵里，不欲虛度此日，一意以著書爲事。其子堦亦列應庠弟子員，雖未博一第，然體伊先君不虛度之念，取其所藏諸書日涉獵之，因而《日涉編》成焉。自正月一日迄月既，皆有按實故典記於逐日之左，凡天文、地理、禎祥、妖孽、人物、風俗、嘉言、善行靡書不▨，靡載不備。予於茲編也，涉其簡而非略，涉其詳而有體，蓋由陳君日就解悟而有得，誠彬彬乎一家言哉！非遠覽迨稽，旁蒐博採，目不鄴侯萬軸，胸不世南秘書，曷以及此？然亦伊先君積書有素，陳君始得採而成編，斯亦後先相映之美乎！學者誠於是編日從事而有得焉，庶不負陳君彙集之意耳，予尤望之有志博古者云。欽差整飭洮岷等處兵備副使洛陽張以謙書。

龍膺序

《日涉編》序

麟經告朔，竹簡紀年。《時訓》載《書》[1]，《月令》著《禮》。表區年月，肇自龍門。記溯歲時，略唯荊楚。或窮代襮，或泥方隅。未聞有臚列三百六十辰，貫涉數千年事，譜累朝曆成一家言者編之，自吾楚人陳升父先生始。膺爲鄉井後學，未獲負笈執經，竊聞先生生平於直指徐公矣。先生受先公之遺書，蠋豎儒之敝帚。巖泉道貴，鉛槧業專。鴻藻星流，逸思淵瀉。黃衣懷牒，蒼水授函。蒐西陽之蝌文，獮羽陵之蠹跡。邊生經笥，曹氏書倉。耽嗜峻滛，匪晨伊莫。長耽預癖，繼晷以宵。才集衆長，目空一世。而又景惜隙駒之易駛，心隨織烏以並勤，故能首櫛比以繫月，既鱗次以繫日。環瑋畢述，典則具存。察手網於眉，總羲彎於腕。上下億載，經緯百家。鴻濛已來，軵季已往。是人我友，隨事吾師。閱曠代於浹旬，挹前良於寸晷。珠聯璧合，璿運璣環。罔假琯灰，弘裨金鑑。然猶老而忘倦，戈揮魯公；樂此不疲，杖策夸父。居今稽古，比日爲年。昔墨子稱姬公朝讀書百篇，夕見七十士，先生庶幾傚之，蘇學士謂若活七十齡，便是百四十，先生不啻過矣。至釋子謂於十二時中見佛八萬四千相，予讀茲編亦然。

---

① 《書》指《周書》。

夫是編也,成趣徵名於元亮,惜分惕儆於士行。投居易之陶瓶,
仿孔才之皇覽。箕裘良史,鼓吹聖經。道與天游,寧以世論。善
爲國寶,詎直楚張。創昔所無,勒茲不朽。六龍在御,萬象並暉。
五河吐流,泉源如一。考之《説文》,曰:日,實也。日知所亡,月
無虛矣。水行曰涉,涉川貴濟,否則溺焉。膺聞之:湯曰學聖人
之道,譬其如日。不學而獨思,譬去日之光於①庭而就火於室也,
可以小見,不可以大知。吾諗先生學爲聖人之道者也,寢食未遑
居諸云邁,逝川興歎,博奕猶賢,竊比老彭,述而不作。茲先生編
《日涉》指哉!膺嘗治《易》矣,"天行健,君子以自强不息",語
"日"乎?"水洊至,習坎。君子以常德行,習教事",語"涉"乎?
茲編成於楚,梓於天水之鄉。觀象玩辭,符若蓍蔡。膺涉也淺,
僭質之升父先生。嘻吁,升恒方至,先生之大業也;就將敬止,小
子寔願學焉。天水張守馳使索予言,曰手勒而命築氏。武陵龍
膺頓首書。

---

① "於"字底本漫漶不清,疑爲此字。

祁光宗序

《日涉編》敘

史自馬班而外，稗官野乘未易屈指數，雖詳略不同，大都至表月密矣，未聞以日編者，蓋日不居之物也，而人有盡之年也，以有盡之人而欲臚列千古以來不居之日之人之行事，自非家藏二酉，學貫百家，誰能稽之？而又誰能編之？噫，其難矣！楚有陳升父先生者，博物君子也，其先大夫以制科爲刺史，已解組而修不朽之業，且不惜重貲購宇宙所稀有書，家藏至萬餘卷。昕夕流覽，樂不爲疲，卒而以《歸雲集》行於世。先生嗜古何必減先君子，而又恐墮前文人之志，遂棄制舉義，作蠹魚萬卷中。上自羲軒，下及來茲。採古人之已事，鱗次而輯之。由元旦至除夕，靡日無事，靡事不載，因命之曰《日涉編》，披以自娛泊如也。

直指徐公重其人因重其書，謀付之梓以傳，而天水張守實式成之，余得一帙而卒業焉。其事核，其辭典，詳而不穢，秩而有體，真宇宙中一種奇書。乃僅取諸日涉云者何？詎寧謂日而涉則日而編，編無遺日，日無遺涉，徒以窮年矻矻，分陰是惜？自鳴固將構亭半隱，聽香風之紫鸎，睞高梧之綠翼。逍遥乎？徜徉乎？時拂架頭牙籤，以任卷紓。與五柳三徑之思略相當，故借日涉以志趣，蓋得之心而寄之涉也，豈尋之涉而逐之日也？涉而僅以日，淺之乎涉矣。直指公不云乎，置身宇宙之表矣。惟置身宇宙之表而後能凝神宇宙之内，令千古無虛日也，則是編豈易言哉？豈易言哉？昔李永和有曰"丈夫擁書萬卷，何假南面百城"，其陳大夫之謂與！陶弘景讀書萬卷，一事不知以爲深恥，升父先生有焉。王充著《論衡》，中土未有傳者，自蔡中郎嘆爲高文而海内翕然重之。陳先生之編故惟得徐公爲表章，而聲施益遠矣，遂詹詹綴末簡。賜進士出身陝西分守西寧道按察司按察使前提學副使禮部郎中東郡祁光宗譔。

周師旦序

《日涉編》序

夫一朝之日也，一日之人也。鬚眉七尺則應有所自立以瑰瑋於世。達者高睠遐托，極其意之所底，忍使當吾世有未竟以滋滋錯鄂人爲有尤達者，感憤無聊，無所放其意，則謂不得志於今，姑且俟之不可知之千秋。至其嬉酣淋漓，出詞落筆多能折裂金石，牢騷鬼神。然貴之千秋，輕之當年，則其思益深而其致益足悲矣。古稱子雲嘿而好深湛之思，夫欲期後世有子雲，不深得乎？然子雲禄位容顏，不及動人玄亦古無此體也，而桓譚何以知其必傳，則知爲子雲者，不必後世有之矣。吾邑陳吉藪氏，其先大夫養吾公，第嘉靖甲辰進士，稱博雅，著《歸雲集》數種，盛傳海內。吉藪生而鳳毛，咄咄殆逼先人，而數弗偶也。十蹶場屋，竟坎壈以考，此其原不可曉也。吉藪曰人能弘道，無如命何。龍門執手謂："無忘吾所欲論著，吾將以此世先大夫乎！"遂爾殊力述，作詩爲古，近體益工，而怨思悱惻，令人不可讀，稱絶倫矣。乃後日詠三千餘歲上下間八十一家文字，奈伊何人哉！蓋歷十數年而《日涉編》成。一仿編年體而月經日緯，譜而乘①之，使夫艷時

---

① "乘"字不確定，疑爲此字。

者衆焉，則磨辰周參，使夫感嫩壓而興焉，則又獨撥幽時①矣。所謂竈觚在祀，得所未曾有，雖後作者如林，此知必遠，然則天能既吉藪遇耳，能令目不劉覽，腕不神來，思不芊欝，致不嵯峨，而名不頭白耶。以际夫一不得志便自傷，鶂領而訖，至沉落竟何如矣。嗟夫，荀卿氏之言曰："其爲人多暇日者，其出人不遠。"故夫日之德也，人之象②也。不以千秋之意持之，偷食視蔭，及身而止，此固志士之大痛也。然以退之之幸也，雖俟時著一書而卒，苦未及。沈驎士年八十手寫細書數十篋，曰吾以嗣生子手澤此，詎可向之然忽③者耶。今吉藪年七十餘而此編以傳，若是則所以世先大夫者至矣。賜進士第文林郎陝西道御史通家子周師旦頓首撰。

---

① "獨撥幽時"四字不確定，疑爲此四字。
② "象"字不確定，疑爲此字。
③ "然忽"二字不確定，疑爲此二字。

張之厚序

《日涉編》序

　　共域之宇同一日，而乾竺先生從空數宇界至三千。大千即有三千。大千日盡，宇之域方爲涉，而數宇界空中當不啻三千，大千即入界三千，大千且窮界之世，涉日猶未盡也，而吾邑陳升父以其一宇三百六十日，上下宇中一域數千年事爲《日涉編》，昉於彭澤園日涉以成趣之旨乎？夫趣則何必盡涉也。天日一而人趣不同，趣不同而涉日亦異，有有涉之而有所亡，有無涉之而無不存，有涉之不有不無，而不亡亦不存也。食色貨利，不肖争行也。桀紂以有涉之而亡其身，堯舜以無涉之而存天下，公孫朝穆、端木叔以有無之間涉之而達古今。挾笈讀書嗜學，美事也。臧氏以有涉之而亡其牧羊，釋氏以無涉之而得其度象，孔氏以有無之間涉之而爲聖中麟鳳，故嗣宗、伯倫涉於酒，謂之醉日；穎考、元褒涉於味，謂之飽日；信陵、汾陽涉於婦人，謂之麗日；鄴侯、濬沖涉於田貨，謂之富日；王中郎、支公涉於手談坐隱，謂之銷日；季主、君平涉於按式正棋、兆龜數筴，謂之筮日。士行涉於運甓，昭烈涉於結眊，叔夜涉於操鍛，孺子涉於磨鏡，俱謂之惜日。百工技藝灌園、除溷、鬻馬，通之事無不可以涉日。雖面空壁、趺枯樹，或八九年數千年，念行俱滅，若不知有日而不可謂無所涉，乃伯升之日何獨不可以編纂涉也？無所以涉之，得物不得趣;有所以涉之,在趣不在物。無趣而欲盡物,物不可盡而神先疲;涉物以適趣,得一物而萬事畢矣。伯升雖編止一歲三百六十日,一域往古數千年,而百千萬億歲之日猶一歲,百千萬億界之宇猶一域也。方且以一歲之日爲百千萬億劫之日,一宇之域爲百千萬億界之域。不出户涉太空,不窺牖涉元會,得其趣故也。夫趣又何日不涉,亦何涉於日也?海内推博極世書,首吾邑陳大夫心叔,今伯升又附益之,是以傳於涉之名也。涉良徒博乎哉!同邑徐直指京咸閑覽好奇,從中秘出使隴西,按部之暇,録是編梓之,求爲升父玄晏,盡一時名手,次及予,予不文,爲伯升發往涉之趣,雖盡來日其可窮乎?予與直指更在伯升趣中矣。友弟張之厚漫書。

王道成序

讀《日涉編》後序

　　往不佞與周几几氏共事蜀，謂其鄉升也，先生讀父書目破萬卷，辭榮石，隱所著述，輒欲藏之名山，以俟後世，心竊艷之，已何退處塈室。而直指京咸徐公代狩隴湟，公暇校梓先生所爲《日涉編》成，不佞藉手卒業，則自幸嘗鼎一臠矣。類書自昔略備，顧安所得一日而上下數千年，奇踪佳話，一覽即供譚助？林林墨莊，奚啻吞雲夢哉！直指公再奉簡書閱武竣，不佞得負墙請教，更悉先生家世之詳。直指公謂其太翁藏稿尚多，津津欲圖之。異日且曰几几氏貴年友，與先生令嗣則朱陳好也，因是徼惠一言："爲之惇史可乎？"不佞唯唯。夫古今文章之士，成之困抑牢騷者多致，而出之清虛超曠者盡奇。蓋天有以玉之成焉，使先生太翁不以二千石脫屣去，就寐課知①，蓄書窮二酉。先生即嗜學，孰從而學之，即學矣，浸假鞅掌世故，居諸玩愒，其興幾何？亦安所得？趣成《日涉》而業創千秋也者。惟夫困抑牢騷之感，既等爲寒暑之序，清虛超曠之想，別搆一宇宙之觀，故爲集若斯之富也。楚郴何文簡公所著《餘冬序錄》，讀者謂如登崑崙、陟緜圃，觸目皆瑶草瓊芝，將與《吕覽》《鴻烈》並傳，而文簡公亦以謫居獲究全

---

① "知"字不確定，疑爲此字。

業。今先生年古稀,行益恭,學益篤,皇皇炳燭,鳳隱鴻冥,海內
士兢榮其名跡,直與文簡公並建旗鼓,豈非天成之也與哉!而不
佞尤嘉直指公之景行,先哲孜孜謀不朽,行且與同志取太翁藏稿
盡壽之梓,則陳氏遺書可無藏名山,當世而有玄晏在矣。萬曆壬
子秋吉,秦西後學王道成撰。

徐養量序

敘《日涉編》

余里有先大夫陳公士元，舉嘉靖甲辰進士，爲州太守，後去其官而著書，自悅淡如也，卒而有《歸雲集》行於世，它藏書甚多，太史焦漪園先生董舉徵慕之，其子堦有遠思人也，困於諸生，亦遂棄而修先君之業，二十餘年而《日涉編》成焉。日涉云者，沿古之今日有前言往行以實之。若曆本然。世閱人而下，陳君閱人而上，所由名也。夫世之虛其日也多矣，陳君並千古人之日不令一虛，可謂置身宇宙之表。顧其家非藏書億萬卷，稗官野史靡一缺遺，曷從而譜之也。昔司馬子長紀傳千數百年以來，得失至博矣，然非一世之力也，大都裒集太史公之舊聞，論以己意，故著書非再世不能備。夫古者獨編年無虛年爾，表月即多虛月。陳君比日以書，千古無一虛，自謂宇宙一種，豈復前人之舊聞已哉！而余以爲非，其先二千石，藏書億萬，亦無從譜爾，斯亦著述再世之明效也。余友太史李麟初氏，有族敝邑，素聞陳君世古學，余以是書告，笑而謂之曰：此從古以來編日史也。麟初唯唯。於是余刻以行，而麟初序其首。諸君子好古者並序云。萬曆辛亥孟陬日，賜進士第巡按陝西浙江道監察御史前翰林院庶吉士邑人徐養量叔弘父頓首撰。

任彦棻序

《日涉編》序

　　粵自玄黃既剖，人文肇興，乾象斯欽。曦和爰命三百六十之日，天啓修爲之侯；三萬六千之暑，人主涉世之期。是以堯審曆象以授旨，舜察璣衡而齊政，禹日孜而啓夏，湯日躋以造商。亦有文武日昃，不遑昧爽，丕顯夙夜。祗懼乾乾終日，於維盛矣。仰憶聖喆，恒月征而日邁。嗟彼愚昧，顧玩日以愒時。何怪夫芳軌之難尋，徽猷之罕儷哉。楚有陳公諱士元，於嘉靖甲辰登制科以成名，官五馬而勇很。嗜積墳典，發萬卷於鄴侯；盟結林泉，適三徑於陶令。其子升也君名堦，襲箕裘而思紹，耽丘索以窮奇。雖肥遯於匡潛，雅尚友乎千古。於是乎探賾二西，每挈要以成帙；銳志三餘，尤鈎玄而別類。積日爲月，積月爲歲，法天運之無息邪！由春而夏，由秋而冬，勉學問於罔間邪，而乃括天地之灾祥，考帝王之刑政，紀人事之淑慝，載詩章之題詠。下逮大喬毛羽之族，細若蟲飛蠕動之類，靡不畢載。題曰“日涉編”。命之以日，歲無虛暑也。取義於涉，游覽周至也。泂藝圃之錦綺，允文苑之大觀也哉。尚爾藏諸家塾，韞於篋笥，猶夜光之璞，棲鍾山而未耀；明月之珠，潛合浦以韜輝。假非荆和之遠識，風胡之賞真也，終自沉淪，豈呈世寶。迺直指京咸徐公奮跡荆襄之英，潛心聖賢之術。昔也南宮掇錦，讀秘書於木天[①]，已而北闕承恩，持憲節於栢府[②]，關河攬轡，秦隴握衡。夫既簡閱卒伍，六師奮焉，張皇矣；陶範多士，文運翕焉，丕變矣。表揚節孝而俗化醇，詰察肺石[③]而獄讞兮矣。尚且幾務稍暇，恒馳情於古典；巡方乘隙，更銳言於淑人。嘉陳君著述可傳，念邊郡書籍罕到，重刻《日涉》之編，頒播隴坻之境，於時學士大夫咸家傳而戶誦，青衿小子競鼓篋以佔嗶，西土人文蔚焉改觀，往聖懿章由茲表著休哉暢哉，堂哉皇哉，稱盛舉矣！然余僭有說焉，陳君彙古成編，豈其關靡將由跡以得也？徐公嘉善刊布，寧直游藝欲綜博以歸約，故《中庸》學問思辨而要於篤行，《禮記》畊耨聚安而歸諸達順。學貴實得，信矣。如使覽者不求統宗，不繹奧旨，秖糟粕，爲涉爾於精蘊焉，奚究口耳？爲涉爾於身心焉，奚補果稱？爲學日益乎？爲道日損乎？抑網然倀然，漫無日新歟？甚非刻是編之意也。請爲同志諸君子勗焉。賜進士第中憲大夫分守隴右道兼管糧餉驛傳陝西等處提刑按察司副使前奉敕總理山西宣大糧儲稽覈兵馬兼管屯種戶部河南清吏司郎中東魯任彥棻頓首撰書。

---

① 木天，秘書閣的別稱，因其屋宇高大宏敞，故名。也指翰林院。

② 栢府，御史府的別稱。

③ 肺石，古時設於朝廷門外的赤石，石形如肺，故名。民有不平，得擊石鳴冤。後演化爲冤鼓，或曰鳴冤鼓，或曰喊冤鼓。

陳塏自序

《日涉編》自序

余泉石英鬱，神情尚爾勃勃，自詫屠龍，第簡編之好自不能已。夫日省怵於墊誠，分惜欽於陶桓，奈何以敝帚乞餘享，第晷陰瞬息，松月交虛，不欲愧竹樹荒之。況癖性無它，而筆石之交覺有餘適己，即逐日掇拾述者。胡盧而昂睇羲馭①，頰按陳編。遲遲煦景，卽矣南熏。淒噓金菊之籬，縮約發烈之候。自覺一行一景，故隨衰落餘趣，寓目記之。久之，客有徵事者，謬次答之，自亦供唾。余對舊友曰：不妨對相知博笑已。薜蘿主人陳塏書。

---

① 羲馭，太陽的代稱。

《日涉編》凡例

一　次序首以某月事,次以某月之逐日事。其某月某日,字面各揭於其前,至所遞載處不重書月日。

一　所記事原以度隙,故隨有日月者録之,庶成類帙,往事浩繁,匪直掛漏,汗牛之載,止得管窺。據所經覽月日未具者,未敢臆載。

一　正旦、上元、端午、七夕、中秋、重九,此數節事多,録其一二,亦或分析門類。自數節外事少,但就逐日事編次,未有門類。

一　各月往事怪異者多出理外,然載事者紀述祲祥必有證據,故於時令人事中略採數節於諸門類之前,以備閑覽,蓋以常變列先後。

一　編次不以經史傳記、世代久近分爲先後,以類之次序編之。

一　事有長篇者,如前後意俱屬本日,大書備收之,如篇内僅有數句屬本日者,則大書數句,其餘置於小字中。

一　事同而月不同,惟日同,又或月日俱參差者①,則②各書遞録不敢臆削。

一　事下注出何典,令觀者稽考,事後間附以詩,其事與詩

---

① "者"字底本不清,據模糊痕跡和上下文推斷爲此。
② "則"字底本不清,據模糊痕跡和上下文推斷爲此。

獨。本朝不録。

　　一　事内有詩賦等類或録其全，或長篇難於備録，止摘數句以見大意。

　　一　二十四氣，每月各居其二，故以其事附於各月之後，若曆度流轉參差，亦不能考故，但以月例記之。

卷一

正月〔一〕①

楚應城陳堦升也甫編輯

邑人徐養量叔弘甫校刻

周化惟南甫

張崇烈抑之甫

弟陳坤順也甫全閱②

正月，建寅。寅，津也，謂生物之津途也。《合璧事類》

大簇，寅之氣也，正月建焉。《周禮》

日在營室，昏參中，旦尾中。《禮記》

孟春行夏令，則風雨不時，草木早稿，國乃有恐；行秋令，則民大疫，疾風暴雨數至，藜莠蓬蒿並興；行冬令，則水潦爲敗，霜雪大摯，首種不入。《呂氏春秋》

爲陬。《爾雅》

爲孟春、孟陽、孟陬、上春、初春、開春、發春、獻春、首春，亦

---

① 原本無"〔一〕"及後面的"正月〔二〕"，二者皆屬"卷一"，爲條理清晰，作此改動，後面幾個月的標法均如此。

② 康熙本除卷四、卷十一，其他卷此處還有"晉石艾白輝九峰甫補輯"。

24

曰初歲、開歲、獻歲、肇歲、芳歲、華歲、首歲。梁元帝《纂要》

端月。《寶典》

唐朝新格，以正月、五月、九月爲三忌。房玄齡等損益《隋律》，亦存之以不行刑，謂之斷屠月。載《山堂肆考》。

每月皆有弦、望、晦、朔，以正月初年，時俗重之以爲節，故曰節日。《荆楚歲時記》

内庭妃嬪每至春時，於禁中結伴擲金錢爲戲，蓋孤悶無所遣也。

都人士女月半後，乘車跨馬，設供帳於園囿或郊野中，爲探春之宴。以上《天寶遺事》。

上元收燈後，都人争先出城探春。《夢華録》

山東風俗，取五姓女十餘歲臥一榻，覆之以衾，以箕扇之，良久如夢。或欲刺文繡，事筆硯，理管絃，俄頃乃寤，謂之扇天卜，以乞巧。《續博物志》

天水池。邑人遊賞於此，競於池中摸石祈嗣，得石者生男，得瓦者生女。《重慶府志》：天水池在江津縣。

孟春，八方風至，浚井取新泉，四時皆服之。《淮南子》

愍帝建興二年，日隕於地，又有三日相承出於西方東行。至五年是月，又有三日並照，虹蜺彌天，日有重暈，左右兩珥。占曰："白虹，兵氣也。""三日並出，不過三旬，諸侯争爲帝。"《五行志》

日出，有物著天，白，廣如一疋布，長四丈餘，西南行，聲如雷，一刻止，名曰天狗。哀帝建平元年。《漢書·天文志》

内杵三星，是月對曰口則吉，若偏與曰不相當，則軍糧絶。内杵三星在人星旁，主軍糧。《大象列星圖》

祠太乙於甘泉，夜祠到明，忽有星至祠壇上，使童男七十人

俱歌。漢武帝。《天官書》

流星出牽牛,入紫微,光燭地,化爲肉,長三十步,廣二十七步。愍帝建興二年。《晉書》

黑霧著人如墨,五日乃止。建興二年,後愍帝降劉曜。《晉書》

天氣昏曀,狂風迅發,竟日夜,西北陰雲中如有火光,長二丈餘,闊數尺,民時時見之。靖康二年。《宋史》

空中有物,鬥而墜,如羝羊。開皇十二年。《通考》

絳州夜聞天鼓,將旦復鳴,其聲如空中戰鬥者。順帝二十七年。《元史》

雨赤雪於京師。貞元二十一年。《五行志》

雨血,忽聞燔柴煙氣,既而黑霧四塞,咫尺不辨,腥穢逼人。《元史》

雨土於京師。淳化三年,占曰:“小人叛。”後李順盜據益州。

雨塵土。元祐七年,占曰:“主民勞苦。”以上《宋史》。

雨草,而葉相繆結,大如彈丸。漢平帝元始元年。與漢元帝永光年草同。《五行志》

雨草於宮中。宋明帝泰始四年。《南史》

雨豆於瀘中。紹興十六年。《宋史》

黃河是月水名淩解水。《水衡記》

潤州江水赤數日。光啓元年。《通考》

混元廟中井湧氣成五色雲相映。混元廟在亳州。玄宗開元二年。《唐書》

泰山、萊蕪山南,匈匈有數千人聲,民視之,有大石自立,高丈五尺,大四十八圍,入地深八尺,爲足立後有鳥數千集其旁。元鳳三年,是時昌邑有枯社木臥復生,又上林苑中大柳樹斷枯臥地,亦自立生,有蟲食樹葉成文字。《史纂左編》

夜多鬼鳥度人家。《荆楚歲時記》

長安獲女魅，長尺有二寸，其狀怪異。永隆元年。《五行志》

簡州普通院毗盧佛像自動。乾德六年

寶應縣民析薪，中有“天泰下趙”四字。德祐二年

解木五片皆有“天下泰平”字。泰平興國六年。以上《宋史·五行志》。

魏武帝在洛陽起建始殿，伐濯龍樹，血出，又掘徙梨，根傷，亦血出。帝是月崩。《五行志》

鳳凰集京師，赦天下。宣帝神爵二年

鳳凰見京師。章帝元和二年，自是年以至章和元年，凡三年，鳳凰百三十九見郡國。

鳳凰集西苑。吳孫權寶鼎四年。以上沈約《符瑞志》。

雌雞化爲雄。則天永昌元年。《六帖》

晉武帝。有二青龍見武庫井中，帝觀之，有喜色。劉毅曰：“昔龍降夏庭，卒爲周禍。尋按舊典，無賀龍之禮。”帝從之。泰康五年。《晉書》

魏少帝。有二青龍見軹縣井中，又二黃龍見寧陵縣井中。甘露元年。《宋書·符瑞志》

　　詩

江南孟春天，荇葉大如錢。白雪裝梅樹，青袍自蔚田。鮑防作。字子慎，襄陽人，天寶進士，終工部尚書，封東海公。《狀江南·正月》

一二三四五六七，萬物生芽是今日。遠天歸鴈拂雲飛，近水遊魚迸水出。羅隱，字昭諫，錢塘新城人，號江東先生。

青門柳枝軟無力，東風吹作黃金色。街頭酒蕩醉易醒，翁眼

春愁消不得。^① <small>白居易長安作</small>

一樹寒梅白玉條,迴林村野傍溪橋。應緣近水花先發,疑是經春雪未消。<small>戎昱</small>

聞道春還未相識,走傍寒梅探消息。昨夜東風入武陽,陌頭楊柳黄金色。<small>李白</small>

上樓迎春新春歸,暗黄著柳宫漏遲。薄薄淡靄弄野姿,寒淥幽風生短絲。<small>李賀</small>

一步寒郊一慘眉,望春春色苦來遲。東君未必私桃李,只恐梅花謝有時。

無賴年年逐酒徒,今年不飲興何如。醉鄉若有人名籍,但願春風點檢疏。<small>李覯《閏正月偶書》。覯,字泰伯。</small>

力疾坐青曉,時來悲早春。轉添愁伴客,更覺老隨人。紅入桃花嫩,青歸柳葉新。望鄉應未已,四海尚風塵。<small>杜甫</small>

侵淩雪色還萱草,漏泄春光有柳條。<small>杜甫</small>

先遣陽和報消息,續教啼鳥説來由。<small>白樂天</small>

水連芳草江南地,煙隔寒梅嶺上春。<small>林逋</small>

初陽弄色明高柳,殘雪留寒伴落梅。<small>劉原父</small>

立春

立春,火殁,金囚,水休,木相。

大寒後十五日,斗指艮,爲立春。<small>立,始建也,春氣始至,故謂之立。</small>《玉衡》

斗柄東指,而天下皆春。《鶡冠子》

---

① 此兩句現在爲"街東酒薄醉易醒,滿眼春愁消不得"。本書中很多詩句跟現通行詩句有差異,不一一指出,一以底本爲準。

元魏黎季明曰：招摇東指，天下識其春。《北史》

立春之日，東風解凍。《月令》

立春條風至。條達萬物之風。

青陽雲出，房如積冰。以上《易通卦驗》。

農祥晨正。農祥，房星也。晨正，謂晨見南方，立春之日也。出《國語》。

分至啓閉，必書雲物。立春爲啓，立冬爲閉。出《傳》①。

立春，太史以先三日請於天子，曰：“某日立春，盛德在木。”天子乃齋，立春之日，親率公卿、諸侯、大夫以迎春於東郊；還，乃賞公卿、大夫於朝。布德和令，行慶施惠，下及兆民。《月令》

春官以青圭禮東方。立春爲蒼帝之精，故青圭以象春物之初生。《周禮》

立春之日，迎春於東郊，祭青帝勾芒，車旗服飾皆青，歌青陽，舞雲翹。《東漢·郊祀志》

立春之日立青幡。《後漢·禮儀志》

立春日，夜漏未盡五刻，京師百官皆衣青，郡國縣官下至令史皆服青幘。《續漢書·禮儀志》

太史立春日讀五時令。服各隨其方色。《晉書》

剡子對孔子曰：少皞摯爲鳥師而鳥名青鳥氏，師啓者也。青鳥，鶬鴳也，以立春鳴，立夏止。出《傳》。

出土牛以示農耕之早晚。立春早則策牛人近前，立春晚則人在後，所以示人之早晚。出《六帖》。

取宜陽金門竹爲管，河內葭草爲灰，以候陽氣。《玉泉記》

先立春七日，敕獄吏決詞訟，有罪當入，無罪當出。立春，敕門無關鑰，以迎春之精。下弓載楯，鼓示時聲，動昆蟲也。《孝經鈎

① 指《左傳》。

29

命訣》

令侍臣迎春，內出彩花樹，人賜一枝。令學士賦詩，宋之問云：今年春色好，應爲剪刀催。唐景龍四年正月八日，立春。《景龍文館記》

立春日，郎官、御史、寺監長貳以上皆賜春幡勝，以羅爲之；宰臣、親王、近臣皆賜金銀幡勝。入賀訖，帶歸私第。《夢華錄》

唐制，立春賜三省官綵勝，各有差。《文昌雜錄》

宋孝宗以太上皇來年聖壽七十，預於立春日詣德壽宮行慶壽禮。淳熙二年。出《合璧事類》。

宋欽宗。立春先一日，京師太史局勾芒神流淚滴襟袖。是年，徽欽被虜。靖康元年。《竊憤錄》

太平興國二年立春日，縣司以春牛呈知府，就午門外薦以香燈酒果，其芒兒壤之頗精，同判王洗馬晦伯慮有損闕，移寘廳上，知府程給事見之，謂同判曰：“某雖不才忝爲刺史，且芒兒者耕墾之人，不應上廳，將來恐村夫輩或有不揆耳。”至甲午，果有順賊之變。《成都記》

立春前一日，開封府進春牛入禁中鞭春；開封、祥符兩縣置春牛於府前，至日絕早，府僚打春，府前百姓皆賣小春牛。《夢華錄》

立土牛六頭於國都郡縣外丑地，以送寒氣。丑爲牛。《後·禮儀志》

立春前，並造土牛、耕夫、犁具於大門之外。是日黎明，有司爲壇以祭先農，官吏各具綵仗，環擊牛者三，所以示勸耕之意。《夢華錄》

士大夫家剪綵爲小幡，謂之春幡，或懸於家人之頭，或綴於花枝之下，或剪爲春蝶、春錢、春勝以爲戲。東坡立春日亦簪幡

勝,諸子姪笑指云:伯伯老人亦簪花勝耶!《山堂肆考》

立春帖"宜春"字於門,故王沂公《皇帝閣立春帖子》:"北陸凝陰盡,千門淑氣新。年年金殿裏,寶字帖宜春。"《荆楚歲時記》

立春日剪綵爲燕以戴之,故王沂公詩曰:"綵燕迎春入鬢飛,輕寒未放縷金衣。"歐陽詩曰:"共喜釵頭燕已來。"鄭毅夫詩曰:"漢殿鬥簪雙綵燕,併知春色上釵頭。"《合璧事類》

東晉李鄂立春日命以蘆菔、芹芽爲菜盤相饋遺。《摭言》

立春日薦春餅、生菜,號春盤。《四時寶鑑》

立春日食生菜,取迎新之意。杜詩《春日》:"春盤細生菜。"東坡詩:"青蒿黃韭簇春盤。"《夢華錄》

立春日作五辛盤,以黃柑釀酒,謂之洞庭春色。蘇詩曰:"辛盤得青韭,臘酒是黃柑。"《荆楚記》

北朝婦人立春日進春書,以青繒爲幟,刻龍像啣之,或爲蝦蟆。《酉陽雜俎》

立春日北望,有紫綠白雲者,爲三素飛雲三元君,以是日詣天帝。東坡《妃子閣門帖》曰:"萬年枝上看春色,三素雲中望玉宸。"《歲時廣記》

太極真人常以立春日日中會真人於太極宮,刻玉簡記仙名。《登真隱訣》

　　詩

昔聞海上有仙山,煙鎖樓臺日月閑。花下玉容常不老,只應春色勝人間。温成皇后初薨,會立春進帖子。是時,歐陽脩、王珪同在翰苑,以其虛閣故不進。俄有旨令進,王珪遽口占一首,歐公嘆其美麗。

鷺鷟青旂殿閣寬,祠官奠璧下春壇。曉開魚鑰朝衣集,綵勝飄揚百辟冠。立春日,百僚皆賜幡勝。周美成《春帖子》

仙家日月本長閒,送臘迎春亦偶然。翠管銀鈎傳故事,金花

綵勝作新年。_{東坡}

久狎漁樵作往還，晚風宮殿夢催班。鄰娃似與春争道，酥滴花枝綵剪幡。_{山谷}

東君珂珮響珊珊，青馭多時下九關。方信玉霄千萬里，春風猶未到人間。_{王初《立春作》}

幸聞年欲至，剪綵學芳辰。綴綺能似景，裁紅巧逼真。花從篋裏發，葉向手中春。不與韶光競，何名天上人。_{李嶠《侍宴内出剪綵花應制》}

猶殘一夜臘，並見兩年春。物以終爲始，人從故得新。迎陽朝剪綵，守歲夜傾銀。恩賜隨嘉節，無功秖自塵。_{王安石《除夕立春》}

新春與新歲，時候不相先。未肯欺殘臘，何曾占舊年。綴條花剪綵，插户柳生煙。獨坐空山裏，惟驚節物遷。_{梅堯臣《元旦立春》}

春日一盃酒，便吟春日詩。木梢寒未覺，地脉暖先知。鳥轉星沉後，山分雪薄時。寧無剪花手，贈與最芳枝。

玉燭傳嘉節，陽和應此辰。土牛呈歲稔，綵燕表年新。臘盡星回次，寒餘月建寅。梅花將柳色，偏思越鄉人。_{曹松}

灰律向時應，江春昨夜來。細風光動柳，殘雪不藏梅。餘冷迷清管，微和發凍醅。閉門無客到，樽酒爲誰開。_{吕夷簡《江南立春日》}

春日春盤細生菜，忽憶兩京梅發時。盤出高門行白玉，菜傳纖手送青絲。巫峽寒江那對眼，杜陵遠客不勝悲。此身未知歸定處，呼兒覓紙一題詩。_{工部大曆元年立春日雲安作}

青帝東來日馭遲，暖煙輕逐曉風吹。罽袍公子樽前覺，錦帳佳人夢裏知。雪圃乍開紅萵甲，綵幡新剪綠楊絲。殷勤宜作爲春曲，題向花殘貼綉楣。_{韋莊}

閏曆先春破臘寒，綵花金勝寵千官。冰從太液池邊動，柳向靈和殿裏看。瑞氣因風飄禁仗，暖暉依日上仙盤。須知聖運隨生殖，萬國年年共此懽。宋郊《閏十二月望日立春禁中作》

餅如繭紙不可風，菜如縹茸劣可緘。韭芽捲黃苣舒紫，蘆菔判冰寒脫齒。臥沙壓玉割紅香，部署五珍訪詩腸。野人未見新曆日，忽得春盤還太息。新年五十奈老何，霜鬢看鏡幾許多。斕生嗔人不解事，且爲春盤作春醉。楊廷秀

雨水

立春後十五日，斗指寅，爲雨水。雨水，中氣也，言雪散爲水也。《玉衡》

雨水。正月中，天一生水，春始屬木，然生木者必水也，立春後繼之雨水。且東風既解凍，則散而爲雨水。《七修類稿》

漢初，雨水爲二月節。前漢之末，以雨水爲正月中。曆書沿革

雨水日，黃陽雲出亢。《易通卦驗》

雨水日，獺祭魚。雨水後五日，候鴈北；又後五日，草木萌動。《月令》

雨水日獺不祭魚，國多寇賊。《周書·時訓》①

正月〔二〕

楚應城陳楷升也甫編輯

邑人徐養量叔弘甫校刻

周化惟南甫

---

① 即《逸周書·時訓》，本書多處《周書》即《逸周書》，后不另注。

張崇烈抑之甫
弟陳坤順也甫仝閱

一日

夏建寅，以正月朔爲歲首。

三朝。正月一日爲歲之朝、月之朝、日之朝，故云三朝。漢孔光傳注。

三元。歲之元，日之元，時之元。《六帖》

三朔。"正月上日"，《注》：朔日也。夏以平明爲朔，殷以鷄鳴爲朔，周以夜半爲朔，故云三朔。《合璧事類》

三微。陽氣始施黄泉，萬物始動，微而未著。《纂記淵海》

履端於始，舉正於中。《春秋》

漢魏占候元旦決八風，風從東南來，大旱；西南，小旱；西方，有兵；西北，豆成；北方，中歲；東北，爲上歲；東方，大水；東南，疾疫。《天文志》

群臣慶賀，始於漢高祖。杜氏《通典》

朝賀，三公奉璧上殿，嚮御坐北面，太常使贊曰："皇帝爲君興！"三公伏，皇帝坐，乃前進璧。漢《雜事》

高宗以太后八十詣慈寧宮行慶壽禮，百官稱賀。紹興二十九年

仁宗率百官上皇太后壽於會慶殿，秘閣校理范仲淹奏"與百官同列"，"損主威"。天聖七年。以上《宋史》。

元會設白獸尊於闕庭。上設白獸，若有能獻直言者，則發此尊飲酒。按禮，白獸尊乃社舉遺也，示無忌憚也。《晉·禮志》

百官朝賀畢，虎賁當陛下呵置於地曰："此天子弓，誰敢干越？"朱穆乃呵之曰："天子弓當載之盾首之上，乃敢置地，大不敬。"即收虎賁付獄治罪，莫不蕭然。朱穆《拜尚書張璠漢記》

正旦雪，江夏王義公以衣承雪，作六出花，以爲瑞，孝武帝大悦。大明五年。沈約《宋書》

盧鈞。帝饗含元殿，鈞年八十，升降如儀。《六帖》

岑文本除秘書郎，元日奏《籍田》《三元頌》，文致華贍。《事文類聚》

戴憑。朝會，百僚畢集，帝令群臣能説經史①更相難詰，義有不通，輒奪其席，以益通者。憑遂重坐五十餘席，京師語曰："解經不窮戴侍中。"憑，字次仲，爲侍中。《東觀漢記》

陳翔。朝賀，大將軍梁冀威儀不整，翔奏冀恃貴不敬，請收治罪，時人奇之。翔拜侍御史。《後漢書》

宰相禮，絶班行。百官已集，而宰相方至，珂傘列燭，多至數百炬，謂之火城。《國史》

西南夷獻樂及幻人，能吐火，自支解，易馬牛頭。時元會作之於庭，安帝與群臣觀，大奇之，惟陳禪獨離席曰："王之庭，不宜作夷狄伎。"永寧元年

成武丁大會，以酒沃庭中，有司問其故，對曰："臨武縣失火，以酒救之。"遣驗果然。以上《桂陽列仙傳》。

陶公鎮荆州時，以鋸木屑悉藏之，人咸不解其意。後正會，值積雪，會日始晴，廳事前雪地甚濕，於是悉用木屑覆之，無所妨。《世説》

庾亮，正旦大會州府人士，河南褚裒問亮：江州有孟嘉，其人何在？亮曰：在坐，卿但自覓之。裒歷觀，遂指嘉謂亮曰：將無是邪？亮笑曰：不！喜裒之得嘉，喜嘉爲裒之所得。《晉書》

---

① 史，所引《東觀漢記》爲"者"。

張華爲兗州刺史，獄有繫囚，元旦給假五日，展謁親墓，曰"期盡當還"，囚果應期而至。《北齊書》

李膺坐黨事，與杜密、荀翊同繫獄。時元旦，翊引杯曰："正朝從小起。"膺謂翊曰："死者人情所惡，今子無懼色者何？"翊曰："求仁得仁，又誰恨？"膺乃嘆曰："漢其亡矣！善人天地之紀，而多害之，何以存國？"李膺《家録》

詔除是日殺雞與雀。漢成帝《萬歲曆》

堯時有祇支國來獻重明之鳥，狀如雞，能捕猛獸。是日，或刻木鑄金爲此鳥狀，置於門户，鬼退。今日畫雞是其遺像。《拾遺記》

邯鄲之民以是日獻鳩於簡子，簡子大悦，客問其故，簡子曰："正旦放生，示有恩也。"客曰："民知君欲放之，競而捕之，死者衆矣！君而欲生之，不若禁民弗捕。"簡子曰："善！"《列子》

滎陽有智井，沛公避項羽於井中時，雙鳩集其上，羽曰："井有人，鳩不集。"遂免難。故漢元旦放鳩。智音鴛。《三齊略》

治中盧耽少學仙術，解飛騰。嘗赴元會，至晚不及朝列，化爲白鵠，至閣前，徘徊欲下，威儀以帚擲之，得雙履，耽驚還就列，左右莫不駭異。刺史步騭以狀列聞，誅之。《南康記》

黄帝時有神荼、鬱壘兄弟二人，能執鬼，於度朔山桃樹下，簡閲百鬼之無道者縛以葦索，執以飼虎。帝乃立桃板於門，畫二人像以禦鬼，謂之仙木。《風俗通》

梁武帝賜群臣卻鬼丸。《海録碎事》

劉謂者，以元日至市，見一書生入市，衆鬼悉避。劉謂謂書生曰："子有何術，以至於此？"書生曰："我本無術，出之日，家師以一丸藥絳囊裹之，令以繫臂，防惡氣耳。"於是劉就書生借此

藥，至所見鬼處，諸鬼悉走。所以世俗行之。《天中記》

鍾離真人降廬山度呂洞賓成仙。《事文類聚》

有胡僧正旦行乞，王勗覺僧神彩，邀入其家，胡僧謂勗曰："君有寶鏡，可得見耶?"勗曰："何以知之?"僧曰："檀越宅上每日有碧光，此寶鏡氣也。"勗以鏡出之，僧跪捧，謂勗曰："此鏡有數種靈相，若以金煙薰之，玉水洗之，復以金膏珠粉拭之，照見臟肺。"行之果驗，而胡僧不見。大業九年。《異聞集》

過臘一日，謂之小歲。進椒栢酒，服之身輕。崔寔《月令》

飲酒茹葱，以通五臟。《莊子》

噉雞子、五辛菜。人各吞生雞子一枚，謂之練形，五辛菜以助發五臟之氣。《風土記》

食膠牙餳，取膠固之義。《歲時記》

取五木煮湯以浴，令人至老鬚髮不白。道家謂青木香爲五香，亦云五木。《山堂肆考》

洛陽人家造絲鵝、蠟燕、粉荔枝。《金門歲節記》

新羅國俗以是日拜日月神。《唐書》

詩

器乏雕梁器，材非搆廈材。但將千載葉，常奉萬年杯。趙彥昭《是日因賜栢葉應制》

勁節淩冬勁，芳心待歲芳。偏令人益壽，非止麝含香。李乂，同前題。

綠葉迎春綠，寒枝歷歲寒。願持栢葉壽，永奉萬年歡。武平一，同前題。

正朝辟惡酒，新年長命盃。栢葉隨銘至，椒花逐頌來。庾信

欲曙九衢人更多，千條香燭照星河。今朝始見金吾貴，車馬

縱橫避玉珂。_{釋靈徹}

　　爆竹聲中一歲除，春風送暖入屠蘇。千門萬户瞳瞳日，總把新桃換舊符。_{王介甫}

　　元日年年見，天涯意故長。詩章示宗武，春色酌瞿塘。白髮又新歲，黃柑非故鄉。弟兄團拜處，歸去願成行。_{王十朋，字龜齡，永嘉人。}

　　慚愧雲臺客，飄零雪滿氈。不圖朱鳥影，猶見白蛇年。宮殿荒煙隔，門庭宿草連。乾坤自春色，回首一潸然。_{文天祥，字宋瑞，號文山。}

　　五年元日只流離，楚客今年事事非。後飲屠蘇驚已老，長乘舴艋竟安歸。攜家作客真無策，學道剗心卻自違。汀草岸花知節序，一身千恨獨霑衣。_{陳與義，字去非。}

　　與君同甲子，壽酒讓先杯。_{劉夢得}

　　與君同甲子，歲酒合誰先。_{白樂天}

　　歲酒先拈辭不得，被君推作少年人。_{又白樂天}

　　還丹寂寞羞明鏡，手把屠蘇讓少年。_{顧況}

　　自知年幾偏應少，先把屠蘇不讓春。_{裴夷直}

　　好是燈前偷失笑，屠蘇應不得先嘗。_{成文幹}

　　但把窮愁博長健，不辭最後飲屠蘇。_{東坡。以上其義同，蓋月令正旦，進酒次第，當從小起，以年少者①。出《容齋直筆》。}

二日

　　晉高祖。夜初，北方有赤氣，西至戌亥地，東北至丑地，南北闊三丈，狀如火光，赤氣內見紫微宮及北斗諸星。_{天福二年。《文獻}

---

　　①　據所引文獻，此處應還有"起先"二字。

《通考》

唐文宗暴卒，宰相李珏、知樞密劉弘逸奉密旨以皇太子監國，兩軍中尉仇士良、魚弘志矯詔迎穎王。開成五年正月二日，文宗暴卒，是夜迎穎王，即武宗，陳王成美爲皇太子。出《舊唐書》。

高陽王雍是日以靈太后臨朝，太上秦公喪制未畢，欲罷百戲絲竹之樂。清河王懌以爲萬國慶集，天子臨享，宜應備設。太后問侍中崔光，光從雍所執。熙平二年。《魏書》

秦阿房宮賜群臣橘。《太平御覽》

瀘南獻嘉禾九穗。宋高宗紹興十五年正月二日。出《會要》。

唐長安風俗，從是日起，飲酒相邀，號爲傳坐。《秦中歲時記》

劉備生。《桃園記》

寶勝佛生。佛書

新平民以大牢祀符堅。符堅爲姚萇殺於新平，佛寺中後寺主摩訶蘭常夢堅曰："可爲吾作宮。"既而寺左右民家死疫相繼，巫者常見堅怒曰："不吾宮，將盡殺新平民。"因共改寺爲廟，遂無灾疾。每年正月二日，民競祀以大牢。《漢魏叢書》

詩

春來饒夢慵朝起，不看千官擁畫樓。卻看閑行是忙事，數人同傍曲江頭。上御丹鳳樓，赦天下，元稹與李公垂、庾順之閑行曲江，不及盛觀。永貞二年正月二日。

三日

天書降，真宗以爲天慶節。祥符元年正月三日降。出《合璧事類》。

宋英宗，天聖十年生於宣平坊，赤光滿室，或見黃龍游光中。後宰臣請以生日爲壽聖節，詔曰："赤制告圖，肇承題序，青煒動陸，俯協誕期。卿等緣華封之素祝，建壽聖之嘉名。"至治平元年，是日，親王、樞密以下詣垂拱殿，宰臣、百官以下及契丹使詣紫宸殿，上壽。英宗，濮王允讓子也。初，濮王夢兩龍與日並墮，以衣承之，復戲於空中。其一龍視王曰："吾非王所能有。"後仁宗立爲皇子。《天中記》

宋仁宗宴群臣及契丹使，並於錫慶院。治平三年正月三日。出《會要》。

郝大通真人生。大通，字太古，號廣陵，寧海人。世爲宦族，郝朝列之從弟，少孤，事母甚孝。嘗夢神人示以《周易》秘義，於是深契陰陽、律曆、卜筮之術。世宗七年，祖師至寧海，見資稟高古，所習不凡，遂以背坐之機感動之，大通領悟，從祖師來法，祖師乃以敝衲去其袖，畀之曰："勿患無袖，汝當自成。"蓋傳法之意也。後仙蛻於先天觀。《史纂左編》

萬神皆會。《三元延壽書》

太白降現。道經

買箕四枚，懸堂上四壁，令人治生大得，治田蠶萬倍，錢財自入。《雜五行書》

詩

陽春已三日，會友聞昨夜。可愛剡溪僧，獨尋陶景舍。戴叔倫《是日答處上人宿玉芝觀見寄》

三日春風已有情，拂人頭面稍憐輕。殷勤爲報長安柳，莫惜枝條動軟聲。元禎《是日詠春風憑楊員外寄長安柳》

野外堂依竹，籬邊水向城。蟻浮仍臘味，鷗泛已春聲。藥許鄰人劚，書從稚子擎。白頭趨幕府，深覺負平生。杜工部《是日歸浣花溪簡院內諸公》

黃鸝巷口鶯欲語，烏鵲橋頭冰欲銷。綠浪東西南北水，紅欄三百九十橋。鴛鴦蕩漾雙雙翅，楊柳交加萬萬條。借問春風來早晚，只從前日到今朝。白樂天《是日閑行》。黃鸝，坊也。烏鵲，橋也。

四日

宋太祖即位。是日，差官告天地社稷，祝文曰：維大宋建隆元年歲次庚申，正月辛丑朔四日，遣官敢昭告於旻天上帝：天命不常，維德是輔。神器大寶，猥集眇躬。欽眷命而不違，勵小心而昭事。云云。《文獻通考》

胡騎將至京城，是日，李綱以邊事求見。宰執奏事未退，綱語知閤門事朱孝莊曰：“有急切公事，欲與宰臣廷辯。”孝莊曰：“舊例，未有宰執未退而從官求對者。”綱曰：“此何時，而用例耶！”孝莊即具奏，詔引綱立於執政之末。時宰執議欲奉鑾輿出狩襄、鄧，綱請固守，上曰：“誰可將者？”綱曰：“願以死報，第人微官卑，恐難鎮服士卒。”宋欽宗靖康元年。《容齋四筆》

東坡離泗州。考《騾駄驛試筆》云：正月四日離泗州。宋神宗元豐七年先十二月，至泗州時，東坡年五十。《長公外紀》

王嚞，號重陽子，奄然而逝，弟子馬鈺乞遺言，重陽子口占曰：“地肺重陽子，呼爲王害風。來時長日月，去後任西東。作伴雲和水，爲鄰虛與空。一靈真性在，不與眾心同。”言訖而蛻。重陽子，少撿來，時人目曰害風。蓋關中謂狂者爲害風。其仙蛻大定十年正月四日。《史纂左編》

開基節，玉晨大道君登玉霄宮四盼天下。《翰墨大全》

五日

宋理宗誕辰，爲天基節。《宋史》

天氣澄和，風物閑美，陶淵明與二三鄰曲同遊斜川。辛丑年。《淵明集》

鄧正真人飛昇。《翰墨大全》

仙女何、許、陳三姓相約入山修真。大中元年，是日雷雨作，仙樂隱隱，雲霧中遙見三女，忽莫知所在，馬蹄鞋蹟留山上，人異之。《楚通志》

仙姑孫氏生。<small>孫氏，名不二，號清靜散人，寧海豪族孫忠翊之幼女。母夢七鶴邕邕舞於家庭，一鶴入懷，覺而有娠。《史纂左編》</small>

大慈佛生。<small>佛書</small>

　詩

大明御宇臨萬方。<small>中宗</small>

顧慚內政翊陶唐。<small>韋皇后</small>

鸞鳴鳳舞向平陽。<small>長寧公主</small>

秦樓楚館沐恩光。<small>安樂公主</small>

無心爲子輒求郎。<small>太平公主</small>

雄才七步謝陳王。<small>溫王重茂</small>

當熊讓輦愧前芳。<small>上官昭容</small>

再司銓管恩何忘。<small>崔湜</small>

文江學海思濟航。<small>鄭愔</small>

萬邦考績臣所詳。<small>武平一</small>

著作不休出中腸。<small>閻朝隱</small>

權豪屏跡蕭雪霜。<small>竇從一</small>

鑄鼎開嶽造明堂。<small>宗普卿</small>

玉醴由來獻壽觴。<small>唐景龍四年正月五日，中宗移仗蓬萊宮，御大明殿，會吐蕃騎馬之戰，因重爲栢梁體，聯句一首。栢梁之作，君與臣下而已，未聞后與公主可與。嗚呼！此中宗所以點籌於后。《七修類考》</small>

六日

宋太宗幸景龍門外水磑，帝臨水而坐，召從臣觀之，因謂曰："此水出於山源，清澄甘潔。近河之地，水味皆甘，豈河潤所及乎？"宋琪等曰："亦猶人性善惡，染習致然。"帝曰："卿言是也。"《宋史》

元人張孟兼生於戊寅正月六日，以曆推之，是月九日始入春，則中氣猶居丁丑年之冬。大父因以丁命名，字曰孟兼。兼者何謂？臨二歲之中。《宋學士集》

石國以王父母燒餘之骨，金甕盛置床上，巡遶而行，散以花香雜果，王率臣下設祭焉。禮終，王與夫人出就別帳，臣下以次列坐享宴而罷。石國，居於藥殺水都城方十餘里，其王姓石名涅。《北史·夷傳》

斷岸禪師詣法塔西，指空地曰："更好立箇無縫塔。"其晚，與一禪者談笑。至夜分，乃曰："老僧明日天台去。"禪者曰："某隨師去。"師曰："你走馬也，趕我不及。"跏趺而化。斷岸禪師，俗姓楊氏，生於宋理宗景定癸亥年。化之日，白晝晦暝，雷硠雨射；葬之日，雪花繽紛，林木縞素。《史纂左編》

江州武平南安白花岩定光佛生。佛書

詩

雪消山水見精神，滿眼東風送早春。明日杏園應爛熳，便須期約看花人。曾鞏，字子固。是日雪霽作。

踏磧逢危馬，臨江想臥龍。江山供指顧，樽俎奉從容。峽水淺還漲，巫雲淡復濃。天教我輩合，莫惜罄金鍾。王十朋是日踏磧作。

七日

爲靈晨。《山堂肆考》

唐中宗景隆三年，御清輝閣，令學士賦詩。四年，又是日，宴大明殿，賜王公以下綵勝。《文館記》

唐高宗幸洛陽。咸亨二年正月七日。出《會要》。

宋王登望仙樓會群臣，父老集於城下，令皆飲一爵，文武千人拜賀上壽。《山堂肆考》

晉安王子勛是日即位於尋陽城，其日有鳩集殿中，鴉集幰上。鄧琬,字元琬,爲晉安王子勛長史。宋廢帝無道,遣使齎藥賜子勛死,琬曰:身南土寒士,蒙先帝殊恩,以愛子見託,欲廢昏立明。後子勛以是日即位。《宋書》

鄭公請見,太宗勞之曰:"今日卿至,可謂人日。"唐劉餗《傳記》

宋太宗親試呂蒙正以下,並賜及第。太平興國二年。《事物紀原》

魏孝靜帝以人日登雲龍門,崔瞻與其父悛俱侍宴爲詩。詔問邢邵等曰:"今瞻此詩何如其父?"咸曰:"悛博雅弘麗,瞻氣調清新,並詩人之冠冕。"宴罷,咸嗟賞之,云:"今日之宴併爲崔瞻父子。"《北史》

魏東平王《登壽張縣安仁山銘》曰:正月七日,厥日惟人。策我良駟,陟彼安仁。郭緣生《述征記》

晉李充登剡西寺,賦詩曰:命駕升西山,寓目眺原疇。《合璧事類》

薛道衡,字玄卿,嘗聘陳,《人日思歸》詩曰:"入春纔七日,離家已二年。"南人嗤之曰:誰謂此虜解作詩! 及云:"人歸落鴈後,思發在花前。"乃喜曰:"名下固無虛士。"《山堂肆考》

採七種菜作羹。戴叔倫詩:"獨獻菜羹憐應節,遍傳金勝喜逢人。"又東坡詩:"小雨暗人日,春愁連上元。水生挑菜渚,煙濕落梅村。"《歲時記》

壽陽公主臥含章閣簷下,梅花落額,後人效爲梅花粧。《宋書》

蜀嘉定金燈山有淵,郡守於此修油卜。故事,以油灑水上,觀其紋以驗豐歉。《圖經》

蜀萬州風俗:士女渡江南,娥眉磧上作雞子卜,唱《竹枝歌》。《寰宇記》

蜀夔州風俗重諸葛武侯,以是日傾城出遊八陣磧上,謂之"踏磧"。婦人恰小石之可穿者,貫以綵索繫於釵上,以爲一歲之

祥。帥府亦宴於磧上。《夔州府志》

蜀有樂山,在渠縣北,每歲邑人將鼓笛酒食登此娛樂,以祈蠶事。《順慶府志》

唐末楊大虛先生得道於蟆頤山龍洞,眉州士女人日出東郊渡玻璃江遊蟆頤山。《山堂肆考》

龜茲國元日鬥羊、馬、駝,至是日,觀勝負,以占休咎。《酉陽雜俎》

多鬼車鳥,家家槌門打戶,滅燈燭,禳之。《荊楚歲時記》

煎餅謂之"薰天",食於庭中。《述征記》

男吞赤豆七顆,女吞二七顆,竟年無病。《雜五行書》

三會日,宜修延神齋,吉。《靈寶》

張道陵,字輔漢。老君駕龍輿,命乘白鶴同往成都。桓帝永壽元年。《列仙傳》

詩

元日到人日,未有不陰時。冰雪鶯難至,春寒花較遲。杜甫

人日傷心極,天時觸目新。殘梅詩興晚,細草夢魂春。唐庚

春度春歸無限春,今朝方始覺成人。從今克己應猶及,願與梅花俱自新。《人日立春》盧仝

驛騎歸時驄馬蹄,蓮花府映若邪溪。帝城人日風光早,不惜離堂醉似泥。權德輿《是日送房侍御歸越》

勝日登臨雲葉起,芳風搖動雪花飛。呈輝幸得承金鏡,颭影還持奉玉衣。劉憲

自怪扶持七十身,歸來又見故鄉春。今朝人日逢人喜,不料偷生作老人。司空圖

三陽遍勝節,七日最靈辰。行慶傳芳蟻,升高綴綵人。階前

蕨候月，樓上雪驚春。今日啣天造，還疑上漢津。李嶠《遇雪應制》

窈窕神仙閣，參差雲漢間。九重中禁啓，七日早春寒。太液天爲水，蓬萊雪作山。今朝上林樹，無處不堪攀。宗楚客，同前題。

鳳城景色已含韶，人日風光倍覺饒。桂吐半輪迎此夜，蕨開七葉應今朝。魚猜水凍行猶澀，鶯喜春熙弄欲嬌。愧奉登高搖綵翰，欣承御氣上丹霄。《大明宮恩賜綵縷應制》李嶠

縷金作勝傳荊俗，剪綵爲人起晉風。李商隱《即事》

八日

月八日成光。月三日成魄。《後漢·天文志》

吳下田家以是日夜立一竿於平地，月初出有影即量之，據其長短移於水面，就橋柱畫痕記之。梅雨水漲，必到所記之處。此古之遺法。禮，立圭以測日景，立表以量月采。日圭之法，具於《周禮》，月表世罕知。《漢書·李尋傳》："月者，衆陰之表，消息見伏，百里爲器，千里立表。"王僧虔詩所謂"月表望青丘"是也。《丹鉛續錄》

陳王府參軍田同秀是日上言："玄元黃帝降見於丹鳳門之通衢，告賜靈符在尹喜之故宅。"上遣使就函谷故關尹喜臺西發得之，乃置玄元廟。天寶元年。《玄宗本紀》

皇太后誕辰，宋真宗以爲長寧節。乾興元年。《玉海》

唐景龍四年立春，內出綵花賜近臣，令學士賦詩。武平一應制有詩，中宗即日手敕批云：平一年雖最少，文甚警新，更賜花一枝，以彰其美。所賜學士花並令插在頭上，後所賜者，平一左右交插，因舞蹈拜謝。時崔日用乘酣飲欲奪平一所賜花，上於簾下見之，謂平一曰："日用何爲奪卿花?"上及侍臣大笑，因更賜酒一杯，當時嘆美。《景龍文館記》

新進士呂蒙正等宴於開寶寺，賜御製詩以寵之。敕下之日，

釀錢於曲江，爲聞喜之飲。宋太宗興國二年後賜宴賜詩，皆自蒙正始。《事物紀原》

宋戚舜臣葬。舜臣卒於官。自主簿凡十一遷，官至尚書虞部郎中。皇祐六年正月八日葬，曾鞏作墓銘。出《文鑑》。

詩

鑾輅青旂下帝臺，東郊上苑望春來。黃鶯未解林間囀，紅蕊先從殿裏開。畫閣條風初變柳，銀塘曲水半含苔。欣逢睿藻光韶律，更促霞觴畏景催。景龍四年，是日立春，武平一應制，唐中宗批云：紅蕊先開，黃鶯未囀，循環吟咀，賞嘆兼懷，更賜花一枝。《景龍文館記》

今年春色好，應爲剪刀催。宋之問《是日立春應制》，亦景龍四年。《山堂肆考》

九日

玄宗遣左右相已下祖別賀知章於長樂坡，上賦詩贈之。開元二十九年。《玉海》

黃山谷賦詩贈別祖元師，詩中有“孤臣蒙恩已三命”之句。師，和義人，能用五行書察人休祥，性尤嗜琴。山谷自三榮追至瀘州餞之，則師非一浮屠氏而已。建中靖國辛巳年正月九日贈別。《宋濂集》

靈祐禪師盥漱怡然而寂，壽八十三，謐大圓禪師。靈祐，潭州潙山僧。年十五出家，遊江西參百丈，丈一見許之。丈曰：“汝撥爐中有火否？”師撥之，曰：“無火。”丈躬起，撥得少火，舉以示之，曰：“汝道無，這箇聻？”師由是發悟。居湖南爲山，敷揚宗教四十餘年。唐宣帝大中七年正月九日告寂。《楚禪宗志》

南斗下降。

五通仙誕。以上《翰墨大全》。

詩

武夷深處有臺仙，嶽降元霄六日前。早挾雄文偕漢吏，晚將奇策對堯天。《事文類聚》

衆人事紛擾,志士獨悄悄。何異琵琶絃,常遭腰鼓鬧。三盃忘萬慮,醒後還皎皎。有如轆轤索,已脫重縈繞。家人自約飭,始慕陳婦孝。可憐原巨先,放蕩今誰吊。平生嗜羊炙,識味肯輕飽。烹蛇啖蛙蛤,頗訝能稍稍。憂來自不寐,起視天漢渺。闌干玉繩低,耿耿太白曉。東坡《是日有美堂飲醉歸五鼓方醒起閱文書得鮮于子駿所寄》

十日

浹日。從甲至甲爲浹日,凡十日。《周禮》

唐玄宗制獻歲之吉,迎氣方始,敬順天時,無違月令,所由長吏,可舉舊章。開元十一年。《通考》

唐高宗是日以太子初立,欲大會群臣、命婦合宴宣政殿。太常博士袁利正上疏曰:"前殿正寢,非命婦宴會、倡優進御之所。"帝從之,改向麟德殿。永隆二年。《玉海》

宋真宗賜新及第進士胡旦已下綠袍、靴、笏,自是以爲定制。太平興國二年正月十日。出《會要》。

楊國忠選監牧小兒於苑中教習,請劍南舊將李福德、劉光庭爲教練使。天寶十五載。《蜀記》

詩

今朝郡齋冷,忽念山中客。澗底束荊薪,歸來煮白石。遙持一尊酒,遠慰風雨夕。落葉滿空山,何處尋行迹。紹聖二年是日。韋蘇州《寄全椒山中道士》。道士常於庵前見足迹長二尺許。

一杯羅浮春,遠餉採薇客。遙知獨酌罷,醉臥松下石。幽人不可見,清嘯聞月夕。聊戲庵中人,空非本無迹。東坡是日讀韋蘇州寄道士詩,乃以酒一壺,依韻作詩寄道士。

十一日

唐德宗詔曰："四序嘉辰,歷代增置。漢宗上巳,晉紀重陽。或說襖除,雖因舊俗,與衆宴樂,誠洽當時。朕以春方發生,候維仲月,勾萌畢達,天地同和,俾其昭蘇,宜均暢茂。"自今以後,二月一日爲中和節。貞元五年正月十一日詔。《事物紀原》

宋孝宗賜左相虞允文《養生論》、右相梁克家《長笛賦》,又賜克家御草《古栢行》一軸。乾道七年。《玉海》

西川孟昶以是日降。昶每歲除日,命翰林爲詞,題桃符,正旦置寢門左右。末年,學士辛寅遜撰詞,昶以其非工,自命筆題:"新年納餘慶,嘉節賀長春"。以其年正月十一日降王師,即命呂餘慶知成都府,而長春乃宋太祖誕辰節也。信數蓋前定。《通考》

粘罕遣使入城,請欽宗車駕詣軍前議事。宋靖康二年正月十一。出《七修類稿》。

全真祖師謂馬鈺曰:"從我歸去。"馬鈺,字玄寶,號丹陽子。全真祖師命馬鈺鎖其庵時,隆冬風雪四入,而庵之所有,惟筆硯、枕席、布衾、草履而已,然神形沖暢,如在春風和氣中,謂至人有寒谷回春之妙。正月十一日鎖啓,師謂馬鈺曰:"從我歸去。"居崑嵛煙霞洞。《史纂左編》

詩

偏得朝陽借力催,千金一跨過溪來。曾坑貢後春猶早,海上先嘗第一杯。曾鞏《閏正月是日呂殿丞寄新茶》

錦袍周衛一番新,警蹕朝嚴下紫宸。俗眼望來猶眩日,天顏回處自生春。行齊鵷鷺當隨仗,步穩驊騮不起塵。歸路青雲喧鼓吹,樂遊從此屬都人。曾鞏《是日迎駕呈諸同舍》

十二日

浹辰之間。《左傳》

封四瀆之號：河爲靈源公，濟爲清源公，江爲廣源公，淮爲長源公。天寶六載。《唐會要》，亦出《事物紀原》。

唐睿宗崩。葬橋陵奉先縣界。出《通考》。

宋哲宗崩。元符三年徽宗即位。《宋史·禮志》

賜新及第進士呂蒙正以下緑袍、靴、笏，御前釋褐。太平興國二年。《宋朝會要》

宋理宗淳祐三年，趙京兆請預放元宵。自是日起，諸巷陌橋道皆編竹爲張燈之計。先徽宗宣和六年，元宵有讖詞，末句云："奈吾皇，不待元宵景色來到。恐後月，陰晴未保。"及理宗淳祐三年張燈，臣僚劄子引此詞末二句，爲次年五月五日金人寇之讖。《清夜録》

岳州自元獻歲，鄰里以飲食相慶，至是日罷，謂其日爲雲開節。《岳陽風土記》

詩

自撥床頭一甕雲，幽人先已醉奇芬。天門冬熟新年喜，麴米春香並舍聞。菜圃漸疏雲漠漠，竹扉斜掩雨紛紛。擁裘睡覺知何處，吹面東風散縠紋。載酒無人過子雲，年來家醖有奇芬。醉鄉杳杳誰同夢，睡息齁齁得自聞。齁齁，鼻息也。口業向時猶小小，眼花因酒尚紛紛。點燈更試淮南語，汎溢東風有縠紋。是日，天門冬酒熟，東坡自漉之，且漉且嘗，遂以大醉，作詩二首。《淮南子》云：東風至而酒汎溢。許慎注云：酒汎，清酒也。

十三日

唐太宗大蒐於昆明池。貞觀五年正月十三日，大蒐於昆明池，夷落君長從，官群臣。出《會要》。

唐敬宗即位。長慶四年正月十三，按穆宗聖子三人敬宗、文宗、武宗，皆有

天下。詳求正史，光①有比倫。《卓異記》

後唐潞王生，爲千春節。《晉紀》

宋神宗欽聖憲肅皇后向氏崩。建中靖國元年

宋太祖是夜燃燈，罷内前排場戲樂，因昭憲皇太后喪制。建隆三年。以上《宋史》。

張乖崖帥蜀，是夜燈，謂之掛搭燈。《翰墨大全》

慕容晃征郭遠，海結冰淩。慕容晃上言曰：正月十三日，臣躬征郭遠，假陛下天地之威，將士竭命，精誠感格，海爲結冰，淩行海中三百餘里。臣及諸老言，自立國以來，無海水冰凍之歲。《風俗通》曰：積冰曰淩，冰杜曰凍。王隱《晉書》，亦出《山堂肆考》。

孟昶遣使奉表來降。王全斌，并州太原人。全斌克劍州，殺蜀軍萬餘人。正月十三日，師次魏城，孟昶遣使奉表來降。出《左編》。

蘇東坡録盧仝、杜子美詩遣懣。元符二年，是時久旱無雨，陰翳未快。時東坡在儋州，年六十四。《長公外紀》

莫月鼎化於弟子王繼華家，瞑目而坐，繼華問身後事，月鼎摇手曰："候五事備可也。"夜將半，風雲雷電雨交作，月鼎索筆書偈曰："七十四年明月，也曾陰晴圓缺，今日大地光明，三界虚空透徹。"書畢，泊然而逝，顔面如丹。莫月鼎，湖州月河溪人。宋理宗寶祐戊午年大旱，月鼎按劍，呼雷神役之，天地晦冥大雨。後見元世祖於灤京内殿時，爽霽，世祖曰："可聞雷否？"月鼎取胡桃擲地，雷應聲而發，雷撼殿庭。《史纂左編》

三元集聖之晨。《翰墨大全》

詩

南山春雪未全消，路並浮梁步石橋。深緑漸歸高柳葉，淺紅初上小梅梢。峭寒寺院鍾聲起，昏暮人家燭影摇。一夜東風吹

① 《卓異記》爲"未有比倫"。

酒醒，夢回花月是元宵。韓仲正，嘉定十四年是日作。

去年今日過崖山，望見龍舟咫尺間。海上樓臺俄已變，河陽車馬不須還。可憐牰乳煙橫塞，空想鵑啼月掩關。世上流光忽如此，東風吹雪鬢毛班。文天祥，字宋瑞，號文山。是日作。

十四日

明皇是夜幸上陽宮，新番一曲。有李謩於天津橋上翫月，聞宮中奏曲，愛其聲，以爪畫譜記之。翌夕，明皇潛遊，忽聞酒樓上有笛奏前夕所番曲，捕笛者詰之。李謩，長安少年也。《合璧事類》

玄宗取十四日至十六日開坊市門燃燈，永以爲式。《舊唐書》

宋仁宗御樓，遣中使傳宣從官曰：“朕非好遊觀，與民同樂耳。”翌日，蔡君謨獻詩云：“高列千峰寶炬森，端門方喜翠華臨。宸遊不爲三元夜，樂事還同萬衆心。天上清光留此夕，人間和氣閣春陰。要知盡慶華封祝，四十餘年惠愛深。”《東齋録》

道士王郎昇仙，陶隱居爲誌銘云：紱冕豈榮，隨璜非寶。萬里求真，緘茲内抱。王郎，字法明，太原人。入茅山，師陶隱居。梁武帝大通二年正月十四日昇仙。出《太霄經》。

徑山大慧宗杲禪師謂衆僧曰：上堂。正月十四十五，雙徑推鑼打鼓，要識祖意西來，看取村歌社舞。《史纂左編》

李旦暴病卒。旦，元嘉三年正月十四卒，七日而蘇。云有一人持幡至床頭，稱府君呼喚，即隨去。見一宮闕，閑深上有三十人單衣列坐，又有一人披袍隱。凡左右百餘，視旦而語，坐人曰：“當示以諸獄。”旦聞言，舉頭四視，乃地獄中見群罪人呻吟號呼。久之，有一人稱府君放旦歸内，有一罪人寄語家人云：“生前犯罪，作福可免。”旦初不知罪人姓名，旦蘇後以姓名通於家，姓名不爽。後旦悟報應之説，作八關齋。旦，字世則，廣陵人。出《冥報記》。

十五日

文帝嘗與近臣登高，元胄爲右衛大將軍，是日召之，謂曰：

"公與外人登高，未若就朕。"極懽。《隋書》

韋安石，京兆萬年人。中宗是夜幸其第，賜賚不可勝數。安石，應明經舉爲戶部尚書，復爲侍中，監修國史，周大司空郿國公孝寬曾孫也。《舊唐書》

禰衡被魏武帝謫爲鼓吏。是日試鼓，援桴作《漁陽摻》，淵淵有金石聲，四坐爲之改容，孔融曰："禰衡罪同胥靡，不能發明王之夢。"《世說》

韋堅，字子全。是夜，皇甫惟明與堅宴集，李林甫奏堅外戚與邊將私，且謀立太子。林甫使楊謹矜、楊國忠等文致其獄，帝惑之，貶堅縉雲太守，惟明播州太守，籍其家。堅諸弟訴枉。《六帖》

天寶十載，楊氏五宅夜遊，與廣寧公主騎從爭西市門。楊氏奴揮鞭誤及公主衣，公主墮馬，駙馬程昌裔扶公主。入奏，上令決殺楊家奴一人，昌裔停官，不許朝謁。楊家從此轉橫京師，長吏側目，故當時謠曰："男不封侯女作妃，君看女卻是門楣。"《太真外傳》

宋太宗御樓觀燈，時李文正公昉以司空致仕於家。上以安輿召至，賜坐。敷對明爽，精力康勁。上親酌御樽飲之，選殽核之精者賜焉，謂近侍曰："昉可謂善人君子，事朕兩入中書，未嘗有傷人害物事，宜有今日所享。"因賜詩焉。至道元年。《山堂肆考》

太宗御乾元門樓觀燈賜宴，見京師繁盛，嘆美之。呂蒙正避席曰：乘輿所在，士庶走集，故繁盛如此。臣嘗見都城外不數里，饑寒死者甚眾，願陛下親近以及遠。帝變色不言。蒙正侃然復位，同列多其伉直。至道二年。《綱目》

隋柳彧見都邑百姓每至是日作角觝戲，上奏曰：京邑及外州每以正月望夜，充街塞陌，鳴鼓聒天，燎炬照地，人帶獸面，男爲女服。竭資破產，競此一時。請並禁斷。上可其奏。《北史》

漢家祀太乙，昏時祀到明。《史記》

吳縣張成見美婦立宅東南角，舉手召成曰：此地是君蠶室，我地神也，宜作白粥泛膏祀我，令蠶百倍。《顯異錄》

蕭餘之日於宣陽里酒盤下得一物，如人眼睛，其體類美石，光影射人。置掌中遊間處，輒光明三尺許。後因雨飛去。《六帖》

都城上元造麵蠒，以官位高下帖之蠒中探之。《開元遺事》

洛陽人家是夜以影燈多者爲勝，其相勝之辭曰："千影萬影。"又各家造芋郎君食之，宜男女。又各送鷄肉酒，用大木缾貯之，於親知門前留地而去。《影燈記》

祭門先以楊柳枝插門，隨楊柳枝所指，仍以酒脯飲食及豆粥祭之。《荆楚歲時記》

作膏以祠門户。《玉燭寶典》

韓國夫人置百枝燈，樹高八十尺。上元夜燃之，百里皆見光，奪月色。

楊國忠子弟各有千炬紅燭圍於左右，時人曰："千炬燭圍。"以上《開元遺事》。

上元夜登樓，貴戚例有黃柑相遺，謂之傳柑。《明皇雜錄》

唐中宗夜與后微服過市，縱宮女出遊，皆淫奔不還。《六帖》

玄宗於長春殿張臨光宴金鳧燈，又於殿中撒出閩中紅錦荔枝，令宮人拾之。《影燈記》

浙人趙嘏有美妾，是夜，浙帥見之，掩爲己有。嘏明年登第，遺以詩。浙帥不自安，歸之，嘏方出關，次橫水驛相遇，抱嘏痛哭。卒，遂葬橫水。《青瑣集》

有蒼頭鬻半照，徐德言出半照合之。陳徐德言之妻，後主叔寶之妹，樂昌公主也，才色冠絕。時陳政方亂，德言知不相保，乃破一照鏡，人執其半，約曰："鬻此必以正月望日。"及陳亡，其妻入楊越公家，德言流落至京，遂以正月望日訪於都市,果有蒼頭鬻半照者,德言引至其居,出半照合之,具言其故,越公知之,還其妻。
《青瑣集》

唐玄宗觀燈於上陽宮,結綵樓三十餘間,高百尺,珠玉翠寶列其間,以燈爲龍、鳳、麒麟狀。玄宗召葉法善觀於樓下,善曰:燈固盛矣,西涼府今夕之燈亦不亞此。上曰:可得一往乎?令上閉目勿開。如其言,閉目距躍,已在雲霄。俄而至,善曰:“可以觀矣!”果燈影輝煌,士女車馬駢集,上稱其盛。以鐵如意質酒,共飲畢,復令閉目騰空,頃在綵樓下,歌舞未竟。翌日,命中使如涼州求鐵如意,果得還爲驗。開元初。《集異記》

玄宗謂葉天師曰:今夕何處最麗?對曰:廣陵。帝曰:何術以觀之?師曰:可。俄而虹橋起殿前,板閣架虛,欄楯若畫。帝步而上,太真、高力士及樂官數人從行,步步漸高,頃到廣陵寺觀。陳設之盛,燈火之光,照灼基殿。士女鮮麗,皆仰面曰仙人現於五色雲中。帝大悦,敕伶官奏《霓裳羽衣》一曲。後數日,廣陵果奏云。開元十八年。《幽怪錄》

張天師,名道陵,字輔漢,生於天目山。建武十年正月十五日生,至桓帝永壽元年於靈峰白日上昇。出《集仙録》。

王玄甫學道於赤城霍山。晉穆帝永和元年是日,玉帝遣羽車迎之。玄甫乘雲駕龍,白日昇天,爲中嶽真人。《徐州志》

仙人尹思,字小龍。晉元康五年是夜,坐屋中,遣兒視月中有異物否,兒曰:今年當大水,中有一人披簑。思自視之曰:將有亂卒至。兒曰:何以知之?曰:月中人帶甲仗矛,當大亂。後如其言。《神仙傳》

摩喝陀國僧徒俗衆雲集,觀佛舍利放光雨花。《西域記》

上元九氣天官詣天闕,進呈世人罪福之籍。《山堂肆考》

詩

玉漏銅壺且莫催，鐵關金鎖徹明開。誰家見月能閒坐，何處聞燈不看來。_{崔液}

喧喧車騎帝王州，羈病無心逐勝遊。明月春風三五夜，萬人行樂一人愁。_{白居易《長安》}

花萼樓前雨露新，長安城裏太平人。龍啣火樹千燈焰，雞上蓮花萬樹春。

帝宮三五戲春臺，行雨流風莫妒來。西域燈輪千影合，東華金闕萬重開。_{以上張説《御前踏歌》。}

端門魏闕鬱崢嶸，燈火城中輦路平。不待上林鶯百囀，教坊先已進新聲。_{少游}

星回河漢月將微，露酒煙飄燈漸稀。猶惜路傍歌舞處，踟躕相顧不能歸。_{崔顥}

洛城三五夜，天子萬年春。彩仗移雙闕，瓊筵會九賓。舞成蒼頡字，燈作法王輪。不覺東方白，筵隨御柳新。_{孫逖《應制》}

火樹銀花合，星橋鐵鎖開。暗塵隨馬去，明月逐人來。遊妓皆穠李，行歌盡落梅。金吾不禁夜，玉漏莫相催。_{蘇味道}

新年三五東林夕，星漢迢迢鍾梵遲。花縣當君行樂夜，松房是我坐禪時。忽看月滿還相憶，始嘆春來自不知。不覺定中微念起，明朝更問鴈門師。_{白居易《是夜東林寺學禪偶懷藍田楊六主簿因呈智禪師》}

魚龍曼衍六街呈，金鎖通宵啓玉京。冉冉遊塵生輦道，遲遲春箭入歌聲。寶坊月皎龍燈淡，紫館風微鶴篆平。宴罷南端天欲曉，回瞻河漢尚盈盈。_{夏英公《應制》}

十六日

唐睿宗十五至是日兩夜，長安福門外燈高二十丈，衣以錦綺，飾以金銀，燃五萬盞燈，豎之如花樹。宮女千數，衣羅綺，曳錦繡。長安年少女婦千餘人，亦於燈輪下踏歌，歡樂之極，未始有之。《玉海》

文宗力疾御紫宸見百寮，宰臣問安否，上嘆無名醫。太和八年。先七年，文宗暴風恙，不能言者月餘。《舊唐書》

御座臨軒宣萬姓，先到者得瞻見天表。《夢華錄》

王世充與李密戰於石窟寺。夜，疾風寒雨，軍士涉水沾濕，道路凍死者以萬數。充脫身宵遁，直向河陽。唐高祖武德元年。《河洛記》

韓康公子華私第會從官九人，皆門生故吏，一時名德如傅欽之、胡寬夫、錢穆父、東坡、劉貢父、顧子敦皆在坐。錢穆父至晚，子華不悅，東坡云："今日爲本殿燒香多留住。"九子母丈夫也。錢形有類，故云。坐客大笑。方坐，出家妓十餘人。讌後，新寵魯生舞罷，爲游蜂所螫，子華意不甚悅。久之呼出，以白團扇從東坡乞詩，詩曰："窗搖細浪魚吹日，舞罷花枝蜂繞衣。不覺南風吹酒醒，空教明月伴人歸。"上句記姓，下句記事，康公大喜。《事文類聚》

宋趙師旦葬。師旦，字潛叔。以嘉祐五年正月十六日葬君山陽上鄉仁和之原。王安石作墓銘，銘曰：可以無禍，有功於時。玩君安榮，相顧莫爲。誰其視死，高蹈不疑。嗚呼康州，名以昭之。出《文鑑》。

謂之耗磨日。必飲酒，官司不令開庫。《野記》

婦女相率宵行，以消疾厄，謂之走百病。《楚志》

士女是夜傾城交錯，往來如蟻，謂之過橋。達旦不休。《宣府鎮志》

金與元俗：是日嚴備，放偷。至則笑而遣之。雖妻女、車馬、寶貨爲人所竊，皆不加罪。《七修類稿》

詩

耗磨傳茲日，縱橫道未宜。俾令不忌醉，翻是樂無爲。

上月今朝減，流傳耗磨辰。但令不事事，同醉俗中人。以上張說詩。出《丹鉛摘録》。

春來半月度，俗忌一朝閑。不酌他鄉酒，無堪對楚山。趙冬曦

十七日

郎顗詣闕曰："今正月十七日，丑、寅、申皆徵也，必當爲旱。" 郎顗，字雅光。學《京氏易》，善風角、星筭。陽嘉二年正月，公車徵，顗詣闕曰：臣聞天垂妖象，地見灾符。今正月十七日戊午，徵日也，日加申，日在申時也。風從寅來，丑時而止。丑、寅、申皆徵也，不有火灾，必當爲旱。願陛下責躬修德，庶景雲降，眚沴息矣。順帝。《後漢書》

宋太祖詔曰：朝廷無事，年穀屢登。宜士民縱樂上元，可增十七、十八兩夜。乾德五年。《翰墨大全》

宋太宗藉田，改元端拱。雍熙五年正月十七日，藉田改元。出《宋史》。

元祐間，蔡太師以待制守永興。上元連日陰雨，是日雨止，太師出遊，欲再張燈。太師是夜欲張燈，吏謂："長安大府常歲張燈，所用膏油至多，皆預爲備。今已盡，臨時營之，決不能辦。"出《卻歸①編》。

後周太祖崩。葬嵩陵，在鄭州新鄭縣。《通考》

海臨生宴宗室百官武德殿。母大氏懽飲盡醉，海臨奏曰：太后春秋高，常日飲酒不過數杯，今飲酒沈醉。兒爲天子，固可樂，若聖體不和，則子心不安。至樂在心，不在酒。《金史》

金主熙宗本七月七日生，以同皇考忌日，改用正月十七日。

---

① 有《卻掃編》一書，未見《卻歸編》一書。"歸"應爲"掃"形誤。

《金史》

十八日

宋順帝。是日，辰星孟效西方，占曰"天下更王"。昇明二年。

《南齊書·天文志》

玄宗詔開重門以達陽氣。天寶六載。《翰墨大全》

徽宗宴輔臣觀燈。宣和七年。《宋史·禮志》

文天祥午時拜相。字宋瑞，號文山，丙子年正月十八日拜相。出《七修類稿》。

是夜燒燈，以草爲舡，實以紙馬，送至江滸焚之，謂之禳災。

《楚通志》

詩

新春三六慶生申，曾立螭頭作近臣。《事文類聚》

蘭菊有生意，微陽回寸根。方憂集暮雪，復喜迎朝暾。憶我故居室，浮光動南軒。松竹半傾瀉，未數葵與萱。三徑瑤草合，一缾井花溫。至今行吟處，尚餘履舄痕。一朝出從仕，永愧李仲元。晚歲益可羞，犯雪方南奔。山城買廢圃，槁葉手自掀。長使齊安人，指説故侯園。

鉛膏染髭鬢，旋露霜雪根。不如閉目坐，丹府夜自暾。丹府，即道家所謂丹田也。誰知憂患中，方寸寓義軒。大雪從壓屋，我非兒女萱。平生學踵息，坐覺兩鐙溫。下馬作雪詩，滿地鞭箠痕。佇立望原野，悲歌爲黎元。道逢射獵子，遥指狐兔奔。蹤跡尚可尋，窟穴何足掀。寄謝李丞相，吾將反丘園。東坡《是日蔡州道上遇雪》。莊子："真人之息以踵。"

十九日

唐順宗崩於興慶宮。年六十四。出《通考》。

丘處機生。處機生於金熙宗皇統八年正月十九日，字通密，號長春子，登州棲霞人。師重陽祖師，重陽以詩贈之云："細密金鱗戲碧流，能尋香餌會吞鈎。被予緩緩收綸線，拽入蓬萊永自由。"其器重可見。後處機居磻溪得道昇化。《史纂左編》

北陰聖母降，威濟公生。以上《翰墨大全》。

二十日

唐順宗生，號聖壽節。《齊杭寺碑》

禄山生。貴妃以錦繡縛禄山，令内人以綵輿昇之，宮中歡呼動地，玄宗使人問之，報云："貴妃與禄兒作三日洗兒。"玄宗就觀之，大悦，因賜貴妃洗兒錢。自是，宮中呼禄山爲禄兒，不禁出入。《考異》

文與可卒。元豐二年卒於陳州。與可與東坡相善，聞之，哭失聲。《宋文鑑》

婆斯國各祭其先死者。出《北史》。據《魏書》，洛那國正月二十日各祭先死。洛那國，故大宛國也。

江東俗：是日爲天穿，以紅縷繫煎餅置屋上，謂之補天穿。《拾遺記》

南斗星降。道經

詩

鰲島燒燈後，五葉舞堦蓂。東郊和氣洽，南極壽星明。《事文類聚》

媧皇没後幾多年，夏伏冬愆任自然。只有人間閑婦女，一枚煎餅補天穿。李覯，字泰伯。是日作。

客睡何輾轉，青燈暗又明。春雲藏澤國，夜雨嘯山城。許國有寸鐵，耕田無一成。朦朧五更夢，俄頃踏如京。張宛丘《是日夢在京師》

東風未肯入東門，走馬還尋去歲村。人似秋鴻來有信，事如春夢了無痕。江城白酒三盃釅，野老蒼顔一笑温。已約年年爲此會，故人不用賦招魂。東坡《是日與潘郭二生出郊尋春，忽記去年是日同至

女王城,作詩乃和前韻》

十日春寒不出門,不知江柳已搖村。稍聞決決流冰谷,盡放青青没燒痕。數畝荒園留我住,半瓶濁酒待君温。去年今日關山路,細雨梅花正斷魂。東坡《元豐二年是日往岐亭,郡人潘古郭送於女王城東禪院》

亂山環合水侵門,身在淮南盡處村。五畝漸成終老計,九重新掃舊巢痕。豈惟見慣沙鷗熟,已覺來多釣石温。長與東風約今日,暗香先返玉梅魂。東坡《元豐六年是日復出東門,仍用前韻》

二十一日

唐太宗親祭先農,藉於千畝之甸。秘書郎岑文本獻藉田頌以美之,頌曰:"迴輿南畝,駐蹕東廛。"此禮自晉南遷久廢,太宗貞觀三年正月二十一日始行之,觀者駭然。《玉海》

天寶二載,取士六人,玄宗御花萼樓覆試。《通典》。據《會要》,勤政樓覆試。

武則天御洛城南樓賜宴,太常奏六合還淳之舞。調露二年。《音樂志》

宋真宗祥符六年,帝服通天冠絳紗袍,奉上太上老君混元上德皇帝加號册寶。夜漏上五刻,侍使奉天書赴太清宮。二鼓,帝乘玉輅駐大次。三鼓,奉天書升殿,改服袞冕,行朝謁之禮。相王元偓爲亞獻,榮王元儼爲終獻。禮畢,奉册寶於玉匱,纏以金繩,封以金泥。《宋史·禮志》

唐僖宗除高駢劍南西川節度副大使。是日,駢到劍州。駢先遣使走馬開成都門,令放出百姓。或曰:"蠻寇逼近成都,相公尚遠,萬一豨突,奈何?"相公駢曰:"吾在交趾破蠻三十萬衆,蠻聞我來,逃竄不暇,何敢輒犯成都?"使者至成都,開城縱民出。乘城者皆下城解甲,民大悅。蠻方攻雅州,聞之,引兵去。《錦里耆舊傳》

詩

自蒙蜀州人日作，不意清詩久零落。今晨散帙眼忽開，迸淚幽吟事如昨。嗚呼壯士多慷慨，合沓高名動寥廓。嘆我悽悽求友篇，感時鬱鬱匡君略。錦里春光空爛熳，瑤墀侍臣已冥寞。瀟湘水國旁黿鼉，鄂杜秋天失鵰鶚。東西南北更堪論，白首扁舟病獨存。遙拱北辰纏寇盜，欲傾東海洗乾坤。邊塞西蕃最充斥，衣冠南渡多崩奔。鼓瑟至今悲帝子，曳裾何處覓王門。文章曹植波瀾闊，服食劉安德業尊。長笛誰能亂愁思，昭州詞翰與招魂。

杜工部開文書帙中，因得故高刺史人日相憶見寄詩。大曆五年正月二十一日追酬高公，因寄漢中王瑀及昭州敬使君。

二十二日

唐穆宗疾，是日，命太子監國。宦官欲請郭太后臨朝稱制，太后曰：昔武后稱制，幾危社稷。我家世守忠義，非武后比。太子雖少，但得賢宰相輔之，何患國家不安！自古豈有女子爲天下主而能唐虞之理乎！是夕，上崩。長慶四年。《玉海》

宋高宗修太后殿。紹興九年正月二十二日修，十一月親書慈寧之殿。頌曰："東朝置衛，遠存長樂之鴻名；中禁承顏，近著寶慈之茂實。"出《會要》。

東坡將往岐亭，宿於團風，夢一僧破面流血，若有所訴。是日至岐亭，過一廟，中有阿羅漢像，左龍右虎，儀制甚古，而面爲人所壞，顧之惘然，宛如夢中所見。遂載以歸，完新而龕之，設於安國寺。元豐四年。《楚通志》

詩

過了元宵七日間，琴堂歌舞獻慈顏。《翰墨大全》

二十三日

玄宗封東鎮沂山爲東安公，南鎮會稽山爲永興公，西鎮吳山爲成德公,中鎮霍山爲應聖公,北鎮醫巫閭山爲廣寧公。封東海爲廣德公,南海廣利公,西海廣潤公,北海廣澤公。天寶十載。《唐會要》,亦出《事物紀原》。

唐德宗崩於會寧殿。貞元二十一年崩,年六十四。先,德宗會群臣於宣政殿宣遺詔,皇太子即位。太子即順宗。《通考》

後唐潞王,小字二十三,蓋正月二十三日生也。人臣奏對但云兩旬三日,或數物則云二十二,更過二十四,不敢斥尊也。清泰元年,宰臣李愚等表曰:以獻歲元正之月,是猗蘭降聖之辰。梅花映雪於上林,椒酒迎春於祕殿。謂於是月特舉嘉名,請以降誕日爲千春節,從之。《天中記》

范傳正以李太白遷葬於謝家青山。李公,名白,字太白,其先隴西成紀人。天寶初,玄宗召見於金鑾殿,降輦步迎,賜食,御手調羹。其恩遇前無比儔,遂直翰林專掌密命。公每見長江遠山,一泉一石,無不自得。晚歲渡牛渚磯,至姑熟,悅謝家青山,有終焉之志。盤桓利居,竟卒於此。公孫女二人,一爲陳雲之室,一爲劉勸之室,皆編户甿也。唐范傳正召至郡庭相見,問其父,則曰:父伯禽,以貞元八年不祿而卒。有兄一人,出遊不知所在。吾二人儷於農夫,救死而已。久不聞於縣官,恐辱祖考。言訖淚下,傳正亦泫然。又言先祖志在青山,遺言宅兆,頃屬多故,殯於龍山。傳正於是卜新宅青山之陽,以元和十二年正月二十三日遷葬,遂公之志。西去舊墳六里,北倚謝公山,即青山也。傳正告二女改適於士族,皆曰:夫妻之道命也,在孤窮既失身於下俚,仗威德乃求援於他門。生縱偷安,何見大父於地下?傳正深嘉之。李太白墓碑亦載。《蜀志》

張衡與妻盧氏飛昇陽平山。衡有女名玉蘭,十七歲感夢赤光自天而下,光中金字篆文,遂有孕,人疑之,玉蘭謂侍婢曰吾死當割腹,以明其心。中有一物如蓮花,開中有金書玉簡。死旬日有異香,後數日大風雷雨,棺自開,飛在巨木之上,空棺而已。今墓在温江縣。張衡,字平子,於漢靈帝光和二年正月二十三日飛昇。出《集仙録》。

二十四日

唐中宗即位於通天宮端宸殿。嗣聖元年

土蕃是日請五經，玄宗賜以《毛詩》《禮記》《左傳》《文選》。於休烈上疏曰不可，裴光庭曰：西戎請詩書，庶使潛陶聲教。上曰善，乃與之。開元十九年。以上《玉海》。

唐高祖詔曰：自今以後，每年正月、五月、九月及每月十齋日，並斷屠。武德二年。斷屠之制始於高祖。出《會要》，亦出《事物紀原》。

王仲宣卒。建安二十二年卒，曹子建爲之誄曰：魏故侍中關內侯王君，文若春華，思若涌泉。發言可詠，下筆成篇。云云。出《文選》。

安定嵩真晡時死。嵩真，明筭術，漢成帝時人。自筭其年壽七十三，綏和元年正月二十五日晡時死，書於壁以記之。至二十四日晡時死，其妻曰：見筭時多下一筭，今果差一日。《西京雜記》

二十五日

憲宗元和十六年，夜，星盡見而雨。《考異》

司馬乂，武帝第六子，以是日廢。又封長沙王。身長七尺五寸，開朗果斷，才力絕人，虛心下士，甚有名譽。張方遣部將郅輔就金墉收乂，至營炙而殺之，三軍垂涕。將殯城東，官屬莫敢往，故掾劉佑獨送之，步持喪車悲號。初，乂執權之始，洛下謠曰："草木萌芽殺長沙。"人以正月二十五日廢，後二日死於謠言。《史纂左編》

唐張允伸以風恙卒。允伸，字逢昌。咸通九年，加光禄大夫檢校司徒兼太傅同中書門下平章事。十二年，以風恙請就醫藥，詔許之。正月二十五日卒，年八十八，贈太尉，謚忠烈。允伸領鎮二十三年，克勤克儉，邊鄙無虞，談者美之。《舊唐書》

北斗出遊。道經

二十六日

德宗貞元四年，陳留雨木如大指，長寸餘，有孔通中，下而植

於地，凡十里許。《唐‧五行志》

唐敬宗即位。長慶四年，是時年十六。出《玉海》。

東坡偶與數客過僧舍東南野人家，雜花盛開，扣門求觀。主人林氏嫗出應，白髮青裙，少寡，獨居三十年。坡感嘆之，作詩以記。《長公外紀》

　　詩

拜表歸來抵寺居，解鞍縱馬罷傳呼。紫花金帶盡脫去，便是林間一野夫。

草軟波晴沙路微，手攜筇竹著深衣。白鷗不信忘機久，見我猶穿岸柳飛。伊川《正月二十六日獨步至洛濱偶成二詩呈堯夫先生》。[1] 出《擊壤集》。

四葉蕡留孟月春，東君來現宰官身。高年自許同龜鶴，瑞世誰知有鳳麟。壽老人。《事文類聚》

縹帶細枝出絳房，綠陰青子送春忙。涓涓泣露紫含笑，焰焰燒空紅佛桑。落日孤煙知客恨，短籬破屋爲誰香。主人白髮青裙袂，子美詩中黃四娘。東坡見林氏嫗作。含笑、佛桑，皆花名。

二十七日

是日旦，兩月並見。煬帝大業九年。《隋書》

後漢高祖崩。葬睿陵，在洛京都城縣。《通考》

神宗即位。英宗是月崩。《宋史‧禮志》

程正叔進講。元祐二年正月二十七日進講，資善吏報馮宗道云：上前日微傷食物，恐未能久坐。令講讀少進說。出《明道集》。

宋商瑤卒。商瑤登宋仁宗景祐元年進士第，爲萊蕪單父縣尉、臨沂縣令，後

---

[1] 此詩作者今題爲司馬光。

以尚書屯田員外郎卒於至和二年正月二十七日。張耒作誌銘,銘曰:天下平治,士無功名。才否一區,之死無聲。或宏其聲,而中乃枵。竅實靡訂,孰昧孰昭。有淄商侯,甚蓄不施。時葉其直,則已光輝。彼下人逢,位下固宜。嗇不使年,造物則奚。出《宋文鑑》。

葉法善有雲鶴翔集,五色雲覆其居。吐蕃以寶函進唐玄宗,曰:"請陛下自開,勿令他人知此機密。"上問葉法善寶函可開否,法善以爲凶計,請上勿開,令蕃使自開,上從之。蕃使果中函弩而死。因授法善銀青光祿大夫,法善請松陽宅爲觀,賜號淳和,御製碑額以榮鄉里。正月二十七日,有雲鶴數百行翔集,瑞雲五色覆其居。《仙傳拾遺》

釋道安見有異僧從窗出入。安,姓魏氏,常山人,形甚陋。早失覆蔭,外兄孔氏撫之。七歲讀書,再覽能誦。十二出家啓師,所求經典,旦誦暮還。一一盡識,一字不差。寓襄陽宣法寺注經,乃誓曰:"若所注不甚遠理,願見瑞相。"是夕,夢一道人頭白眉長,語安曰:"君所注經,殊合理。"道人賓頭盧也。後至秦建元二十一年正月二十七日,有異僧形亦陋甚,來寺寄宿。講堂直殿者夜見異僧從窗而出入,安起禮之,安云:"自惟罪深,可度脫否?"異僧云可度,至某月某日方可度耳。至期,安無疾而卒,如其言。《高僧傳》

北斗下降。道經

二十八日

惟戊午,王次於河朔,群后以師畢會。王乃徇師而誓。以武城考之,戊午,一月二十八日也。《書》

唐玄宗以是日築神都羅城,號曰金城。天寶二年。《玉海》

景龍四年,上幸漼水。宗楚客應制詩:御輦出明光,乘流泛羽觴。鄭愔詩:素漼接宸居,青門盛祓除。摘蘭喧鳳野,浮藻溢龍渠。《文館記》

宋真宗御製五言詩賜王旦等屬和。祥符三年。《玉海》

范仲淹以是日知邠州兼陝西四路沿邊安撫使。官制

王結,字儀伯,卒。結,易州定興人,元順宗至元二年正月二十八日卒,年

六十有二。結生而聰穎，讀書數行俱下，終身不忘。嘗從太史董朴受經，深於性命道德之蘊，故措之事，見之文章，皆有所本。王仁見之，曰："公輔器也。"結立言制行，皆法古人，故張珪曰："王結非聖賢之書不讀，非仁義之言不談。"識者以爲名言。出《元史·王結傳》。

雅俗以是日祠保壽侯及唐杜丞相於崇真堂，故宋景文詩曰："雅俗傳祠日，年華重宴辰。"云云。《瀛奎律髓》

詩

初春只欠兩辰全，天降蓬萊第一仙。《事文類聚》

一冬無雪潤田疇，渴井泉源凍不流。昨夜忽飛三尺雪，今年須兆十分秋。占時父老應先喜，忍凍饑民莫漫愁。晴色已回春氣候，晚風搖綠看來牟。尤延之《正月二十八日夜大雪作》

二十九日

宋真宗詔陞應天府爲南京。祥符七年。《玉海》

韓愈是日復上韓光範書。《書》曰：愈聞周公之輔相，其急於見賢也，方一食三吐其哺，一沐三握其髮。云云。

池陽風俗：以是日爲窮九，掃除屋室塵穢，投之水中，謂之送窮。《天中記》

詩

節近中和隔兩辰，相門今復慶生申。《事文類聚》

三十日

提月。《公羊傳》曰：提月六鷁退飛遇宋都。提月者何？僅逮是月晦日也。何休注曰：提，月邊也，魯人語也，在是月之幾盡。出《初學記》。

沈丘縣民駱新田聞震，頓之，隕石入地七尺許。真宗天禧三年。《宋史·五行志》

武王伐商。是日，發鎬京始東行。《通考》

晉康帝。是日，成恭杜皇后周忌，有司奏："至尊期年應改服。"詔曰："君親，名教之重，權制出於近代耳。"於是素服如舊，非漢魏之典。建元元年。《禮志》

任文武百僚擇勝地追賞爲樂。貞元元年敕。時以正月晦爲令節，故敕。貞元五年移令節於二月一日，亦敕文武追賞兩日。俱載。前出《南部新書》，後出《合璧事類》。

東坡元豐二年遊桓山。遊桓山有《記》。《記》有"春服既成，從二三子遊於泗之上，登桓山入石室"云云。桓山，宋司馬桓魋之墓也，故《記》中有歌曰："桓山之上，維石嵯峨兮！司馬之惡，與石不磨兮！桓山之下，維水瀰瀰兮！司馬之藏，與水皆逝兮！"

元日至是日，人並爲醯食，度水。士女悉湔裳於水湄，以爲度危。今人以其日臨河解除，婦人或湔裙。《玉燭寶典》

主人使奴結柳作車，縛草爲舡，載糗與糧，一二揖窮鬼而送之。文公云。

高陽氏之子死巷，世作糜粥破衣，祝於巷，曰"除貧"。蓋高陽氏之子好衣敝食糜，時號"貧子"，故姚合是日有送窮詩，詩曰："年年到此日，瀝酒拜街中。萬户千門看，無人不送窮。"又曰："送窮窮不去，相泥欲何爲。今日官家宅，淹留又幾時。"又曰："古人皆恨別，此別恨銷魂。只是空相送，年年不出門。"事出《四時寶鑑》，詩出《文苑英華》。

詩

輕灰飛上管，落蕚飄下蒂。遲遲春色華，婉婉年光麗。盧元明《是日泛舟應詔》

晦口新晴春色嬌，萬家攀折渡長橋。年年老向江城寺，不覺東風換柳條。韓湟《呈諸判官》

殿前來日中和節，連夜瓊林散舞衣。傳報所司分蠟燭，監開金鎖放人歸。王建作。

風暖柴荆處處開,雪乾沙净水洄洄。意行卻得前年路,看盡梅花看竹來。王荆公《是日與仲元自淮上復至齊安》

晦魄移中律,凝暄起麗城。罩雲朝蓋日,穿露曉珠呈。笑樹花分色,啼枝鳥合聲。披襟勤眺望,極目暢春晴。唐太宗

月晦逢休澣,年光逐宴移。早鶯留客醉,春日爲人遲。蘡草全無葉,梅花遍壓枝。政閒風景好,莫比峴山時。劉長卿《是日陪辛大夫宴南亭》

裊裊春枝弱,關關新鳥呼。棹唱忽逶迤,菱歌時顧慕。睿賞芳月色,宴言忘日暮。遊豫慰人心,照臨康國步。魏收《是日泛舟應詔》

朝光入甕牖,屍寢驚弊裘。起行視天宇,春氣漸和柔。興來不暇懶,今晨梳我頭。出門無所待,徒步覺自由。杖藜復恣意,免值公與侯。晚定崔李交,會心真罕儔。每過得酒傾,二宅可淹留。喜結仁里懽,況因令節求。李生園欲荒,舊竹破修修。引客看掃除,隨時成獻酬。崔侯初筵色,已爲空樽愁。未知天下士,至性有此不。草萌既青出,蜂聲亦暖遊。思見農器陳,何當甲兵休。上古葛天民,不貽黃屋憂。至今阮籍等,熟醉爲身謀。威鳳高其翔,長鯨吞九州。地軸爲之翻,百川皆亂流。當歌欲一放,淚下恐莫收。濁醪有妙理,庶用慰沈浮。杜子美是日尋崔戢李封作。詩中"令節"二字,唐貞元前以正月晦日爲令節,詳《樂遊園》題注。

卷二

二月〔一〕

楚應城陳塏升也甫編輯

邑人徐養量叔弘甫校刻

黄蘭芳契之甫

尹東秩元叙甫

豫章李光元甫全閲

二月建卯。卯，茂也，謂陽氣生而孳茂也。《合璧事類》

夾鍾，卯之氣也，二月建焉。《周禮》

日在奎，昏弧中，旦建星中。《禮記》

日中，星鳥，以殷仲春。《尚書》

仲春，日出於卯，入於西。《考靈曜》

仲春行夏令，則大旱，暖氣早來，蟲螟爲害；行秋令，則氣寒，水大，寇戎來征；行冬令，則陽氣不勝，麥不熟，民多掠。《吕氏春秋》

爲如。《爾雅》

爲仲春、中春，亦曰仲陽。梁元帝《纂要》

月爲竹秋。《山堂肆考》

士女攜酒饌鼓樂於郊外，飲宴至暮而回，謂之迎福。蜀萬州風

俗。《寰宇記》

鄭國俗以是月桃花下水時，會於溱洧之上，以自祓除，故《詩》曰"溱與洧""渙渙兮"。《韓詩外傳》

陰氣萌作，恐物不茂，以朱索連葷以施門户。《後漢書》

是月上壬，取土泥屋四角，蠱吉。《雜五行書》

晉惠帝元康二年，天西北大裂。按劉向説："天裂，陽不足；地動，陰有餘。"是時人主拱默，婦后專制。沈約《宋書》

日中見北斗。天祐元年。《昭宗帝紀》

日初出，兩黑氣如人形，夾日旁。宋高宗建炎三年。此兵象。《通考》

祥雲如狗，赤色，星二枚夾行。孝昭元年。《漢書·天文志》

宣太后陵明堂有五色雲，芳香四滿，狀如車蓋。晉明帝太始四年。《宋書·符瑞志》

夜，星隕如雨，繹繹，未至地滅。成帝永始二年。《漢紀》

魏上谷郡黑風起，殺人。文帝元嘉十七年。《宣府鎮志》

鞏縣黑風，從西北暴至，吹李密衣冠及左右僚屬皆仆。沙塵暗天，咫尺不辨。隋大業十三年。《廣①古今五行志》

雨土。孝宗淳熙四年。《宋史》

汴梁雨木冰，狀如樓閣、人物、冠帶、鳥獸、花卉，百態俱備，五日始解。《元史》

雨木於陳留，十里許，大如指，長寸餘，中空，所下者立如植木。貞元四年。《五行志》

京師雨藥。仁宗慶曆元年。《宋史》

滄州雨雹，如鷄卵。景龍二年。《六帖》

---

① 廣，底本爲"唐"字，該段文字内容爲《廣古今五行志》内容，疑"廣""唐"形似而誤。今改。

黄河是月水名桃花水。《水衡記》

涼州城東池中有火。晉穆帝升平二年。《五行志》

河中府寶鼎縣潢泉有光，如燭焰四五炬，其聲如雷。真宗祥符四年。《宋史·五行志》

唐中宗神龍二年，洛陽城東七里，地色如水，樹木、車馬歷歷見影，漸移至都，月餘乃滅。宋文帝元嘉二十五年，青州城南遠望，見地中如水，有影，謂之“地鏡”。大曆末，深州束鹿縣中有水影長七八尺，遙望見人馬往來如在水中，及至前則不見水。《天中記》

保順軍城壕冰①，陷起文爲桃李花、雜樹、人物之狀。景祐元年。《宋史》

洛陽東北地陷，有蒼、白二色鵝出。蒼者飛翔沖天，白者止焉。是後，劉元海、石勒相繼亂華。晉懷帝永嘉元年。《五行志》

大業七年造釣臺，以舟運石。將至江東山下，取石，忽有大石如牛十餘自山頂飛下，直入舟内，如人安置，舟無傷損。《大業拾遺記》

永安三年二月，京師民家有二銅像，各長丈餘，一頤下生白毛四，一頰下生黑毛一。《魏書》

北魏孝昌三年，洛陽平等寺金身兩目垂淚，遍體俱濕，人稱爲佛汗。如此者三日。明年，爾朱榮入洛，誅戮百官殆盡。《洛陽伽藍記》

太僕寺有泥像左臂上有黑汗滴下，以紙承之，血也。大曆十三年。《六帖》

晉惠帝閏二月，殿前六鍾皆出涕。元康二年，先賈后殺楊太后，而賈后爲惡不止，故鍾出涕，猶傷之也。《通考》

唐高祖。京師西南有聲如崩山，近鼓妖。武德三年。說者以爲人

---

① 冰，底本爲“水”，《宋史》原文爲“冰”，今改。

君不聰，爲衆所惑，故有聲無形。《通考》

櫒樹生枝，如人頭，眉目鬚皆具，亡髮耳。漢成帝永始元年。《通考》

河南府新安縣蟾蜍背生芝草。徽宗政和二年。自是，殿宇、園苑及妃嬪位皆有玉芝。出《宋史·五行志》。

鄆州有魚長尺餘，墜於市。魚失水而墜於市，敗滅象也。元和十四年。《六帖》

鳳凰集於新蔡。漢宣帝甘露三年。新蔡屬汝南郡。

鳳凰集京師。宣帝神爵四年。是時，潁川太守黃霸在郡前後八年，鳳凰神爵數集郡國，潁川尤多。後徵霸爲太子太傅。出《漢紀》。

鳳凰集濟南。延光三年。是時，漢安帝車駕東巡。

鳳凰將九子見鄡鄉之豐城。晉穆帝升平四年。至十二月，又見豐城。

白麟見平原鬲縣。晉武帝咸寧五年。以上《宋書·符瑞志》。

詩

江南仲春天，細雨色如煙。疏爲武昌柳，布作石門泉。謝良輔詩。《狀江南·二月》

南浦東岡二月時，物華撩我有新詩。含風鴨綠璘璘起，弄日鵝黃裊裊垂。王安石

新年都未見芳華，二月初驚見草芽。白雪卻嫌春色晚，故穿庭樹作飛花。韓愈

滿城羅綺拖春色，幾處笙歌揭畫樓。江上有家歸未得，眼前花是眼前愁。杜荀鶴，字彥之。二月旅中作。

洞房昨夜春風起，遥憶美人湘江水。枕上片時春夢中，行盡江南數千里。岑參，鄧州棘陽人，岑文本之後。二月春夢作。

碧玉粧成一樹高，萬條垂下綠絲條。不知細葉誰裁出，二月春風似剪刀。賀知章題柳。

二月湖南新草遍，橫山渡口花如霰。相思一日在孤舟，空見歸雲兩三片。<small>僧皎然舟行憶友。</small>

宦情羈思共悽悽，春半如秋意轉迷。山城過雨百花盡，榕葉滿庭鶯亂啼。<small>柳宗元柳州作。</small>

新林二月孤舟還，水滿清江花滿山。借問故園隱君子，時時來去在人間。<small>儲光羲《寄孫山人》</small>

二月江南花滿枝，他鄉寒食遠堪悲。貧居往往無煙火，不獨明朝爲子推。<small>孟雲卿寒食作。</small>

二月楊花飛滿空，飄飄十里雪如風。不知何處香醪熟，願醉潘園芳草中。<small>武元衡寄興。</small>

春遲不省似今年，二月無花雪滿天。村店閉門何處宿，夜深遙喚渡江舡。<small>竇鞏《早春送宇文十》</small>

春風過柳綠如繅，晴日蒸紅出小桃。池煖水香魚没處，一環清浪湧亭皋。<small>王介甫</small>

白晝綠成芳草夢，起來幽興有新詩。風簾不動黃鸝語，坐見庭花日影移。<small>寇平仲</small>

院落簾垂春日長，懶情天氣牡丹香。細看月面天然白，不及姚家宮樣黃。<small>謝元逸</small>

《踏春曲》曰踏陽春，人間二月兩和塵。陽春踏盡秋風起，愁盡人間白髮人。<small>邢鳳之子夢一婦人歌。《異聞錄》</small>

春江不可渡，二月已風濤。<small>杜甫</small>

新年鳥聲千種囀，二月楊花滿路飛。<small>庚信</small>

驚蟄

雨水後十五日，斗指甲，爲驚蟄。<small>蟄者，蟄蟲震起而出也。後五日倉庚鳴，後五日鷹化爲鳩。出《玉衡》。</small>

驚蟄，二月節。《夏小正》曰："正月啓蟄，言發蟄也。萬物出乎震，震爲雷，故曰驚蟄。是蟄蟲驚而出走也。"《七修類稿》

漢初驚蟄爲正月中，前漢之末以驚蟄爲二月節。曆書沿革

驚蟄之日，赤陽雲出翼。《易通卦驗》

驚蟄二月節，桃始花，桃若不花，是謂否塞。鶬鶊鳴，若不鳴，即下不從上。鷹化爲鳩，若不化，即寇賊數起。《呂氏春秋》作桃李花

蟄蟲不震，陰氣姦陽。以上《周書·時訓》。

春分

春分，木旺，火胎，金死，水廢。

驚蟄後十五日，斗指卯，爲春分。分者，半也，當九十日之半也，故謂之分。《孝經緯》

日月之行，分同道也。日夜等，故曰春分。《左傳》

春分二月中氣，晝夜五十刻。《符天纂圖》

天地之氣，莫大於和。和者，陰陽調，日夜分，故萬物春分而生，秋分而成，生與成，必得和之精。故積陰不生，積陽不化，陰陽交接，乃能成和。《文子》

青氣，正東方也，主春。春分日，青氣出震，此正氣也。氣出右，物半死。氣出左，蛟龍出。震氣不出，則歲中少雷，萬物不實，人民疾熱。《易通卦驗》

春分二月中，玄鳥至，不至，即婦人不娠。雷乃發聲，不發，即諸侯失民。始電，電不見，即國無威振。玄鳥至後五日，雷乃發聲，又後五日，始電。《周書·時訓》

日中星鳥。日中，春分之日，鳥，南方朱雀。春分之昏，星，鳥畢。見《書·堯典》

老人星曰南極，以春分之夕没於丁。《晉·天文志》

春分正陽雲出軫，如白鵠。《易通卦驗》

保章氏以五雲之物辨吉凶。二分二至觀雲色，青爲蟲，白爲喪，赤爲兵，黑爲水，黃爲豐。出《禮》。

春分則風從震位上來。立春則風從艮位上來。《容齋四筆》

玄鳥氏，司分者也。《左》

鵙鴂春分鳴則衆芳生。鵙鴂，鳥名，關西曰巧婦，關東曰鵙鴂。春分鳴則衆芳生，秋分鳴則衆芳歇。服虔曰：鵙鴂，一名鵙，即伯勞也。《唐韻》

龍，鱗蟲之長，春分登天。秋分潛淵。《説文》

帝嚳少妃有娀氏女簡狄，以春分玄鳥至之日，祀於高禖，有玄鳥遺卵，簡狄吞之，孕，生契。《史》

天子常以春分朝日於東郊。出《禮》。

春分明庶風至，正封疆修田疇。《易通卦驗》

同度量，平權衡。謂春分晝夜平則正之。《月令》

《籥章》："晝擊土鼓，吹《豳詩》以逆暑。"《禮》

鼓者，春分之音，以助萬物發生。出《風俗》。

春分不殺生，不吊疾。君子齋戒，衣夾衣，不食生冷。《齊人月令》

金主章宗以春分日祀青帝、伏羲氏、女媧氏。出《金史》。

春分之日，日中，崑崙瑤臺太素真人會諸仙人刊定真經。《登真隱訣》

詩

春分正陽雲，出軫如白鵠。謝朓詩。鵠，一作鶴。

雪入春分省見稀，半開桃杏不勝威。應慚落地梅花識，卻作漫天柳絮飛。不分東君專節物，故將新巧發陰機。從今造物尤難料，更暖須留御臘衣。東坡春分雪題。

二月〔二〕

楚應城陳堦升也甫編輯

邑人徐養量叔弘甫校刻

黃蘭芳契之甫

尹東秩元叙甫

豫章李光元甫仝閲

一日

時維太平，日乃初吉，又《詩》曰：二月初吉。初吉，朔一日也。

作爲令節，以殷仲春。令節，二月一日。以上《白孔六帖》。

李泌請以爲中和節。《鄴侯家傳》。並上巳、重陽，謂之中和節。

百官進農書，以示務本。《李泌傳》

立中和而視農。《文粹·西都賦》

唐貞元間，遇中和節，賜百官宰臣以下金錢宴於曲江，謂之金錢會。《山堂肆考》

唐德宗賦中和節詩，遣使寵賜戴叔倫。時叔倫遷營管經略使。出《六帖》。

唐德宗貞元五年，以是日爲令節，任文武百寮選勝地追賞爲樂。三月三日、九月九日，亦然。出《合璧事類》。

唐德宗以中和日賜大臣方鎮勳戚尺，謂之裁度。《鄴侯家傳》

唐德宗貞元九年中和節，宰相宴於曲江亭，諸司隨便，自是

分宴焉。《舊唐書》

都人遊翫曲江池，盛於中和節。上巳亦然。綵幄翠幬，匝於堤岸；鮮車健馬，比肩擊轂。上賜宴臣寮，京兆府大陳筵席，長安、萬年兩縣以雄勝相較，錦綉珍玩無所不施，百辟會於山亭，恩賜太常及教坊聲樂。池中備綵舟數隻，惟宰相、三①使、北省官與翰林學士登焉。每歲是日傾動皇州，以爲盛觀。曲江池，本秦世隄州，玄宗開元中疏鑿，遂爲勝境。其南有紫雲樓、芙蓉苑，其西有杏園、慈恩寺，花卉環周，煙水明媚。入夏則菰蒲蔥翠，柳陰四合，碧波紅渠，湛然可愛。好事者賞芳辰，翫清景，聯騎攜觴，疊疊不絕。出《劇談録》。

王公戚里上春服，士庶刀尺相問遺。《廣記》

民間以青囊盛百穀瓜果種相問遺，號獻生。《唐書》

里閭釀酒，謂宜春酒。《鄞侯家傳》

村舍作中和酒，祭勾芒神，以祈年穀。《廣記》

大食麻囉拔其俗，以是日爲歲首。歌者多以胡琴，吹笛，鳴小鼓，舞唱拍。出《通考》。

蘇東坡造一禪榻，作乾烝餅百枚。自是日後，盡絕人事，饑則食餅，不飲湯水，不啗他物，細嚼以致津液。《長公外紀》

馬道一禪師跏趺入滅，謚大寂禪師。道一容貌奇異，牛行虎視，引舌過鼻，足下有二輪文。唐玄宗開元中，習禪定於衡岳山中，遇讓和尚密受心印。貞元四年，登建昌石門山，謂侍者曰：吾之朽質，當來日歸茲地矣。院主問候，師曰："日面佛，月面佛。"二月一日跏趺入滅。出《禪宗志》。

崔元微立幡，而苑中繁花不動。元微月夜見青衣女伴，曰楊氏、李氏、陶氏，又緋衣小女曰石醋，報封家十八姨來，言辭泠泠有林下風，色皆殊絕，芳香襲人。醋曰：女伴在苑中，每被惡風相撓，可作一幡，上圖日月五星立苑東，則免難矣。今歲

---

① 三，底本爲"王"，所引文獻爲"三"，今改。

已過,至來年二月一日立之。是日,元微立幡。東風刮地,折木飛花,而苑中繁花不動。元微乃悟,女伴即衆花之精,封家姨乃風神也。後楊氏輩來謝,各裹桃李花數斗,云服之可以延年。至元和中,元微猶貌若少年。出《博①異記》。

天正節。道經

王郭真君飛昇,翊聖真君下降。以上《翰墨大全》。

　詩

節應中和天地晴,繁絃疊鼓動高城。漢家分刺諸侯貴,一曲陽春江水清。陳羽《和王中丞中和日》

殿前來日中和節,連夜瓊林散舞衣。傳報所司分蠟燭,監開金鎖放人歸。王建《宮詞》

萬方慶佳節,宴喜皇澤均。曉開蓂莢初,景麗星鳥春。藻思貞百度,著明並三辰。物情舒在陽,時令弘至仁。衢酒和樂被,薰絃聲曲新。賡歌舞弁側,永荷玄化諄。權德輿奉和聖製中和節詩。

皇心不向晦,改節向中和。淑氣同風景,佳名別詠歌。湔裙移舊俗,賜尺下新科。曆象千年正,醺釀四海多。花隨春令發,鳥度歲陽過。天地齊休慶,歡聲欲盪波。王季友因移晦日爲中和節作。

東風變梅柳,萬宇生春光。中和紀月令,方與天地長。耽樂豈予尚,懿茲時景良。庶遂亭育恩,致同寰海康。君臣永終始,交泰符陰陽。曲沼水新碧,華林桃稍芳。勝賞信多歡,戒之在無荒。唐德宗以是日爲中和節,宴百僚,賦詩,群臣奉和,詔寫本賜戴叔倫於容州,天下榮之。

淑景風光媚,皇明寵賜重。具寮頒玉尺,成器幸良工。豈止尋常用,將傳度量同。人何不取則,物亦賴其功。紫翰宣殊造,丹誠勵匪躬。奉之無失墜,恩澤自天中。裴度因中和節詔賜公卿尺作。

---

① 博,底本爲"傅",誤,今改。

谿谷瀫瀫嫩水通，野田高下綠蒙茸。和風滿樹笙簧雜，霽雪兼山粉黛重。萬里有家歸尚隔，一廛無地去何從。傷春故欲西南望，迴首荒城已暮鍾。王荆公是日僧舍次弟韻。

二日

泗水神廟每歲以是日致祭。泗水神廟在泗水縣東五十里，有司歲以二月二日致祭。山東《兗州府志》

唐玄宗敕是日幸西京。會宮中有怪，上召宰相，即議西還，裴耀卿、張九齡曰：“今農收未畢，請候仲冬。”出《唐書》。

唐昭宗天祐元年是日車駕至華州，先正月二十六日離長安。民夾道呼萬歲，上泣謂曰：“勿呼萬歲，朕不復爲汝主。”館於興德宮，謂侍臣曰：“鄙語云：‘紇干山頭凍殺雀，何不飛去生處樂。’朕今漂泊，不知竟落何所！”因泣下霑襟。是時，朱全忠自河中來朝，上延全忠入寢室見何后，后泣曰：“自今大家夫婦委身全忠。”出《實錄》。

欽宗靖康元年，金人圍汴城。至三月三日，金人北去。《七修類稿》

董昌即皇帝位，以是日借號，取卯月卯日。董昌曰：“讖言‘兔上金床’，我生於卯，明年歲旅其次，二月朔之二日，皆卯也，我以其時當即位。”唐昭宗乾寧三年，昌被袞冕登子城門樓，即皇帝位。昌自云應兔子之讖，欲以二月二日借號，取卯月卯日也。先吳越間訛言山中有大鳥，四目三足，聲云“羅平天冊”，見者有殃，民間多畫像以祀之，及昌借號，曰：“此吾鸑鷟也。”乃自稱大越羅平國，改元順天。《會稽錄》，又出《吳越備史》。

孟子生時，母夢神人乘雲自泰山來，母疑視久之，忽片雲墜而寤，里巷皆見有五色雲覆孟氏居。孟子生於周定王三十七年四月二日，即今之二月二日。出《孟譜》。

賜紅牙、銀寸尺各一。白居易狀當晝夜平分之時，頒度量合同之令。《天中記》

中尚書令每歲是日進鏤牙尺及木畫紫檀尺。《六典注》

順慶府風俗:每歲是日郡人從太守出郊,謂之迎福。《蜀志》

蜀萬州風俗:士女攜酒饌鼓樂於郊外,飲宴至暮歸,謂之迎福。其萬州"迎福"二字,與順慶府同,出《寰宇記》。

洛陽風俗以爲花朝節,士庶遊玩。《翰墨大全》

蜀風俗以爲踏青節。出杜氏《壺中贅録》。《翰墨大全》以爲蜀中踏草節,或非二事。

爲挑菜節。《翰墨大全》

曲江拾菜,遊觀甚盛。《秦中記》

秦人取子歸。秦人得本家婢生一子,惡之,乞與鄰家。鄰家大富貴,本家貧。後以二月二日取歸,後復富,鄰家貧。出《雲麓類要》。

取枸杞煎湯,晚沐,令人光澤,不病不老。《千金月令》

陸天師飛昇。陸修静。出《翰墨大全》。

沙門玄奘到長安。玄奘,俗姓陳。少聰敏,有操行。修行於天竺,至貞觀十九年二月二日到長安。採求佛法,咸究根源,凡得經論六百五十七部,佛舍利像等甚多。太宗留經像於洪福寺,有瑞氣徘徊像上。《南部新書》

詩

二月二日新雨晴,草芽菜甲一時生。輕衫細雨春年少,十字津頭一字行。白居易作。

舊苑新晴草似苔,人還香在踏青回。今朝此地成惆悵,已後逢春更莫來。韓琮《是日游洛源》

二月二日江上行,東風日暖聞吹笙。花鬚柳眼各無賴,紫蝶黃蜂俱有情。萬里憶歸元亮井,三年從事亞夫營。新春莫怪遊人意,更作風簷夜雨聲。李商隱作。

三日

唐高宗。夜有流星如雷。咸亨三年。出《天文志》。

宋高宗。宰執百官諸軍，並扈衛車駕渡楊子江，至鎮江府。建炎三年，至十三日到杭州。出《通考》。

元太祖是日疾篤，醫言脉已絕。皇后召耶律楚材問之，對曰："任使非人，賣官鬻爵，囚繫非辜。古人一言而善，熒惑退舍，請赦天下囚徒。"后即欲行之，楚材曰："非君命不可。"俄頃，帝少蘇，入奏，請肆赦，帝不能言，首肯之。是夜，醫者候脉復生，適宣讀赦書時也，翌日而瘳。耶律楚材通天文、地理、律曆、術數及釋老醫卜之説。出《元史》。

北極降。

北斗降。以上道經。

劉超臨水酒酣。晉富陽縣令王範妾桃英，殊有姿色，遂與丁禮、史華期二人奸通。孫元弼知之，二人懼元弼，乃共謗元弼與桃英有私，範怒，超佐範殺之。後超出都詣範，行至赤亭山下，值雷雨，日暮，忽有人扶超腋入荒宅中，有一鬼，面青黑，眼無瞳子，曰：吾孫元弼也，訴冤皇天，今乃遇汝！超叩頭流血。至天明，失鬼所在。超乃逃走，易姓名爲何規。後五年二月三日，臨水酒酣，超曰："不復畏此鬼矣！"低頭見鬼影在水中，以手搏超鼻眼，俱血，數日而卒。出《還冤記》。

不可晝眠。《千金月令》

蟛蟣是日出於海塗極甚。蟹之最小者，名蟛蜞，吳人語譌爲蟛蟣，此吳俗所嗜尚。出《蟹譜》。

詩

江上東風浪接天，苦寒無奈破春妍。試開雲夢羔兒酒，快瀉錢塘藥玉舡。鹽市光陰非故國，馬行燈火記當年。冷煙濕雪梅花在，留得新春作上元。東坡二月三日點燈會客藥玉舡。蓋以藥煮石而似玉者，可作酒杯。蜀中春月村舍聚爲懽樂，謂之鹽市。馬行者，東京繁華之處，夜市燈火最盛。

四日

陝州黃河清，景雲見。唐太宗貞觀十四年，協律郎張文收采古《天馬》作

歌之義,作《景雲河清賦》。《玉海》

武王伐紂至牧野,故《外傳》曰:"王以二月癸亥夜陳。"《前漢書》以"二月癸亥四日"書以"二月甲子四日"。

後漢劉知遠生,以爲聖壽節。後漢高祖知遠更名暠,其先沙陀部人,唐乾寧二年二月四日生。出《五代會要》。

王師擒劉鋹。宋太祖開寶初,廣西劉鋹令民家置貯水桶,號防火大桶。又鋹末年,童謠曰:"羊頭二四,白天雨至。"後王師以辛未年二月四日擒鋹。識者以爲國家以火德王,房爲宋分。羊,未神也。雨者,王師如時雨之義也。"防"與"房"、"桶"與"統"同音。出《通考》。

宋孝宗車駕幸玉津園射,射訖,次命皇太子,次慶王,次恭王,次臣僚等射,如是者三。每射四發,帝前後四中的。《宋史·禮志》

宋高宗以劉光世爲行在五軍制置使。建炎三年二月四日。又建炎四年二月四日,吕頤浩兼品鎮江,陳彥文、程千秋爲副使。出《玉海》。

石曼卿卒於京師。曼卿諱延年,少以氣自豪。讀書不治章句,獨慕古人奇節偉行,視世俗屑屑無足動其意者。自顧不合於時,乃一混以酒然。好劇飲大醉,頹然自放,由是益與時不合。少舉進士不中,宋仁宗推恩,三舉進士皆補奉職。曼卿初不肯就,張文節公奇之,謂曰:"母老乃擇禄耶?"曼卿矍然起就之。康定二年二月四日,以太子中允秘閣校理卒。出《曼卿墓表》。

南斗六司真君下降。道經

五日

宋光宗即位。淳熙十六年二月五日即位,未改元,以皇帝登極奏告天地宗廟社稷報恩。出《通考》。

宋明帝行幸東海,獲赤鳫。太始二年行幸,作《朱鳫之歌》。出《玉海》。

俗以產子者殺之。張奂爲武威太守,其俗多妖,忌每歲二月五日產子及與父母同日者,悉殺之。奂示以義方,嚴賞罰,風俗遂改,百姓爲立祠。《後漢書》

鄭餘慶徵還。薛玄真者,唐給事伯高之高祖也,少得長生之術,嘗於五嶺間棲憩焉。貞元末,鄭餘慶謫柳州長史,門吏有自遠省餘慶者,與玄貞相遇,神彩俊邁,詞多稽古,言明年二月五日餘慶當復歸朝。門吏語於餘慶,令人訪尋,莫獲。明年是日,餘慶果徵還,到長安,語及異事,薛伯高流泣對曰:玄真,吾高祖也,棄官隱居終南。《傳仙拾遺記》

辟支佛生。佛書

北極天蓬都元帥下降。道經

　詩

二月五日花如雪,五十二人頭似霜。白樂天紀年詩。

何知此邂逅,談笑接清揚。對雪知春淺,回燈惜夜長。密雲通炫晃,殘月墮冥茫。故有臨邛客,抽毫興未忘。王安石是夜風雪次范景仁韻。

玄景彫暮節,青陽變暄風。忽尋斜川句,感此勝日逢。駕言當出遊,一寫浩蕩胸。雲物疑異候,淒迷久連空。今朝復何朝,頓覺芳景融。疇曩庶復踐,鄰曲歡來同。伊誰一籃輿,連翩數枝笻。綠野生遠思,清川照衰容,云云。朱文公正月五日欲用斜川故事,結客載酒,遇伯林新居,風雨不果。至二月五日,始克踐約,坐間以陶公卒章二十字分韻,文公得中字,賦呈諸同遊者。

六日

唐高宗永隆二年,皇太子行釋奠禮畢,上表請博延耆碩英髦之士為崇文館學士,許之。鄭祖元、鄧元挺、楊炯、崔融等並為崇文館學士。出《玉海》。

陰陽家以是日利行師。宋李綱,字伯紀,無錫人也。綱奏上曰:金人之兵張大其勢,然得其實數,不過六萬人,又大半皆奚、契丹、渤海雜種,其精兵不過三萬,吾勤王之師集城下者二十餘萬,固已數倍之矣。當以計取之,不可以角一旦之力。莫若柅河津、絕糧道,俟其芻糧乏、人馬疲,然後擊之,此必勝之計。上意深以為然,以二月六日遣兵舉事。蓋陰陽家亦以是日利行師。出《左編》。

諒祚生。諒祚,遼景宗長子,小字甯令哥,國語謂"歡嘉"爲"甯令"。母藏氏從元昊出獵而生諒祚,時宋仁宗慶曆七年二月六日也。方期歲即位。《宋史》,亦出《遼史》。

劉處玄羽化。處玄,字通妙,號長生,生於金熙宗皇統七年。有東京留守事劉昭毅、定海軍節度使劉師魯與處玄甚善,二公請講師弟禮,處玄曰:公等當代名臣,予將逝矣,不足爲公等友。輒示頌云:正到崢嶸處,何如拂袖歸。我今須繼蹤,回首及希夷。二公覽之愴然,處玄又曰:越八日予歸矣!二月六日羽化,乃八日也。師魯哭之以詩曰:與君歲晚得相親,相對忘形略主賓。日望師來虛正寢,忽驚仙去注同人。出《史纂左編》。

玄州上卿蘇仙君上昇。道經

沐浴令人輕健。《雲笈七籤》

詩

極目千里外,川原繡畫新。始知平地上,看不盡青春。伊川《二月六日登石閣》①。出《擊壤集》。

二月六夜春水生,門前小灘渾欲平。鸕鷀鸂鶒莫漫喜,吾與汝曹俱眼明。杜甫

當年霜鬢兩青青,強說重臨慰別情。衰衰秖今無可白,故應相對話前生。

出處依稀似樂天,敢將衰去較前賢。便從洛社休官去,猶有閑居二十年。

在郡依前六百日,山中不記幾回來。還將天竺一峰去,欲把雲根到處栽。東坡去杭十六年復至,留二年而去。自擬平生出處老少似樂天。二月六日別南北山諸道人,而下天竺惠凈師以醜石贈行,作三絕。

紅櫻零落杏花開,春物相催次第來。莫作林間獨醒客,任從

---

① 邵雍《擊壤集》中和至交好友司馬光的唱和之詩比較多,《二月六日登石閣》是司馬光所作。

花笑玉山頹。伊川二月六日送京醞二壺上堯夫①。出《擊壤集》。

七日

宋太祖幸北園習射。乾德四年

宋孝宗御選德殿，以立皇太子御札宣示大臣，虞允文等奏：
"元良天下大本，陛下獨出睿斷，爲天下得人。"各再拜稱賀。乾道
七年。以上《玉海》。

丘處機入見元太祖，辭去，上曰：少俟三五日，前日道語有未
解者，朕悟即行。處機，字通密，號長春子，生於金熙宗皇統八年，從重陽祖師得
道。先元太祖獵東山，有一大豕，馬蹄失馭，豕傍立不敢前，左右進馬，遂罷獵。師聞
之，入諫曰：天道好生，今聖壽已高，宜少出獵，墜馬天戒也。豕不敢前，天護之也。太
祖曰：朕已深省，神仙之言在我衷焉。自是乃簡出。《史纂左編》

斗星下降。南斗、北斗。道經

宜春謝真人飛昇。《翰墨大全》

　　詩

年年收稻賣江蟹，二月得從何處來。滿腹紅膏肥似髓，貯盤
青殼大如杯。定知有口能噓沫，休信無心便畏雷。幸與陸機還
往熟，每分吳味不嫌猜。梅聖愈《二月七日吳正仲遺活蟹》

八日

太史署是日於署庭中以大牢祀老人星，兼祠天皇大帝、太
一、日月、五星、鉤陳、北極、北斗、三台、二十八宿。凡應預祠享
之官，太醫給除穢氣散藥。《隋書》

光武以大牢祀大社於雒陽。建武二年，立大社於雒陽，無屋有門牆而
已。二月八日及臘，一歲祀，皆大牢。出《後漢書》。

---

　　①　此詩現題爲《送酒與范堯夫》，爲司馬光寫給范仲淹次子范堯夫的。

唐中宗皇帝降廬陵王。中宗皇帝弘道元年以皇太子即位，嗣聖元年二月八日降廬陵王，聖曆元年册爲皇太子，神龍二年重即帝位。謹按：中宗皇帝即位，後復爲皇太子，又重紹寶位，昇降兩度，自古未有。出《卓異記》。

宋真宗始置言事御史。天禧元年二月八日。侍御史六員。出《會要》。

宋仁宗幸洪福院。明道二年二月八日。出《會要》。

《梁陳典》曰二月八日繞城歌曰：皎鏡臺陽宫，四面起香風。樓形似飛鳳，城勢若盤龍。《壽陽記》

杭州傾城士女集於廣惠廟。杭州舊有廣惠廟，宋康定元年建，以祀廣德王張渤者，遞代褒封。二月八日，傾城士女集焉。出《遊覽志》。

同州是日爲市，四遠村民畢集，其蠶農所用，以至車檐、椽木、果樹、器用雜物皆至。郡守就子城東北隅龍興寺前立山棚，設幄幕，聲樂以宴勞將吏。二月二日亦然。《四川記》

侯無可先生葬。先生姓侯氏，名可，字無可。平生以勸學新民爲己任，主華學之教育者幾二十年。屢官必治學舍，興絃誦，成就材德不可勝道。自評事四，遷爲殿中丞階宣奉郎勳騎都尉服，賜五品。元豐己未卒，年七十三。次年二月八日葬於華陰縣。出《程明道集》。

焉耆國風俗崇信佛法，是日，咸依釋教齋戒行道。焉耆國民貧，無紀綱法令。婚姻略同華夏。死亡者皆焚而後葬，其服制滿七日則除之。丈夫並剪髮以爲首飾。文字與婆羅國同。二月八日依釋行道，四月八日亦然。出《魏書列傳》。

釋迦佛於是日明星出時成佛。釋迦佛，號天人師，住世四十九年，將金縷僧迦黎衣傳法與摩訶迦葉。出《傳燈録》。

釋道安忽告衆僧曰：吾當去。即日齋畢，無疾而卒。晉太元元年，先道安問異僧以來生所生之處，異僧以手虛撥天之西北，即見雲開，備觀兜率妙勝之景。出《高僧傳》。

爲芳春節。五晨大道君登玉霄琳房四盻天下。道經

羅漢成道日。佛書

詩

土膏初動麥苗青，飽食城頭信意行。便起高亭臨北渚，欲乘長日勸春耕。曾鞏《二月八日北城閑步》

安心守玄牝，閉眼覓黃庭。問疾來三士，澆愁有半餅。風松時落蕊，病鶴不梳翎。樽空我歸去，山月照君醒。東坡《二月八日與黃濤僧曇穎過逍遙堂何道士宗一問疾》

八葉蕣開對日華，仲春和氣爛春葩。《事文類聚》

九日

光武到魯，魯遣宗室諸劉及孔氏上壽。上詣孔氏宅，賜酒肉。建武三十年，光武欲幸泰山。正月車駕發雒陽，二月九日到魯。出《後漢書》。

宋高宗作玉牒所。高宗南渡，有司失職，李易請編次玉牒。紹興二十年二月九日，以舊車輅院爲玉牒所，御書"玉牒殿"及殿門。出《玉海》。

宋徽宗詔以顯謨閣爲熙明閣，置學士、直學士、待制。建中靖國元年二月九日。出《會要》。

采音偷車欄夾杖龍牽。齊故西陽內史劉寅妻范，詣臺訴，列稱：叔郎整恒欲傷害，奪寅、息逸，責范米六斗哺食。米未展送，忽至戶前，隔箔攘拳大罵，突進房中，屏風上取車帷准米去。二月九日夜，整婢采音偷車欄夾杖龍牽，范問失物之意，整便打息逸。整及母并奴婢等六人來共至范屋中，高聲大罵，婢采音舉手查范臂。任昉奏彈曰：理絕通問，而妄肆醜辭；終夕不寐，而謬加大杖。出《天中記》。

東斗降。道經

十日

唐高宗是日以天下無虞，百司務簡，每至旬假，許不視事，以寬百寮休沐。永徽三年。《事物紀原》

趙珣上五陣圖、兵事十餘篇，宰輔奏：用兵以來，策士之言以萬數，無如珣。宋仁宗康定二年。《玉海》

張文剛葬於鳳凰山。文剛,字常勝,湖州烏程人。好學能文,孝友祥順。再舉進士不第。卒於宋神宗熙寧五年,至六年二月十日葬。王荆公為之誌銘,曰:才足以貴而莫之知,善足以壽而止於斯。嗚呼逝矣!銘以哀之。出《事文類聚》。

無量壽佛,姓周氏,端坐而逝。母熊氏產師,有摩尼入懷之兆,生而顱面大耳,骨瘠如柴,標姿異人。天性好定,自幼即出家,嘗從一高僧觀於海上,高僧謂師曰:"苦海如是。"師蹙然曰:"是衆生之所謂苦海,而菩提之所謂性海也。"僧驚異之,後結庵湘山之覆釜山,自稱無量壽主。永州刺史韋宙遣使禮請,即至,四門各見其入,其靈變如此,不可具述,於咸通八年二月十日端坐而逝,年一百三十二。出《郴陽佛傳》。

女冠乘風飛至玉真觀。唐玄宗駕在東京,以李適之為河南尹。開元二十四年二月十日,有女冠乘風飛至玉真觀,觀者如堵。尹怒其聚衆,笞之數十,而乘風者不哀祈,亦無傷損,顏色不變。尹大駭,奏聞,召入內殿,問其故,乃蒲州紫雲觀女道士也。辟穀輕身,因風飛至此,賜金帛。還蒲州數年,又因風飛去,不返。出《紀聞録》。

長生護身天尊下降。道經

詩

僛蹲九成臺,香筵萬壽杯。一旬初降雨,二月早聞雷。葉向朝霽密,花含宿潤開。幸承天澤豫,無使日光催。李乂《奉和遊苑喜雨應詔》

山居少四鄰,槲葉半為薪。野色生遥念,空江滯此身。風濤春憶越,親舊晚遊秦。獨擬尋鷄犬,雲蘿掛葛巾。謝翱,字皋羽,宋粤人。

滄浪一夜起鳴雷,雨陣因之續續來。所病農家成久旱,未論花事有新開。書生狂妄常憂國,聖代飄零豈棄才。儒館尉曹俱國士,好為詩賦詠康哉。趙章泉《二月十日喜雨呈李純教授去非尉曹》

厄運雖云極,群公莫自疑。民心空有望,天道本無知。野帳留華屋,青城插皂旗。燕雲舊耆老,寧識漢官儀。主辱臣當死,時危命亦輕。誰吞豫讓炭,肯結仲由纓。泣血瞻行殿,傷心望虞營。尚存儀衛否，早晚復神京。呂居仁二月十日作，此靖康二年二月事，五月改建炎。

十一日

宋仁宗崇政殿觀教駿軍擊毬。嘉祐七年

宋神宗御閣召王珪、范鎮等講《禮記》。熙寧元年。以上《玉海》。

宋欽宗車駕出城幸虜營。先靖康元年金人圍汴城，至二年，粘罕遣使入城，請帝車駕詣軍前議事。二月十一日，車駕幸虜營，後數日還宮。《七修類稿》

蘇東坡飲醉食飽，默坐思無邪齋，兀然如睡，覺寫淵明詩一首，示子過。詩曰：東方有一士，被服常不完。三旬九遇食，十年著一冠。東坡書畢，云：東方一士，淵明也。不知從之遊者誰乎？若了得此一段，我即淵明，淵明即我也。紹聖二年。《長公外紀》

尹虔子、張石生、李方回三真人飛昇。《翰墨大全》

十二日

漢光武宿奉高，遣虎賁郎將先上泰山。光武車駕正月發雒陽宮，二月初到魯，十二日宿奉高。出《封禪儀記》。

唐高祖以總管府改曰都督府。《蘇氏演義》曰：府，聚也。聚所在圖籍簿書之處。漢制，三公開府故稱三府。魏晉以後，諸王又稱府。唐高祖武德初，邊鎮襟帶之地置總管府。武德七年二月十二日改曰都督府。出《事物紀原》。

唐高宗詔造明堂。乾封三年二月十二日詔，於是改元總章。出《禮志》。

宋理宗淳祐五年，進孝宗、光宗兩朝御集、《寧宗實錄》及理宗玉牒、日曆。上御垂拱殿，禮儀使、宗室、使相①、宰執以下赴實錄院、右文殿、玉牒所、經武閣並行燒香禮畢，奉迎諸書至和寧門，步導至垂拱殿，以俟班齊，各隨腰輿入殿下，東西向立。《宋史

---

① 相，底本缺，據《宋史》補。

·禮志》

宋朝科制以是日會試鎖院。二月十二日會試鎖院，十八、十九、二十則試詩、賦、論策，爲三場，二十二、二十三、二十四又試經義、論策，爲二場。出《七修類稿》。

宋高宗以趙鼎與張浚並相。紹興五年二月十二日。出《會要》。

包廷藻卒。卒時危坐賦詩，有"脱胎换骨"之句，俄頃而逝。廷藻，字文叔，號南澗，生於宋咸淳乙丑年。年五歲，見伯父記飲中仙及大曆才子名，隨記隨失，南澗牽衣問曰："翁何健忘耶？兒雖耳聞，已熟於心矣。"因歷數以對，翁大驚。及長，銳然尚友古人。夜則懸燈挾册，琅琅聲不絶。性嗜酒，雖百觴不亂，當醉適時，岸巾①獨坐，高歌八詠。又無機心，撫世酬物洞達，出肺腑相示，四方來從。至正丙子年二月十二日卒，壽七十二。出《宋濂集》。

景自芳以是日作寒食，至今里人號景村寒食。自芳，蜀雅州人，破賊有功。出《雅州志》。

玄宗追贈莊子南華真人。天寶元年二月十二日追贈。《唐會要》，亦出《事物紀原》。

　　詩

二月鶯花二六辰，今年已得十分春。非關此地春光早，特爲公家誕節新。《事文類聚》

十三日

人君正位，宜用二月，十三日甲子。庾季才，字叔奕。幼穎悟，誦《尚書》，十二通《易》，好占玄象。隋文帝爲丞相，嘗夜召問天時人事，季才曰："天道精微，難可悉察。""今月平旦，青氣如樓闕，見國城上，俄而變紫，逆風西行。《氣經》云：'天不能無雲而雨，皇王不能無氣而立。'今王氣已見，須即應之。二月，日出卯入西，居天之正位，謂之二八之門。日者人君之象，人君正位，宜用二月。十三日甲子，甲爲六甲之始，子爲十二辰之初。甲數九，子數又九，九爲天數。昔周武王以二月甲子定天下，享

---

①　巾，底本爲"中"，所引文獻爲"巾"，今改。

年八百;漢高帝以二月甲午即帝位,享年四百。故知甲子、甲午爲得天數。今月甲子,宜應天受命。"上從之。出《北史》。

翰林李國鳳遊相國寺,見群僧仰面聚觀,國鳳亦從之仰視,見日旁有一月一星,月如初弦,共駭異焉。元朝於歲首例遣使祭岳瀆。元順至正己巳年國鳳代祀時,因兵亂不出城而望祭嵩岳,二月十三日祭畢,遊相國寺。出《輟耕録》。

唐玄宗移貢舉於禮部,以侍郎主之。禮部選士自此始。開元二十四年。

宋太宗詔近臣後苑宴射賦詩,上亦賦一章,賜宰相呂蒙正等。淳化元年。以上《玉海》。

宋高宗車駕至杭。建炎三年二月十三日車駕至杭,以州治爲行宫。出《會要》。

宋徽宗詔以徽猷閣置學士、直學士、待制。大觀二年二月十三日詔。出《會要》。

中元葛真君生。《翰墨大全》

十四日

宋高宗。是日丙子,月體如食。太史言:"月未當闕而闕。"紹興二年。《通考》

唐文宗以左丞王播兼判太常卿事。《玉海》

唐武后策問舉人於洛城殿,殿前試人自此始。載初元年。出《事物紀原》。

高麗入貢有日本國車一乘,使者柳洪曰:"諸侯不貢,欲中朝略見工拙耳。"神宗特詔許進。元豐二年。《玉海》

玄同無疾而卒。薛氏者,馮微妻也,自號玄同。嘗獨處焚香誦《黃庭經》,有青衣玉女二人降其室,光如月照,香風四集。云紫虛元君聞玄同修行,欲親降於此。玄同焚香以候,元君降於庭,玄同迎拜。元君示以《黃庭》存修之旨,又賜丹一粒,曰:

後八年吞之，當遣玉女迎汝於嵩岳。至八年二月十四日，二女相迓。玄同沐浴，飼所賜之丹，無疾而卒，有仙鶴三十六飛集於庭。其狀若生，額中有白光化爲紫氣。沐浴時，玄髮重生，長數寸。明日，雲彩滿空，忽爾雷電，其棺飛在庭中，開之，惟有空衣。異香群鶴，浹旬不去。出《集仙録》。

閭丘方遠真人飛昇。《翰墨大全》

詩

我卜我居，居非一朝。龜不吾欺，食此江郊。廢井已塞，喬木干霄。昔人伊何，誰其裔苗。

下有碧潭，可飲可濯。江山千里，供我遐矚。木固無脛，瓦豈有足。陶匠自至，嘯歌相樂。

我視此邦，如洙如沂。邦人勸我，老矣安歸。自我幽獨，倚門或揮。豈無親友，雲散莫追。

旦朝丁丁，誰款我廬。子孫遠至，笑語紛如。剪髮垂髫，覆此瓠壺。三年一夢，乃復見余。白鶴新居成，蘇軾詠陶淵明《時運》詩，似爲己發，乃次其韻，且長子邁相別三年，攜諸孫萬里遠至，二月十四日欣然有作。

十五日

漢光武車駕上泰山，晡時到天門。郭使者得銅物，其狀如鍾，又方柄有孔，莫能識，疑封禪具也。又東上一里餘，得木甲。木甲者，武帝時神也。東北百餘步，得封所。西北有石室，壇南有玉盤，中有玉龜。馬第伯《封禪儀記》

玄宗。先正月，御勤政樓讌群臣，連夜燒燈，會大雪而罷，因命今後以二月望日爲之。開元二十八年。《舊唐書》

郭黁奴敦反曰："若郡內二月十五日失囚者，東軍當至。"黁，西平人也。少明於《易》，仕郡主簿。張天錫末年，符氏每有西伐之問，太守趙凝使黁筮之，黁曰："若郡內二月十五日失囚者，東軍當至，涼祚必終。"凝乃申約屬縣。至期，鮮卑折掘送馬與凝，凝怒其非駿，幽之廄內，鮮卑懼而夜遁。凝以告黁，黁曰："是也。國家將亡,不可復振。"出《晉書》。

齊武帝。東昌縣山每發異響,忽是日有一巖褫落,縣民方元泰往視,巖下得古鍾一枚。永明四年。《南齊書》

降聖節。唐武宗會昌元年二月十五日詔:我聖祖降誕昌辰,改爲降聖節。則"降聖"之號,唐武宗先以名節,不獨宋祥符五年以聖祖降延恩殿爲降聖節。出《事物紀原》。

貞元節。重和元年,徽宗以太上混元上德皇帝二月十五日生爲貞元節。出《宋史》。

上元節。高麗國二月十五日僧俗燃燈,如中國上元節。出《宋史·外國傳》。

以是日爲花朝。《提要録》。《風土記》云:浙風俗言春序正中,百花競放,乃遊賞之時,花朝月夕,世所常言。宋制守土官於花朝日出郊勸農。

宣府花朝節村民以五穀瓜果種相遺,謂之獻生。城中婦女剪綵爲花,插之鬢髻,以爲應節。《宣府鎮志》

東京以爲撲蝶會。《天中記》

成都以是日鬻花木蠶器於市,因作樂縱觀,號曰蠶市。成都古蠶叢,國民重蠶事。《成都府志》,亦出《天中記》。

限是日私養沙門者送官,過期身死。司徒崔浩博學多聞,不信佛,謂帝曰佛氏虛誕,帝以辯博信之。會蓋吳反杏城,關中搔動,帝乃西伐至於長安。先是長安沙門種麥寺內,御驪牧馬於麥中。帝入觀馬,沙門飲從官酒。從官入其便室,見大有弓矢矛楯,出以奏聞。帝怒曰:"此非沙門所用,當與蓋吳通謀,害人耳。"詔曰:有私養沙門者,皆送官曹,不得隱藏。限今年二月十五日,過期不出,沙門身死,容止者誅一門。出《魏書·釋老志》。

周穆王。是日暴風忽起,林木傷折,天地震動。西方有白虹十二道,南北通過不滅。穆王問太史扈多曰:"是何徵也?"對曰:"西方有聖人現耳,是時涅槃。"周昭王二十四年,江河泉池忽然汛漲,大地震動,有五色光入貫太微,太史蘇由奏曰:有大聖人,生於西方,一千年外,聲教及此。昭王即敕鐫石記之,埋於南郊天祠前。至穆王五十二年二月十五日果應。出《周書異記》。

老子生,生而皓首。老子者,老君也。於亳州乘白鹿昇天,至商紂二十一年再降於岐山之陽。周文王爲西伯召爲守藏史,周武王時爲柱下史,成王時仍爲柱下史。出《史纂左編》。據《南史》,老子四月八日生。

紫瓊真人聞道。饒德興張模,字君範,慕道改名道心。求太虛真人金丹之法,太虛弗與,適市見張施丐錢三十文,乃曰可授已。遂以丹法授。復會真州,始全火候。後紫瓊以道授趙緣督子,始仙去。出道書。

薛洞玄女仙昇仙。

孫思邈昇仙。以上《翰墨大全》。

詩

長短一年相似夜,中秋未必勝中春。不寒不暖看明月,況是從來少睡人。徐凝二月望日作。

倏忽韶光一半過,寒威猶自壓暄和。故摧春色歡終減,屢失花期日旋那。病骨不禁風料峭,衰悰難遏醉吟哦。憑闌更爲芳菲惜,重取輕苦擁舊科。梅聖俞二月十五作。

十六日

宋太祖生於洛陽夾馬營,以爲長春節。唐明帝登極,每夕於宮中焚香祝天曰:某胡人,因亂爲衆所推,願天早生聖人爲生民主。明年丁亥二月十六日,宋太祖生於洛陽夾馬營。初,太祖母杜氏夢日入懷而孕,生之夕,神光照室,胞如菡萏,異香馥郁,人因號其地爲香孩兒營。建隆元年,群臣上表曰:軒帝生於壽丘,發繞樞之異;夏禹誕於石紐,流貫昴之祥,莫不炳燿靈符,延長寶曆。諒惟聖德,允協昌符。請以二月十六日爲長春節。出《長編》。

宋太祖幸玉津園閱士卒騎射,張樂賜從官飲。乾德四年二月十六日。出《會要》。

宋太宗幸西綾錦院，命近臣縱觀織室機杼。興國三年二月十六日。出《會要》。

宋仁宗賜百官福酒，又作《藉田禮畢》詩賜宰臣，呂夷簡等次韻和進。明道二年。《玉海》

齊竟陵王子良見佛從東來。子良幼舍勝慧結志隆雲，誠感懇徵，亟發靈應，以永明七年二月十六日於西第在内堂法會，見佛從東來。威容顯曜，俛而微笑，既而咳唾，白如凝雪，以手承捧，變爲玉稻。子良嘗招致名僧講論佛法，數於祇園齋戒，大集朝臣，世以爲失。宰相體武帝不豫，子良啓造沙門，於殿户前誦經。武帝爲感，夢見優曇鉢花，子良案佛經，宣旨使御府以銅爲花，插御床四角。出《法苑》，亦出《天中記》。

胡惠起命弟子於伏龍岡造墳解蜕。惠起，字警俗，唐則天以蒲輪召之，引見武成殿，問仙術，惟陳道德帝王治化之原，遣使送歸，復賜書，有曰"軒曆之廣成，漢朝之河上"。唐長慶三年二月十六日，命弟子於伏龍岡造墳解蜕，年數百歲，諡嗣真先生。出《列仙傳》。

觀音成道日。藏經

詩

昨日花朝正艷陽，今朝昂宿爲儲祥。《事文類聚》

十七日

唐太宗召三品以上，賜宴於玄武門。太宗操筆作飛白書，群臣就太宗手中競取，散騎常侍劉洎登床引手，然後得之，其不得者咸稱洎登床，罪當死，請付法，太宗笑曰："昔聞婕妤辭輦，今見常侍登床。"貞觀十八年。《玉海》

宋真宗幸開封府射堂，命宗室牧伯射，帝中的者七。祥符二年閏二月十七日。出《通典》。

宋高宗賜陳夢協束帛。紹興十八年，陳夢協進十七史，蒙求給事中韋壽成看詳，高宗二月十七日加賜束帛。出《會要》。

唐張説除荆州大都督府長史，是日到任，上謝表云：拜命荒服，浮舟遄沂，臣以二月十七日到州。山列楚望，水横南紀，德非羊祜，跡謝朱均，何以鎮静流亡，攘除猛虓？末云：愧乏才能，不足宣暢皇風；敢竭心力，少冀上酬玄造。《楚通志》

陳正懿嚴通遠昇仙。《翰墨大全》

詩

一年好事一番新，才過花朝兩日辰。《事文類聚》

十八日

秦州地震。先秦州百姓聞州西北地下殷殷有聲，俄而地震，廬舍盡壞，地坼而復合，經時不定。玄宗令左丞相蕭嵩致祭山川。《五行志》

孔子卒。孔子卒於哀公十六年四月乙丑，即今之二月十八日，此孔氏子孫相傳者，若謂卒於己丑或誤，亦載於四月十八日。出《山堂肆考》。

十九日

泰山雲氣成宮闕。漢光武封禪，二月十九日泰山雲氣成宮闕，百官皆見之，至二十一日，東南極望有白氣廣數丈。出《封禪儀》。

真宗崩。乾興二年二月十九日崩，仁宗即位，群臣見帝，帝敕曰：先皇帝奄棄萬國，凡中外將校並加存撫。群臣拜舞，稱萬歲。出《宋史》。

宋哲宗詔曰：漢家致孝，有朝夕供御之庭；唐室取顔，嚴歲時慶賀之禮。逮於列聖，咸有舊章。建以太皇高太后宮曰崇慶宮，尚太后宮曰隆祐宮。哲宗元祐元年二月十九日詔。出《玉海》。

宋孝宗詔建石經閣於國子監，上親題額。淳熙四年二月十九日詔。出《會要》。

觀音生辰。佛書

詩

君念世上川，嗟子老瘴天。那堪十日內，又長白頭年。元稹
《二月十九日酬王十八全素》

二十日

唐昭宗葬於和陵。天祐元年。《通考》

玄宗開元八年，敕都督、刺史品卑者借緋及魚袋。舊制凡授都
督、刺史，階未及五品，並聽著緋佩魚，離任則停。則借緋之制，自唐明皇始，宋朝賜緋
者亦借紫而相承，不佩魚。出《事物紀原》。

宋太祖乾德四年，知貢舉王祐上進士諸科十五人，時陶穀子
邴中第，命中書覆試。《玉海》

宋仁宗御殿試進士，得王堯臣已下三百七十七人。天聖五年二
月二十日。出《通典》。

蘇轍生。轍，字子由，號潁濱，諡文定，軾之弟。出《蘇氏譜》。

元成宗戊戌年是日，張尚書漢臣、趙松雪學士、費北山漕侯
同在杭州，泛舟過西湖登岸，將遊水樂洞。行里餘，逢一尼寺，趙
公偕二公入寺，俄而從人來報，張公老僕戎顯卒死矣。亟回至其
所，呼救不甦。忽有二道士，一老一幼，云不妨，老者於死人面上
吹呵，幼者就籬落摘一青葉度於老者，若作法書符狀，死人再生。
頃之，失道士所在。道士貌宛似世所畫鍾呂二仙像。出《純陽傳》。

北斗出遊。

保德真君降。以上《翰墨大全》。

詩

平生拙人事，出走臨東藩。紛此獄訟地，欣承刀筆閑。漾舟
明湖上，清鏡照衰顏。春風隨我來，掃盡冰雪頑。花開滿北渚，
水渌到南山。魚鳥自翔泳，白雲時往還。吾亦樂吾樂，放懷天地

間。顧視彼誇者，錙銖何足言。曾鞏，字子固。二月二十日西湖作。

五十日春逢誕節，八年歲壽屬凝香。《事文類聚》

二十一日

宋真宗詔曰：緬惟烈祖，常幸舊都，其明堂殿前三門改爲太極門。景德四年二月二十一日詔。其明堂殿即太極殿也。出《會要》。

宋真宗宴宗室於永芳園，近臣於會節園，又命帥臣內職飲射。景德四年。出《玉海》。

懷光拔其軍居咸陽。唐右武鋒兵馬使石演芬，本西域胡人，懷光養以爲子。懷光潛與朱泚通謀，演芬遣部成義詣行在告之，請罷都統之權。成義告懷光子璀，璀密白其父，懷光召演芬責之曰："我以爾爲子，奈何欲破我家！今日負我，死甘心乎？"演芬曰："天子以太尉爲股肱，太尉以演芬爲心腹。太尉既負天子，演芬安得不負太尉乎！演芬胡人，不能異心，惟知事天子。苟免賊心而死，死甘心矣！"懷光使左右臠食之，皆曰："義士也，可令快死！"以刀斷其喉而去。懷光二月二十一日拔其軍居咸陽。出《考異》。

黃山谷過洞庭。山谷作《承天院記》，朝廷謂其幸災謗國，自鄂謫宜州，時崇寧二年也。次年二月二十一日，過洞庭，經潭、衡至永州，遊太平寺，登閣賦詩。《宋學士集》

顧歡題柱云"三十年二月二十一日"，終。歡，字景怡，吳郡鹽官人。年六歲知六甲。家貧，父使驅田中雀，歡作《黃雀賦》而歸，雀食過半，父怒，欲撻之，見賦乃止。後又母亡，漿水不入口六十日，廬於墓。開館聚徒數百人。歡早孤，每讀至"哀哀父母"，輒執書痛泣。徵爲揚州主簿，不就，上賜塵尾、素琴。永明元年，又徵爲太學博士，不就。歡晚節服食，不與人通。每旦出戶，山鳥集其掌取食。事黃老道，解陰陽書，爲數術多效驗。初元嘉末，出都寄住東府，忽題柱云："三十年二月二十一日。"終，賦詩曰：精氣因天行，遊魂隨物化。剡死日，卒於剡山，身輕柔軟，時年六十四。出《南齊書·文學傳》。

女絡與父俱浮江上。符縣長趙祉遣吏先尼和以永建元年十一月詣巴郡，沒死成湍灘，子賢求喪不得，女絡年二十五歲，求之亦不得，乃乘小船至父沒處，哀哭自沈,見夢告賢曰:"至二月二十一日,與父俱出。"至期,父子俱浮江上。郡縣上言,爲之立碑,以旌孝誠。《後漢》作叔先雄。《水經》

二十二日

客星在輿鬼東北。建武三十一年,有客星,焰二尺許,至明年二月二十二日,在輿鬼東北。輿鬼尸星主死亡,客星居之爲死喪。後光武崩。出《通考》。

唐玄宗祠后土,太史奏:榮光出河,休氣四塞,祥風繞壇,日揚其光。開元十二年初,有司奏:修壇掘出銅鼎二;又掘出古磚,有篆書"千秋萬歲""長樂未央"字;又赤兔見壇側。出《玉海》。

唐昭宗生於東內,以爲嘉會節。昭宗,懿宗第七子,咸通八年生。出《舊唐書》。

丹陽真君上升。真君,寧海州人,馬姓,鈺名,字玄寶。因重陽真君語悟而請師於家,後屬家政於三子庭珍、庭瑞、庭珪,遂棄家修道。真君以所得純陽金丹秘訣授之,遂頂三髻而成道,仙升於是日焉。有《金玉》《漸悟》《行化》《成道》《圓成》《精微》六集及語錄一帙行於世。出道書,據《左編》,事在十二月二十二日,並錄。

詩

蕢褪堯階八葉,桃翻禹浪三層。《事文類聚》

二十三日

宋太祖內出御札曰"渴聽讜言,庶臻治道",令朝臣以次轉對。御書"大宋一統",賜王溥。建隆二年。《玉海》

宋仁宗御崇政殿,西閣四壁各張畫圖前代帝王美惡可爲勸戒者,命兩府觀之。既而,宣天章閣侍講曾公亮講《毛詩》,王洙讀《祖宗聖政錄》,丁度讀《前漢書》,數刻而退。慶曆四年。《宋史》

包拯論宋庠。拯於二月二十三日具劄子論庠曰:庠秉衡軸,首尾七年,殊無建明,少效補報,但陰拱持祿,竊位素餐,無恥之甚也。出《文鑑》。

保德真君生。道經

詩

二月二十三,木蘭開折初。初當新病酒,復似久離居。悲絶更傾國,驚心聞遠書。紫絲何日障,油壁幾時車。弄粉如傷重,調紅或有餘。波痕空映襪,煙態不勝裾。桂嶺含芳遠,蓮塘屬意疏。瑤姬與神女,長短定何如。李義山是日作。

二十四日

流星大如桃,出天津,入紫宮,須臾有細流星或五或三相續,又有一大流星從紫宮出,入北斗,須臾又一大流星出,貫索中,經天市垣,諸流星並向北行,至曉不可稱數。宋文帝元嘉二十年二月二十四日流星,占曰"天子之使",又曰"庶民惟星,星流民散"之象。至二十七年,索虜殘破,青、冀、徐、兖等州民死大半。出《天文志》。

宋真宗是日幸開封府射堂,謂從臣曰:"朕昔尹京兆,先帝爲創此堂,俾之習射。"周覽久之,多所感慕。又至堂,閱太宗御書圖畫數十軸,制曰:"昔東漢之隆,過宛陵之故第;貞觀之盛,臨慶善之舊宮。所以申愷樂之私,宣優游之澤。朕頃在儲邸,獲尹神京,用修相圃之儀,遐擬宣猷之地。"知樞密院事王欽若上《駕幸舊邸》七言詩,上作歌以答,仍詔褒之。《玉海》

夏竦上《新集古文四聲韻》。宋仁宗慶曆四年二月二十四日,知亳州夏竦上《四聲韻》五卷。出《會要》。

勃泥國入貢。宋神宗元豐五年二月二十四日入貢。勃泥,在西南海中,前代未嘗朝貢,太宗興國二年,其王尚打遣使奉表貢龍腦、玳瑁,館於禮賓院,賜鞍馬。出《會要》。

長山張舒宋文帝元嘉九年是日忽見一人,衣朱衣,執青柄馬鞭,云:"可隨我去。"頃之,以絲繩繫長梯令舒上梯,仍造大城。綺洞,其地如黃金。又有一人,不冠,獨坐絳紗中,語舒曰:"主者誤取汝，汝從此神於占卜。"舒不覺受其術。出《異苑》。

詩

花朝清曉雨初收，瑞氣祥風滿玉樓。蓬矢重逢三八日，椿齡再祝八千秋。《事文類聚》

二十五日

唐玄宗省弘文館校書兩員。開元七年，置弘文館校書四員，崇文館校書兩員。至二十二年二月二十五日，省弘文館兩員。出《會要》。

宋徽宗封孔鯉泗水侯，伋沂水侯。崇寧元年二月二十五日。出《玉海》。

李全以是日事爲"吾之罪"。李全，濰州北海望家子，宋人也。銳頭蜂目，弓馬趫捷，能運鐵槍，時號"李鐵槍"。元兵至山東，母與兄俱死焉。全與張國明等曰："我乃不忠不孝之人。"衆曰："節使何爲有是言也？"全曰："糜費朝廷錢糧至多，乃殺許制置，不忠；我兄被人殺，不能復報，不孝。二月二十五日事，吾之罪也。十一月十三日事，誰之罪耶？"蓋指琸與夏全也。出《左編》。

金可記上表言：臣奉玉皇詔，爲英文臺侍郎，明年二月二十五日當上昇時。宣宗以爲異。至期，春研花熳，果有五雲攢簇，鸞翔鶴集，笙鳴簫奏，羽蓋瓊輪，彩幢雲幡，仙仗蔽空，昇天而去。士庶觀者莫不瞻禮嘆異。金可記，海外新羅人也。賓貢進士，性沈静好道，服氣煉形，博學强記，屬文清麗。於終南山子午谷葺居，焚香静坐，若有所思。又誦《道德》及諸仙經不倦。後三年，航海歸本國。而後來宣宗徵入内，不就。又求見玉皇詔，以爲別仙所掌，不留人間。遂賜宮女四人，又遣中使二人侍左右，可記獨居静室，宮女、中使多不接近。每夜室内常有客談笑聲，中使竊窺，但見仙官仙女付列，至二月二十五日昇天而去。出《續仙傳》。

詩

老景已鄰周尚父，慶門方似漢堂賢。一杯仰祝椿松壽，歲歲流觴八日前。《事文類聚》

二十六日

文宗。是夜四更至五更，四方中央流星大小二百餘，並西流，有尾跡，長二丈。開成四年。出《天文志》。

宋真宗詔加中嶽中天王爲崇聖中天王。祥符四年，後又加中嶽爲中天崇聖帝。出《事物紀原》。

唐文宗因是日寒食節，宴群臣於麟德殿，雜戲人弄孔子，上曰："孔子，古今之師，安得侮瀆？"亟命驅出。開成三年。出《玉海》。

宋太祖幸迎春苑習射，中的者三，從官稱賀。建隆二年二月二十日。出《會要》。

宋真宗宸妃李氏薨。仁宗明道元年薨，後追册爲莊懿皇太后，葬永定陵西北，晏殊撰墓銘。出《宋史·禮志》。

李晝爲許州吏。永春二年是夜，歸伯梁河，見路傍有塚，去路約二十步，塚上有穴，大如盤，有火光。晝異之，下馬至塚觀焉，見五女子衣華服相坐穿針，俱低頭就燭。晝呼之，五燭皆滅，五女亦失所在。晝恐，上馬而走，五炬火從塚出逐晝，晝走不能脫，以鞭揮拂，爲火所焚。行十里方達伯梁河，火始滅。明日，看馬尾燒盡。後遂目爲五女塚，今存焉。出《傳異記》。

虛静沖和徐真人生。《翰墨大全》

詩

仲月藹芳景，内庭宴群臣。森森列干戚，濟濟趨鈞陳。大樂本天地，中和序人倫。正聲邁咸濩，易象合羲文。玉俎映朝服，金鈿明舞裍。韶光雪初霽，聖藻風自薰。時泰恩澤溥，功成行綴新。賡歌仰昭回，竊比華封人。《二月二十六日春和聖製麟德殿會百寮觀新樂》，權德輿作。

夜入礏溪如入峽，照山炬火落驚猿。山頭孤月耿猶在，石上寒波曉更喧。至人舊隱白雲合，神物已化遺蹤存。安得夢隨霹靂駕，馬上傾倒天瓢翻。東坡二十六日至磻溪未明作。

不到峰前寺，空來渭上村。此亭聊可喜，修徑豈辭捫。谷映朱欄秀，山舍古木尊。路窮驚石斷，林缺見河奔。馬困嘶青草，僧留薦晚餐。我來秋日午，旱久石床温。安得雲如蓋，能令雨瀉盆。共看山下稻，涼葉晚翻翻。東坡《二十六日自磻溪往陽平憩於麻田青峰寺之下院翠麗亭》

卯酒困三杯，午餐便一肉。雨聲來不斷，睡味清且熟。昏昏覺還臥，展轉無由足。强起出門行，孤夢猶可續。泥深竹鷄語，村暗鳩婦哭。明朝看此詩，睡語應難讀。東坡二十六日雨中熟睡至晚，强起出門作。

二十七日

宋真宗御水心亭垂釣，遂宴金華殿。小苑花皆太宗命中黄門所植，滋茂異常。帝作《賞景》《觀花》詩以賜從官。祥符三年

宋真宗召近臣於後苑翔鸞閣，移幸流杯殿，登象瀛山翠芳亭，命從臣賦詩，遂宴玉宸殿。祥符九年。以上《玉海》。

蔣大士生。大士既長，孝父母，睦兄弟。日誦《金剛經》，至徽宗崇寧癸未豁然頓悟，遂别父母妻子，就浪石寺立壇演法，盡屻火食，升𡖃岩趺坐而化。其徒遂於寺立塔，至今真身不壞。大士，江華人，於神宗熙寧甲寅年二月二十七日生。《禪宗志》

斗星降。道經

詩

横槎晚渡碧澗口，騎馬夜入南山谷。谷中暗水響瀧瀧，嶺上疏星明煜煜。寺藏巖底千萬仞，路轉山腰三百曲。風生饑虎嘯空林，月黑驚麇竄修竹。入門突兀見深殿，照佛青熒有殘燭。媿無酒食待遊人，旋研杉松煮溪蔌。板閣獨眠驚旅枕，木魚曉動隨

僧粥。起觀萬瓦鬱參差，日亂千巖散紅綠。門前商賈負椒荈，上後咫尺連巴蜀。何時歸耕江上田，一夜心逐南飛鵠。東坡二月二十七日自陽平至斜谷，宿於南山中蟠龍寺作。

二十八日

晉高祖生，以爲天和節。馮導等表曰：斗柄正卯，律吹仲春。當帝王出震之方，是天地同和之日。請以二月二十八日爲天和節。庶夫稱觴萬壽，稍申將順之心。節配四時，永治好生之德。從之。《天中記》

唐太宗詔曰：自古皇王，褒崇勳德，既勒名於鍾鼎，又圖形於丹青。是以甘露良佐，麟閣著其美；建武功臣，雲臺紀其績。長孫無忌等二十四人，宜酌故實，並圖畫淩煙閣，庶念功之懷，無謝於前載；旌賁之義，永貽於後昆。太極宮中有淩煙閣，在凝陰殿內。功臣閣，在淩煙閣南。頡利既平，太宗置酒於此。貞觀十七年二月二十八日詔。出韋述《西京記》。

程頤母侯氏卒。侯氏好文，平生詩不過二三篇，皆不存，獨存《夜聞鳴鴈》詩，詩曰："何處驚飛起，離離過草堂。早是愁無寐，忽聞意轉傷。良人沙塞外，羈妾守空房。欲寄迴文信，誰能付與將。"侯氏從夫官嶺外，偶迎涼露寢，遂中瘴癘。及北歸，道中疾革。召醫視脉，曰可治，謂二子曰："紿爾也。"皇祐四年二月二十八，卒於江寧。出《宋文鑑》。

群鶴飛繞蘇山。蘇耽真人，漢文帝桂陽郡人也。群鶴隨之升天，至宋寧宗嘉定五年加封靜惠真人。是歲二月二十八日，忽有群鶴飛繞蘇山，詰至郴乃於是日，其靈應如此。耽事母潘氏極孝。母百歲無疾而卒，鄉人殯於城東，人望之若有白馬繫林間，遥聞真人有哭聲。郡守張遨率僚屬往弔之，求見真人仙顏，出半面光彩照人。又垂一大手，有綠毛，長尺餘。因謂守①曰：山谷幽遠，日暮難歸。遂手擲仙經成橋，令衆閉目而渡，少焉即抵城。五月十五、七月十五亦載。出《郴陽仙傳》。

---

① 守，底本爲"手"，所引文獻爲"守"，今改。

詩

君臣相悦同魚藻,兄弟連榮比棣華。歲歲重三前六日,壽觴何惜泛流霞。《事文類聚》

二十九日

宋真宗賞花,宴於後苑,作《仲春賞花釣魚》詩,群臣皆賦,遂射於水殿,盡歡而罷。咸平三年。出《玉海》。

龍見於興慶池。宋高宗紹興二十年。出《玉海》。

清静元君上升。寧海孫忠顯女,名不二,號清静散人,適馬宜甫,生子三。重陽真君以分梨十化説授之,與其夫共棄家學道。後元君居洛陽風仙洞,夫婦日相激勵,道成,有詩詞行於世。出道書。

聖母元降日。道經

三十日

中人馳召宰相,馬奔乏死於道。宋申錫,字慶臣,少而孤。擢進士,敬宗時拜待讀學士。文宗即位,再轉中書舍人,爲翰林學士。帝惡宦官權寵震主,再致宮禁之變,而王守澄典禁兵,偃蹇放肆,欲剗除木根,思可與決人事者。察申錫忠厚,因召對,與朝臣謀去守澄等,且倚以執政,申錫頓首謝。未幾拜尚書左丞,踰月進同中書門下平章事。乃除王播京兆尹,密諭帝旨。播漏言,而守澄黨鄭注得其謀。太和五年,遣軍候豆盧著誣告申錫與漳王謀反,守澄持奏浴堂,將遣騎二百屠申錫家,宦官馬存亮爭曰:謀反者獨申錫耳。守澄不能對。時二月三十日,群司皆休,中人馳召宰相,馬奔乏死於道,易所乘以復命。至中書,中人唱曰:"所召無宋申錫。"申錫始知得罪,望延英門,以笏叩額還第。出《白孔六帖》。

庾翼題紙背曰"二月三十日"。劉連州寄柳子厚詩云:"書成欲寄庾安西,紙背應勞手自題。聞道近來諸子弟,臨池尋已厭家鷄。"注云:"家有右軍書,每紙背庾翼題云'王會稽六紙,二月三十日。'"出《白孔六帖》。

每歲祭袁雙廟。丹陽縣有袁雙廟。先爲桓宣武誅,求立廟,廟未成,大有虎災,被害之家夢雙催功甚急,百姓速成之,每以二月三十日祭廟。至元嘉五年,村人於廟後見一物,人面鼊身,自言曰:"某,袁雙也。"出《異苑》。

祖師授王處一正法。處一,寧海東牟人,號王陽。一日偶至山中,遇一老人坐大石,謂之曰:子異日爲道教宗主。又嘗聞空中人問曰:汝識我否? 我乃玄庭宮主。是後狂歌謾舞,居牛仙山菴。祖師知其爲玄門大器,二月三十日授以正法。其處一誕辰,載於三月十八。其上昇,載於四月二十三。出《史纂左編》。

大慧真人下降。《翰墨大全》

詩

八年二月晦,山梨花滿枝。龍門水西寺,夜與遠公期。宴坐自相對,密語誰能知? 前後際斷處,一念不生時。白居易《神照禪師二月三十日同宿》

立馬柳花裏,別君當酒酣。春風漸向北,雪鴈不飛南。明曉日初一,今年月已三。鞭羸去暮色,遠岳起煙嵐。賈島《二月三十日別鄂中友人》

寒食今年二月晦,樹林深翠已生煙。遠城駿馬誰能借,到處名園意盡便。但掛酒壺那計盞,偶題詩句不須編。忽聞啼鴂驚羈旅,江上何人治廢田。東坡《二月三十日和子由寒食》

卷三

三月〔一〕

楚應城陳堦升也甫編輯

邑人徐養量叔弘甫校刻

周師旦几几甫

張正初萬福甫

趙冏馭叔甫仝閱

　　三月建辰。辰，震也，謂時物盡震動而長也。《合璧事類》

　　姑洗，辰之氣也，三月建焉。《周禮》

　　日在胃，昏七星中，旦牽牛中。《禮記》

　　春日載陽。注：三月。《東京賦》

　　青陽告謝，朱明肇受。《文選》潘安仁賦。

　　季春，行夏令，則民疫，時雨不降，山陵不收；行秋令，則天多沈陰，淫雨，兵革起；行冬令，則寒氣發，草木肅，國有大恐。《呂氏春秋》

　　爲痗。《爾雅》

　　曰暮春，亦曰季春，晚春，大春，餘春，末春。梁元帝《纂要》

　　晉武帝恣其所之。是月，宮人競以竹葉插戶，鹽汁灑地，以引帝車。泰康二年。《晉紀》

108

唐中宗宴於桃花園，以學士李嶠等桃花詩令宮女歌之，辭既清婉，歌仍妙絕。《景龍文館記》

曲江貴家遊賞，則剪百花裝成獅子，互相送遺。獅有小連環，欲送，則以蜀錦流蘇牽之，唱曰："春光且莫去，留與醉人看。"《曲江春宴録》

北齊盧士深妻有才學，是月以桃花礦兒面，咒曰："取紅花，取白雪，與兒洗面作光悦；取白雪，取紅花，與兒洗面作光華；取雪白，取花紅，與兒洗面作花容。"虞世南《史略》

洛陽人家寒食裝萬花輿，煮桃花粥。《金門歲節記》

寒食煮麥粥，研杏仁爲酪，以餳沃之。酪，乳漿也。餳，飴也，或云即米糖也。出《玉燭寶典》。

寒食，俗皆畫鴨子以相餉。《鄴中記》

寒食，以麪爲蒸餅樣，團棗附之，名曰棗糕。《合璧》

北方戎狄爲鞦韆戲，以習輕趫。唐天寶宮中至寒食，競築鞦韆，戎狄遺俗，令宮女輩嬉笑，以爲樂。帝呼爲半仙之戲，《涅槃經》謂之胃索。胃，音絹。出《山堂肆考》。

古麻剌國王服紅黃衣，以金線織絲布纏頭。詣佛寺中坐紅床，使人舁之。貴臣如王之服，或青、綠、緋、白、粉、紅、褐，並纏頭跨馬。《外夷傳》，亦出《一統志》。

浙西天鳴若轉磨，無雲而雨。僖宗中和三年。出《通考》。

日散光，如血下流，所照皆赤。日中若有飛鸞。惠帝光熙六年。《天文志》

有二星鬥於中天，一星隕。德祐元年。占二星，乃宋元之間。鬥於中天，乃爭衡之象。一星隕，乃宋亡之兆也。出《宋史》。

五星交互經天，縱橫無常。晉惠帝永寧元年閏三月。凡晝而星見於上者，爲經天。占爲不臣，爲更主。五星經天，古所未有。後懷愍爲劉氏所執，五胡爭起，分據中國，亦古所未有。出《晉書》。

雨謂之迎梅。《風土記》

雨曰榆莢雨。《初學記》

大雨，有物墜於地，如豬。唐德宗貞元四年。《通考》

大雪，平地三尺餘，其氣如煙，其味苦。浙西，天復三年。《五行志》

天雨土。治平元年

雨黃土。熙寧七年。以上《宋史》。

雨火。宋文帝元嘉二十九年。《通考》

雨毛。潭州，熙寧元年。《五行志》

雨白毛。武帝天漢元年。京房《易傳》曰："前樂後憂，厥妖天雨羽。"又曰："邪人進，賢人逃，天雨毛。"出《漢書》。

雨毛，如線而綠。彰德，元順帝至元三年。俗呼云"菩薩線"，民謠云："天雨線，民起怨。中原地，事必變。"《元史》

雨血。惠帝永康元年，後趙王倫篡位，遷帝於金墉城，其後天下大兵禍流王室。《晉書》

雨物若果核，五色間錯，光瑩堅固，破其實食之，似松子仁，人皆曰娑婆樹子。至閏三月，復雨如初。元至正壬辰年。後紅巾犯省治，雨核之地，悉被兵火。湖州遂陷，儀鳳橋四向焚戮特甚。追思雨核時，橋四向爲最多。出《輟耕錄》。

雨桂子於台州，經十餘日乃止。垂拱四年。占曰："天雨草木，人多死。"出《唐書》。

黃河是月水名桃花水。《水衡記》，與二月同。

大行山聖人崖有聲。武德二年。俗謂聖聲有寇至。出《唐書》。

石竹山大石自移，聲如雷。乾道二年。石竹山在福清縣。出《五行志》。

登州地震，岠嵎山摧。每震海底有聲如雷。慶曆五年。出《宋史》。

雲陽石燃方丈，晝則如灰，夜則有光，投草木則焚。唐貞觀十三年。出《通考》。

京都夜有火光轉行，民家相驚譟。延熹九年。後漢桓帝。

長安宣平城門外屋無故自壞。獻帝初平二年。後司徒王允使中郎將呂布殺太師董卓，夷三族。《通考》

順天門樓東柱已傾毀而自起。唐高祖武德九年。占曰：木仆自起，國災。《通考》

大同路黑氣蔽西方，有聲如雷。頃之，東北方如火，交射中天，遍地俱見火光，空中有兵戈聲。元順帝至正十八年。《元史》

有聲若牛，出許昌城。晉惠帝元康九年。後廢愍懷太子幽於許宮，賈后遣黃門孫慮殺太子，擊以藥杵，聲聞於外，是其應也。《通考》

揚州桑生瓜。

櫻桃生茄。以上俱孝宗淳熙十六年。此草木之妖。《宋史》

高平獲赤雀，太原獲赤烏。高祖禪授之年。《隋書》

神雀五采以萬數，集長樂未央。漢宣帝四年改元神爵。

鳳凰集太山陳留。漢宣帝元康元年

吳孫權，海鹽縣二黃龍見井中。赤烏五年。以上《宋書·符瑞志》。

兩龍江中騰躍升天，五色遙映江水。初承聖二年。父老聚而悲，相謂曰：「地龍已去，國其亡乎！」帝踰年而遘禍。出《王僧辯傳》。

峨眉山是月必有一獸開路，或虎或鹿或猿，人方敢行，不然墮深崖中。《野記》

滑州刺史李邕獻馬一匹，肉鬃麟臆，嘶不類馬聲。唐玄宗開元二十九年。邕任淄青，遇一老翁云：「聖主將得龍馬，以應太平。」遂於青州民家獲而獻之。出《六帖》。

肆州陽曲縣羊生羔，一頭二身，一牝一牡，三耳八足。太和二十三年。後高祖崩，六輔專事。出《魏書》。

詩

江南季春天，蓴菜細如絃。池邊草作徑，湖上葉如船。嚴維，字正文，山陰人。《狀江南三月》

三月雪連夜，未應傷物華。只緣春欲盡，留著伴梨花。杜甫

蜀國曾聞子規鳥，宣城還見杜鵑花。一叫一回腸一斷，三春三月憶三巴。李白《宣城見杜鵑花》

尋得桃源好避秦，桃紅又見一年春。花飛莫遣隨流水，怕有漁郎來問津。謝枋得，字君直，號疊山。見《慶全菴桃花》。

腸斷春江欲盡頭，杖黎徐步立芳洲。顛狂柳絮隨風舞，輕薄桃花逐水流。杜甫《漫興》

百畝庭中半是苔，桃花淨盡菜花開。種桃道士歸何處，前度劉郎今又來。劉禹錫，字夢得。《遊玄都觀》

林下居常睡起遲，那堪車馬近來稀。春深晝永簾垂地，庭院無風花自飛。邵雍，字堯夫。《暮春吟》

蒲芽荇帶繞清池，錦纜牽舡水拍堤。好是寒煙疏雨裏，遠峰青處子規啼。

曲闌干外雨垂垂，羅幕風輕燕子飛。獨倚危樓思往事，落紅撩亂點春衣。

荳蔻枝頭春事休，風吹萬點只供愁。杜鵑啼破三更月，夢遶雲間百尺樓。

門前楊柳暗沙汀，雨濕東風未放晴。點點落花春事晚，青青芳草暮愁生。以上謝無逸。

二月已破三月來，漸老逢春能幾回。莫思身外無窮事，且盡樽前有限盃。元稹

病香無力被風吹，多在青苔少在枝。馬上行人莫回首，斷君

腸是欲殘時。<small>崔櫓《暮春對花》</small>

三月江南花滿枝，風輕簾幙燕爭飛。游人休惜夜秉燭，楊柳陰濃春欲歸。<small>無名氏</small>

千林欲暗稻秧雨，三月尚寒花信風。九節老筇應不惜，步隨流水看殘紅。<small>俞師郝</small>

侵堦草色連朝雨，滿地梨花昨夜風。蜀魄不來春寂寞，楚魂吟夜月朦朧。<small>寇萊公</small>

幾家臺榭鳳城東，野水準分處處通。眼見落花留不得，此時多少恨東風。<small>元禎</small>

一年春事又成空，擁鼻微吟半醉中。夾道桃花三月暮，馬蹄無處避殘紅。<small>張公舉</small>

春光過限只須臾，榆莢楊花掃地無。卻憶菩提湖上寺，綠荷擎雨看疏珠。<small>僧梵崇</small>

江樹青山日欲斜，長郊草色綠無涯。遊人不管春將盡，空遣庭花踏落花。<small>歐陽公</small>

古今春過知多少，人不留春頭白早。君欲留春心可知，爲君更賦留春詩。留春莫只留花住，花老春風亦隨去。孰若芝蘭香不歇，亭下長如二三月。<small>楊次公</small>

清明

春分後十五日，斗指乙爲清明，萬物至此皆潔齊而清明。<small>《孝經緯》</small>

清明，三月節，日在婁。

白陽，雲出奎。<small>《易卦通驗》</small>

清明雨爲潑火雨。<small>河朔人謂潑火雨。《退齋雅聞》</small>

清明雨爲杏花雨。<small>杏花開時，正值清明後，必有雨也，謂之杏花雨。古詩：</small>

沾衣欲濕杏花雨，吹面不寒楊柳風。《提要録》

《夏官·司爟》：季春出火。《周禮》

節過藏煙，時當改火。白居易云。

清明之日桐始華，田鼠化爲駕。後五日，虹始見。天子居青陽右介。《月令》

清明之日桐不華，歲有大寒。田鼠不化，國多貪殘。虹不見，婦人亂色。戴勝不降桑，政教不平。《周書·時訓》

明庶風後四十五日清明風至，則出幣帛，使諸侯。立夏長養布恩惠，故聘問諸侯。《淮南子》

唐朝清明取榆柳之火以賜近臣，順陽氣也。《輦下歲時記》

禁火乃周之舊制，唐宋清明日賜新火，亦周人出火之義。《會要》

長安每歲清明小兒於殿前鑽火，先得者進上，賜絹三疋，椀一口。唐《輦下歲時記》

清明湖州進紫筍茶。《歲時記》

清明進新綵雞子。《唐書》

清明淘井。黄州俗。出《志林》。

竹山縣有地二頃，不生樹木，惟有茅茨。每歲清明日，祭而燎之，以卜歲之豐歉，草盡而豐。

清明折柳插門，通貴賤男女皆祭掃塋墓。自節日始，至盈月乃止。以上《楚通志》。

明皇樂民間清明節鬥雞戲，及即位，置雞坊，索長安雄雞，金尾、鐵距、高冠、昂尾千數養之，選六軍小兒五百使之教飼。時賈昌爲五百小兒長，天子甚愛幸，金帛之賜，日至其家。明皇以乙酉生而喜鬥雞，是兆亂之象也。《東城父老傳》

唐中宗景龍四年清明日幸梨園，命侍臣爲拔河之戲，以大麻綯兩頭繫十餘小索，每索數人執之以挽，力弱爲輸。時七宰相、二駙馬爲東朋，三相五將爲西朋。僕射韋巨源、少師唐休璟以年老隨綯而踣，久不能起，帝以爲樂笑。《文館記》

清明新進士開宴集於曲江亭，既徹饌，則移樂泛舟，又有月燈閣打毬之會。《東城父老傳》

清明前後十日，城中士女艷粧穠飾，金翠琛縭，接踵聯肩，翻翻遊賞，畫舡簫鼓，終日不絕。《武林舊事》

京師清明日，四野如市，芳樹之下，園囿之内，羅列杯盤，互相酬勸。都城之歌兒舞女遍滿庭臺，抵暮而歸。《東京夢華錄》

詩

紫禁宿初回，清明花亂開。相邀直城外，遠遠上春臺。權德輿

今日清明節，園林勝事偏。暗風吹柳絮，新火起廚煙。賈島

清明寒食好，春園百卉開。綵繩拂花去，輕毬度閣來。韋應物

好風朧月清明夜，碧砌紅軒刺史家。獨歇回廊行復歇，暗聽絃歌暗看花。白居易

當年寒食好風輕，觸處相隨取次行。今日清明漢江上，一身騎馬縣官迎。元禎

自嘆清明在遠行，桐花覆水葛溪長。家人定是持新火，點作孤燈照洞房。權德輿《清明日次弋陽》

山頭蘭若石楠春，山下清明煙火新。此日何窮禮禪客，歸心誰是戀禪人。李郢《清明日題一公禪室》

無花無酒過清明，興味蕭然似野僧。昨日鄰家乞新火，曉窗分與讀書燈。王禹偁

梨花淡白柳深青，柳絮飛時花滿城。惆悵東欄一株雪，人生看得幾清明。東坡

東城酒散夕陽遲，南陌鞦韆寂莫垂。人與長餅臥芳草，風將急管度青枝。王介甫

春陰垂野草青青，時有幽花一樹明。曉泊孤舟古祠下，滿窗風雨看潮生。蘇子美

洛陽城外清明節，百花零落梨花發。今日相逢瘴海頭，共驚爛熳開正月。韓退之

林臥愁春盡，開軒覽物華。忽逢青鳥使，邀我赤松家。丹竈初開火，仙桃正落花。童顏若可駐，何惜醉流霞。孟浩然《清明日宴梅道文房》

村落清明近，鞦韆稚女誇。春陰妨柳絮，月黑見梨花。白鳥窺魚網，青簾認酒家。幽棲雖自適，交友在京華。鄭谷

鍾鼓喧離日，車徒促夜裝。曉廚新變火，輕柳暗翻霜。轉鏡看華髮，持杯話故鄉。每嫌兒女淚，今日自沾裳。戴叔倫《清明送友還鄉》

清明千萬家，處處是年華。榆柳芳辰火，梧桐今日花。祭祠結雲騎，遊陌擁香車。惆悵田郎去，原迴煙樹斜。楊巨源

斜日去不駐，好風來有情。江城過風雨，花木近清明。水樹閑照影，山禽時引聲。吾年行老矣，淹泊蹇何城。張耒

早是傷春暮雨天，可堪芳草更芊芊。內官初賜清明火，上相閑分白打錢。紫陌亂嘶紅叱撥，綠楊高影畫鞦韆。遊人記得承平事，暗喜風光似昔年。韋莊

吳山楚驛四年中，一見清明一改容。旅恨共風連夜起，韶光隨酒著人濃。延興門外攀花別，采石江頭帶雨逢。無計歸心何日是，路邊曳甲正重重。鄭準清明日江南作。

幾宿春山逐陸郎，清明時節好風光。歸穿綠荇舡頭滑，醉踏

殘花屐齒香。風急嶺雲飄迥野,雨餘田水落方塘。不堪吟罷東
回首,滿耳蛙聲正夕陽。陳上美《清明日與友人遊玉塘莊》

上苑連侯第,清明及暮春。九天初改火,萬井屬良辰。頒賜
恩逾洽,承時慶自均。翠煙和柳嫩,紅焰出花新。寵命尊三老,
祥光燭萬人。太平當此日,空復賀陶甄。史延《因清明日賜百寮新火賦
詩》

御火傳香殿,華光及侍臣。星流中使馬,燭耀九衢人。轉影
連金屋,分輝麗錦茵。焰迎紅蕊發,煙染綠條春。助律和風早,
添爐煖氣新。誰家一寒玉,猶望照東郊。王濯,同前題。

朝來新火起新煙,湖色春光净客舡。繡羽衝花他自得,紅顏
騎竹我無緣。胡童結束還難有,楚女腰肢亦可憐。不見定王城
舊處,長懷賈傅井依然。虛霑焦舉爲寒食,實藉君平賣卜錢。鍾
鼎山林各天性,濁醪粗飯任吾年。

此身飄泊苦西東,右臂偏枯半耳聾。寂寂繫舡雙下淚,悠悠
伏枕左書空。十年蹴踘將雛遠,萬里鞦韆習俗同。旅鴈上雲歸
紫塞,家人鑽火用青楓。秦城樓閣煙花裏,漢主山河錦繡中。風
水春來洞庭闊,白蘋愁殺白頭翁。以上工部清明詩。

穀雨

清明後十五日,斗指辰爲穀雨,言雨生百穀也。《孝經緯》

自雨水後,土膏脉動,乃雨其穀於水。《七修類稿》。雨,去聲。

曆家以穀雨爲三月中氣。《容齋續筆》

穀雨,太陽雲出,張如車蓋。《易通卦驗》

穀雨日萍始生。後五日,鳴鳩拂其羽。後五日,戴勝降於桑。命有司無伐

桑柘，乃修蠶器。擇吉日，大合樂。大合樂者，言①行射禮。出《月令》。

宋神宗馳射野戰，至穀雨日止。元豐二年。詔河東、陝西諸路："舊制，馬軍自十月一日馳射野戰，至穀雨日止。"《宋史·兵志》

西湖之泉，以虎跑爲最；兩山之茶，以龍井爲佳。穀雨前採茶旋焙，時汲虎跑泉烹，香清味冽，涼沁詩脾。每春，當高臥山中，沈酣新茗一月。《遵生八牋》

穀雨日採茶炒藏，能治痰嗽及療百病。《養生仁術》

三月〔二〕

楚應城陳堦升也甫編輯
邑人徐養量叔弘甫校刻
周師旦几几甫
張正初萬福甫
趙罔馭叔甫仝閱

一日

東北方有聲如雷。孝武太元十五年三月一日，按劉向《説苑》，以爲"雷當託於雲，猶君託於臣。無雲而雷，此君不恤於下，下人將叛之象"。及帝崩而天下將亂，孫恩、桓玄交陵京邑。出《晉書》。

萬春節。《金史》

開金明池，御史出榜曉示，許人遊賞。《歲時記》

晉成帝幸司徒第，見王導夫人曹氏，如子弟之禮。咸和六年。

---

① 言，底本爲"吉"，所引文獻爲"言"，今改。

以人君而敬人臣之妻,有虧君德。出《通考》。

唐高宗召李勣等宴於城門,觀屯營新教之舞,名"一戎大定樂"。龍朔元年。其樂象親征遼東而用武之勢。出《山堂肆考》。

宋哲宗御邇英閣,呂大防奏曰:"仁宗所書三十六事,禁中有否?"請圖寫置坐隅,以備親覽。上從之。元祐六年。《玉海》

張天祺卒。以熙寧九年卒。天祺,諱戩,即載之弟。仕歷中外,二十四年立朝,天下聳聞。出《墓銘》。

平定州民魏全母失明,卜者王子貞曰:明年三月一日有青衣從東南來,療必愈。至期,見一人著青衣者,遂邀入內,重設飲食以相待。其人曰:"僕不解醫,但解作犁耳,爲主人作之。"持斧繞舍求犁轅,見桑曲枝臨井上,遂斫下。其母兩眼煥然見物,此曲枝蓋井所致。唐貞觀年。出《朝野僉載》。

灌口有太山府君廟,每歲是日蜀人往祭之甚衆。時有一貧士,鶉衣百結,容貌憔悴,衆人輕之。行次江際,衆人憩於樹陰,貧士亦坐石上,逡巡謂人曰:此水中有一睡龍。有一叟曰:得見乎?貧士解衣入水,抱睡龍出,腥穢不可近。雲霧四合,風起水湧,衆驚走。貧士沉龍於水底,自掛鶉衣而行,衆慚謝,忽不見。《野人閑①話》

譚處端生。處端以金太宗天會元年三月一日生,初名玉,字伯玉,號長真子,世爲寧海人。生而骨相不凡,從祖師得道及仙蛻,書句以示衆曰:"長真真妙理無爲,湧出陽神獨自歸。"書畢出肱而逝。出《史纂左編》。

房長鬚雲中跨鶴。房長鬚,不知其名。宋南渡後,隱居武當,日以栽杉爲事。忽遇玄帝化形,諭之曰:"子神清矣,惜也無鬚。"以手頷之。經宿,覺有物如絲縈於胸臆,視之,鬚已長尺餘。甲午三月一日清旦,雲中隱隱見跨鶴之形,視故居,惟杖

---

① 閑,底本爲"開",應爲《野人閑話》一書名之"閑"字,今改。

履在焉。出《楚通志》。

張治真人飛昇。《翰墨大全》

詩

春陽以中，百昌俱作。彼陰冷而忽興，何飛霰之驟落？始蒙蔽於陽烏，遂潛藏於天幕。冰霰雜下，溫寒相搏。纔滾滾而紛揉，更霏霏而交錯。因方就圓，填溪滿壑。迷匹練於素鵰，混高雲於皓鶴，云云。錢惟演因二月晦至三月一日霰雪雜下，賦之。

二日

日食在胃二度，主廩倉。東漢安帝永初元年三月二日。是時鄧太后專政，大水傷稼，倉廩為虛。出《通考》。

桓玄篡位，義旗以是日誅之。隆安三年誅之。先晉安帝時，百姓忽作《懊憹》之歌，其曲曰：“草生可攬結，女兒可攬擷。”尋而桓玄篡位，義旗以三月二日嬪定京都，誅之。玄之宮女及逆黨之家子女妓妾悉為軍賞。東及甌越，北流淮泗，皆為人所獲，故言時則草可結，事則女可擷也。出《五行志》。

宋宰臣以下請理宗御正殿。端平二年三月二日。出《通典》。

桑道茂署於紙曰：李泌三月二日危。道茂善太一遁甲術，德宗素驗其數。李泌病，道茂署於紙曰：泌三月二日危。泌入見德宗，不能步，詔歸第，是日卒。出《道茂傳》。

文彥博入覲。是日，宴彥博於瓊林苑，賜御製詩。宋神宗元豐七年。《玉海》

馬謖有功，以是日致祭。順應廟，在敘州府慶符縣南廣洞，祀漢參軍馬謖。有陰祐神木之功，有司每歲三月二日致祭。出《蜀志》。

採藥者求歸。唐高宗顯慶中，有蜀郡青城民採藥於青城山下，斸藥深數丈，其根漸大如甕，斸之不已，漸深十餘丈，不覺墮中，以為必死。忽見一穴，尋之而出，見村落、桑柘、花卉繁茂。遇一叟以胡麻飯與之，三月二日求歸，叟笑曰：此仙境，非人間。明日上巳，可謁玉皇。採藥者駕龍鶴謁玉皇。後歸，世已百餘年。出《太平廣記》。

僧伽大師端坐而終。大師，西域人也，俗姓何氏。嘗獨處一室，頂有一穴，恒以絮塞之，夜則去絮，香從頂中出，芬馥異常。及曉①，香頂中，又以絮塞之。師嘗濯足，人取其水飲之，痼疾頓愈。唐中宗語師曰：京師無雨。師取缾水灑之，俄頃，甘雨大降。至景龍四年三月二日，於長安薦福寺端坐而終。中宗即令薦福寺起塔，漆身供養，俄而臭氣滿長安。近臣奏曰：師欲在臨淮，故長安臭。中宗心許之，其臭頓息，奇香遍長安，即送臨淮。出《紀聞錄》。

玉皇誕聖日。玉皇，上帝。出道經。

陸天師生。陸修靚。《翰墨大全》

詩

羅襪淩波洛浦仙，謫來潭府話寅緣。因嫌曲水香塵浣，誕降蘭亭禊事前。

江邊踏青罷，迴首見旌旗。風起春城暮，高樓鼓角悲。工部詩，題曰三月二日出郊踏青，或云成都事也。

三日

惟三月丙午朏。孟康曰：朏，月出也。古文《月采》篇“三日曰朏”。師古曰：《月采》篇書亡。出《前漢書》。

按《周禮》，女巫掌歲時以祓除疾病。禊者潔也，故於水上盥潔之。已者祉也，邪疾已去，祈介祉也。應劭

禊者潔也，言自洗濯也。或云漢世有郭虞者，有三女，二以三月上辰，一以上巳二日而產，三女並不育。今時俗以爲大忌。是日，女忌諱，不復止家，皆適東流水上，爲祈禳，自潔濯，謂之禊祠。分流行觴，遂成曲水。案：高后祓霸上，馬融《梁冀西第賦》曰：“西北戌亥，玄石承輸。蝦蟆吐寫，庚辛之域。”即曲水之象。今據禊爲曲水事，應在永壽之前已有，祓除則不在高后之後。祈

———

① 曉，底本爲“燒”，所引文獻中爲“曉”，今改。

121

農之説，於事爲當。《南齊志》

晉武帝問尚書郎摯虞曰："三日曲水，其義何指？"答曰：漢章帝時，平原徐肇以三月初生三女，至三日俱亡，一村以爲怪，乃相攜之水濱盥洗，因水以泛觴，曲水義起於此。帝曰：如所談，便非嘉事。尚書郎束晢曰：摯虞小生，不足以知之，請説其始。昔周公城洛邑，因流水以泛酒，故逸詩曰"羽觴隨波"。又秦昭王三日置酒河曲，有金人出，捧水心劍曰："令君制有西夏。"及秦霸諸侯，乃因此處立爲曲水祠。二漢相緣，皆爲盛集。帝曰："善。"賜金五十斤，左遷摯虞爲陽城令。《續齊諧記》

唐太宗貞觀三年，賜群臣大射於立德門。五年，賜文武五品以上射武德殿。十年，賜百僚大①射於觀德殿。唐高宗永徽三年，幸觀德殿，賜群臣大射。唐玄宗開元七年，賜百官射。俱三月三日。出《通典》。

禊，逸禮也，《鄭風》有之。蓋取諸勾萌發達，陽景敷煦，握芳蘭，臨清川，乘和蠲潔，用徵介祉。晉氏中朝，始多燕胥之樂。江右宋齊，間以文詠，風流遂爲盛集。蕭穎士《雜録》

魏已後被禊止用三日，不復巳。沈約《宋書》

武帝即位，數年無子。平陽公主求良家女十餘人，飾置於家。帝祓灞而還，過平陽公主，見所飾美人，帝大悦。既飲，謳者進，帝獨悦衛子夫。《漢書》

呂后祓，還過軹道，見物如蒼犬，據呂后掖，忽弗見。卜之，云趙王如意爲崇。呂后遂病掖傷。《史記》

武帝登八公山劉安故臺，嘆望城郭如匹帛之繞叢花。《宋書》

---

① 大，底本爲"太"，誤，今改。

唐中宗祓禊於渭陽，賜群臣細柳圈各一，云帶之免蠱毒。《西陽雜俎》

晉中宗出禊，乘肩輦，王導、王敦並騎從，中宗從容謂導曰："卿，吾之蕭何。"《晉中興書》

張建封入覲，值上巳，德宗賜宴曲江，特命與宰相同座而食。《唐書》

海西泰和六年三月庚午朔，詔曰："三日臨流杯池，依東堂小會。"《晉書》

華林園中千金堤上作兩銅龍，相向吐水，以注天泉池，通御溝，石季龍及皇后、百官臨池會飲。《鄴中記》

天泉之南有東西溝，承御溝水，水北有積石壇，是日御坐流杯之處。戴延之《西征記》

歌舞岡，越王佗是日登高處。歌舞岡，在廣州府。出《廣東志》。

白馬山，是日刺史祓飲於此。白馬山，在漢陽府。出《雍州記》。

包令巖，以宋縣令包拯嘗於此修禊，故名。《金華府志》

池陽婦女以薺花點油，祝而灑之水中，若成龍鳳花卉之狀則吉，謂之油花卜。《圖經》

取薺菜花鋪灶上及坐臥處，可無蟲蟻。《瑣碎錄》

長安妓者結錢爲龍爲簾，作錢龍宴。《西京雜記》

四民踏百草，時有鬥百草之戲，祖此。《荊楚記》

都人於曲江頭禊飲，踐踏青草，曰踏青。李綽《歲時記》。是日上踏青鞋履。盧公範《饋飾儀》

欲卜蠶善惡，以三月三日，天陰而無日，不見雨，蠶大善。《雜五行書》

遠近士民祈福於龍橋，命曰蠶市。《成都記》

王濟諸名士當解禊洛水還，樂廣問於夷甫曰："今日戲樂乎?"王曰："裴僕射善談名理，混混有雅致；張茂先論《史》《漢》，靡靡可聽；我與王安豐説延陵、子房，亦超超玄著。"七賢論。《世説》

開成二年，河南尹李待價以上巳日人和氣稔，將禊於洛濱，啓留守裴公，公召白居易、劉禹錫等一十五人，合宴於舟中。由斗亭歷魏堤，抵津橋，登臨泝沿。自晨及暮，簪組交映，歌笑間發，美景良辰，賞心樂事。晉公首賦一章，居易爲十二韻以獻，末句云："夜歸何用燭，新月鳳樓西。"《長慶集》

元祐中，秘閣上巳日集西池。王仲玉有詩，張文潛和最工，云："翠浪有聲黄繖動，春風無力綵旌垂。"秦少游云："簾幙千家錦繡垂。"仲玉笑曰："又待入小石調也。"王直方《詩話》

郝隆爲南蠻參軍，是日作詩曰："㹠隅濯清池。"桓温問何物，答曰："名魚爲㹠隅。桓温曰：何爲作蠻語？隆曰：千里投公，始得一蠻府參軍，那得不蠻語也？《世説》

梁商會賓客於洛水，周舉稱疾不往。商與親暱酣飲，及酒闌，繼以《薤露》歌，坐中聞者掩涕，舉聞而嘆曰：此哀樂失時。至秋果薨。《後漢書》

袁紹大會賓從於薄洛津，聞魏郡兵及黑山賊數萬人共覆鄴城，殺守。坐中客家在鄴者皆憂怖失色，紹容貌自若，不改常度。《魏志》

夏統詣洛，是日王公以下並至南浮橋邊禊，男則朱服耀路，女則錦綺燦爛。統在舡中曝所市藥，雖見此輩，穩坐不搖。賈充望見，奇其節，問舡中安坐者爲誰，統答曰："會稽北海民夏仲御。"統，字仲御。充更就舡與語，其應如響。充又使女伎服桂襦，炫金翠，繞其舡三匝。統危坐如故，若無所聞。充等各散曰："此吳

兒是木人石心也。"《夏統別傳》

以木雕爲兔,分朋走馬射之,先中者勝,其負者下馬奉勝者酒,勝者於馬上接盞飲之。番呼此節爲陶衰花。"陶衰"是兔,"花"是射。《燕北雜記》

河南人齊闕妻。闕應募爲千夫長,戰死,妻守節。有來强議婚,妻紿曰:吾三月三日有心願償。是日,徑往彰德天寧寺,登浮圖絕頂,祝天曰:妾本河南名家,夫死不敢失節。投地而死。《河南府志》

盧充獵,見獐便射之,隨逐,不覺失路。忽見一黑門如府舍,問鈴下,對曰:"崔少府宅也。"進見少府,語充曰:"尊府君爲索小女婚,故相迎耳。"成婚畢,送充至家。母問之,具以狀對。後四年三月三日,臨水戲,遙見水傍有犢車,充往開車戶,見崔女與三歲男,其情意如初。抱兒還充,又與金鐶乃別。《續搜神記》

師尼抱孩入醮壇。景定甲子,衡州衡岳觀以三月三日玄帝生辰設醮。先一日,有懷孕師尼至觀求宿,衆惡其厭穢,拒之不可,令宿門外。中夜,聞孩聲,乃尼產焉,主者大怒。次早,尼抱孩欲入醮壇觀看,衆拒之門外,拖曳逾時,以孩擲地,鮮血濺地,尼飛入空中,拍掌大笑而去。視孩則葫蘆,血則硃砂,葫蘆内有"回仙"兩字,衆乃大驚。回仙,即呂洞賓也。出道書。

詩

卜洛成周地,浮杯上巳筵。鬥雞寒食下,走馬射堂前。孟浩然

青郊上巳艷陽年,紫禁皇遊祓渭川。幸得懽娱承湛露,心同草樹樂春天。張說《奉和三日祓禊渭濱》

乘春祓禊逐風光,扈蹕陪鑾渭渚傍。還笑當時水濱老,衰年八十待文王。韋嗣玄《奉和渭濱祓禊》

寶馬香車清渭濱,紅荷碧柳禊堂春。皇情尚憶垂竿佐,天祚先承捧劍人。沈佺期,同前題。

未敢分明賞物華，十年如見夢中花。遊人過盡衡門掩，獨自憑欄到日斜。崔塗《上巳》

清風麗日滿芳洲，雲幕春筵被錦流。皆言曲侍璜溪宴，暫似承槎天漢遊。徐彦伯《上巳》

三日歡遊辭曲水，三年愁臥在長沙。每登高處長相憶，何況茲樓屬庾家。白居易《上巳日登庾樓寄庾三十二》

良時光景長虛擲，壯歲風情已闇銷。忽憶同爲校書日，每年共醉是今朝。白居易《上巳懷微之》

暮春風景初三日，流世光陰半百年。欲作閑遊無好伴，半江惆悵卻回舡。白居易《上巳》

當年此日花前醉，今日花前病裏銷。獨倚破簾閑悵望，可憐虛度好春朝。元禎《酬樂天三日見寄》

千紅萬紫競繁華，鶯語多依富貴家。上巳蘭亭修禊事，一年春色又楊花。宋白玉蟾

鬟毛垂領白，花蕊亞枝紅。欹倒衰年廢，招尋令節同。薄衣臨積水，吹面受和風。有喜留攀桂，無勞問轉蓬。《徐同録林園三月三日宴集》杜工部

東出千金堰，西臨鴈鶩陂。游絲映空轉，高楊拂地垂。綠幘文照耀，紫燕光陸離。清晨戲伊水，薄暮宿蘭池。沈約《上巳》

山前好風日，城市厭囂塵。聊持一樽酒，共尋千里春。餘光下幽桂，夕飲舞青蘋。何時出門後，重有入林人。盧思道《上巳》

仁風道和氣，勾芒御暮春。姑洗應時月，元巳啓良辰。密雲蔭朝日，零雨灑微塵。飛軒遊九野，置酒會衆賓。張華

四日

唐高宗改蓬萊宮爲含元殿。咸亨元年

唐玄宗以平原太守顔眞卿爲河北採訪使。天寶十五載。以上《玉海》。

宋仁宗詔知亳州宋祁授集賢殿修撰，就任刊定新編《唐書》。皇祐三年三月四日。出《會要》。

晉國公裴度薨，上聞之震悼。先一日，上巳曲江賜宴，不能赴，文宗遣中使賜度詩，詩曰："注令待元老，識君恨不早。我家柱石衰，憂來學丘禱。"開成四年薨。裴度，字中立，貞元五年擢進士。當元和、長慶間，亂臣賊子，憚度之威稜。雖江左王導、謝安坐鎮雅俗，而訏謀方略，度又過之。詔加金紫光禄大夫、弘文館大學士，賜勳上柱國。出《舊唐書》。

葉衡奏謝宣示太上宸翰，令臣閲畢可飲巵酒，以慶榮遇。臣欲置酒都省與執政而下侈非常之賜，參政茂良等奏：此藏在御府，群臣無繇見者。上曰：太上於宸翰間蓋是天縱，非學力所到，鍾王輩不足道。[①] 宋孝宗淳熙二年。《玉海》

詹使君邀東坡遊白水山佛跡寺，浴於湯泉，風於懸瀑之下。登中嶺，望瀑所從出。晚休於荔浦之上，曳杖竹陰之下。時荔子纍纍如茨實，父老指以告曰：是可食，君能攜酒復來乎？欣然許之。紹聖二年。《臥游録》

程明道諫新法。熙寧二年三月四日諫新法，疏中有"陛下固已燭見事體，究知是非，在聖心非吝改張，由柄臣尚持固必，是致輿情大鬱，衆論益讙"，云云。出《明道集》。

窈娘赴井而死。唐武后載初元年，喬知之有婢名窈娘，藝色爲當時第一。知之寵待殊隆。武延嗣聞之，求一見，勢不可抑。既見即留，無復還。知之痛憤成疾，

---

① 此段文字與《玉海》原文變動較大，删除内容較多。《玉海》原文爲："葉衡奏謝宣示太上宸翰十軸，令臣閲畢可飲巵酒以慶榮遇，仍宣示執政、侍從、臺諫，以其書付祕省。臣欲置酒都省與執政而下侈非常之賜，參政臣茂良等奏此藏：此藏在御府，群臣無繇見者。上曰：太上於宸翰間蓋是天縱，非學力所到，鍾王輩不足道。"

因爲詩，寫以縑素，厚賄閽守以達。窈娘得詩悲惋，結於裙帶，三月四日赴井而死。延嗣見詩，因遣酷吏誣陷知之，破其家。出本傳。

詩

三年摩手撫瘡痍，恩與廬山五老齊。合侍玉皇香案側，卻持華節大江西。鼎新白鹿諸生學，築就長虹萬丈堤。待哺饑民偏戀德，老翁猶作小兒啼。淳熙八年三月初四日，尤遂初送朱文公南歸，時文公南康除江西提刑。

五日

宋真宗賞花，宴於後苑。帝作《賞花》《釣魚》詩，從臣皆賦。又召從臣令觀連理槐并連理栢，遂射於太清樓下。帝作《連理槐》《栢》詩，近臣屬和。祥符六年

宋仁宗延和殿觀教駿軍擊毬。嘉祐三年。以上《玉海》。

宋神宗崩。元豐八年。《宋史·禮志》

文公哀介子推，令是日不得舉火。晉文公與介子綏俱亡。子綏，即子推。子綏割腓股以啖文公，文公復國，子綏獨無所得，作龍蛇之歌而隱，文公求之不肯出，乃燔左右木，子綏抱木而死。文公哀之，令人三月五日不得舉火。後人謂之禁煙，又謂之冷節，又曰熟食。或云五月五日爲火所焚，又云三月五日。《左傳》《史記》並無子推被焚之事，大抵流俗所傳，言人人殊，莫可窮詰。詳《山堂肆考》。

張角起兵。角，東漢時人。奉事黃老，畜養弟子；以符水咒説療病，百姓信之。角遣弟子八人使於四方，以道教化天下，轉相誑惑，聚徒數十萬，連結郡國，自青、徐、幽、冀、荊、揚、兗、豫，莫不畢應。各立渠帥，訛言："蒼天已死，黃天當立，歲在甲子，天下大吉。"以白土書京城寺門及州郡官府，皆作"甲子"字。以三月五日起兵，皆著黃巾爲識，時人謂之"黃巾"，亦名"蛾賊"。角稱"天公將軍"，角弟寶稱"地公將軍"，寶弟梁稱"人公將軍"。旬日之間，天下嚮應，京師震動。出《史纂左編》。

南斗天蓬下降。道經

詩

長安富貴惜春殘，爭賞先開紫牡丹。別有玉杯承露冷，無人肯向月中看。裴璘三月五日因長安慈恩寺，奔走車馬，賞玩牡丹，題詩佛殿。後文宗自夾城出芙蓉園，幸此寺，見詩吟玩。《南部新書》

上巳餘風景，芳辰集遠坰。湖光迷翡翠，草色醉蜻蜓。鳥弄桐花日，魚翻穀雨萍。從今留勝會，誰看畫蘭亭。張又新《三月五日泛長沙東湖》

五日酺初畢，千年樂未央。復承天所賜，終宴國之陽。地勝春逾好，恩深樂更張。落花飛廣座，垂柳拂瑤觴。庶尹陪三史，諸侯具萬方。酒酣同忭躍，歌舞詠時康。張説三月五日奉和恩賜樂遊園宴應制。①

六日

唐僖宗宣遺詔，立昭宗爲皇太弟。文德元年。後二日，昭宗即位。出《玉海》。

宋太宗召近臣賞花，宴後苑，上臨池釣魚，命群臣賦詩。時應制三十九人，上亦賦詩以賜宰相呂蒙正等。因習射，上中的者六，張樂飲酒，群臣盡醉。淳化五年。《玉海》

桑道茂曰：三月六日，西師必散。禄山父子僭逆三年而滅。初王師之圍相州也，意朝夕屠陷，惟術士桑道茂曰："三月六日，西師必散，此城無憂。"卒如其言也。出《舊唐書》。

蘇林語弟子周季通曰：我昨被玄洲召爲真人，上領太極中侯大夫，今別汝矣。果有雲車雨蓋，驂龍駕虎，侍從數百人迎林，林即日登天，冉冉西北而去。蘇林，字子玄，濮陽人。少稟異操，嘗負擔至趙師琴高先生，時年二十一，受煉氣益命之道。林奉法精修，周遊天下，分形散影，寢息丘陵。賣履市巷，以試世人，人莫能識。以漢元帝神爵二年三月六日飛昇。《列仙傳》

---

① 此詩現題爲唐代崔沔《奉和聖製同二相已下群官樂遊園宴》。

七日

鎮州契丹犯塞。蜀主宴近臣於怡神亭，酒酣，君臣及宫人皆脫冠露髻，喧譁自恣。知制誥京兆李龜禎諫曰：君臣沈湎不憂國，臣恐啟北敵之謀。不聽。至三月七日，鎮州契丹犯塞，時唐莊宗同光二年也。出《後唐書》。

曲宴後苑。真宗初臨水閣垂釣，又登太清樓觀太宗御書及新寫四部群書，又至景德殿放生池，東至玉宸殿，歷翔鸞、儀鳳二閣，命座置酒。帝作五言詩，從官皆賦，遂宴太清樓下。景德四年

曲宴後苑，賞花、釣魚，仁宗賦詩，群臣席上和，進移宴太清樓。景祐三年。以上《玉海》。

舉人入院搜檢。元時選舉之制：三月初五，各官入院。初六，譔策問進呈，俟上采取。初七，執事者望闕設案於堂前，置策題於上，舉人入院搜檢。出《元史》。

丘處機辭元太祖歸。處機，字通密，號長春子。生於金熙宗皇統八年，從重陽祖師得道。元太祖召入見，三月七日辭歸。上所賜備極豐腆，皆辭之。授尊重安慰之旨，以寵其歸。命阿里鮮護師東行，送之者皆泣別。處機事，六月三十日亦載。出《史纂左編》。

詩

晴旭輝輝花藥開，氤氳花氣好風來。游絲飛絮縈行仗，墮蕊飄香入酒杯。魚躍文波時潑刺，鶯留深樹久徘徊。青春朝野方無事，故許遊觀近侍陪。宋仁宗三月七日賞花釣魚作

輦路鮮雲五色開，一聲清蹕下天來。水光翠繞九重殿，花氣濃薰萬壽杯。繡幕煙深紅會合，文竿風引綠徘徊。蓬山絕頂無人到，詔許群仙盡日陪。鄭毅夫三月七日和仁宗韻

禁御平明帳殿開，華芝初下未央來。人間彩鳳儀韶曲，天下流霞滿御杯。花近赭袍偏照爛，魚窺仙仗亦徘徊。蓬萊絕景何曾到，自愧塵蹤此一陪。三月七日和仁宗

積雨欣始霽,清和在茲時。林葉既敷榮,禽聲亦融怡。鳴泉來不窮,湖風起淪漪。西山卷餘雲,逾覺秀色滋。層層叢綠間,愛彼松栢姿。青青初不改,似與幽人期。坐久還起步,堤邊足逶迤。游魚傍我行,野鶴向我飛。敢云昔賢志,亦復詠而歸。寄言山中友,和我和平詩。張栻,字敬夫,號南軒。《三月七日城南書院》

八日

宋神宗御集英殿試進士。熙寧三年三月八日。出《會要》。

李嵩初度。東孝里莊園有牡丹一本,無種而生。掘土尺許,見一石如劍,長二尺,題曰:"此花瓊島飛來種,只許人間老眼看。"鄉里有生旦值花開時,花下飲酒爲壽。若花一夕凋謝者不吉。惟一人李嵩者,三月初八日初度,自八十看花,至一百九歲終。出《如皋志》。

僧慧安偃身而寂。慧安,荆州枝江人,姓衛氏,遁於山谷爲僧。隋煬帝徵師,不赴。麟德元年,遊終南山石壁,因止焉。唐高宗亦徵,師不奉詔。武后徵至輦下,待以師禮。后問:"甲子多少?"師曰:"不記。"后曰:"何不記耶?"師曰:"生死之身,其若循環。環無起盡,焉用記爲? 況此心流注,中間無間。見漚起滅者,乃妄想耳。從初識至動相滅時,亦只如此。何年月而可記乎?"后聞稽顙信受。神龍五年三月八日,閉戶偃身而寂,春秋一百二十八。出《楚通志》。

梵僧法賢卒。宋真宗咸平三年卒,謐慧辨。出《事物紀原》。

李脫仙居山昇天。脫居蜀金堂山修道,蜀人歷代見之,大約八百餘年,因號李八百焉。有妹名貞,多隨兄修道,居綿竹中。兄授以長生之術,至數百年,狀如二十歲,風骨英偉。人或見之,不敢正視。其後太上老君降而度之,先兄白日昇天。兄於什邡仙居山,三月八日昇天。出《集仙錄》。

元始天尊降元陽上宮,會天羅大梵天帝演説靈寶要法。

王母爲黄帝賜念珠。以上道經。

九日

靈山祠以是日祭。祠在瓊州府靈山,其所賜之神有六,有司歲以三月九日祭焉。出《廣東志》。

後漢隱帝生，百寮上表曰：色變長瀾，啓皇靈之寶，搆光流華渚，開聖緒於瑤圖。當九龍浴聖之辰，是五緯聯光之夕，凡蒙地載，共祝天長。請以三月九日爲嘉慶節。從之。《天中記》

宋仁宗試進士。嘉祐八年三月九日，試進士，帝不御殿。次日，御延和殿，賜許將等一百九十人第。出《會要》。

宋孝宗請太上皇、太上皇后同幸聚景園。淳熙六年三月九日。出《會要》。

唐順宗以是日召節度使李錡。錡欲亂，不赴闕。張子良領兵擒錡。先，彩虹入潤州大將張子良宅。初入漿甕水盡，入井飲之。後子良以擒錡，拜金吾將軍，尋拜方鎮。彩虹，其兆也。《祥異集》，亦出《南部新書》。

王羲之稱病去郡。是日，於父母墓前自誓曰：維永和十一年三月癸卯朔，九日辛亥，小子羲之敢告二尊之靈。進無忠孝之節，退違推賢之義。自今之後，敢渝此心，貪冒苟進，是有無尊之心而不子，天地所不覆載，名教所不得容。信誓之誠，有如皎日！羲之，字逸少。起家秘書郎庾亮臨薨，上疏稱羲之清貴有鑒裁。驃騎將軍王述與羲之齊名，而羲之甚輕之。述每聞有角聲，謂羲之當候已，輒灑埽待之，羲之竟不顧，述深以爲恨。羲之稱病去，故誓於父母墓云云。羲之去官，與東土人士盡山水之游，弋釣爲娛。出《晉書·羲之傳》。

高昌國俗以爲寒食。高昌國即西州也。以三月九日爲寒食節。俗又好騎射。婦人戴油帽，謂之蘇幕。樂多琵琶、箜篌。無雨雪極熱，每盛暑，居人穿地爲穴以處。飛鳥群萃河濱，或起飛，即爲日氣所爍，墜而傷翼。火州亦以三月九日爲寒食，並出《外國傳》。

葉法善乘白鹿自海上來。法善，南陽人。四代修道，功行濟人。景龍四年三月九日，乘白鹿自海上來。遠近敬禮之，施捨豐多，盡修觀宇。歲餘，入洪州西山。有三神人降，云："太上命汝輔睿宗及開元聖帝，未可隱跡山岩，以負委任。"言訖去。時二帝未立，而廟號、年號皆已先知。出《集異記》。

張玉蘭飛昇。玉蘭，天師之孫，靈真女也。夢赤光自天而下，光中金字篆文，繚繞數丈，隨光入口中，覺不自安，遂孕。母氏責之，終不言所夢，惟侍婢知之。一日謂侍婢曰："吾忍耻而生，死當割腹明心。"其夕無疾而終。侍婢白其事，母亦欲雪其疑。忽有一物如蓮花自腹出，中有金字篆文十卷，文彩甚妙。玉蘭死旬月，異香。後風雨晦暝，墳墓自開，惟有空棺而已。温江縣女郎觀是其墓地，至今鄉里三月九日祀之，乃飛昇之日也。出《集仙録》。

蓬萊都水使者昇仙。陶隱上。出《翰墨大全》。

牛鬼神降，犯者百日中惡。《三元延壽書》

十日

宋真宗召輔臣對，於苑中水閣臨池垂釣。及登太清樓，命內臣啓扃鑰，觀太宗聖製御書及新寫四部群書。景德四年。《玉海》

宋文人張晦之以天禧二年是日卒於官，宋祁作墓銘，銘曰："矚才章兮懿淳孝，至臕仕兮難老，嗇弗予兮執天道。蹇皇皇兮晚獲伸，發吾懷兮珍甫，半道兮摧華輪。倚廬空兮無塚嗣，從槁殯兮二紀，夢熒熒兮何所止。彼戚友兮義弗違，奉輴柩兮未歸，冗虛祔兮人所悲。兄弟鮮兮立後神，茫茫兮安究，尚立言兮參不朽。"《宋文鑑》

鳳高六尺，樓集於清遠縣合歡木，衆禽從之。宋太宗端拱元年三月十日。出《祥瑞録》。

鄭欽説悟銘曰："葬以三月十日。"任升之服其智。梁太常任昉大同四年於鍾山壙中得銘，曰："龜言土，蓍言水，甸服黃鍾啓靈址。瘞在三上庚，墮過七中巳。六千三百浹辰交，二九重三四百圯。"當時莫能辯者，因戒諸子曰："世世以銘訪有知之者。"昉五世孫升之，隱居商洛，寫以授鄭欽説。欽説出使，得之於長樂驛，至敷水三十里忽悟曰："卜宅者廋葬之歲月，而先識墓圯日辰。'甸服'，五百也。'黃鍾'，十一也，由大同四年郤數漢建武四年，凡五百一十一年。葬以三月十日庚寅，'三上庚'也。圯以七月十二日巳巳，'七中巳'也。'浹辰'，十二也，建武四年三月至大同四年七月，六千三百一十二月，月一交，故曰‘六千三百浹辰交’。‘二九’，十八也。‘重三’，六也。建武四年三月十日，距大同四年七月十二日，十八萬六千四百日，故曰‘二九重三四百圯’。”升之大驚，服其智。

司徒府主簿柳蓑葬於九江。梁承聖三年是日，因大雨塚壞，其子褒移葬。開棺，心有煖氣。良久，乃謂褒曰：“我已生一年，無因汝知。九江神知我橫死，遣地神以乳飼我，故不死。今雨壞我塚，亦江神所爲。”扶出，更生三十年。《窮神秘苑①》

重陽真君授道。全陽子，寧海東牟王處一也，字玉陽。於金皇統壬戌年是月之日受道於真君，居雲光洞，志行確苦，後道成。出道書。

詩

身屬中軍少得歸，木蘭花盡失春期。偷隨柳絮到城外，行過水西聞子規。李商隱《三月十日流盃亭》

十一日

高麗貢方物，唐高祖欲遜而不臣，溫彥博曰：“遼東本周箕子國，漢玄菟郡，不使北面則四夷何所瞻仰？”上納之。武德八年。《玉海》

唐太宗詔以遠夷各貢方物，其草木雜物有異常者，所司其詳錄焉。貞觀二十一年三月十一日詔。按《會要》，如葉護之蒲萄，康國之金桃，伽國之鬱金香，伽羅之鉢羅花，建國之佛上萊，皆奇物也。至於環王之大珠，於闐之寶帶，吐蕃之金鵝，高昌之錯刀，又《會要》所不載者。出《方物錄》。

元英宗即皇帝位於大明殿。英宗，諱碩德，成宗大德七年二月生。仁宗欲立爲皇子，帝入謁太后，固辭，曰：“臣幼無能，且有兄，宜立兄，以臣輔之。”太后不許。立爲皇太子，後以二月十一日即皇帝位，尊太后爲皇太后。出《元史》。

---

① 苑，底本爲“記”，查無此文獻。又，該段文字內容爲《窮神秘苑》中的，疑“記”“苑”形誤所致。今改。

洪邁請開院修纂。宋孝宗淳熙十五年三月十一日至慶元三年，上二百八十卷。出《會要》。

題卷末曰："上元二年三月十一日。"劉遵古，太和四年節度東川，借人千餘編書，忽一旦涪水大泛，書盡濡濕，劉命曝之，得《周易正義》一軸，其卷末有題，云："上元二年三月十一日，因讀《周易》著此《正義》，從茲易號十之三，至一人八千口，當有大水飄溺，因得舒展曬曝。衡陽道士李德初。"劉閱題嘆異，召賓掾示之，有掌書記思而得之，曰："自上元至太和，凡十三改號。一人八千口者，蓋太和字也。"然則萬物之不能逃於至數也久矣。出《宣室志》。

詩

三分春月一分過，天產真仙積慶多。《事文類聚》

十二日

唐高宗幸萬年宮。永徽五年。出《長曆》。

唐玄宗改混元廟爲太清宮。天寶元年九月，敕兩京混元廟改爲太上混元皇帝宮。二年三月十二日，改爲太清宮。出《會要》。

宋太祖幸金鳳園，召符彥卿等習射，帝七發皆中的。彥卿等進馬稱賀。賜從臣名馬銀器。建隆四年

宋孝宗諭輔臣曰："祖宗敕召近臣賞花釣魚，朕暇日欲命卿等射飲，則君臣相親而情通。"乾道七年。以上《玉海》。

御史大夫程行湛奏：來俊臣等二十三人，殘害宗枝，毒陷良善，情狀尤重，子孫不許與官。陳嘉言、魚承曄、皇甫文備、傅遊藝四人，情狀稍輕，子孫不許近任。開元十三年二月十二日奏。出《舊唐書》。

韋檢夢姬曰："某限於修短，不盡箕箒，恩緣未斷，當有後期。乃作詩曰：'春雨濛濛不見天，家家門外柳如煙。如今腸斷空垂淚，歡笑重追別有年。'"韋檢舉進士不第，嘗有美姬捧心而卒。檢追思痛悼，舉酒吟詩曰："寶劍化龍歸碧落，帝娥隨日下黃泉。一杯酒向春風暮，寂寞書窗恨獨眠。"

時三月也。十二日，夜夢姬作詩云云。後又夢姬，曰："白浪漫漫去不迴，浮雲飛盡日西來。始皇陵上千年樹，銀鴨金鳧也變灰。"後數日卒。出《抒情記》。

詩

重三節後踰八辰，太華峰前岳降申。《事文類聚》

十三日

唐文宗以爲上巳日。開成元年，歸融爲京兆尹時，兩公主出降，府事供帳事繁，又逼近上巳曲江賜宴，奏取改日。上曰："去年重陽取九月十九日，未失重陽之意，今以上巳改取十三日可也。"出《天中記》。

唐昭宗皇帝自壽王即位。龍紀元年，昭宗三月十三即位，至光化三年遷爲太上皇，又天復元年返政即帝位，自古未有。出《卓異記》。

金主宣宗生。昭聖皇后劉氏，遼陽人。大定元年選入東宮，至大定三年三月十三日生金主宣宗。是日，大雨震電，后驚悸得疾，尋卒。後宣宗即位，追尊爲皇太后，謚昭聖。出《金史》。

元順帝試進士七十二人，賜赫德溥化、張棟進士及第，餘出身有差。出《元史》。

顏惡頭善卜。有人詣惡頭求卜，惡頭占曰："君卜父，父已亡，聞哭聲，忽復蘇，而有言。"其人曰："父臥疾三年矣，昨日雞鳴時氣盡。父聞舉家哭聲，驚寤云：'我死，有三人欲迎上天，聞哭聲，遂墜池。'"惡頭曰："更三日，當永去。"果如言。惡頭，章武郡人也，妙於《易》筮。三月十三日詣惡頭求卜。出《北史》。

劉子卿見雙蝶五彩遊花上，大如燕。至暮，忽聞扣門，子卿異之，乃出戶，見二女恣態艷麗，謂子卿曰："君訝花間雙蝶，感君愛故來。"子卿延之坐，謂二女曰："僻處無酒爲歡。"一女曰："豈爲酒來耶？況山月已斜，夜已過半，君無意乎？"出《窮怪錄》。

詩

燕集蘭亭又一旬，壽筵開處集簪纓。《事文類聚》

十四日

唐憲宗以永州司馬柳宗元爲柳州刺史,朗州司馬劉禹錫爲播州刺史。元和十年三月十四日,御史中丞裴度以禹錫母老請移近處,改授連州刺史。出《玉海》。

東坡在惠州謫居無事,閱舊書畫,追思一時之事,而嘆三馬之神駿,乃爲之贊曰:吁鬼章,世悍驕。奔貳師,走嫖姚。今在廷,服虎貂。效天驥,立內朝。八尺龍,神迢遥。若將西,燕昆瑤。帝念民,乃下招。爾歸雲,逝房妖。時紹聖四年。《〈三馬圖〉贊》

陶弘景葬。弘景,字通明,丹陽人也。母初娠,夢青龍出懷,見天上二人降,手執香爐,覺與左右曰:"當孕男子,非凡人。"及生,標異。幼而聰穎,長而博達。嘗讀《神仙傳》,有乘雲馭龍之志。入蔣山,造三層樓樓止。身居其上,弟子居中,接賓客於下。潛光隱耀,著《老子》等書二百餘卷。時人謂之山中宰相。先生以梁武帝大同二年三月告化,年八十一,身長七尺八寸。化時顏色如生,屈伸如常。室中香氣,積日不散。以十四日葬,謚貞白先生。出《神仙拾遺傳》。

詩

天地祥開賢間生,桃花浪暖柳風輕。爭先一日月既望,向後千年河更清。《事文類聚》

十五日

宋太宗詔宰相、近臣賞花於後苑,帝曰:"春氣暄和,萬物暢茂,四方無事。朕以天下之樂爲樂,宜令侍從司臣各賦詩。"帝習射於水心殿。興國九年。出《宋史·禮志》。

宋仁宗飛白"天""性"字,賜端明殿學士李淑。淑方侍養,遣使就第賜之。皇祐元年。出《實錄》。

宋欽宗二年,自三月四日至是日,皇族后妃諸王陸續出降金人。《七修類稿》

文節祠有司致祭。文節祠,在貴池縣。宋通判趙昂發。元兵攻城,昂發與妻雍氏死節。元將伯顏見而嘆惜,以禮合葬焉。事聞,贈侍制,諡文節。雍贈順義夫人。有司歲以三月十五日致祭。《池州府志》

佛出世。佛以二月十五夜出世,二十九出家,三十五得道。出《續博物志》。

王錫仙人羽化。錫生唐宣帝朝,標姿魁梧,不類凡人。遊心方外,得神術。每取藥山壑,則毒蛇猛獸隨之,若爲衛護。後遇異人,迎至其家,傳以秘書,曰:"計咸通十二年之秋,有甘露降於子宅,服之可以上升。"至期,甘露果降王宅竹林中。錫日服之,夜飲露,不復火食。天復三年三月十五日,白日羽化登天。長沙人以其飲露成仙,遂號爲露仙,於昇仙處立臺,名露仙臺。此事八月一日亦載。出《彬陽仙傳》。

張伯端趺坐而化,有《尸解頌》云:"四大欲散,浮雲已空。一靈妙有,法界圓通。"伯端,天台人。浪跡雲水,晚得混元之道而未備,遍歷四方詢訪,遇劉海蟾,授金液還丹火候之訣,乃改名用成,字平叔,號紫陽。有一僧自以爲得禪上乘,能出神,數百里外頃刻輒到。一日,遇紫陽契合焉。紫陽曰:"禪師今日能同遊遠方乎? 願同往揚州觀瓊花。"紫陽於是與僧處一靜室,趺坐出神。紫陽纔至其地,僧已先至,遶化三匝,紫陽曰:"各折一花爲記。"遂各折一枝歸。紫陽於元豐五年三月十五日趺坐而化,住世九十九歲。出《史纂左編》。

元始天尊遊玉京元陽觀,會三界神仙真聖說法。玉晨道君登玉霄琳房,四眄天下。以上道經。

詩

茫茫月色如溪沙,萬里不有纖雲遮。今年寒食爭春來,雪大如掌隨驚雷。臨川城中三月雨,城東大丘汩爲渚。天地慘慘無開時,常恐蟄死和與義。此時謂月水中没,溺入蛙腸那復出。豈知今夜月光圓,照徹萬物無遺偏。人間有人司重輕,安得知汝有時明。曾鞏,字子固。三月十五日作。

十六日

漢成帝。有司奏:是日立夏,宜讀夏令。奏可。咸和六年。出

《晉志》。

宋太宗後苑賞花，特召司空李昉坐於尚書之上。帝臨池釣魚賦詩，賜宰相呂蒙正等，群臣應制者五十有五人。上又作釣魚詩，意屬呂端，後數日爲相。至道元年。出《玉海》。

宋太宗御崇政殿，試進士梁顥。帝嘉其敏速，以首科處焉。至是日，帝按名一一呼之，面賜及第。雍熙二年三月十六日賜及第。唱名賜第，蓋自是始。《宋朝會要》

宋欽宗靖康二年，皇族后妃諸王出降金人。是日，粘罕令以青袍易帝服，以常人女服易二后服，侍衛番奴以男女呼帝。《竊憤錄》

元禎奉使東川，至褒城望驛，有大池，樓榭甚盛。黃明府見迎，瞻其形容，髣髴似識，問其前銜，即往日逃席黃丞也。説向前事，黃丞惘然而悟，因饋酒一樽，買舟請禎同載。禎與之盡懽。元禎爲御史，曾飲酒於竇少府，有一人後至，頻犯語令，連飛十數觥，不勝其困，逃席而去。問其人，虞鄉黃丞也。後不聞問。至元和四年三月十六日，禎奉使東川，至褒城望驛，黃明府見迎，即逃席黃丞。元禎作詩相贈。出小説。

忌遠行，水陸不吉。《風土記》

詩

令尹簾垂白晝長，東風隨意上琴堂。蟾開昨夜桂初滿，鶯喚晚春花更香。《事文類聚》

昔年曾痛飲，黃令困飛觥。席上當時走，馬前今日迎。依稀迷姓字，積漸識平生。故友身皆遠，他鄉眼暫明。便邀連榻坐，兼共刺舡行。酒思涼風亂，霜稜拂地平。不看深淺酌，貪愴古今情。迤邐七盤路，坡陀數大城。花疑褒女笑，棧息武侯征。一種埋幽石，空聞千載名。元和四年三月十六日元禎贈黃明府

十七日

天寶十載，分命卿監詣嶽瀆，取三月十七日一時備禮，兼册祭。以東海爲廣德王，南海爲廣利王，北海爲廣澤王，西海爲廣潤王。出《通典》。

宰臣富弼母秦國太夫人薨。仁宗是日春宴，禮院上言：“君臣父子，家國均同。元首股肱，相濟成體。貴賤雖異，哀樂則同。一人向隅，滿堂嗟戚。今宰臣新在苫塊，欲乞罷春宴聲樂，以表憂恤大臣之意。”詔下，並春宴請罷。嘉祐六年。出《宋史·禮志》。

宋徽宗幸懿親宅。崇寧元年。出《七修類稿》。

金以張邦昌爲帝。宋欽宗靖康二年三月十七日爲帝，國號大楚。出《七修類稿》。

呂思誠卒。思誠，字仲實，平定州人。母馮氏，夢一丈夫，烏巾、白襴衫、紅鞓束帶，趨而揖曰：“我文星也。”及寤，思誠生，目有神光，見者異之。思誠氣宇凝定，素以勁拔聞，不爲勢力所屈。三爲祭酒，諸生從化。嘗病古註疏太繁，魏了翁删之太簡，將約其中以成書，不果。元順宗至正十七年三月十七日卒，年六十五，諡忠肅。出《思誠傳》。

詩

冀飛兩葉正深春，是日人間岳降申。《事文類聚》

十八日

龍湫山是日與吳之陽山多雲霧、雷雨，俗傳爲白龍生日。龍湫山在平湖縣，一名陳山。有大石，盤陀建以祠，宋時禱雨屢應，累封龍神，爲廣惠淵靈侯，名其廟曰顯濟。出《嘉興府志》。

并州刺史劉琨遣溫嶠上表，勸琅邪王睿即位江左，言：宣皇之胤，惟有陛下，億兆攸歸，曾無與二。天祚晉祀，必將有主，主晉祀者，非陛下而誰？晉建興五年三月十八日，遣溫嶠上表按閔帝爲劉曜所殺，琅邪王睿在江南時，劉琨在并州、段匹磾在冀州，連名勸進，中宗嘉之。琨作此表，無所點竄，封印畢，對使者流涕而遣之。琨功雖未竟，卒使温太真克定江左，其功大矣。出《文選》。

程瑜卒。瑜，字叔寶。程顥之叔父，卒於嘉祐七年三月十八日。姿儀偉秀，風度平雅。端莊謹厚，不妄言笑。進退動止，皆有法度，未究所施。年四十三，葬於河南伊陽縣。出《墓誌》。

方秋崖卒。秋崖，字巨山。宋紹定五年省試第一，仕至吏部尚書郎，卒於宋理宗景定三年三月十八日，年六十四。出《墓誌》。

黃石公祠有司致祭。黃石公祠在穀城山之陽。按張良於下邳橋逢老父，授良書一編，曰："後十三年濟北穀城山下，黃石即我也。"後良果於此得黃石，寶而祀之，令有司致祭以三月十八日。出《兖州志》。

王處一誕辰。母周氏夢紅霞繞身，驚悟遂生。處一，寧海東牟人。師能悟生死之理。一日偶至山中，遇一老人坐大石，謂之曰："子異日揚名帝闕，爲道教宗主。"生於金熙宗皇統二年三月十八日。出《史纂左編》。

茅君駕五色雲八景輿佇於五雲峰，逾時西去。五雲峰，在應天府。因茅君三月十八日佇於此山，故名茅山。出《一統志》。

茅君同總真王君、太極真人、東海青童君會遊勾曲山，看洞室。道經，亦出《翰墨大全》。

太上老君同光天元后降太清宮。道經

盧茂歛真人同從人執樂上昇。

詩

三月雪連夜，未應傷物華。只緣春欲盡，留看伴梨花。温庭筠《嘲三月十八日雪》

芍藥薔薇與早梅，不知誰是艷陽才。今朝領得東風意，不復饒君雪裏開。温庭筠《三月十八日雪中》

十九日

宋仁宗後苑賞花、釣魚，觀唐明皇山水字石於清輝殿，因命從臣皆賦，遂宴太清樓，令中書第所賦優劣。天聖八年。出《玉海》。

宋孝宗於東宮榮觀堂召宮僚燕集，酒半從至玉淵堂，欣然索一大研，命磨潘衡墨，染屠覺竹絲筆，揮"誠齋"二大字，贈侍讀楊檢。詳六小字，識以清賞堂印。心畫超詣，雲章昭回，龍跳虎臥，鸑飄鳳泊。蓋天縱之能，聖學之餘也。淳熙十三年三月十九日。出《事文類聚》。

侯景以是日敗。侯景，字萬景，魏之懷朔鎮人也。少而不羈，梁武帝天監中，沙門釋寶誌曰："掘尾狗子自發狂，當死未死囓人傷，須臾之間自滅亡，起自汝陰死三湘。"又曰："山家小兒果攘臂，太極殿前作虎視。"狗子，侯景小字。山家小兒，猴狀。景遂覆陷都邑，毒害皇家。起自懸瓠，即昔之汝南。巴陵有地名三湘，景奔敗處。其言皆驗。景嘗謂人曰："侯字人邊作主，下作人，此明是人主也。"臺城既陷，武帝嘗語人曰："侯景必得爲帝，但不久耳。"按景以辛未年冬篡位，至三月十九日敗，僅一百餘日，果不久。出《南史》。

東坡自杭州還朝，宿吳松江，夢長老仲殊挾琴，彈之有異聲，琴有破損，而有十三絃。東坡夢中嘆息不已，殊曰："雖損，尚可修。"東坡曰："奈十三絃何？"殊不答，誦詩曰："度數形名本偶然，破琴今有十三絃。此生若遇邢和璞，方信秦箏是響泉。"東坡夢覺而忘之。夜復夢，殊來理前語，再誦其詩，方驚覺而殊適至，意其非夢也。問之殊，蓋不知。唐開元房琯與道士邢和璞出遊，遇夏口村，入佛寺，坐古松下。和璞使人鑿地，得甕中所藏婁師德與永禪師畫，笑謂琯曰："頗憶此耶？"琯悵然，因悟前生之爲永師也。其詩中用邢和璞，祖此。東坡夢在元祐六年三月十九日。出《長公外紀》。

李林甫奏：文子號通玄真人，列子號沖靈真人，庚桑子號洞靈真人，其書各從其號爲真經。天寶元年三月十九日。出《事物紀原》。

南斗星降。道經

詩

枇杷已熟粲金珠,桑落初嘗灩玉蛆。暫借垂蓮十分盞,一澆空腹五車書。青浮卵惋槐芽餅,紅點冰盤藿葉魚。醉飽高眠真事業,此生有味在三餘。東坡《三月十九日攜白酒鱸魚過詹使君食槐葉冷淘子美有槐葉冷淘》詩

二十日

宋真宗召近臣賞花後苑,以雨移御崇政殿,命賦詩。有頃,御北殿,賜宴作樂,帝作《賞花》及《喜雨》詩,群臣即席和進。祥符五年。《玉海》

宋高宗崩。是日,以神主祔廟,孝宗詔曰:"朕欲衰絰三年,群臣屢請御殿易服。朕以布素視事內殿。"淳熙十四年,孝宗號慟擗踴,踰二日不進膳。出《宋史》。

天倉開日,宜入山修道。《八牋》

詩

雪髯霜鬢語傖獰,澹蕩園林取次行。要識將軍不凡意,從來祇啜小人羹。

西園牡籥夜沈沈,尚有遊人臥柳陰。鶴睡覺來風露下,落花飛絮滿衣襟。

鬱鬱蒼髯真道友,絲絲紅蕚是鄉人。何時翠竹江村路,送我柴門月色新。以上《開園》三首,東坡三月二十日作。

樂遊形勝絕,表裏望郊宮。北闕連雲頂,南山對掌中。皇恩貸芳月,旬宴美成功。魚戲芙蓉水,鶯啼楊柳風。春華看欲暮,天澤戀無窮。長袖召斜日,留光待曲終。張說三月二十日承恩讌樂遊園作。

二十一日

宰相張九齡奏請縱民鑄錢。議下，百官裴耀卿等皆以爲許私鑄則下皆棄農而競利。唐玄宗開元二十二年。出《玉海》。

宋仁宗御紫宸殿。三月二十一日，仁宗御紫宸殿朝百官。石介上《慶曆聖德頌》，頌有"晨坐太極，晝開閶闔。躬覽英賢，手鋤姦栿。大聲颯颯，震搖六合"，云云。出《文鑑》。

宋高宗見內庫所藏弓箭，曰：此太宗、真宗所製，經歷百年，記識如新。出《劉騎傳》。

洞賓遊岱嶽王母池，題五言詩。天聖戊寅年。洞賓又於政和丙申年復至此，題詩末云："回公再書。"今會真宮石刻見存。出《岱嶽志》。

詩

昔日曾遊此，如今九十春。紅塵多少客，誰是識予人。洞賓詩

二十二日

唐昭宗生日，以爲嘉會節。群臣龍紀元年賀表曰："陛下德邁方圓，道融三五。因社鳴而正位，逢井聚以樂推。值清明馭氣之時，當仁壽悅隨之始，固可同年鶴笄，歲比山呼。永符垂拱之風，長保後天之慶。"《天中記》

宋太宗幸金明池，宴從臣瓊林苑，作《遊瓊林苑》詩賜近臣。淳化元年。出《玉海》。

宋真宗親試進士於崇政殿內，出三題摹印以賜。印題自此始。大中祥符五年。《宋朝會要》，亦出《事物紀原》。

宋仁宗召輔臣兩制館閣官觀後苑瑞竹。其竹一本兩莖，各有詩賦獻。皇祐三年三月二十一日，宋祈獻賦曰"彼神苑之嘉竹，挺雙幹而呈美。交繁枝之蕭森，等密葉焉蔥翠。遂並節以自高，乃聯莖而告瑞"，云云。胡宿獻詩曰"瑞植昭天產，祥枝感帝臨。均承元化力，同抱歲寒心。蒙潤非煙近，含滋御水深"，云

云。出《藝文志》。

劉成、李暉遇群僧。劉成、李暉，宣城郡當塗民。嘗有巨舫載魚於吳越間，唐天寶十三年三月，自新安江載往丹陽郡。行至查浦，會天暮，泊舟。李暉往浦岸村舍中，獨劉成在江畔。忽聞舫中連呼阿彌陀佛者，聲甚厲。成驚視之，見一大魚自舫中振鬐搖首，如人聲呼阿彌陀佛。成懼，即匿身蘆中以伺之。俄頃舫中萬魚自躍，亦呼佛。成益懼，登舫盡投群魚於江中。頃之李暉至，成以其事告於暉，暉怒曰："小子安得妖妄乎？"成無以自白，即用衣資酬其值。明日，舫中忽重不可舉，視之，得緡十五千，題於舫曰："歸汝魚值。"二人奇之。三月二十二日，瓜州遇群僧，以緡施焉。出《宣室志》。

二十三日

湖州黑氣亙天，雷電異常。雨物若果核，與雨雜下，五色間錯，光瑩堅固，破其實食之似松子仁，人皆曰娑婆樹子。元至正壬辰年三月二十三日，至閏三月亦然。後紅巾犯省治，兩核之地悉被兵火，未經雨核處屋宇如故。出《輟耕錄》。

宋仁宗命契丹使觀金明池水嬉，賜宴瓊林苑。嘉祐二年。《宋史》

蘇軾杭州從太守沈公觀花於吉祥寺僧守璘之圃。圃中花千本，酒醉樂作，州人大集，金槃綵籃以獻於坐者，五十有三人。素不飲者皆醉。自輿臺皁隸皆插花以從，觀者數萬人。宋神宗熙寧五年三月二十三日。出《牡丹記》。

英烈妃生。《翰墨大全》

詩

已逢嫵媚散花峽，不怕艱危道士磯。啼鳥似逢人勸酒，好山如爲我開眉。風摽公子鷺得意，跋扈將軍風斂威。到舍將何作歸計，江山收得一囊詩。張宛丘《三月二十三日即事》

二十四日

康帝將登祚，戴洋擇日，以爲宜用三月二十四日。洋，字國流。

十二歲時病死,五日復生。及長,好道術,妙解占候卜數。吳末爲臺吏,知吳將亡,託病不仕。出《晉書》。

宋孝宗。是日,德壽宮康壽殿生金芝十有二莖,宰臣皆賀,御製七言詩,有"永將四海奉雙親"之句。隆興二年。《玉海》

呂東萊感疾,給假,是日歸婺州,不復再起。東萊爲著作兼權禮郎、國史編修。出《東萊傳》。

香山胡、吉、劉、鄭、盧、張六賢皆多年壽。白居易會昌五年是日合尚齒之會,七老相顧,既醉且歡。此會稀有,各賦詩以記之。白居易三月二十四日於東都履道坊合尚齒之會。胡杲年八十九,吉旼年八十六,劉貢年八十二,鄭據年八十四,盧貞年八十二,張渾年七十四,居易年七十四,以上七人共五百七十歲。其年夏,又有二老,年貌絕倫,同歸故鄉,亦來斯會。續命書姓名年齒,寫其形貌,附於圖右。仍以一絕贈之。云:"雪作鬚眉雲作衣,遼東華表暮雙歸。當時一鶴尤稀有,何況今逢兩令威。"出《合璧事類》。

詩

七人五百七十歲,拖紫紆朱垂白髮。囊裹無金莫嗟嘆,樽中有酒且歡娛。詩吟兩句神還壯,酒飲三杯氣且粗。崒峨狂歌教婢拍,婆娑醉舞遣孫扶。天年高邁二疏傳,人數多於《四皓圖》。除卻三山五天竺,人間此會更應無。白居易三月二十四日宴罷賦此。

二十五日

玄宗敕:春秋祈報,郡縣常禮,比不用牲,豈云血祭?陰祀貴臭,神何以歆?自今已後,州縣祭祀特以牲牢,宜依常式。開元二十二年三月二十五日敕。《通考》

宋太宗賜新進士陳堯叟等御製箴一首。端拱二年。《玉海》

鄧名世見於殿上。宋紹興四年,撫州鄧名世以所著《春秋四譜》六卷、《辨論譜説》十篇、《古今姓氏書辨證》四十卷來上。吏部尚書胡松年看詳,學有淵源,辭亦簡古,考訂明切,多所按據。詔三月二十五日引見殿上,賜進士出身。出《會要》。

宋郊請自今外夷朝貢，並詢問國邑風俗、道途遠近，圖畫衣冠人物兩本，一進内，一送史館，從之。宋仁宗景祐四年。《四夷述職圖》

吳越錢俶來朝，宋太宗是日宴於長春殿，親王、宰相、節度使、劉鋹、李煜皆預。興國三年。《宋史·禮志》

韓昌黎潮州到任。元和十四年，以佛骨事謫潮州，三月二十五日到任。其年十月，憲宗加號，大赦，移袁州刺史。出《昌黎考》。

二十六日

宋孝宗車駕幸玉津園，命下，大雨，有旨許從駕官帶雨具，將晚有晴意，已而天宇豁然。洪邁進一詩歌詠其實。淳熙十二年。出《容齋直筆》。

宋太宗召新羅二人於便殿，皆手持大螺吹之。至道元年三月二十六日。新羅，西南夷，吹螺乃夷曲。出《通典》。

王師大破其軍於澧州。宋太祖乾德元年，保權殺張文表，復謀拒命。王師鼓行而前，三月二十六日，大破其軍於澧州，乘勝入其城，保權遁盡湖湘。捷書至，群臣稱賀，石介頌曰：“聖機神謀，天秘地藏。旦秣我馬，夕取其疆。”出《玉海》。

韓愈與處士盧仝至少室，謁李徵君渤。元和十四年三月二十六日，謁李徵君渤。自少室而東，上太室中峰，宿封禪臺。明日，觀啓母石，入天封觀。出《集古録》。

杜真人昇仙。杜昺。出《翰墨大全》。

詩

五更猶自雨如麻，無限都人仰翠華。翻手作雲方悵望，舉頭見日共驚嗟。天公的有施生妙，帝力堪同造物誇。上苑春光無盡藏，可須羯鼓更催花。洪邁三月二十六日因孝宗幸玉津園雨霽，歌詠其實。

二十七日

唐高宗幸合璧宫。龍朔元年。《玉海》

唐昭宣帝降御札禪位於梁。梁王，初碭山一民也，從黃巢爲盜，天子用爲四鎮節度使，富貴極矣！一旦滅唐家三百年社稷。《舊唐書》云御札降三月甲辰。甲辰，三月二十七日也。《唐年譜録》亦云二十七日，獨《五代通略》云四月一日。

宋真宗章獻明肅皇后劉氏崩於寶慈殿。明道二年葬於永定陵之西北。出《宋史》。

東坡作《張氏園亭記》，有"余自彭城移守吳興，由宋登舟，三宿而至"，云云。宋神宗元豐二年三月二十七日作。是時，自徐州移知湖州。出《長公外紀》。

宋劉齡設齋。劉齡頗奉佛法，三月二十七日設齋。其父暴死，是時，有人言：奉不明之神，致喪禍不已，必焚經像，災乃除耳。齡信之，遂焚經像，炎熾移日，佛像儼然如故。齡忽如人歐打，仆地痿躄不能行。出《太平廣記》。

二十八日

翁彥約言：萬國梯航輻湊，史不絕書。其贄幣、服飾之瑰奇，名稱、狀貌之詭異，多所未載。命有司編集成書，如周家《王會》之篇。宋徽宗政和六年。出《四夷述職圖》。

程正叔講讀延和殿。元祐二年三月二十六日，正叔奏"就寬涼處講讀"。至二十八日，講讀延和。出《明道集》。

東嶽聖帝生，又府君生，都人遊冶之盛，百戲競集，士女觀者如堵。出《武林舊事》，《宣撫鎮志》亦云。俗傳爲東嶽帝誕辰，傾城士女踵詣行宮，酬願、拈香、奠觴、獻果，或焚誦祈祥，或鎖杻謝罪，竟日乃罷。

詩

一春惆悵殘三日，醉問周郎憶得無。柳絮送人鶯勸酒，去年今日到東都。白居易《三月二十八日贈周判官》

二十九日

李靖俘頡利獻捷太廟。唐太宗貞觀四年三月二十九日。出《會要》。

宋太祖詔契丹使於講武殿，觀騎士習射。_{開寶八年。《玉海》}

宋太宗崩於萬歲殿。真宗散髮號哭，奉遺詔即位於殿之東。_{至道三年三月二十九日崩。出《宋史·禮志》。}

宋仁宗崩於福寧殿。_{嘉祐八年，謚神文聖武明孝皇帝。出《宋文鑑》。}

楊祥、阮鑒元順宗遣諭琉求。是日，二人東望見有山長而低者，約五十里，不曉人語，遂還。_{元世祖至順宗，海外諸蕃罔不臣屬，惟琉求未曾歸附，遣楊祥、阮鑒往諭："來則安堵如故，否則必致征討。"至元二十九年三月二十九日，因不曉人語，二人遂還。出《元史》。}

　　詩

南嶺過雲開紫翠，北江飛雨送淒涼。酒醒夢回春盡日，閉門隱几坐燒香。

門外橘花猶的皪，墻頭荔子已斕斑。樹暗草深人靜處，捲簾欹枕臥看山。_{以上二首，東坡三月二十九日作。}

三十日

東漢光武。是日日食，帝避正殿不聽事，詔曰：吾德薄致灾，謫見日月，夫何言哉！今方念慮，庶消厥咎。其令有司各修職任，奉遵法度，惠茲元元。百僚各上封事，無有所諱。其上書者，不得言聖。_{建武七年。出《山堂肆考》。}

宋太祖宴契丹於長春殿。_{開寶五年。《玉海》}

有白虎七變法，取是日殺虎，血等合和之。忽生草似胡麻，一生取其實合之，可以移形易貌。_{出《抱朴子》。}

　　詩

野酌亂無巡，送君兼送春。明年春色至，莫作未歸人。_{《三月晦日送客》崔裕之}

三月正當三十日，風光別我苦吟身。共君今夜不須睡，未到

曉鍾猶是春。賈島,字浪仙,范陽人。初爲僧。《三月晦日贈劉評事》

可憐三月三旬足,悵望江邊望驛臺。料得孟光今日語,不曾春盡不歸來。《望驛臺》,元稹三月三十日作。

三月唯殘一日春,玉山傾倒白鷗馴。不辭便學山人醉,交下無人作主人。令狐楚《三月晦日會李員外》

今朝相送自同遊,酒與詩情替別愁。忽到澧西總回去,一身騎馬向通州。元稹《澧西別樂天博載樊宗憲李景信兩秀才姪谷三月三十日相餞送》

隨風逐浪劇蓬萍,圓首何曾解最靈。筆硯近來多自棄,不關妖氣暗文星。《戊午三月晦》司空圖

江頭從此管絃稀,散盡遊人獨未歸。落日已將春色去,殘花應逐夜風吹。《三月晦日》李昌符

堂邑山林美,朝恩晦日遊。園林含淑氣,竹樹繞春流。舞席千花妓,歌舡五綵樓。群歡與王澤,歲歲滿皇州。張説《三月三十日承恩讌永陵公主亭子》

朝沐敝南闈,盤跚待日晞。持梳髮更落,覽鏡意多違。吾友見嘗少,春風去不歸。登臨至一醉,猶可及芳菲。戴叔倫《三月三十日沐髮書懷寄諸友》

一日不作詩,心源如廢井。筆硯爲轆轤,吟詠作縻綆。朝來重汲引,依舊得清冷。書贈同懷人,詞中多苦辛。賈島《三月晦日贈劉評事》

玉輅尋春賞,金堤重晦遊。川通黑水漫,池派紫泉流。晃朗扶桑出,絲聯樹杞周。鳥疑煙海隔,人似玉河秋。劫盡灰猶識,年移石故溜。汀洲歸棹晚,簫鼓雜行謳。三月晦日李又《奉和幸昆明池》

卷四

四月〔一〕

楚應城陳堦升也甫編輯

邑人徐養量叔弘甫校刻

張之厚銘卿甫

張淩雲韓孺甫

陳光寅亮可甫全閱

    四月建巳。巳，起也。物至此時而畢起也。《合璧事類》

    中呂，巳之氣也，四月建焉。《周禮》

    日在畢，昏翼中，旦婺女中。《禮記》

    孟夏，純乾用事，陰氣未作。未作，氣未挺。出《鄭興傳》。

    正陽之月，匿未作。匿，隱也。未作，氣未挺。出《六帖》。

    夏，氣赤而光明。《爾雅》

    收恢台之孟夏。恢，大也。台，即胎也。言夏氣大而育物也。《楚詞》

    百穀各以初生爲春，熟爲秋。麥熟在孟夏，故以孟夏爲麥秋。蔡邕《月令》

    孟夏行春令，則蟲蝗，暴風，秀草不實；行秋令，則苦雨，五穀不滋，四竟有警；行冬令，則草木早枯，後有大水，敗其城郭。《呂氏

春秋》

爲余。《爾雅》

或服玄冰丸，或服飛雪散及六壬六癸之符，則不熱。《抱朴子》

孟夏之月，南宮御女赤色，衣赤采，吹笙竽。出《淮南子》。注云：火生南方，故處南宮。笙竽空中象陽，故吹之。

東武舊俗，每歲大會於南禪、資福兩寺，以芍藥供佛。《東坡集》

長沙市肆之人無子者，是月供寺閣下羊肉薄餅乞兒，往往有驗。《時鏡新書》

焉耆國俗尚娛遨，每歲是月遊林。《酉陽雜俎》

天有聲如瀉水，自南而北，後秦王俊薨。文帝開皇三十年。《隋書》

宋真宗。西南方兩月並見。天禧四年。占曰：大臣廢黜。又曰：有大水。是年秋，寇準貶滑州。河決，京師大雨，壞廬舍。出《宋史》。

漢成帝。楚國雨雹，大如斧，飛鳥皆死。河平二年

漢武帝。隕霜殺草，自是征伐四夷，師出三十餘年。元光四年。以上出《山堂肆考》。

唐憲宗。淄青隕霜，殺惡草及荊棘，而不害嘉穀。元和十四年。《舊唐書》

無雲而雷，有流星從日下東南行，四面耀耀如雨，自晡及昏而止。成帝元延元年。出《通考》。

彰德有赤風自西北起，晝晦如夜。順帝至正元年，海舟吹上平陸高坡二三十里，死者萬計，世人謂之海笑。出《元史》。

天雨土。唐昭宗天祐元年。《通考》

天雨土。元豐二年、淳熙四年皆是月雨土。《宋史》

冀寧榆次縣天雨白毛，如馬鬃。順帝至正十三年。《元史》

福州福清縣廨天雨黃黑豆，又長樂、太平二鄉雨黑豆，皆堅

實異常。<small>太宗至道二年。《宋史》</small>

冰瓦有文樓閣、車馬、人物、芙蓉、牡丹、萱草、藤蘿之屬，經日不釋。<small>淳熙年秀州吕氏家。出《宋史》。</small>

晉孝武帝。京都地生毛。<small>太元十四年，又十七年，地生毛。是時，苻堅滅。</small>

晉安帝。地生毛，或白或黑。<small>元興三年。以上《五行志》。</small>

黃河是月水名麥黃水。<small>《水衡記》</small>

岱山之東有圓淵，孟夏月水常騰沸，人掘地得焦石如炭，往往有火。<small>《拾遺記》</small>

南方有炎山，在扶南國之東，加營國之北，諸薄國之西。從此月火生，行人過山取木爲薪，燃無盡時。<small>火至十二月滅，草木始生枝條。《玄中記》</small>

鼎州桃源洞大水，巨石隨流而下，有文曰："無爲大道，天知人情。無爲窈冥，神見人形。心言意語，鬼聞人聲。犯禁滿盈，地收人魂。"金石同類，類金爲變怪者也。<small>宋高宗建炎三年。《五行志》</small>

京師醴泉湧出，飲之者痼疾皆愈，惟眇蹇者不瘳。<small>後漢光武中元元年</small>

京師拱聖第泉湧，疾癘者飲之皆愈。<small>天禧二年閏四月</small>

哀帝建平四年，山陽方與女子田無嗇生子。<small>師古曰："方與者，山陽之縣也。女子姓田，名無嗇。方與音房豫。"</small>先未生，兒啼腹中，及生，不舉，葬之陌上。三日，人過聞啼聲，母掘收養。

宋寧宗嘉定元年，鎮江後軍妻生子，一身二首四臂，占謂：中原分裂，後數年，金人失中原。<small>以上《通考》。</small>

宰臣李適之。鼎躍出相鬥，鼎耳及足皆折。<small>天寶三年。《白孔六帖》</small>

月桂子。江東諸處每至四、五月，於路衢得之，大如狸荳，破之辛香。古老相傳，是月中下也。《山堂肆考》

千頃山西有莎蘿花一株，是月花開，香聞數里。千頃山，在杭州府昌化縣。出《一統志》。

永州民劉思析薪，有"天下太平"字。徽宗宣和三年

虔州民毀歙屋析柱木，裏有文曰"天下太平"。高宗紹興十四年，守臣薛弼上此木妖。以上《宋史》。

秀州海鹽縣海洋有巨鰌，群蝦從之，聲若謳歌。抵岸，縣民臠肉，轉鬣壓死十數人，頷骨長二丈五尺。紹興二十年。京房《易傳》曰："海見巨魚，邪人進，賢人疏。"出《通考》。

鳳凰集東魯，群鳥從之。漢宣帝地節二年

夏口武昌鳳凰見。孫權黃龍元年

鳳凰集沔北，百姓聚觀之。晉穆帝升平五年。以上俱《宋書·符瑞志》。

饒安縣白雉見。延康元年。《魏志》

白麟見頓丘。晉武帝太康元年。《宋書·符瑞志》

餘干縣民家豕生八豚，其二爲鹿。宋寧宗慶元三年。《五行志》

桂州有馬生駒三足，能隨群馬。唐武宗會昌元年。《通考》

群鼠吐五色氣成雲。慶曆八年，神宗生於樓王宮，祥光照室，群鼠吐氣成雲。出《宋史》。

詩

江南孟夏天，慈竹笋如編。蜃氣爲樓閣，蛙聲作管絃。賈弇，登大曆中進士。《狀江南·四月》

四月上泰山，石平御道開。六龍過萬壑，澗谷隨縈迴。李白

漱井消午醉，掃花坐晚香。衆綠結夏幄，老紅駐春粧。文潛

南京西浦道，四月熟黃梅。湛湛長江去，冥冥細雨來。杜甫

麥隨風裏熟，梅逐雨中黃。衫含蕉葉氣，扇動竹花涼。庾子山

人間四月芳菲盡，山寺桃花始盛開。長憶春歸無覓處，不知轉入此中來。<small>白居易，見《大①林寺桃花》。</small>

長養薰風拂曉吹，漸開荷芰落薔薇。青蟲也學莊周夢，化作南園蛺蝶飛。<small>徐寅《初夏戲題》</small>

花開紅樹亂鶯啼，草長平湖白鷺飛。風日晴和人意好，夕陽簫鼓幾舡歸。<small>徐元杰，字仁伯，信州上饒人。《題湖景》</small>

乳鴨池塘水淺深，熟梅天氣半陰晴。東園載酒西園醉，摘盡枇杷一樹金。<small>戴復古，字式之。初夏作。</small>

陂麥連雲慘淡黃，綠陰門巷不多涼。更無一片桃花在，借問春歸有底忙。<small>王安石，見《陂麥》。</small>

四月清和雨乍晴，南山當户轉分明。更無柳絮因風起，惟有葵花向日傾。<small>司馬光，字君實。《居洛初夏》</small>

四月田間麥穗稠，桑枝生葚鳥啁啾。鳳城綠樹知多少，何處飛來黃栗留。<small>歐陽永叔</small>

嘒嘒新蟬綠葉遮，一聲臨晚到山家。未應春色全歸去，猶有芳叢刺史花。<small>僧惠洪</small>

石梁茅屋有彎碕，流水煎煎度兩岐。晴日暖風生麥氣，綠陰幽草勝花時。<small>王介甫</small>

綠樹陰濃夏日長，樓臺倒影入池塘。水精簾動微風起，滿架薔薇一院香。<small>高駢</small>

麥隴風來翠浪浮，霏微小雨似深秋。野亭終日捲簾坐，清樾對啼黃栗留。<small>譚知柔</small>

生物移邊日夜流，園林纔夏麥先秋。綠陰黃鳥北窗簟，付與

<small>① 大，底本爲"木"，疑"大""木"形誤所致，今改。</small>

來禽安石榴。山谷

首夏木陰薄，清和自一時。筍抽八九尺，荷生三四枝。新服裁蟬翼，舊扇拂蛛絲。莎徑熱未劇，晨昏來往宜。溫公

今年通閏月，入夏展春輝。樓上風花媚，城隅賞宴歸。九歌揚政要，六舞散朝衣。天喜時相合，人和事不違。禮中推意厚，樂處感心微。別賞陽臺樂，前旬暮雨飛。唐玄宗《首夏閏月花蕊樓觀群臣宴寧王山亭》

垂柳陰陰日初永，蔗漿酪粉金盤冷。簾幙低垂紫燕忙，蜜脾已滿黃蜂靜。高樓起睡翠眉顰，披破斜紅未肯勻。玉腕半揎雲袖碧，樓前知有斷腸人。魏彥琛

立夏

立夏，金殁，水囚，木休，火相。

穀雨後十五日，斗指巽，爲立夏。物至此時，皆假大也。《孝經緯》

四月，立夏爲節。夏，大也。至此之時，物已長大，故以爲名。《三禮義宗》

立夏、夏至行南方赤道，曰南陸。《漢書》

斗柄南指而天下皆夏。《鶡冠子》

立夏晷長四尺三寸八分。《後律曆志》①

炎帝秉離執衡司夏。

林鍾紀度，祝融司節。賦

立夏，陽雲出胔，赤如硃。《易通卦驗》

春分加四十六日而立夏，大風濟，音中夾鍾。濟，止也。出《淮南

---

① 即《後漢書·律曆志》。

子》。

立夏，清明風至而暑，鶴鳴博谷飛，電見龍升天。《易説》

立夏，雀子飛。《易通卦驗》

立夏之日，螻蟈不鳴，水潦淫漫；蚯蚓不出，臣奪后命；王瓜不生，害於百姓。《周書·時訓》

立夏日得金，五穀不成，夏旱多風。得木，夏寒草生。得火，多妖言，兵戈起。得土，遠臣朝，國無政令。得水，上下相和順，天下安寧。劉玄之《行軍月令》

立夏，命有司祀雨師。

立夏先三日，太史謁於天子曰：某日立夏，盛德在火。天子乃齋。立夏之日，天子親率三公、九卿迎夏於南郊，還乃賞公卿、諸侯、大夫於朝。慶賜遂行，無不欣悅。命相，贊傑俊，遂賢良，舉長大，行爵出祿，必當其位。以上《禮記·月令》。

春官大宗伯以赤璋禮南方。禮南方以立夏，謂赤精之帝，而炎帝、祝融食焉。半珪曰璋，象夏物半死。《禮記》

立夏日，夜漏未盡五刻，京都百官皆衣赤衣，迎夏於南郊。
《續漢書·禮儀志》

夏則乘赤輅，駕赤騮，載赤旗，以迎夏於南郊，其祭先黍與雞。居明堂，正廟啓南戶。《逸禮》

立夏日，或服玄冰丸，或服飛霜散及六壬六癸之符，則不熱。幼伯子、王仲都，此二人衣之以重裘，暴之於夏日，周以十爐之火，口不稱熱，身不流汗，蓋用此方。《抱朴子》

立夏日忌北風，主疫。《朧仙月占》

立夏日日中，上清五帝會諸仙人於紫微宮，論求道之功罪。
《登真隱訣》

157

詩

東君休布令，赤帝已司權。

風光初變換，天氣尚清和。

律轉薰風始，杓回火德新。

長風始飄閣，疊雲縈吐嶺。

不覺東風旋地軸，俄驚南陸斡天機。蝴蝶不隨春色去，又來庭院舞薰風。

小滿

立夏後十五日，斗指巳，爲小滿。小滿者，言物長於此，小得盈滿也。《孝經緯》

立夏加十五日指巳則小滿，音中太簇。《雅南子》

上陽，雲出七星。《易通卦驗》

小滿日苦菜秀，後五日靡草死。以荼爲苦菜。《毛詩》曰："誰謂荼苦。"《埤雅》

小滿日苦菜不秀，仁人潛伏；靡草未死，國從盜賊。《周書·時訓》

小滿後無起土功，無發大眾，無伐大樹，妨蠶農也。

小滿後無大田獵。驅獸類也，恐傷生類。

小滿後農乃登麥，天子乃以彘嘗麥，先薦寢廟。以上《月令》。

四月〔二〕

楚應城陳塏升也甫編輯

邑人徐養量叔弘甫校刻

張之厚銘卿甫

張淩雲韓孺甫
陳光寅亮可甫仝閱

一日

煬帝。是日太陽虧，王度時在臺司，晝臥廳閣。覺日漸昏，諸吏告以日蝕甚。度整衣，引寶鏡出照，鏡亦昏無光色。大業八年四月一日日蝕，王度以寶鏡照無光。先是汾陰侯生，天下奇士也。度素卿事之侯，終以鏡贈度。鏡徑八寸，鼻作麒麟蹲伏狀，鼻外列龜龍鳳虎。又外設八卦，又外置十二辰，又外置二十四字，似隸而非字書所有。此黃帝所鑄第八鏡也。邪魅入，鏡盡照，希世之寶，後失鏡所在。出《異聞集》。

武后尊嵩嶽爲皇帝。武后垂拱四年，封嵩嶽爲神嶽大中王。至通天元年四月一日，尊爲皇帝，中宗神龍元年復爲王。出《事物紀原》。

德宗左右請御暑服，上曰："將士未易冬服，獨御春衫可乎？"興元元年，將士未給春衣，上猶夾服，漢中旱熱，四月一日，左右請御暑服，上曰："獨御春衫可乎？"俄而貢物繼至，先給諸軍，上始御之。出《舊唐書》。

後唐閔帝即位，受冊明宗樞前。有瞽者張濛，自言事太白山神。神，崔浩也。其言吉凶無不中。房暠素信之，嘗引濛見帝，聞其語聲，驚曰："此非人臣也。"暠使濛問於神，神傳語曰："三珠併一珠，騾馬沒人驅。歲月甲庚午，中興戊己土。"暠不曉其義，濛曰："神言如此，不能解也。"四月一日，閔帝即位，受冊明宗樞前。冊曰："惟應順元年，歲次甲午，四月庚午朔。"帝回顧暠曰："張濛神言，豈不驗哉！"上《白孔六帖》。

武明太后崩，果如童謠。徐之才，少解天文兼圖讖之學。弟之範。晉明帝太寧二年春，武明太后病，內史皆呼太后爲石婆，蓋有俗忌。之範告之才曰："童謠云：'周里跂求伽，豹祠嫁石婆，斬塚作媒人，惟得一量紫綖靴。'今太后忽改名，私所致怪。"之才曰："跂求伽，胡言去已。豹祠嫁石婆，豈有好事？斬塚作媒人，匆令合葬自斬塚。惟得紫綖靴者，得至四月，何者？'紫'之爲字，'此'下'系'，'綖'者熟，當在四月之中。"之範問靴是何義，之才曰："靴者革旁化，寧是久物？"至四月一日，后果崩。之才,隋文帝開皇中卒。出《北史》。

衆執韓秀昇、屈行從二人詣高仁厚,仁厚詰之曰:"何故反?"秀昇曰:"自大中皇帝晏駕,天下無復公道,紐解綱絶。今日反者,豈惟秀昇?機上之肉,惟所烹醢耳!"仁厚愀然,命善食而械之。唐僖宗中和三年,賊晝夜饗備,遣兵挑戰,高仁厚不與交兵,潛發勇士千人執兵負槁,夜由間道攻其寨,且焚之。賊惶惑不能相救,仁厚遣兵於要路擊之,賊衆皆降。韓秀昇、屈行從見衆潰,揮劍亂所,欲止之。衆愈怒。四月一日共執二人詣仁厚,仁厚詰之云云。出《耆舊傳》。

天祺節。真宗祥符元年四月一日,天書再降内中功德閣,以爲天祺節。出《宋史》。

衡山方廣寺每至四月是日,在東壁則照見維楊官府、樓堞、居民舍宇,物物可數。虎谷閒抄

譚處端仙蛻。金太宗天會元年生,生而骨相不凡。後西遊至同州,有門人求親筆,書"龜蛇"二字,筆力遒勁,有龍蛇盤屈之狀,蓋預指歸期,人不悟,至乙巳四月一日仙蛻,始應焉。處端號長真子。出《史纂左編》。

南方七宿下降。道經

詩

春色沅湘盡,三年客始回。夏雲隨北去,同日過江來。水漫荆門出,山平郢路開。比肩羊叔子,千載豈無才。張説四月一日赴荆州作。

二日

漢成帝。雨雪,燕雀死。陽朔四年四月二日,後許皇后廢。出《漢書》。

皇太子初立,是日有雄雉飛集東宮明德殿前,上問褚遂良是何祥,對曰:"昔秦文公時童子化爲雉,雌者鳴陳倉,雄者鳴南陽。童子言曰:'得雄者王,得雌者伯。'文公遂以爲寶雞,祠。漢光武得雄,遂起南陽,有四海。陛下舊封秦,故雄雉見於秦地。"太守貞

觀十六年

宋太宗詔輔臣、三司使、翰林、樞密直學士、尚書省四品、兩省五品以上、三館學士宴於後苑,賞花釣魚,張樂賜飲,命群臣賦詩、習射。雍熙二年。以上《玉海》。

傾城士女俱詣北郊北嶽帝行宮焚香,或步或騎或輿轎,聯翩而出。至則奠獻拜禱,鍾鼓喧闐,綺羅交錯。既畢,各尋隙地,享所攜酒食,醉笑而歸。四月初二。出《宣撫鎮志》。

明清潭州雲蓋寺僧示疾而逝。有師傳僧口訣曰:"雲蓋鎮口訣,擬議皆腦裂。拍手趁虛空,雲露西山月。"僧遂悟至道,二年四月二日示疾。

招賢湖南長沙景岑僧示疾而逝。僧初住鹿苑,其後居無定所,但徇緣接物,隨宜說法,時謂之長沙和尚。太宗至道三年四月二日示疾。以上《楚通志》。

太虛元君生日。道經

三日

《武城》曰:"厥四月,載生明。"載,始也。月三日生明。

宋太祖南郊。開寶九年。《通考》

上幸司農少卿王光輔莊,駕還,中書侍郎南陽岑義設茗飲葡萄漿,與學士等討論經史。《景龍文館記》

宋仁宗幸瓊林苑,賜從官射,射於苑亭。射畢遂宴,日旁有五色雲見。天聖八年。《玉海》

宋仁宗舍人院試賓貢進士。先禮部貢院言,近年進士惟鈔略古今文賦,懷挾入試,昨者以正經命題,多憚所出,則知題目不示以出處也。至景祐元年四月三日始詔進士題目,具經史所出,摹印給之。出《容齋隨筆》。

茅盈昇仙。門前數頃地忽自平治,無寸草,皆施青縑幄屋,下盡鋪白氈,可容數百人。眾賓並集,大作宴會。見金盤玉杯自至筵前,後有妓樂絲竹、金石之音,蘭麝香達數里。少頃,迎官畢至，朱衣玉帶者數百人，旌旗甲仗，光彩耀日。盈乃與家人親友辭別，登車乘雲，冉冉而去。茅盈，字叔中，濛玄孫。弟固，字季偉。次弟衷，字思和。生於漢景帝中元五年，年十八棄家入恒山修道，後二弟俱貴。衷爲西河太守，固爲武威太守。鄉里送者數百人，時盈亦在坐，笑謂賓曰："吾雖不作二千石，來年四月三日，送僕登仙，當不減於今日也。"至期如其言。出《列仙傳》。

北斗北極、翊聖下降。道經

詩

今日逢初夏，歡遊續舊旬。氣和先作雨，恩厚別成春。風吹臨清洛，龍輿下紫宸。此中歌在藻，還見躍潛鱗。孫逖《四月三日上陽殿奉和應制》

四日

比干廟有司致祭。比干廟，在衛輝府城北。此廟魏文帝建，又淇縣亦有廟。有司四月四日致祭。出《一統志》。

黃龍見，帝王受命符瑞。曹操，字孟德。漢帝以衆望在魏，乃召群公卿士，告祠高廟，奉璽綬禪位，册曰：咨爾魏王。先有言讖緯於魏王曰："《易傳》曰：'聖人受命而王，黃龍以戊己日見。'四月四日戊寅黃龍見，此帝王受命之符瑞。"出《魏書》。

宋真宗召輔臣玉宸殿，王欽若、陳堯叟、馮拯、趙安仁預焉。始觀太宗御書，移御別殿，觀《皇王帝伯四論》《良臣正臣忠臣奸臣權臣五論》，幸水軒垂釣，侍臣賦詩。祥符八年

宋仁宗幸瓊林苑宴射，上中的者十四，已而閱騎士射柳枝。至和二年。以上《玉海》。

晉支遁終。晉支遁，字道林，姓閔，陳留人。幼有神理，聰明秀徹，家世事佛。晉初至京師，王濛、陳群、殷浩、謝安、王羲之等見遁《逍遙篇注》，雅重其風力。生平歷餘杭山、白馬寺、支山寺，愛剡溪山水，晚欲移入，蔬食終身，後以疾還餘姚塢山中。太和元年四月四日終，年五十三，窆於塢山中，塚存焉。出《高僧傳》。

馬鈺居華陽亭，墻外有來禽一株，枯已久矣，師是日汲水沃

之，曰："純陽來年四月十四日生於此樹之下。"馬鈺，初名從義，字宜甫。鈺字，玄寶更之也。號丹陽子，寧海人。以水沃來禽，四月四日也。《史纂左編》

竹下圍棋。《翰墨大全》

萬神善化，犯之失音。《三元延壽書》

天帝遊東井。道經

文殊生。佛書

善財童子出參。《華嚴經》

　詩

春郊柔綠遍桑麻，小駐芳園覽物華。應信吾心非暇逸，頓回晴意絕咨嗟。每思富庶將同樂，敢務游畋漫自誇。不似華清當日事，五家車騎爛如花。先三月二十六日，宋孝宗幸玉津園，因雨霽，洪邁進詩。四月四日，孝宗和韻。孝宗又曰：邁侍制用"如麻"字，偶思得"桑麻"可押；邁末句用羯鼓催花事，故以華清車騎答之。舉朝稱贊。

五日

莊公七年夏四月辛卯，恒星不見，夜中星隕如雨。杜預曰：辛卯夏四月五日，月光尚微，蓋時無雲，日光不以昏沒。日光不匿，恒星不見。出《丹鉛續錄》。

唐玄宗因奏封禪儀注，敕中書門下、禮官、學士等宴集賢殿，玄宗曰：今日與卿等賢才同宴於此，宜改集仙殿爲集賢殿，麗正書院爲集賢書院。開元十三年。《玉海》

唐玄宗崩。葬泰陵，在京兆府奉先縣界。《通考》

北齊有起居省，宋張泌奏復左右史之職，記錄以爲起居注。太宗從之，置院於禁中。起居注始於張泌，淳化五年四月五日之奏復也。出《事物紀原》。

宋謝枋得卒。枋得至燕，初行時，士友餞詩，盈凡張子惠詩云："此去好憑三寸舌，再來不直一文錢。"枋得會其意，遂臥眠籠中而去。度採石，自是不食，只茹菜果，數月困殆。四月初一至燕京，初五日死於驛，於定之護骸骨歸葬信州。枋得天資嚴厲，雅負奇氣，推宋必亡於二十年之後。枋得不動於富貴貧賤，學者師尊之。出《全編》。

獨孤君卒。獨孤君，諱申叔，字子重。年二十二舉進士，又二年用博學宏詞爲校書郎，又三年居父喪而卒，蓋貞元十八年四月五日也，是年七月十日而葬。柳子誌墓曰：獨孤君之道，内之爲孝，外之爲仁。默而智，言而信。其窮也不憂，其樂也不淫。讀書推孔子之道，必求諸其中。其爲文深而厚，尤慕古雅。善賦頌，其要咸歸於道。嗚呼！君短命，行道之日未久，故其道信於其友而未信於天下。今記其知君者於墓。出《合璧事類》。

六日

宋太祖幸廟，閱土木之功，歷觀兩廊下圖畫名將，指白起曰："此人殺已降，不武之甚，何受享於此？"以杖畫去之。建隆四年。出《宋史》。

宋真宗親謁太廟，光宗親享太廟。祥符四年。淳熙十六年。出《通考》。

虔州言木柱内有"天下太平年"五字。是日，詔送史館。作《瑞木成文》曲，有"厚坤效珍，嘉木紀瑞"，云云。宋高宗紹興十四年。出《玉海》。

程正叔講讀邇英閣。元祐二年四月六日講讀。顧子敦以爲執政得一賜坐啜茶，已爲至榮，豈可使講讀小臣坐殿上？出《明道集》。

東坡別黄州。元豐七年，東坡在黄州，命移汝州。至四月六日，別黄州。送東坡者皆至慈湖，獨陳季常至九江，相別在九江，和李太白潯陽宫詩，其序云："今予亦四十九，感之次其韻。"蓋元豐七年，正東坡四十九之年也。出《長公外紀》。

元人劉因卒。劉因，字夢吉，保定容城人。因生之夕，父述夢神人馬載一兒至其家，曰："善養之。"既覺而生，乃名曰駰，字夢驥，後改今名及字。因天資絶人，三歲識書，日記千百言，過目即成誦，六歲能詩，七歲能屬文，落筆驚人。甫弱冠，才氣迢邁，日閱方册，思得如古人者友之，得周、程、張、邵、朱、呂之書，能發其微。至元十九年，徵因擢承德郎、右贊善大夫。未幾，以母疾辭歸，後又徵爲集賢學士、嘉議大夫，上書宰相以疾固辭，四月六日卒。聞者嗟悼。出《史纂左編》。

郝女君與鄰女十人於漚湙水邊坐，忽有青衣童子至女君前云：“東海公娶女君爲婦。”言訖，見茵褥於水上，女君行坐往來，有若陸地。其青衣童子侍側，沿流而下。鄰女走告於家人，家人莫能得。女君遥語曰：“幸得水仙，願勿憂怖。”又言每至四月，送刀魚爲信。郝姑祠在莫州莫縣西北四十五里。俗傳云，郝姑者，字女君，本太原人，後居莫縣。魏青龍年四月六日，與鄰女相約水邊，見青衣童子云云。至今四月，多有刀魚。祠前忽生青白石，高二丈，題云“姑夫上馬石”，至今存焉。出《莫州圖經》。

太素三元君朝真日。道經

詩

病瘏老馬不任犧，猶向君王得敝帷。桑下豈無三宿戀，樽前聊與一身歸。長腰尚載撐腸米，闊領先裁蓋瘦衣。投老江湖終不失，來時莫遣故人非。東坡四月六日別黄州作，載《楚通志》。

七日

宋太祖幸節度使趙彦徽第視疾。開寶元年。《宋史》

東陽七佛寺有一物出頭如鹿，有道人追而觀之，氣若雲霧。尋覓集處，亦無孔穴，有聲若雷。元嘉十四年四月七日。出《異苑》。

楊師操喜聞人過，是夜，忽見青衣人騎白馬來，云東陽太監追汝，須臾不見。師操身仆，似到東陽都，過一曹，見有几案，囚人著枷不可筭數。又師操向東行，見一處有孔甚小，孔中小星流出，臭氣襲人，有一人曰是大地獄，中聞師操喜論人過，以汝置此。師操，雍州醴泉縣人也。唐太宗貞觀中任藍田尉後，以身老還家，喜聞人過。永徽元年四月七日，死於東陽都。其家爲師操身死施齋數日，放歸前追使者云：“汝歸，其修善乎!"後師操禮十方佛，動心悔過。出《太平廣記》。

南斗、北斗、西斗帝君下降。道經

詩

好在清和月，祥開紛郁煙。一旬岳降後，隔宿佛生前。《事文
類聚》

八日

衛源廟每歲有司致祭。衛源廟在衛輝府北門泉上，泉乃衛河之源。隋唐
以來，已封威惠王，元加封洪濟威惠王，以水之本名稱之，每歲四月八日致祭。元張恒
詩：上國風帆快轉輪，石林香靄護神居。龍吟別浦泉聲細，鳥栿空潭樹影虛。出《天下
一統志》。

洞庭廟每歲致祭。祭以四月八日。廟在磊石山，封洞庭湖龍神。出《長沙
府志》。

天禧中，王欽若請以西湖爲放生池，郡人每歲是日用釋氏
法，稱家有無、隨願深淺，買禽魚放之。出《合璧事類》。據《西湖
記》，以放
生爲人主祈福。四月八日，數萬人於湖上放羽毛麟介，皆西北向稽首，仰祝千萬歲壽。

魏時，京師士女多至河間寺，觀其廊廡綺麗，無不嘆息，以爲
即蓬萊仙室。入其後園，見溝瀆寒産，石磴礁嶢，朱荷出池，綠萍
浮水，飛梁跨閣，雖梁王兔苑亦不如也。《洛陽伽藍記》

俗傳爲釋迦佛生辰，僧尼各建道場宣揚經偈，其男婦争以財
物獻之，雖衣食匱竭亦不暇顧。《宣撫鎮志》

王高麗在鼓城佛寺中，謝混見而以檳榔贈之，王執手謂曰：
"王郎，謝叔源可與周施否?"《風土記》

孫皓是日溺金像曰浴佛，後因病，懺悔乃差。《世説》

劉敬宣八歲喪母。是日，敬宣見衆人灌佛，乃披頭上金鏡以
爲母灌，悲泣不勝。沈約《宋書》

沈道虔累世事佛，以父祖舊宅爲寺。是日請像，舉家感動

焉。道虔，吳興武康人。少仁愛，好《老》《易》。縣北石山下爲精廬，與孤兄子共榮庾之資，困不改節。太祖聞之，遣使存問賜錢。道虔年老，果食，恒無經日之資，而琴書爲樂，孜孜不倦。出沈約《宋書》。

上崇奉釋氏。是日，新羅國獻萬佛山，上以九光扇置於巖巇間，召僧入內禮萬佛山，覩九色佛光於殿中。《杜陽編》

荆楚人於諸寺設齋，以五色香水浴佛，共作龍華會。《歲時記》

長沙市肆之人無子者，供寺閣下羊肉薄餅乞兒，往往有驗。《時鏡新書》

浴佛以都梁香爲青色水，鬱金香爲赤色水，丘隆香爲白色水，附子香爲黃色水，安息香爲黑色水，以灌佛頂。《高僧傳》

大慧禪師浴佛，上堂語云："今朝正是四月八，净飯王宮生悉達。吐水九龍天外來，捧足七蓮從地發。"《佛運統紀》

藥山是日見遵布衲洗佛，云：汝只洗得這箇，還洗得那箇？遵云：請將那人來。山遂默然歸。方丈密印禪師曰：藥山無風起浪，被遵布衲一靠，直得鋒鋩結舌，羅麼一場。《印語錄》

周昭王二十四年，是日，天竺國净梵王妃摩耶氏生太子悉達。二十五歲，於菩提場中成無上道，號佛氏尊。後五十二年二月十五日，於拘户羅國婆羅雙祠間入涅槃。出《佛運統紀》。

寺中無風而塔上一鈴獨鳴，佛圖澄謂衆曰："國有大喪，不出今年。"是年石勒死，太子弘襲位。佛圖澄，西域人也，本姓白氏。少出家，以晉懷帝永嘉四年適洛陽。能使鬼神，千里外事皆徹見。石勒諸幼子多在佛寺養之，每至四月八日，勒詣諸寺觀佛。至建平四年四月八日，鈴鳴，澄曰國喪，如其言。出《高僧傳》。

文帝時魏州立舍利塔，有一黑狗耽耳白胸於舍利塔前，舒左股，屈右腳，見人行道即起行道，見人持齋亦即持齋。四月八日立舍利塔。寺內先有數猛狗，但見一狼狗，無不競來吠齧。若見此狗入寺，悉皆低頭掉尾。

出《隋書》。

老子夜半剖右腋而生，墜地即行七步，於是佛道興焉。出《南史》。據《史纂左編》，老子二月十五生。

尹真人生。

葛孝先真人生。

尹虛鑒真人昇仙。以上《翰墨大全》。

濮陽郡有異人續生者，每歲是日，市場戲處皆有續生。郡人張孝恭往所在對一續生，遣諸奴往諸所在，俱見續生，以此異之。濮陽郡異人續生者，莫知其來。身長七尺許，肥而黑髮餘二三寸，不著褌褲，破衫齊膝而已。人遺財帛，轉施貧者。每四月八日，市場皆有續生。出《廣古今五行紀》。

湘陰縣東六十里，相傳晉時里人劉憒贅陶淡家，四月是日膾魚於橋上，方斫魚尾，或報曰："汝家舉宅上昇。"憒棄之。今每歲八日見無尾魚逆水上，至橋而退。《楚通志》

善惡童子降，犯者血死。《三元延壽書》

不遠行，宜安心靜念，沐浴齋戒，必得福履。《攝生月令》

不宜殺草木，宜進溫酒，服溫藥。《齊人月令》

九日

唐太宗。是日，公卿上言請修太和宮，厥池清涼，可以避暑，詔從之。貞觀二十一年

宋真宗幸瓊林苑，宴射，帝作七言詩賜從臣。祥符九年四月九日。出《通典》。

宋孝宗書"明良慶會"之閣賜史浩。淳熙十一年。以上《玉海》。

度宗生於紹興府榮邸，以爲乾會節。度宗，諱禥，嘉熙四年四月九日生。先母夢日光照東室，又夢神人采衣擁一龍納懷中，已而有娠。及生，室有赤光。資識内慧，七歲言，言必合度，理宗奇之。出《宋史》。

韋津死。王世充與李密戰，充敗。密又擁兵三十萬陳於北邙，南逼上春門，段

達、韋津拒之。達望見密兵盛，懼而先還。四月九日，韋津死。出《蒲山公傳》。

大儒吳淵穎卒。諱萊，字立夫。元至元六年疾作。先，忽夢作童汪踦，贊覺，謂人曰："汪踦殤者也。予疾若此，殆不起耶！"夏四月九日卒於家，遺命治喪不用浮屠。先生以精深玄懿之學，發沈潛奇絕之文。闔陰闢陽，出神入鬼。著述甚多，及門之士私諡曰淵穎先生。出《宋學士集》。

十日

宋神宗慶曆八年生於濮王宮，群鼠吐五色氣成雲。治平四年即位，宰臣等表曰：誕聖題期，表靈源之濬發。揆時紀節，昭皇德之開光。當正陽統月之辰，乃甲觀襲祥之日。慶由運會，道與天同。請以生之日爲同天節。《武夷志》云：神宗之未生也，武夷山道士吳懷玉有道術，指武夷君像曰："歲在戊子，降爲人主。"又指魏王像曰："三十有八載，當繼世御極，撫平四海。"後其語皆驗人。《方輿勝覽》云：宋建守陳覺民《過武夷山》詩："昇真洞口接天門，靈草丹桃日月春。聽説列仙來瑞世，三朝德業在斯民。"蓋真宗、神宗、哲宗皆武夷仙真應世，故有"三朝德業"之句。據史事實，神宗四月十日生。

黃巢賊散走。先一日，李克用合忠武騎將龐從遇黃巢賊於渭南，決戰三捷，大敗賊軍。四月初十日夜，賊巢散走。出《舊唐書》。

蘇珠娘到鵠奔亭時日暮，行人絕，不敢前。有婢名致福者，暴得腹痛，珠娘往亭長舍乞漿取火，亭長龔壽操刀問珠娘曰："繒從何處得？"珠娘怖懼，壽利其繒，以刀刺脅立死。又殺致福，樓下埋之。漢時何敞爲交州刺史，行部蒼梧郡高要縣。暮宿鵠奔亭，夜猶未半，有女從樓下出，自云蘇娥，字珠娘。早失父母兄弟，有繒百二十疋，與婢致福往縣賣，乃以前年四月十日到此亭。龔壽操刀刺死，敢告於明使君。敞曰："今欲發汝屍骸，何以爲驗？"女曰："白衣青履猶未朽。"掘之果然。敞遣使捕壽問，與珠娘語同，遂斬之，以助陰殺。出《還冤記》。

十一日

唐太宗親謁太廟，謝承乾之過。貞觀十七年。《通考》

文宗敕曰：聞京師舊説，終南山興雲即雨。若晴霽，雖密雲他至，竟不沾濡。況茲山北面闕庭，日當顧矚，修其望祀，寵數宜及。聞無祀宇，宜令中書門下差官設奠，擇立廟處。開成二年四月十一日敕，後九月敕終南山爲廣惠公。出《通考》。

誅益州長史李孝逸。武承嗣使人誣孝逸，自云：名中有兔，兔，月中物，當有天分。天分謂有分爲天子。則天垂拱二年四月十一日誅。出《唐曆》。

地破日，不可開山動土。《登真隱訣》

　詩

南村諸楊北村盧，白花青葉冬不枯。垂黃綴紫煙雨裏，特與荔枝爲先驅。海山仙人絳羅襦，紅紗中單白玉膚。不須更待妃子笑，風骨自是傾城姝。不知天公有意無，遣此尤物生海隅。雲山得伴松檜老，霜雪自困楂梨麤。先生洗盞酌桂醑，冰盤薦此楊梅珠。似開紅鮹斫玉柱，更洗河豚烹腹腴。我生涉世本爲口，一官久已輕蓴鱸。人間何者非夢幻，南來萬里真良圖。東坡《四月十一日食荔枝》

十二日

唐睿宗幸隆慶池，結綵爲樓，宴侍臣，泛舟戲象以厭之。景雲元年。厭，於葉翻。時人以爲玄宗受命之祥。出《景龍文館記》。

漢靈帝宫車晏駕。中平六年《後漢書》

後周太祖葬於嵩陵。陵在鄭州新鄭縣。《通考》

宋孝宗詣德壽宫，請太上同幸聚景園。淳熙元年四月十二日。出《會要》。

胡國珍薨，明帝舉哀於太極東堂。國珍，字世玉，安定臨涇人也。國珍少好學，雅尚清儉。女以選入掖庭，生明帝，即靈太后也。孝明帝踐祚，以國珍爲光禄大夫。太后臨朝，封安定郡公。國珍年雖篤老，雅敬佛法。四月七日，步從所建佛像，發第至閶闔門四五里。勞熱增甚，因遂寢疾。靈太后親侍藥膳。四月十二日薨，年八十。出《北史》。

田琢爲潞州觀察判官，偶坐廨舍之含翠堂，忽雙燕至，一飛簷戶間，一上硯屏。田諦觀，即前燕也，臘丸尚在。金宣撫使田琢，字器之。從軍塞外合虜里山野舍。春末，有雙燕爲巢，土人不識，屢欲捕之，田曲爲全護。此燕晝出夜歸，田必開戶待之。忽一日飛止坐隅，無所驚畏，巧語移時不去。田思明日秋社，燕當歸矣，此殆爲留別語也。因作詩贈云："幾年塞外歷奇危，誰謂烏衣亦此飛。朝向蘆陂知有爲，暮投第舍重相依。君憐我處頻迎語，我憶君時不掩扉。明日西風悲鼓角，君應先去我何歸。"遂細書爲臘丸繫其足上。後八年太和甲子，田爲潞州觀察。四月十二日，坐含翠堂，雙燕忽至，臘丸尚在。田謂同年龐鑄畫爲圖，自作序，求趙閑作詩。出《中州集》。

蒼龍溪新宮是日建。蔡少霞者，陳留人。幼而奉道，早歲明經得第。一日沿溪獨行，忽得美蔭，因就憩焉，不覺成寐，因爲褐衣鹿幘人夢中召去，乃至一城郭處，碧天虛曠，瑞日朣朧。見一玉人當軒獨立，玉人謂少霞曰："愨子虔心，今宜領事。"少霞不知所謂，復爲鹿幘人引至東廊，止於石碑之側，謂少霞曰："召君書此。"少霞素不工書，即極辭讓，鹿幘人曰："按文而錄，胡乃拒違？"以筆硯即付少霞，曰："法此而寫。"少霞凝神搦管，頃刻而畢，因覽讀之，已記於心矣。題曰："蒼龍溪新宮銘，紫陽真人山玄卿撰。良常西麓，源澤東瀅，新宮宏宏，崇軒轣轆，雕玟盤礎，鏤檀竦榮，壁瓦麟差，瑤階肪截，閣凝瑞霧，樓橫祥霓，駉虡巡徼，昌明捧闥，珠樹規連，玉泉矩洩，靈飆遝集，聖日俯晰，太上游儲，無極便闋，百神守護，諸真班列，仙翁鵠駕，道師冰潔，飲玉成漿，饌瓊爲屑，桂旗不動，蘭屋互設，妙樂競臻，流鈴間發，天籟虛徐，風簫冷徹，鳳歌諧律，鶴舞會節，三變玄雲，九成絳闕，易遷虛語，童初浪説，如毁乾坤，自有日月，清寧二百三十一年四月十二日建。"於是少霞方更周視，遂爲鹿幘人促之而返，醒然遂悟，急命紙筆，登即紀録。出《集異記》

元中大法師昇仙。《翰墨大全》

詩

前年家水東，回首夕陽麗。去年家水西，濕面春風細。東西兩無擇，緣盡我輒逝。今年復東徙，舊館聊一憩。已買白鶴峰，規作終老計。長江在北户，雪浪舞吾砌。青山滿墻頭，髮鬚幾雲髻。雖慚抱朴子,金鼎陋蟬蛻。猶賢柳柳州,廟俎薦丹荔。吾生本無待,俯仰了此世。念念自成劫,塵塵各有際。下觀生物息,相吹等蛟蚋。東坡至惠州合江樓,遷於嘉祐寺,後又復遷於合江樓。四月十二日,又復歸於嘉祐寺。作時卜築白鶴峰之上,新居告成。

十三日

唐肅宗親享廟。乾元元年。《通考》

宋真宗立夏祀赤帝。景德三年四月十三日立夏。按《月令》,立夏之日,天子迎夏於南郊。迎夏,爲祀赤帝。《通考》

宋太祖崩,是日,發引,太宗衰服,奠哭,群臣升梓宮於龍輔。開寶十年。出《宋史·禮志》。

宋欽宗生。靖康元年,太宰徐處仁等請以四月十三爲乾龍節,百官詣龍德宮上壽。《天中記》

三皇帝君降。道經

十四日

唐高祖是日幸龍潛舊宅,改爲通義宮,置酒高會,詔曰:"爰擇良辰,言遵邑里。禮同過沛,事等歸譙。故老咸臻,族姻斯會。蕭恭篤享,咸慶兼集。"武德六年。《玉海》

德宗降誕節。節度使王虔休獻《繼天誕聖樂》,候嘉作獻壽文。出《玉海》。

宋仁宗生,宰臣丁謂等上表云:玉瑤誕祥,式契貫星之兆。璿樞紀曆,爰標出震之期。陛下清寧毓粹,聰哲凝華。候回炎律,氣應薰風。協離德之融輝,仰榮河之啓瑞。請以四月十四日爲乾元節,從之。仁宗母李氏,夢一羽衣之士跣足從空而下,云:來爲汝子。時上未有嗣,是夕召幸,有娠,明年四月十四日生仁宗。幼年每穿履襪,即嘔令脫去,常徒步禁中,皆呼爲赤腳仙人。蓋古之得道李君也。一云仁宗以祥符三年生,章懿夢二日在天,其一忽墮,以裙承之。乾與元年帝即位。又真宗未有仁宗,嘗遣左璫詣茅山求嗣，遇王異人，言王真人已降生於宋朝。瑞問王真人本是何人，曰古燧人氏。章懿亦夢羽衣數百人從一仙官，自空而下，曰："此托生於夫人。"及生，宮中火光燭天。始行步，嘗持槐木簡以筯鑽之。真宗問何用，曰："試鑽火耳。"帝顧后妃曰："異人之言，信不虛矣。"出《元符宮石刻》。

呂巖，字洞賓，以是日生。母就蓐時，異香滿室，天樂浮空，一白鶴自天飛下，竟入帳中不見。曾祖延之，終浙東節度使。祖渭，終禮部侍郎。父讓，海州刺史。貞元十四年四月十四日巳時生。生而金形木質，道骨仙風，鶴頂龜背，虎體龍腮，頸修顴露，額闊身圓，鼻樑聳直，面色黃白，左眉角一黑字，左眼下一黑子。少聰敏，日記萬言，矢口成文。既長，身五尺二寸。喜頂華陽巾，衣黃白襴衫，繫大皂條，狀類張子房。二十不娶。始在綳褓，馬祖見之曰："此兒骨相不凡。"出《史纂左編》。

潭州鶴會。潭州兵馬都監趙不問淳熙九年四月十四日作鶴會。一道人不知所從來，攝衣升阼，不與人楫，徑入堂房內不見。但於几上得一幅紙，書絶句云："這回相見不無緣，滿院風光小洞天。一劍當空又飛去，洞庭驚起老龍眠。"末題"谷客書"。谷客即洞賓也。出道書。

陳楠是日與會主云："我來尸解。"會主不以爲事，遂留四句曰："頂上雷聲霹靂，混沌落地無蹤。今朝得路便行，騎箇無角火龍。"即日尸解。楠，字南木，號翠虛，惠州博羅縣白水巖人。以盤攏箍桶爲生，人無有知者，作《盤攏箍桶頌》。《盤攏頌》曰："終日盤盤圓又圓，中間一位土爲尊。磨來磨去知多少，个裏全無斧鑿痕。"《箍桶頌》曰："有漏教無漏，如何水泄通。既能圓密了，內外一真空。"其言超悟如此，後得太乙刀圭金丹法訣於毗陵禪師。人有求符水者，翠虛捻土付之，病多輒愈，故人呼之爲"煉泥丸"。宋寧宗嘉定六年四月十四日，在潭州與會主云云。翠虛度弟子三人：鞠九思、沙蟄虛、白玉蟾。出《史纂左編》。

金世宗設二帳於御幄之東，約處機居之。丘處機，字通密，號長春子。金世宗設二帳於御幄之東，約處機四月十四日居之。及期，有山賊之報，改卜十月望吉。《左編》

十五日

四月庚戌朔，十五日甲子哉生霸。成王有疾，不豫，故《顧命》曰“惟四月哉生霸”。死霸，朔也。生霸，望也。哉，始也。翌日，成王崩。
出《前漢書》。

宋真宗章穆皇后郭氏崩。景德四年。《宋史·禮志》

程正叔進講，文公以下預焉。元和二年四月十五進講邇英殿。殿朱漆
鈎窗，青幕障日，殊寬涼矣。出《明道集》。

蘇東坡紹聖元年是日過韋城，而吳傳正之甥歐陽思仲在焉。
相與談傳正高風。東坡嘗作《洞庭春色賦》，傳正獨愛重之。又
作《中山松醪賦》，不減前作，東坡獨恨傳正未見，乃取李氏澄心
堂紙、杭州程奕鼠鬚筆、傳正所贈易水供堂墨，錄以授思仲，使面
授傳正，且祝深藏之。東坡與傳正為世外之遊。及將赴中山，傳正贈東坡易水
供堂墨一丸而別。出《長公外紀》。

此日自堂廚至百司廚，通謂之櫻筍廚。詩曰：“春事無多櫻
筍來。”《歲時記》

焉耆國以是日游林。焉耆國，東高昌，西龜茲，南尉犁，北烏孫。俗尚娛
邀，二月朏出野祀，四月十五日游林。《酉陽雜俎》

洞賓純陽飛昇。

雲房降誕。祖師姓鍾離，諱權，雲房其字也。是日降生。仕漢為將軍，因失
機入終南山，得少陽帝君之術仙去。出道書。

張法樂真人成仙。出《翰墨大全》。

劉珍，廣漢什方人，曰：“吾功行已成某月某日，吾當昇天。”
至期自以火化。劉開皇中居安樂山，忽取道經鍾磬封於石室中，曰：“後六十年當
有聖君取之，吾四月十五日昇天。”隋文帝遣使至山，訪其事，令建三觀。唐高宗遣使
取丹經鍾磬以進。出《瀘州志》。

僧尼是日就禪剎掛搭，謂之結夏，又謂之結制。出《荊楚歲時
記》。其結夏者，蓋夏乃長卷之節，在外行則恐傷草木蟲類，故《釋苑宗規》云：“祝融在
候，炎帝司方當法王禁足之辰。”是釋子護生之日，至七月十五日，應禪寺掛搭僧尼盡

皆散去,謂之解夏,又謂之解制。《禪苑宗規》云:"金風漸漸,玉露滾滾。當覺皇解制之辰,是法歲周圓之日。"《大藏經》云:"四月十五日,僧尼坐草爲一歲,謂之法歲。"

詩

望朝齋戒是尋常,盡起金根第幾章。竹葉飲爲甘露色,蓮花鮓作肉芝香。松膏北雨凝雲磴,丹粉經年染石床。剩欲與君終此志,頑仙惟恐鬢成霜。皮日休《四月十五日和陸龜蒙道室書事》

十六日

陳宣帝。是日,天雨雹,始興王叔陵刺後主於喪次,據東府反。大建十二年。俄而伏誅。出《隋書》。

唐太宗避暑九成宮。是日,上及中宫,歷覽臺觀,閑步西城,王勃頌曰:扃牖六合,奔走八神。梯霄架極。考遺基於汶上,稽故典於淹中。陽靈開避暑之宫,景福致追涼之殿。洞龍對霤鐵鳳連甍。九成宮,隋之仁壽宮也。冠山抗殿,絶壑爲池,漢之甘泉不能尚也。貞觀六年四月十六,上及中宫,歷覽臺觀。出舊傳。

唐玄宗詔享太廟,每室加常食一牙盤。天寶五載四月十六日詔,唐享廟每室加常食一牙盤。五代遂廢享廟之設,牙盤自唐始。出《事物紀原》。

先天降聖節,聽京城燃燈一晝夜。真宗祥符六年。出《宋史·禮志》。

忌嗜慾,犯之夭壽。《孫真人集》

天倉開,宜入山修道。《遵生八牋》

十七日

玄宗景龍二年是日在廳事假寐,白鶴觀道士宋大辨等三十人,同見赤龍據案。上微時,嘗至洛陽令崔日知宅,崔設饌未熟,明皇因寢庭前。一架藤花初開,日知見巨蛇食藤花,逡巡不見,上覽曰:"饑甚,夢中食藤花甚美。"日知乃知他日啓聖之驗也。出《逸史》。

高宗册貴妃吳氏爲皇后。紹興十二年。《宋史》

帝御集英殿，賜狀元王佐以下及第、出身、同出身。朱晦庵之科，共二百三十人。出《七修類稿》。

張韶於紫草車中載兵器，犯銀臺門，共三十七人，入大內，對食於清思殿，即日禁兵誅之。出《唐書·天文志》。

程明道再上疏。熙寧三年四月十七日，再上疏諫新法。疏中有中外人情交謂不可，設令由此僥倖事小有成，而興利之臣日進，尚德之風浸衰，矧天時未順，地震連年，四方人心日益動搖，云云。出《明道集》。

楊氏裸坐。吳清妻楊氏，號監真。君頭痛，自春及夏靜坐，忽不見。四月十七日夜，見楊氏裸坐屋上，稱先日有同行伴煎茶湯相待。汴州姓呂，名德貞；同州姓張，名仙真；益州姓馬，名辦真；宋州姓王，名信真。及還，有一女冠賦詩相別，云："道啟真心覺漸清，天教絕粒應精誠。雲外歌聲笙管合，花間風引步虛聲。"唐元和十二年。出《逸史》。

翊聖真君下降。道經

詩

圓頂雙胡碧眼人，曉天親送石麒麟。九龍浴佛經旬日，名世繼生屬此辰。《事文類聚》

玄天之龍兮見而在田，我后之龍兮飛以御天。據聖人之大寶，與別祖而同玄。高出而潛，躍以自試。來定天寶，居然假寐。合而成體，散而成章。若窺於牖，若施於堂。且據案而向明，負扆以當陽。日月在身，有祇天之嘉夢；風雨合氣，將振翼而雄驤。群居愕主，聖作物睹。赫然龍光，真我明王。折券表異，亦惟前聞。曠然振古，卓有吾君。王人之瑞，比之龍首。高居而遠望，以臨乎九有。天子之威，比之龍鱗。皇之可畏，以肅乎萬人。徒稱其象，未睹其真。恭惟我后，近取諸身。於昭巨唐，其命惟新。永據九五，斯焉萬春。景龍二年夏四月十七日，玄宗廳事假寐，道士宋大辯等見赤龍據案。潘炎於是作《赤龍據案賦》。

十八日

成都府有逍遥山，壁上有"漢安元年四月十八日會仙友"字。逍遥山，在簡縣。宋景德間有楊用晦者隱居此山，山北有層崖，崖有東西二室，後有二丹竃，又有石窟。出《蜀志》。

唐肅宗崩。葬建陵，在京兆府醴泉縣界。《通考》

孔子卒於魯城北泗上。出《魯史》。據《左氏》云：魯哀公十六年夏四月己丑孔丘卒。司馬遷遵之，諸儒又遵之，是孔子所卒之年，當從《左氏》。然十六年，乃壬戌之歲也。是歲四月戊申朔，有乙丑而無己丑，己丑乃在五月之十二。"己"與"乙"文亦相近，故誤書也。所謂乙丑，則四月十八日。自壬戌歲上朔己酉，孔子之年乃七十四，謂七十三者，非也。孔子卒，亦載於二月十八日。

紫微北極大帝誕日。道經

詩

天氣清和僅兩旬，一句前是佛生辰。當年來應徐卿夢，此夕遙瞻壽宿明。《事文類聚》

十九日

武王祀周廟。武王伐商，四月十九日祀於周廟。《通考》

肅宗以星文變異御明鳳樓，大赦天下，改乾元爲上元，追封周太公望爲武成王。依文宣王例置廟，以歷代良將爲十哲：白起、韓信、諸葛亮、李靖、李勣列於左，張良、田穰苴、孫武、吳起、樂毅列於右。上元元年。出《會要》。

唐德宗生，群臣上壽，不置節名，不納中外之貢。駙馬高怡獻金銅像，德宗曰："有何功德？非吾所爲。"退還之。天寶元年四月十九生。出《舊唐書》。

真元五年是日，顧況作《宋州刺史廳記》，《記》曰：商丘之地，辰火之宿，孟諸之湄，閼伯所遷，微子所奉之國也。仲尼之伐樹，子罕之棄車，皆此地焉。梁孝王時，四方遊士鄒生、枚叟、相如之徒，朝夕宴處，更唱迭和。天寒水凍，酒作詩滴，是有文雅之臺，清冷之地，云云。《事文類聚》

成都風俗，每歲是日，士女泛舟浣花溪之百花潭，府尹亦至潭上置酒高會，設水戲渡，盡樂而返。相傳唐冀國夫人故事也。冀國夫人是日生。先唐寧節度西川，微服行民間，見而悅之，納以爲妾。寧妻死，遂爲繼室。每生日，置酒浣花溪之百花潭，徘徊終日，後人因之遂以爲常。成都謂之浣花，遨頭宴於杜子美草堂滄浪亭。傾城皆出，錦繡夾道。成都士女四月十九日泛舟。冀國夫人姓任，漢上小家女。任媼嘗禱於神祠，夢神人授以大珠，覺而有娠，明年四月十九日生。年稍長，釋氏教甚謹。有僧過其家，瘡痏滿體，衣服垢敝，見者心惡，女獨敬事之。一日，僧持衣從以求浣，女欣然濯之溪邊。每一漂衣，蓮花輒應手而出，里人驚異，求僧不知所在，因識其處爲百花潭。及女爲冀國夫人，每四月十九誕辰，置酒江上，泛舟訪漂衣故處，故後人以是日至此設水戲渡。《老學菴筆記》，亦出《蜀志》。

張重華、鄭景世昇仙。《翰墨大全》

二十日

趙王倫矯制廢賈后，害張華等。晉永康元年四月二十日。先大風飛沙，張華舍風飄起。出《廣古今五行記》。

李希孝欲模寫《捕魚圖》。《捕魚圖》，王右丞草也。元祐元年四月二十日，李希孝欲摸寫，無善工。出晁補之《捕魚圖序》。

司馬光應詔。四月二十日，詔言過失與朝廷政事之闕，司馬光曰：臣以駑下之材，自仁宗皇帝蒙擢侍從，服事三朝，恩隆德厚，隕身喪元，不足爲報。雖訪問所不及，猶將被肝瀝膽，以效其區區之忠，況聖意采納之勤，督責之嚴，諄諄如此，敢不爲陛下別白當今之切務，少補萬分之一耶！云云。出《文鑑》。

前張質推事冤人。張質，猗氏人。以明經授亳州臨渙尉，到任月餘，日暮，見數人於符來約質去，質乘馬隨之。至縣門，縣吏列坐，略無起者，質怒曰：吏敢無禮？

縣吏亦不顧。出數十里,至一栢林下馬,遂步行百餘步,見一大府門,隨使者入,上有
美鬚衣緋者據案而坐,責曰:爲官何曲以推事?質曰:到任月餘,未嘗推事。緋衣人召
冤人出對。冤人自西房出,疾視質曰:此非推某者,乃前臨渙尉張質貞元十一年四月
二十日推某者。若此質是貞元十七年到任,尚未久。判官曰:名姓偶同,放歸。歸時
已七日矣。仍在栢林中,伏於馬上,有樵人見而驚之,曰:縣失官人,此非耶?就問質,
質不能對,數日後方能言。出《續玄怪錄》。

二十一日

唐肅宗。妖星見於西方,長數丈。上元元年閏四月二十一日,妖星
見,至五月滅。《通考》

唐高祖造太和宮於終南山。武德八年,後貞觀十年廢。

唐高宗造蓬萊宮成,是日徙居之。龍朔二年

宋真宗幸龍圖閣,閱太宗御書,宴於崇政殿,帝作五言詩。景
德二年

宋高宗詔求四方遺書。紹興二年。以上《玉海》。

給事中韓忠彥言:門下省得旨:舉駁事,依中書舍人封還詞
頭例。四月二十一日,中書奉旨:給事中駁正事,赴執政堂稟議。
宋神宗元豐七年。出《朝野雜記》。

碧虛子題《化書》後序。譚景昇終南山著《化書》,因遊三茅。經歷建康,
見齊丘有仙風道骨,雖弱於機智,而異乎黃埃稠人,遂引此篇,云:"稚子弄影,不知爲
影所弄;狂夫侮像,不知爲像所侮。化家者不知爲家所化,化國者不知爲國所化。醉
者負醉,疥者療疥,其勢彌顛,其病彌篤,而無反者也。"齊丘終不悟,景昇乃出《化書》
授齊丘。碧虛子至嘉祐五年夏四月二十一日題《化書》後序。出道書。

普賢菩薩生辰。佛書

二十二日

唐太宗自爲真草書屏風,以示群臣。筆力遒勁,爲一時之
絶。太宗謂魏徵曰:世南沒後,無一人可與論書。徵曰:褚遂良。

貞觀十四年。《玉海》,亦出《譚賓録》。

少傅史浩等三十四人進《明堂慶成詩》,忠州文學程宏縣進《明堂賦》,太常丞胡南逢等三人進《明堂頌》。宋孝宗淳熙七年四月二十二日。先孝宗御書明堂門六字,書畢,積雨驟霽,星月燦然,可喜。出《禮志》。

王庶人卒。唐惠妃武氏有專房之寵,將謀奪嫡。王皇后上欲廢爲庶人,又廢太子,上問於張九齡,對曰:"太子,天下本也,動之則搖人心。九齡未聞大惡。臣聞父子之道,天性也。子有過,父恕而掩之,不宜廢絶。恐傷陛下慈父之道。"上不悦。李林甫秉政,陰中計於武妃以自固,武妃亦結之。乃先出九齡而廢太子,後玄宗乃立肅宗爲太子,林甫之計不行。王庶人以開元二十五年四月二十二日卒,武妃至十二月而薨,識者謂有神通焉。出《大唐新語》。

董卓見王允等持劍立於殿門,卓大驚,王允大呼曰:"反賊至此。"遂命武士百餘人持戈刺之。卓裹甲不入,傷臂墜車。呂布懷中取詔,大呼曰:"奉詔討賊臣董卓。"李肅斬卓首攜之。時卓年五十四。裹甲者,披甲於内,加衣於甲上。漢獻帝初平二年四月二十二。後太史有詩曰:郿塢追魂憑李肅,宮門取命有温侯。出《三國志》。

二十三日

甘露降於中華殿之桐木,泫如冰雪。唐高祖以示群臣。武德九年。《玉海》

齊高帝登位。出《南史》。

宋高宗講《易》終篇,以犀帶、象牙簡、金鞍勒馬賜宰相侍讀以下。紹興二十五年。《玉海》

呂布將數百騎出武關詣袁術,以殺董卓爲術報讎。呂布,字奉先,五原郡九原人也。先一日殺卓,二十三日詣袁術,欲以德之。卓死後六旬,布亦敗。出《漢雜記》。

王處一上昇。處一,寧海東牟人,號玉陽。四月二十三日語門人曰:"群仙已約我矣。"言訖,沐浴冠帶,焚香朝禮十方,乃辭而上昇。處一冬寒跣足單衣,顔色不變。傳道則有山鳴谷吼之應，書符則有鬼怪潛出之靈，類此甚多。出《史纂左編》。

詩

巴俗深留客，吳儂但憶歸。真知難共語，不是故相違。東縣聞銅臭，江陵換袂衣。丁寧巫峽雨，慎莫暗朝暉。黃山谷以紹聖二年謫黔州，四月二十三日至摩園作。

二十四日

劉先主崩於永安宮，亮表後主曰：大行皇帝邁人樹德，昊天不弔。今四月二十四日奄忽升遐，臣妾號咷，如喪考妣，云云。先主劉備，字玄德，涿郡鹿縣人，謚昭烈皇帝。先一日，先主忽榻前燭滅復明，隱隱見二人侍立，起而觀之，乃雲長、翼德也。二人相向曰："因生平不失信義，王帝敕為神。"忽不見。先主知不可起，乃泣語孔明曰："君才勝曹丕十倍，必安國而成大事。若嗣子可輔，則輔之，如不可，自為成都主。"孔明泣曰："臣以肝腦塗地，安能補報知遇之恩？"又命趙雲曰："朕與卿今別矣！"雲泣曰："臣效犬馬之勞，以扶社稷。"言畢，駕崩，壽六十三。時章武三年。出《蜀志》，亦出《三國志》。

滎陽郡人尹千見天雨石，墜地開之，有玉璽在其中。齊高帝四月二十三日登位，二十四日尹千於嵩山東南見天雨石，開之，乃玉璽其中，有文曰："戊丁之人與道俱，肅然入草應天符，掃平河洛清魏都。"宋禪位於齊，此其符驗也。出《南史》。

宋高宗謂侍臣曰："朕聞祖宗時禁中有打麥殿，今於後圃令人引水灌畦種之，亦欲知稼穡之艱難。"紹興二年。《玉海》

唐睿宗敕魚袋著紫者金裝，緋者銀裝。景雲二年四月二十四日敕。按《唐實錄》，高祖給隨身魚，三品以上，其飾金；五品以上，其飾銀，故名魚袋。至宋朝神宗元豐末，親王賜玉魚以副金帶，金魚以副玉帶，以唐禮也。韓文公詩曰"不知官高卑，玉帶懸金魚"，是也。

宋高宗置六科舉士。紹興二十六年四月二十四日，置六科：一曰文章典雅，可備制誥；二曰節操方正，可備臺諫；三曰才識該通，可備刑讞；四曰節用愛民，可備理財；五曰慈祥愷悌，可備監司、郡守；六曰智勇絕倫，可備將帥。令侍從歲舉之，如

元祐司馬光所譖。《宋史》

宋神宗除戶部侍郎謝景温爲禮部侍郎。元豐五年四月二十四日。出《合璧事類》。

圓通禪院，蘇老泉舊遊處，東坡四月是日宿焉。明日，老泉忌日也，乃手寫《寶積獻蓋頌佛》一偈以贈長老僊公。僊公拊掌笑曰："昨夜夢寶蓋飛下，著處輒出火，豈此祥乎！"東坡於是作詩。《長公外紀》

詩

石耳峰頭路接天，梵音堂下月臨泉。此生初飲廬山水，他日徒參雪竇禪。袖裏寶書猶未出，夢中飛蓋已先傳。何人更識嵇中散，野鶴昂藏未是仙。圓通禪院，東坡四月二十四日作。

二十五日

晉武帝。太后崩，有司奏是日安厝。泰始四年。《禮志》

唐玄宗是日問諸蕃諸國遠近，鴻臚卿王忠嗣上言曰：謹按《西域圖》，自陀拔恩單國至史國，凡十有二。天寶六年。《玉海》

宋仁宗御製雅樂曲及樂章，凡六十八。景祐二年。《音樂志》

李德光上《五帝功臣繪像圖》。宋高宗紹興九年。《玉海》

蘇老泉忌日。老泉，東坡父。出《長公外紀》。

二十六日

澤州是日請建廟，命禮官考其儀，有司言：唐制，諸郡置風伯壇於社壇東，雨師壇於社壇西。宋真宗祥符二年。《玉海》

宋哲宗復置賢良方正直言極諫科。元祐二年。《玉海》

狀元王佐以下，各賜錢一千七百貫。王佐與朱文公同科。四月初三日，御試策一道。十七日，皇帝御集英殿，賜狀元王佐以下及第、出身、同出身。十八日，赴宴。二十六日，各賜錢。出《七修類稿》。

知潭州林栗是日進《經傳集解》三十二卷,《繫辭》上、下二卷,《文言》《説卦》《序》《雜》本文共爲一卷,《河圖洛書八卦九疇大衍總繪圖》《六十四卦立成圖》《大衍揲蓍解》共爲一卷,總三十六册。詔付秘省,敕書獎諭。宋孝宗淳熙十二年。《玉海》

二十七日

昌邑王賀行淫辟,立是日,大將軍霍光白皇太后廢之。先羣雲如狗,赤色,長尾三枚,夾漢西行。占曰:天文以東行爲順,西行爲逆。主人臣運柄,羣雲爲亂君,此大臣欲行權以安社稷也。四月二十七日,霍光廢昌邑王。出《漢書》。

宋哲宗觀麥於後苑。紹聖元年。《玉海》

元順帝崩。元朝至正庚子歲,長淮以北,尚皆宴然,山東則王信、陝西則李思齊、隴西則思道、太原則王保保、汴梁則太子開撫軍司以總之。既而,諸將共讒王保保欲叛,詔削軍權。臺兵北行,處處皆望風崩潰。四月二十七日,順帝以疾崩。皇太子獨脱身走去,而皇孫就擒。出《草木子》。

東坡到湖州,《謝表》云:臣荷先帝之誤恩,擢置三館;蒙陛下之過聽,付以兩州。陛下知其愚不適時,難以追陪新進;察其老不生事,或能牧養小民。元豐二年四月二十七到湖州。出《長公外紀》。

浩陵郡有巖數里,夜忽有雙光。齊高帝建元元年,浩陵郡蠻民田健所住巖間常流雲氣,有聲響若龍。今求之積歲,莫有見者。四月二十七日夜,巖數里忽有雙光,至明,往獲古鍾一枚,又有古器名淳于,蠻人以爲神物奉祠之。出《南齊書》。

二十八日

議禮局請於南郊別立感生帝壇,依赤帝高廣之制,從之。宋徽宗大觀四年郊祀。《實錄》

宋太祖皇后宋氏崩,太宗素服舉哀。太宗至道元年四月二十八崩,祔葬永昌陵之北。出《宋史·禮志》。

宋孝宗書《荔枝賦》賜舍人張延年。隆興九年。《玉海》

老君於尹喜宅南山阜上昇天。喜悲戀請留,老君告喜以"除垢止念,静心守一"之旨。言訖,聳身空中,坐雲華之上,面放五明,身見金光,洞照十方,冉冉昇空,光燭館舍,五色玄黃,良久乃没。喜目斷雲霄,涕泣攀戀。其日江河汎,山川震動。有五色光貫太微,遍及四方。尹喜拜老君曰:"幸聞至道,欣慶難言,願賜著書,闡揚道旨,以語後世。"老君曰:"善。"以道德五千言授之,喜拜受持誦。老君次年四月二十八日,於喜宅飛昇。出《史纂左編》。

天休節。上元星君下降。出道經。

詩

蜀國富且庶,風俗矜浮薄。奢僭極珠貝,狂佚務娛樂。虹橋吐飛泉,煙柳閉朱閣。燭影逐星沉,歌聲和月落。鬥鷄破百萬,呼盧縱大噱。游女白玉瑙,驕馬黃金絡。酒肆夜不扃,花市春慚怍。禾稼暮雲連,紈繡淑氣錯。熙熙三十年,光景倏如昨。天道本害盈,侈極禍必作。當時市政者,罔思救民瘼。不能宣淳化,移風復儉約。宋太宗至道元年四月二十八日,張詠《悼蜀詩》。

二十九日

唐玄宗謂侍臣曰:每祀黃帝,乃就南郊,禮亦非便,宜於皇城內西南,改置黃帝壇,朕當親祀,以昭誠敬。天寶九年。《玉海》

唐高宗給五品以上隨身魚袋,以防召命之詐。永徽二年四月二十九日,給隨身魚袋。魚袋,三代以韋為之箅袋,魏易之為龜。唐高宗給隨身魚,三品以上其飾金,五品以上其飾銀,故名魚袋。天后改為龜,後復曰魚。神龍初,賜紫則給金魚,賜緋則給銀魚,不限品也。出《事物紀原》。

宋高宗詔丞相趙雄等赴經筵,聽講正説。終篇,浩等言:陛下孳孳典訓,愈久愈明。歲時甫浹,篇帙再周,請付史館。淳熙八年。《玉海》

狀元王佐以下朝謝。皇帝御集英殿賜狀元王佐以下及第、出身、同出身,

四月一十九日朝謝。《七修類稿》

　　詩

梅雨漲添春酒色，麥秋黃起壽爐煙。銅壺未下三更水，猶是
清和四月天。《事文類聚》

三十日

漢成帝河平元年，是日日食，詔公卿百僚陳過失，無有所諱，
大赦天下。光禄大夫劉向對曰：“四月交於五月，月同孝惠，日同
孝昭。其占恐害繼嗣。”是時，許皇后專寵，後宮中外皆憂上無繼嗣，故杜陵、谷
永及劉向所對皆及之。上於是減省椒房、掖庭用度。四月己亥悔而日食，故曰四月交
於五月，月同孝惠、孝昭。元年七月己亥晦日食，故曰日同孝昭。二帝尋皆晏駕而無
嗣。出《白孔六帖》。

漢和帝永元十五年，是日日食，時帝遵肅宗孝章帝故事，兄
弟皆留京師，有司以日食陰盛，奏遣諸王就國。詔曰：“甲子之
異，責由一人。諸王幼稚，早離顧復，弱冠相育，常有《蓼莪》《凱
風》之哀。選懦之恩，知非國典，且復宿留。”賢曰：選懦，慈戀不決之意
也。出《漢紀》。

道悟禪師示疾，命弟子曰：“四月三十日告終。”大衆問疾，師
蹷召典座，座近前，師曰：“會麼？”曰：“不會。”師拈枕子拋於地
上，即便告寂。道悟，荆州天皇寺僧。神儀挺異，幼而生知。年十四懇求出家，父
母不聽，遂損減飲膳，日纔一食，形體羸悴，父母不得已而許之，依明州大德披削。二
十五詣杭州竹林寺，具戒精修梵行，推爲勇猛。或風雨，晝夜冥坐丘塚，身心安静。一
日遊餘抗，首謁徑山國師受心法服勤。五載後，參馬祖。祖重印前解法無異説，以憲
宗元和年四月三十日告寂，是年八月五日塔於郡東。出《楚通志》。

卷五

五月〔一〕

楚應城陳垲升也甫編輯
邑人徐養量叔弘甫校刻
陳容淳之初甫
慈溪姚宗文甫
男陳鳳徵懿兆甫全閱

　　五月建午。午，長也，言萬物皆長大也。《合璧事類》

　　蕤賓，午之氣也，五月建焉。《周禮》

　　日在東井，昏亢中，旦危中。《禮記》

　　仲夏，日出於寅，入於戌。《尚書考靈曜》

　　仲夏行春令，則五穀晚熟，百螣特起，四民有饑；行秋令，則草木零落，果實早成，民殃於疫；行冬令，則雹霰傷穀，道路不通，暴兵來至。《呂氏春秋》

　　爲皋。《爾雅》：五月得戊，爲屬皋。

　　俗稱惡月。仲夏陰陽交，死生分，君子齋戒，止聲色，節嗜欲。出董勛《問禮俗》。

　　是月不可入官。齊文宣令宋景業筮，曰：“宜以仲夏吉辰順天受禪。”或曰：“五月不可入官，犯者卒於其位。”景業曰：“王爲天子，無復下期，豈得不終其位。”出

《北史》。

俗忌上屋。如上屋，即自見其形，魂魄不安。《酉陽雜俎》

以朱索連縈施門户。仲夏之月，陰氣萌作，恐物不茂，故以朱索。出《後漢書》。

古人鑄刀，以月之丙午日，取純火精以協其數。《合璧事類》

月之丙午日，以金錫鑄爲陽燧。《搜神記》

爪哇國以是月遊舡。風俗婚姻無媒妁，但納黄金於女家以娶之，五月遊舡。出《外夷傳》，亦出《一統志》。

單于大會龍城，祭其先、天地、鬼神。歲正月，諸少長會單于庭，祠。五月，會龍城。出《白孔六帖》。

唐玄宗。天鳴，聲若雷。天寶十四年，天鳴有聲，天子及大臣有憂。《通考》

晉惠帝。日光四散，赤如血流，照地皆赤。光熙元年。占曰："君道失明。"出《天文志》。

隋煬帝。大流星如甕，墜于江都。大業十三年。占曰："其下有大兵戰，流血破軍殺將。"明年，煬帝遇弑。

唐德宗。有星墜于西北，光燭如晝，聲如雷。貞元十四年閏五月。以上《通考》。

山陽濟陰雨雹，大如鷄子，深二尺五寸，殺人，飛鳥皆死。宣帝地節四年。《漢書志》①，出《六帖》。

雨雹，如扇，如斗。獻帝初平二年。《漢書·五行志》

臨安大雨雹，屋瓦皆碎。有一村人多爲不善，夜有行人聞神過云："付硬雨施行。"次日雨雹，大損禾稼。紹興十七年。《軒渠録》，亦出《天中記》。

---

① 指《漢書·五行志》。

有落梅風，江淮以爲信風。

有霖霪號爲梅雨，沾衣皆敗，謂之送梅雨。以上《風土記》。

濯枝雨。仲夏有大雨，名濯枝。《風土記》

鄒衍仰天而哭，下雪。衍事燕惠王，左右譖之，五月雪。出《世說》。

漢女訴殺之，下雪。女居東海養姑，姑女讒之於姑，姑詣太守，訴殺之，五月雪。《漢書》

雨黃毛。熙寧元年，又熙寧八年。雨黃土兼細毛。《宋史》

蜀地雨白毛。晉武帝太始八年。京房《易傳》曰："賢人逃，天雨毛。"《五行志》

元順帝元統二年，天雨毛，至二十五年又是月，大都雨毛，長尺許。或曰"龍鬚"，命拾而祀之。《元史》

大雷雨，下冰龜數十里，隨大小皆龜形，具手足卦爻。高宗紹興八年，汴京太康縣。《宋史·五行志》

黃河是月水名爪蔓水。《水衡記》

撫州王羲之墨池水色變黑如雲。宋咸平元年。《通考》

洞庭湖水夜赤光如火，亘天。建炎四年。《五行志》

饒州樂平縣何衝里，田隴數十百頃，當霽天無雲，田水如爲物所吸，聚爲一直西行，高平地數尺，不假隄防而水自行；里南程氏家井水溢，亦高數尺，夭矯如長虹，聲如雷，穿墻毀樓。二水鬥於杉墩，且前且卻，約十刻乃解，各反故壑。高宗紹興十四年，與史記魯轂、洛水鬥同。京房曰："天子弱，諸侯力政，厥異水鬥。"出《通考》。

宋元嘉七年，武陵洪水，善德山崩。兩石高丈餘，如人，雕刻精奇，形備古制式。占者云："武陵出天子。"其年八月，孝武始誕，後封武陵王，即帝位。《治聞記》

晉陽大旱，得死魅，長二尺，面頂各二目。北齊後主武平五年五月。

出《北史》。

晉懷帝。枹罕令嚴根妓，産一龍，一女，一鵝。永嘉五年五月，京房《易傳》曰："人生他物，非人所見者，皆爲天下大兵。"是時帝承惠皇之後，四海沸騰，尋而陷於平陽，爲逆胡所害。此其徵也。出《通考》。

曲阿有柳樹倒地六載，忽復起。晉成帝咸和六年。《五行志》

大木自拔。嘉定六年，嚴州淳安、遂安、桐廬三縣。占曰："木自拔，國將亂。"

成都太祖廟側大木仆，忽起立，生三芽。景帝四年。以上《宋史》。

成都民郭遠因樵獲瑞木一莖，有文曰："天下太平。"大①曆十二年

左羽林軍有鴝鵒乳鵲。大②曆十三年。以上《五行志》。

鳳凰集北海安丘、淳于。漢宣帝本始四年。安丘、淳于二縣皆屬北海。

鳳凰集膠東。漢宣帝太始元年。以上《符瑞志》。

鯨有大者長千里，小者數千步。一生數萬子，常以五月六月就岸邊生子。五、六月後鯨引其子入海中，鼓浪成雷，潰沫成雨，水族驚畏之，皆逃匿莫敢當。出《古今注》。

丹水出丹魚。是月夏至前夜伺之，魚浮水則赤光上照如火。《山堂肆考》

長山縣獲神龜一頭，腹下有巽兌卦。齊武帝永明九年。《南齊書·符瑞志》

白虎見新昌縣。晉成帝咸和八年。《宋書·符瑞志》

騶虞見壁山，有二鹿隨之。王建永平三年。《五代史》

牛一頭、二面、二口、三目、三耳。世宗景明二年，冀州長樂郡《鴻範論》曰："君不明，失政之所致。"出《魏書》。

牛生犢，兩頭六足。晉成帝咸和二年，是冬蘇峻作亂。《通考》

---

① 大，底本作"太"，誤，今改。
② 大，底本作"太"，誤，今改。

白鼠見於東宮。晉惠帝元康元年。《白孔六帖》

滑州靈河縣民黃慶家蠶自成被，長二丈五尺，闊四尺。景祐
四年

北海縣蠶自織絹，成領帶。元祐七年。以上《宋史》。

　　詩

江南仲夏天，時雨下如川。盧橘垂金彈，甘蕉吐白蓮。樊珣
《狀江南·五月》

漢宮一百四十五，多下珠簾鎖閉窗。何處營巢夏將半，茅簷
煙裏語雙雙。杜牧《村舍燕》

攜杖來追柳外涼，畫橋南畔倚胡床。月明舡笛參差起，風定
池蓮自在香。秦觀《納涼》

穠李四絃風拂席，昭華三弄月侵床。家無紅袖堪娛夜，正要
青奴一味涼。黃庭堅，字魯直。《題青奴》。穠李、昭華二妓名。

茅簷長掃靜無苔，花木成蹊手自栽。一水護田將綠遶，兩山
排闥送青來。王安石《題茅簷》

一爲遷客去長沙，西望長安不見家。黃鶴樓中吹玉笛，江城
五月落梅花。李白《北榭禪》

寂寂無聊九夏中，倚巖依壁待清風。北圖奇策無人問，不及
南陽一臥龍。劉兼《仲夏晝臥》

和如春色淨如秋，五月商山是勝遊。當晝火雲生不得，一溪
縈作萬重愁。趙嘏《商山道中》

春蒲獵獵弄輕柔，欲立蜻蜓不自由。五月臨平山下路，藕花
無數滿汀洲。參寥

院僻簾深晝景虛，輕風時見動竿烏。池中綠滿魚留子，庭下
陰多燕引雛。雨後看兒爭墜果，天晴因客曝殘書。幽棲未免牽

塵界，身在相忘在酒壺。<small>蘇子美</small>

雕玉押簾上，輕縠籠虛門。井汲鉛花水，扇織鴛鴦文。迴雪舞涼殿，甘露洗空綠。羅袖從徊翔，香汗沾寶粟。<small>李賀《樂辭》</small>

風簾燕引五六子，露井榴開三四花。<small>黃孝先</small>

風含翠篠娟娟静，雨裛紅蕖冉冉香。<small>杜甫</small>

芒種

小滿後十五日，斗指丙，爲芒種。<small>《孝經緯》</small>

五月芒種爲節者，言時可以種有芒之穀，故以芒種爲名。種，讀去聲。<small>《三禮義宗》</small>

芒種，謂穀芽始出，故曰芒種。<small>出《曆疏》。</small>

長陽雲出，危。<small>《易通卦驗》</small>

閩人以芒種後逢壬日爲出梅雨。<small>據《碎金集》云：芒種後逢壬入梅，夏至後逢庚出梅。又據《神樞經》云：芒種後逢丙入梅，小暑後逢未出梅。人莫適從。此必作書者各自以地方配時候而云然耳。觀杜少陵詩曰：“南京西補①道，四月熟黃梅。湛湛長江去，冥冥細雨來。”蓋唐人以成都爲南京，則蜀中梅在四月矣。柳子厚詩曰：“梅實迎時雨，蒼茫覺晚春。”此子厚嶺外之作，則又知南粤之梅在三月矣。東坡吳中詩曰：“三旬久過黃梅雨，萬里初來舶趠風。”又《埤雅》云：“江湘二浙，四五間有梅雨黔敗人衣服。”今人又有詩曰：“千里殊風百里俗，也知天地不相同。江南五月黃梅黔，人在魚鹽水潦中。”是知天地時候，自有不同如此。出《合璧事類》。</small>

芒種日螳蜋生。<small>芒種，五月節也。後五日，鵙始鳴。鵙，音局，百勞也。《本草》作博勞，蓋梟類也。又後五日反舌無聲。《月令》</small>

芒種後百舌有聲，候人在側。<small>《周書·時訓》</small>

芒種後聚畜百藥。<small>草木蕃時。出《六帖》。</small>

---

① 補，杜詩此字爲“浦”。

詩

久嗟三峽客，再與暮春期。百舌欲無語，繁花能幾時。谷虛雲氣薄，波亂日華遲。戰伐何由定，哀傷不在茲。工部《題瀼西新賃草堂》。反舌無聲，在芒種後十日。今謂之"欲無語"，乃芒種後作也。

夏至

夏至，金胎木廢，水死火旺。金胎，言金孕於火土之中也。

芒種後十五日，斗指午，爲夏至。夏至者，言萬物於此假大而極至也。夏，假也，至極也。出《韻會》。

夏至有三義：一明陽氣之至極，二明陰氣始至，三見日行之北至。《三禮義宗》

夏至一陰生，是陰動用而陽復於靜也。《復卦疏》

夏至日，晝六十五刻，夜三十五刻。古今歷術

夏至則斗南中繩，陽氣極，陰氣萌，故曰夏至爲刑。刑，始殺也。出《淮南子》。

夏至日中，赤氣出直離，此正氣也。《易通卦驗》

夏至則火從之，故五月火正而水漏。陽氣爲火，陰氣爲水，故夏至熱。火正，火王也，故水漏。出《淮南子》。

夏至，陰陽爭，死生分。鄭玄云：五月，陰氣起於下，盛陽蓋其上，故曰爭。品物滋生，葶藶之屬死，故曰分。

伯趙氏，司至者也。伯趙，伯勞也。以夏至鳴，冬至止。《左傳》

陰氣爲水。水勝，則夏至濕。《淮南子》

夏至日成地理。冬至日成天文。《春秋感精符》

夏至少陰，雲如水波。《易通卦驗》

夏至則八風之序立，萬物之性成。《前魏相傳》①

日周天有七衡，夏至日在内衡。《孝經緯》

日永星火，以正仲夏。夏至之日，火蒼龍之中星。《書·堯典》

日行北至東井，去北極近。夏至至於東井，北近極，故晷短，立八尺之表，而晷景長尺五寸八分。《前漢書》

夏至，日影尺有五寸。鄭玄云：土圭之長也，尺有五寸。夏至立八尺表，其影適與土圭等，謂之地中。今潁川陽城地爲然。《周禮·地官》

夏至三光盛。《周髀》云。

日道斂北，去極彌近，其景彌短，近短乃極，夏乃至焉。《漢·律曆志》

夏至日，鹿角解，蟬始鳴，半夏生，木槿榮。可以居高明，可以遠眺望，可以升山陵，可以處臺榭。《月令》

夏至，景風至，蟬始鳴，螳始生。《易稽覽圖》

夏至井水躍。《春秋考異》

先至三日，垂土炭於衡兩端，輕重適均，夏至日陰氣至則土重。《史記》

柞氏夏至令刊陽而火之。《春官·大司樂》

夏至禁舉大火，鼓鑄、銷冶皆止。《三禮義宗》

夏至，陰事起，君道衰，故不賀。蔡邕《獨斷》

夏至，陰始動而未達，故寢兵鼓，不設致事，所以助微氣之養也。《五經通義》

君以夏至日施命令止四方行者，所以助微陰也。魯公云。

---

① 指《前漢書·魏相丙吉傳》。

夏至寢兵鼓，身欲寧，志欲靜，故不聽事。蔡邕《獨斷》

夏至景風用事，人君當爵有德，封有功。京房《易占》

夏至祭崑崙之神於澤之中，配於后。《三禮義宗》

絲竹之管，空桑之琴瑟，夏至日於澤中方丘奏之。陰竹之管，龍門之琴瑟，於宗廟奏之。《春官·大司樂》

夏至著五綵符辟兵，題曰游光厲鬼，知其名者，無瘟疾。五綵，辟五兵也。永建中京師大疫云：厲鬼字野重，游光亦流言，無指見之者。其後歲歲有病，人情愁怖，復增題之，冀以脫禍。出《風俗通》。

以冬至日致天神人鬼，以夏至日致地示物魅，以檜國之凶荒、民之札喪。天、人，陽也；地、物，陰也。陽氣升而祭鬼神，陰氣升而祭示物魅。檜，除禳也。魅音味。出《周禮》。

夏至日浚井改水，可去溫病。《續漢書·禮儀志》

夏至，忌東風，主病；行秋令，主多疫。《臞仙月占》

夏至取菊爲灰，止小麥蠹。按干寶《變化論》乃云：稻成蟲，麥爲蛺蝶，其驗中。出《荊楚歲時記》。

魏武收左元放桎梏之而自解，蓋用夏至日霹靂橄橄也。左慈，字元放。橄音杉。出《抱朴子》。

北朝婦人夏至日進扇及粉脂囊，皆有辭。《酉陽雜俎》

夏至日日中，天上三官會於司命河，校定萬民罪福，增減年筭。《登真要訣》

北方荒中有石湖，方千里，無凹凸，深五丈餘，歲常冰，惟夏至左右五十六日解。《神異經》

丹水出丹魚。先夏至前十夜伺之，魚浮水，赤色上照如光。酈道元《水經》

夏至前三五日，吳郡太湖中白魚向湖側淺水菰蒲之上產子，民得採之，隋時貢於洛。《隋大業記》

貓目睛旦暮圓，及午豎斂如綖，其鼻端常冷，惟夏至一日暖。
《酉陽雜俎》

　　詩

三伏適已過，驕陽化爲霖。欲歸釀西宅，阻北江浦深。杜甫

南越逢初伏，東林越一朝。曲池煎畏景，高閣絕微飆。王言史

璿樞無停運，四序相錯行。寄言赫曦景，今日一陰生。權德輿
《夏至日作》

五月〔二〕

楚應城陳堦升也甫編輯

邑人徐養量叔弘甫校刻

陳容淳之初甫

慈溪姚宗文甫

男陳鳳徵懿兆甫仝閱

　　一日

　　帝爲梁冀所鴆崩。本初元年閏五月一日，先太白犯熒惑，占曰：有逆謀。出《通考》。

　　唐德宗敕每年五月一日御宣政殿，與文武百寮相見。京師九品以上，外官因朝奏在京者，並聽就列。《唐書》，亦載《白孔六帖》。

　　朝賀禮多在正月一日，未有五月一日，故歐陽公曰：唐時有五月一日會朝之禮，略記其始本出於道家，是日君臣集會，其儀甚盛。不知起自何帝。歐陽公帖

　　宋真宗祥符二年皇太子生，即仁宗，後宮李氏所生。知開封

府周起方奏事,帝曰:"朕始生子。"即入禁中,懷金錢出以賜起。出《宋史》。據元符宮石刻,仁宗四月十四日生,故兩日並載。李氏,杭州人,莊重寡言。有娠,從帝臨砌臺,玉釵墜,帝私卜釵完當,生子。左右取釵以進,殊不毀,帝喜。已而果生子。劉修儀攘爲己子,李不言,中外亦不知。

宋欽宗靖康二年,康王即位於應天府。出《宋史》。先是二帝北狩,元祐太后命太常少卿汪藻草手書告中外,俾王嗣統,其略曰:歷年二百,人不知兵;傳序九君,世無失德。雖舉族有北轅之釁,而敷天同左袒之心。乃眷賢王,越居近服。漢家之厄十世,宜光武之中興;獻公之子九人,惟重耳之尚在。茲乃天意,夫豈人謀!遂以五月庚寅朔一日登壇受命即位。是夕,元祐皇后在東京撤簾。康王名構,即高宗。

宋孝宗書唐元禎牡丹詩以賜吳琚。淳熙元年。《玉海》

任文公,巴郡人。時天大旱,白刺史曰:"五月一日當有大水,其變卒至,不可防救,宜令民吏預爲之備。"刺史不聽,文公獨詣大舡,百姓或有信文公,頗有防者。至是日旱烈,文公急命從載白刺史,刺史不信。至日中雲起,須臾,至晡時,湔水湧起十餘丈,突壞廬舍,所害數千人。范曄《後漢書》

東方朔母田氏寡,夢太白星有娠。田氏嘆曰:"無夫而孕,人得棄之。"遂移居東方里。是月朔一日生,故以所居爲姓,以朔爲名。出《洞冥記》。據諸類書,方朔母先死,父後死,不知此何。考朔生未幾而田氏死,鄰母收養之。朔生五歲,忽失,經年乃歸,母問之,朔曰:"兒至紫泥海,紫水汙衣,乃過虞淵湔浣。明發中還,何言經年乎?"

京師人以是日爲端一。《歲時記》

是日可作醮。崔寔《四民月令》

太上老君傳三天正法付漢代張天師。《翰墨大全》

詩

跪奉新書笏在腰,談王正欲伴漁樵。晉陽豈爲一門事,宣政聊同五日朝。憂患半生聯出處,歸休上策早招要。後生可畏吾衰矣，刀筆從來錯料堯。蘇東坡詩。唐高祖謂温大雅兄弟云："我起義晉陽，止爲卿一門耳。"唐德宗詔曰：自今後五月一日御宣政殿，與文武百寮相見。

二日

宋太宗出南薰門，觀稼，召從官列坐田中，令民刈麥，咸賜以錢帛，回幸玉津園觀漁，張樂習射，既宴而歸。興國九年。《宋史·禮志》

鄭畋、盧攜皆罷爲太子賓客、分司。僖宗乾符五年，畋、攜議蠻事，攜欲與之和親，畋固爭以爲不可。攜怒，拂衣起，袂帶硯墮地，破之。上聞之，曰："大臣相詬，何以儀刑四海！"五月二日，畋、攜皆罷爲太子賓客、分司。出《唐書》。

竇參爲中書侍郎平章事、度支使。寶應二年五月二日。出《纂記淵海》。

狀元王佐等就法慧寺拜黄甲，敘同年，謁廟。佐以下共二百三十人，朱晦庵與焉。《七修類稿》

郭子儀斬王元振。唐肅宗寶應元年初，李國貞治軍嚴，皆思子儀，故元振因之作亂。子儀至軍，元振自以爲功，子儀曰："汝臨賊境，輒害主將，若賊乘其釁，無絳州矣！吾爲宰相，豈受一卒之私耶！"五月二日，斬元振等三十人。出《汾陽傳》。

承暉，字維明。好學，淹貫經史。是日，承暉與師安石舉白飲滿，謂之曰："承暉於《五經》皆經師授，謹守而力行之，不爲虛文。"醉後取筆與安石訣，最後倒寫二字，投筆嘆曰："遽爾謬誤，得非神志亂耶？"謂安石曰："子行矣。"安石出門，聞哭聲，復還問之，已薨。《金史》

詩

客中端二日，風雨送牢愁。昨歲猶潘母，今年更楚囚。田園荒吉水，妻子老幽州。莫作長生祝，吾心在首丘。文山天祥

堯律正仲夏，楚節前三日。岩岩衡嶽開，隱隱壽星出。《事文類聚》

三日

晉安帝義熙十一年。是夜，慧星出天市，其芒掃帝坐。天市在房心之北，宋之分野。得慧柄者興，此除舊布新之徵。出《宋書·符瑞志》。

唐高祖赤雀巢於殿門，宴五品以上。上頌者十餘人。武德八年。出《玉海》。

宋孝宗是日詔執政每日入東華門詣選德殿奏事。此蓋上欲從容論治。乾道元年。《玉海》

習鑿齒與桓泌以才氣相推，習罷滎陽郡歸，與桓書曰："吾以五月三日來達襄陽，觸目悲感，略無顧情。西望隆中，想臥龍之吟；東眺白沙，思鳳雛之聲；北臨樊墟，存鄧老之高；南睎城邑，懷羊公之風。縱目檀溪，念崔徐之友；肆睇魚梁，追二陸之遠。未嘗不徘徊移日，撫景躊躇。若乃魏武之所置酒，孫堅之所隕斃，裴杜之故居，繁王之舊宅，遺事猶存，星列滿目，瑣瑣常流，碌碌凡士，焉足感其方寸哉？"《晉史》

王文憲薨於官舍。文憲者，齊尚書令王儉，字仲寶，諡文憲，琅邪臨沂人。春秋三十有八，五月三日薨於建康官舍。皇朝軫慟，儲鉉傷情。有識銜悲，行路掩泣。豈直春者不相，工女寢機而已哉！出《任彥昇序》。

會稽錢祐爲虎所取。祐以元嘉四年五月初三爲虎所取，後乃自還。説："虎初取時至一官府，入重門，見一人憑几而坐，形貌偉壯，左右侍者三十餘人。謂曰：'吾欲使汝知術數之法，故令虎迎汝，無懼也。'留十五晝夜，語諸小術。祐受法畢，令還家。大知卜占，無幽不驗，經年乃卒。出《異苑》。

趙元陽啓關，漱浴更衣趺坐，呼弟子於前，即書偈曰："遁世和光了幻緣，緣消幻夢獨超然。清風遍界無遮障，赫日當空照大千。"書畢雷電交飛，風雨晦冥，師乃翛然而逝。趙元陽，名宜真，吉之安福人也。五月三日啓關書偈，明年五月三日，其徒劉淵然設祀，方行奠禮，白晝雷電雲雨，如其化時。出《左編》。

端午前二日謂之扇市，在東市，車馬特盛。《歲時記》

北極北斗下降。道經

　　詩

世事紛紛了不知，又逢乳燕麥秋時。經年謝客常因醉，三日無詩自怪衰。乘雨旋移西崦藥，留燈自覆北窗棋。但將生死俱拈起，造物從來是小兒。陸放翁《五月三日病體覺愈輕偶書》

四日

宋高宗。尹焞入見，講《衛靈公》末章稱旨，遂給筆札，校《論語》以進，賜緋魚。紹興七年。《玉海》

嗢没斯帥其國特勒、宰相等二千二百餘人來降，上降狀。唐武宗時。出《一品集》。

京師人以爲端四日。《歲時記》

端午刻菖蒲辟邪。是日，王沂公帖子："明朝知是天中節，旋刻菖蒲要辟邪。"按：宋王曾，字孝先，青州人。《山堂肆考》

有使過南康，縣令胡侃置酒於縣南蓮花館。忽有暴風吹沙從南來，以手掩目，盤中器物有聲，若有物過。良久，開目，見食器皆覆。時一里外皆聞館中迅雷，而館中不聞。胡亦無恙。《稽神録》

　　詩

明日又重五，採得玉蒲香。勸君蒲泛酒，聽我試平章。《事文類聚》

仙馬分明引馬頭，西看一點是關樓。五日也應須到舍，知君不肯更淹留。岑參《五月四日送人》

五日

高辛氏女，土人以是日致祭。辛女崖在辰州府城西十里左右，壁高峻，上有石屹立如人。相傳高辛氏女於此化爲石。崖下有廟，每歲五日土人致祭。

懷蛟水，鄉人於此競渡。懷蛟水在饒州府城南。江中有蛟，五日，鄉人競渡，俗號爲懷蛟水。以上《一統志》。

馬步廟競渡。《周禮·校人》："冬祭馬步。"註云："馬步，神之爲災害馬者。"武昌縣人以五日競渡，祭享於廟，蓋吳之故俗云。出《武昌府志》。

蒼梧郡陳臨爲太守，推誠而理，導人以孝弟。徵去，本郡以是日祠東門城外，令小童潔服舞之。《後漢書》

諸陵薦衣扇。天寶二年，諸陵以五日薦衣扇。出《禮志》。

肅宗召見山人李唐，方擁幼女，顧唐曰："我念之，無怪也。"唐曰："太上皇今日亦當念陛下。"帝泫然涕下。內制於張后，卒不敢謁西宮。出《唐書》。

陳後主馮淑妃名小憐，太穆后從婢也。穆后愛衰，以是日進之，號曰"續命"。淑妃能彈琵琶，工歌舞。後主惑之，坐則同席，出則並馬，願得生死一處。命淑妃處隆基堂。出《山堂肆考》。

唐太宗謂長孫無忌、楊師道曰："五日舊俗，必用服玩相賀，今朕各遺卿飛白扇二枚，庶動清風以揚美德。"貞觀十八年。出《唐書要録》。

漢令郡國捕梟，以是日爲羹賜百官。因惡鳥，故食之，又云止妒。

賜翰林青團扇。唐翰林初選者試制書批荅三首，内庫給青綺被、紫絲履之類，五日賜青團扇。

賜百索爲壽索。以上《翰林志》。

宴群臣武成殿，賜襲衣，特以紫服、金魚賜李元紘及蕭嵩。《李元紘傳》

孫伏迦上表：近太常於民間借婦女裙襦充妓衣，擬五月五日於玄武門遊戲，非所以爲子孫法。高祖武德元年。出《舊唐書》。

帝取蜥蝎置之器，飼以丹砂，至明年端午搗之，以塗宫人臂。有所犯則消没，不爾則如赤痣，故名守宫。《漢武故事》

群臣各獻服玩，上謂李泌曰：“先生何獨無獻？”泌曰：“臣自巾至履皆陛下所賜，所餘獨一身耳。”上曰：“朕所求正在此。既獻其身，當惟朕所用，不爲卿有矣。”《唐太宗記》，亦出《山堂肆考》。

後主諱緯生於并州。緯，字仁綱，武成皇帝之長子。母曰胡皇后，夢於海上坐玉盤，日入裙下，遂有娠。至天保七年五月五日，生帝於并州邸。帝少美容儀，武成特所愛寵，拜世子。出《北史》。

宋徽宗以是日生，俗忌，因改作十月十日生，爲天寧節。《癸辛雜記》

紀邁生，其母棄之。紀邁五日生，母棄。紀淳妻養之，年六歲，本父母云：“汝是我兒。”邁涕泣，備所得輒上母。出《孝子傳》。

胡廣生，父母惡之，藏之葫蘆，棄之河流。人收養之，長有盛名，父母欲取之，廣以爲背所生害義，背所養忘恩，兩無所歸。託葫蘆而生，因姓胡，名廣，後登三司。出《小說》。

王鎮惡生，家人欲棄之，其祖猛曰：“昔孟嘗君以是日生相齊，此兒必興。”因名鎮惡。《宋略》

崔信明端午日中生，有異雀數頭，身形甚小，五色備，集於庭樹，鳴聲清亮。太史良占之曰：五月爲火，火爲離，離爲文彩，日中文之盛也。有雀文彩□，此兒必文彩聲名播天下。崔[1]形既小，禄位不高。及長，博聞强記，下筆成章，而官果不達。《唐書》

張飛生。飛，字翼德，稱萬人敵，爲世虎將。出《桃園記》。

金轉運田特秀生。田特秀，字彦實，易縣人，大定十九年進士。所居里名半十，行第五，以五月五日生，小名五兒。年二十五應鄉、府、省、殿四試，俱第五名。

---

[1]　崔，《唐書》爲“雀”。

年五十五以八月十五日卒。出《困學雜録》。

介子綏割腓股以啖重耳。重耳復國，子綏獨無所得，綏甚怨恨，乃作龍蛇之歌以感之，終不肯出。文公令燔山求之，遂抱木而燒死。文公令每年是日不得發火。出《琴操》，亦載於三月五日。

刑史子臣死。初，刑史子臣謂宋景公："從今已往五月五日，臣死；後五年五月丁巳，五祀八月辛巳，君薨。"刑臣將至死日，朝見景公，夕死。景公懼，思刑史子臣之言，將至死日，乃逃於瓜圃，遂死之。出《古文巢語》。

唐中宗朝，安樂公主以是日鬥百草，欲廣其物，令馳驛取謝靈運鬚，又恐爲他得，因剪棄其餘。晉謝靈運鬚美，臨刑，因施爲南海祇洹寺維摩詰像鬚。五月五日，安樂公主因鬥百草取之。出《青箱雜記》。

俗謂屈原投汨羅，人傷其死，命舟楫拯之。極其輕利，謂之飛鳧，一以爲水車，一以爲水馬。土人悉臨水觀之。至今爲競渡之戲，謂之浴蘭節。出《荊楚歲時記》。據《荊州府志》，屈原投汨羅在五月望日。

孝女曹娥，會稽上虞人。父是日於縣江泝濤迎波神，溺死，不得屍骸。娥年十四，乃沿江號哭，投江而死，後與父屍俱出。娥父盱，能弦歌，爲巫祝。出《烈女傳》。

新野庾寔家是日曝席，忽有小兒死席下，俄失所在。其後，寔女子遂亡。相傳以爲忌。《異苑》

蓋屋令人頭禿。《風俗通》

晉河間國兵張粗、經曠二人相善。太元十四年是日，共登鍾嶺坐於山椒。酒酣失性，拔刀斬曠。曠托夢於母曰："爲粗所殺，屍在澗中，脫裳覆之。覓時視裳飛起處即屍所也。"曠母明辰追捕，一如其言。粗知事露，將欲出門，曠手執刀刺其面，遂不得脫。母報官，粗伏其罪。《還冤記》

陳澹然暴卒。陳澹然，富而儒者也。性慕道，延雲水土多年，竟無所遇。洞賓詭爲備者，爲治圃歲餘，所作工役力過常人。陳愛之，然止以備者待之而已。一日，陳與一道友講《陰符經》至天發殺機、天地返復,未曉殺機之旨。洞賓從旁抗聲曰:"生者不生,死者不死。已生而殺生,未死而學死,則長生矣。"陳大驚曰:"汝非備者耶,誰教汝爲此言!"既而詰之,則復繆悠其辭,不可解。道友曰:"田野村夫,定於何處竊得此語耳,非實通曉也。"居無何,忽辭陳曰:"吾將遠行,明年五月五日午時復來也。"既去寂然,陳有鄉人客於巴陵,遇之曰:"爲我寄語陳公,我吕洞賓也。始意公可授道,徐察之則不然,吾不復來矣。"言訖,走入吕仙亭竹林中不見。明年端午日午時,陳暴卒。出道書。

開封府尹光義①送劉溫叟角黍、扇。光義聞溫叟爲御史中丞清介,遣府吏齎錢遺之,溫叟不敢卻,貯廳事西舍,令府吏封識乃去。明年五月五日,復送角黍、扇,所遣吏即前送錢者,視西舍封識宛然。出《全編》。

宮中造粉團、角黍貯盤中,以小角弓射之,中者得食,都市盛行此戲。《開元遺事》

仲夏端午,烹鶩角黍。《風土記》

端午以菰葉裹粘米謂之角黍,蓋取陰陽包裹之義。或曰亦爲屈原恐蛟龍奪之,以五綵線纏飯投水中,遂相襲云。《荆楚歲時記》

唐歲時節物,有百索粽子。《文昌雜録》

端午作水團,又名白團。或雜五色人獸花果之狀,其精者名滴粉團,或加麝香,又有乾團不入水者。《歲時記》

洛陽作术羹、艾酒。《金門歲節記》

桃印,本漢制,以止惡氣。今端午以綵繒、篆符相問遺,亦以置屏帳門户。《漢書》

北朝婦人進五時圖、五時花,施之帳上。《開寶遺事》

朱索懸門,止惡氣。《禮儀志》

① 義,底本爲"美",所引《全編》及史實均爲潛邸時的宋太宗趙光義,"美"爲"義"之誤,今改。

以綵絲繫臂，謂之續命縷，俗說能益人壽筭。《風俗通》

刻菖蒲爲人或葫蘆形，帶之辟邪。《金門歲節記》

都人採艾，結爲人，懸門上，以解毒氣。又作泥塑張天師，以艾爲鬚，以蒜爲拳，置於門上。《歲時記》

以艾爲虎形，至有如黑豆大者，或剪綵爲小虎，粘艾葉戴之。《金門歲節記》

宗則字文度，常以端午未鷄鳴時採艾，見似人處攬而取之，用灸有驗。是日競採雜藥。《荆楚歲時記》

天寶中，揚州進水心鏡，背有盤龍。先有老人自稱爲龍護，鑄鏡所三日開戶，失所在。鏡匠呂輝移爐，以五月五日於揚子江心鑄之。龍頗異，後大旱，祀之乃大雨。《異聞集》

正光元年，天氣清爽，聞池中鎗鎗，若征鼓聲。須臾，雷電晦冥，有五色蛇自池上屬於天，久乃滅。波上水定，惟見一魚，變爲龍。酈元注《水經》

荆州有參軍剪鴝鵒舌，教學人語，無所不名。參軍彈琵琶，鴝鵒每聽移時。《幽明錄》

取蠅虎杵碎拌豆，置几上，自踴躍，可擊蠅。《淮南王萬畢術》

埋蜻蜓頭於西向戶下，至三日則化成珠。《博物志》

蟾蜍頭上有角謂萬歲蟾蜍。是日取之，陰乾百日，以其足畫地，即爲流水。能辟五兵。若敵人射己者，弓矢皆反還自向也。《抱朴子》

取蟾蜍，辟惡疽瘡。取東行螻蟈，治婦人難產。螻蟈即蝦蟆。崔寔《月令》

重午日，午時有雨，則急斫一竿竹，竹節中必有神水。瀝取獺肝爲丸，治心腹積聚。《金門歲節記》

五日午時爲天中節。《提要録》

于闐國玉池，每以端午日王親往取玉。自王而下至庶人皆取，每取一團玉，以一團石投之。《西域記》

萬回和尚生。《高僧傳》

端午爲地臘，五帝校定生人官爵，血肉盛衰，外滋萬類，内延年壽，記録長生。是日可謝罪，求福移易官爵，祭祀先祖。道經

　　詩

節分端午候誰言，萬古傳聞爲屈原。堪笑楚江空浩浩，不能洗得直臣冤。文秀

佳辰共喜沐蘭湯，毒冷何須採艾禳。但得皋陶調鼎鼐，自然災沴變休祥。歐陽公

楚國因讒逐屈原，終身無復入君門。願因角黍詢遺俗，可鑒前王惑巧言。歐陽公

疾風吹雨滿征衫，陸走川行兩不堪。塵事縈人心事遠，濯纓何必在江潭。朱文公《端午海上遇風雨作》

宮衣亦有名，端午被恩榮。細葛含風軟，香羅疊雪輕。自天題處濕，當暑著來清。意内稱長短，終身荷聖情。杜子美端午賜衣作。

競渡傳風俗，旁觀亦壯哉。棹爭飛鳥疾，標奪彩龍回。江影渾翻錦，歡聲遠震雷。輕生一餉樂，詩序密相催。郭公父

麥涼殊未畢，蜩鳴早欲聞。喧林尚黄鳥，浮天已白雲。辟兵書鬼字，神印題靈文。因想蒼梧郡，茲日祀陳君。北齊魏收

孟君此日鍾英氣，王鳳今朝襲慶源。五色呈祥文必顯，丙時先誕位非尊。蘭湯備浴傳荆俗，水馬浮天吊屈魂。因笑唐家公主駕，預令馳驛剪祗洹。黄朝英

五月符天數，五音調夏鈞。舊來傳五日，無事不稱神。穴枕

通靈氣，長絲命續人。四時花競巧，九子粽爭新。方殿臨華節，圓冠宴雅臣。進對一言重，道文六義陳。股肱良足詠，風化可還淳。唐玄宗宴群臣作。

小暑夏弦應，微陰商管初。願齎長命縷，來續大恩餘。三殿褰珠箔，群官上玉除。助陽嘗黍臛，順節進龜魚。甘露垂天酒，芝花捧御書。含丹同蝘蜓，灰骨慕蟾蜍。今日傷蛇意，銜珠遂闕如。張說《三殿侍宴應制》

裁縫逗早夏，點畫守初晨。絹紈既妍媚，脂粉亦香新。長絲表良節，命縷應嘉辰。結廬同楚客，採艾異詩人。折花競鮮彩，拭露染芳津。含嬌起斜盼，歛笑動微嚬。獻璫依洛浦，懷珮以江濱。王筠

六日

唐高祖崩。葬獻陵，在京兆府三原縣界。出《通考》。

宋太祖幸迎春苑。乾德四年

唐同昌公主是日出降，有司進儀注，紫宸殿行五禮。右補闕施敬本、拾遺張烜、右拾遺李銳等連名上疏，曰："紫宸殿者，漢之前殿、周之路寢，陛下所以負黼衣、正黃屋、饗萬國、朝諸侯，人臣至敬之所，猶元極可見，不可得而升也。"上納其言，移於光順門外，設次行禮。玄宗開元十六年。以上《玉海》。

詩

日轉溪山幾百遭，厭聞虎嘯與猿號。笙歌忽把二天酒，風雨猶驚三峽濤。已作齊民尋《要術》，安能痛飲讀《離騷》？看君自是青田質，清唳當聞徹九皋。黃知命，名叔達，山谷弟也。先是山谷貶黔州，未攜家。紹聖三年，知命自蕪湖攜己之子耜、山谷之子相及兩所生母，五月六日抵黔州。《次韻答清江主簿趙彥成》

新鶯傍簷曉更悲,孤音清吟囀柔枝。口邊血出語未盡,豈是怨恨人不知。不食枯桑椹,不啣苦李花。偶然弄樞機,宛轉陵煙霞。衆雛鳳鳴何踡促,自觀遊鱗啄枯木。玄猿何事朝夜啼,白鷺長在汀洲宿。黑鵰黃鶴豈不高,金籠玉鉤傷羽毛。三江七澤去不得,風煙日暮生波濤。飛去來,莫上高城頭,莫下空園裏。城頭饑烏拾腥羶,空園燕雀争泥滓。願爲結舌含白雲,五月六日一聲不可聞。僧瑩徹五月初六作。

七日

宋太祖宴近臣於崇德殿。開寶四年。《玉海》

宋真宗御崇政殿,試陳絳、史良、夏竦。絳、竦入等。景德四年,先真宗謂輔臣曰:"設科欲求才識,若但考文藝,則積學者方能中選,苟有濟世之才,安得而知? 朕以爲六經之旨,聖人用心,固與子史異矣。今策問宜有經義,參之時務。"王旦曰:"文風丕變,由陛下道化。"因命兩制各上策問,而擇州之至。五月七日,真宗御崇政殿試,獨陳絳、夏竦入等。《選舉志》

以武德縣尉姜宣義充堂後官。堂吏始於唐,至宋開寶六年五月初七日,以姜宣義等充堂後官。太祖知堂吏擅中書事權,多爲姦贓,故令吏部選授。堂吏用士人自此始。太平興國九年,以將作監丞李元吉、丁佐爲堂後官。京官任堂吏自此始。出《事物紀原》。

宋孝宗召僧若訥對選德殿。乾道三年五月七日。出《玉海》。

置醫學博士。貞觀三年,諸州府置醫藥博士。開元十一年五月七日,始置醫學博士。改醫藥博士爲醫學。《事物紀原》

白州是日午時有鳳凰三自南入城中,至萬歲寺前棲木,身長九尺,高五尺,其文五色,至申時北向而去。畫圖以獻,宰相奉表作《丹鳳曲》,曲曰:"伊九苞之神鳥,稟陰陽之純粹。負禮蹈信,戴仁纓義。瞻元扈而來思,望黃紳而必至。"宋真宗景德元年。《玉海》

深井多有毒藥,不可入。是日,宜先以鷄毛投井中,直下無

毒，毛迴四邊，不可入也。葛洪方

七日爲九毒日，犯者不過三年。《三元延壽書》

八日

唐僖宗生，爲應天節。咸通三年，僖宗生於東内，懿宗第五子，初封普王，名儼。出《唐書·本紀》。

唐玄宗令進士國子監謁先師。開元五年五月八日謁先師。後懿宗咸通中，劉允章爲禮部侍郎，請諸生及進士第並謁先師，則此禮起於唐懿宗之世劉允章請也。又《選舉志》曰：開元五年是日，始令鄉貢明經、進士國子監謁先師。是則開元之禮第施於貢士，而咸通時允章所請糾開元之禮而爲之制也。《事物紀原》

唐德宗分日一人執筆。肅宗至德二年，宰相分直政事筆，人知十日。德宗正元五年五月八日，又分日一人執筆，迄今爲故事，曰當筆。《事物紀原》

宋真宗咸平三年，以贊善石熙政爲西京左藏庫副使。唐都京兆爲西京，不得以別都直稱，左藏五代殘缺。別都因不言其故事耳，左藏庫副使前無所見，疑宋國初所置官也。《事物紀原》

鳳翔人聞朱全忠來，皆懼。五月是日，城外居民移入城内，而四面百姓盡殺。唐昭宗天復二年，全忠進軍鳳翔城下。全忠朝服繞城而泣，曰：“臣但欲迎車駕還宮耳。”全忠借正説以行其譎。出《金鑾記》。

元人小雲石海涯。小雲石海涯，五字姓名也，號酸齋。母廉氏，夜夢神人授以大星使吞之，已而有妊。及生，神彩秀異。拜翰林侍讀學士，辭還江南，賣藥於錢塘市中，詭姓名，易服色，無有識之者。偶過梁山濼，見漁父織蘆花爲被，欲易之。漁父疑其爲人，陽曰：“君欲吾被，當更賦詩。”遂援筆立成，竟持被去。人間喧傳蘆花被詩。其佯隱玩世多類此。泰定元年五月八日卒，年三十九。出《元史》。

西突厥以是日相聚祭神。西突厥者，木杆可汗之子大邏便也。與沙鉢略有隙，因分而爲二，漸以強盛。東拒都斤，西越金山。龜茲、鐵勒、伊吾及西域諸胡悉附之。大邏便其風俗，五月八日相聚祭神，歲遣重臣向其先世所居之窟致祭焉。當煬帝大業初，撫御無道，其國多叛。出《隋書》。

扶桑之蠶長七尺，圍七十，色如金，四時不死。五月八日吐黃絲，布於枝條，四絲足勝一鈞。此梁武帝天監中有異人杰公者，與諸儒語及方域云云。出《太平廣記》。

九日

忻州是日大震，説者曰：地道貴静，今數震摇，兵興民勞之象。慶曆二年五月初九。《宋·五行志》

吐大羅遣使獻大鳥如駞，食銅鐵。上遣獻於昭陵。唐永徽元年

唐高宗以西域平，遣使分往康國、吐大羅國等，訪風俗物產及古今廢置，圖以進。顯慶三年。以上《玉海》。

沐浴，令人長命。《玄樞經》

吳興人章荀是日田耕，以飯置菰裏。晚於菰中伺焉，見一大蛇偷食之，荀即以鈇斫，蛇走去。荀乘舡逐之，至一坂，有穴，聞號哭，云人斫傷其甲，或云當如何，或云付雷公，令霹靂殺之。須臾，雲雨冥合，震雷傷荀。荀跳梁大罵，曰："天公！我貧展力耕墾，蛇來偷食，罪在於蛇，反霹靂我耶？雷若來，今當以鈇斫汝，破其腹。"須臾，雲雨輒開，乃更霹靂向穴中，諸蛇盡死。《續搜神記》

十日

史思明敗於沙河。天寶十五載五月十日，郭子儀、李光弼敗思明於沙河，思明以騎卒奔嘉山，光弼擊之，思明又敗走入博陵郡，光弼圍之。思明性躁，與安禄山同鄉，相善，俱以驍勇聞。出《唐書》。

唐丞相李宗閔太和九年，是日退朝於靖安里第，其榻前有熨斗，忽跳躑久之，宗閔異且惡。是時，李訓、鄭注以奸詐得幸，數言於帝。後旬日，有詔貶爲明州刺史，連貶朝州司户，蓋其兆也。《宣室志》

太虛真人降生。蜀崇慶州李姓玨名者，字雙玉，後得黃房公金丹之道，改名棲真，號太虛，以是日誕身。出道書。

詩

片月生林白，沿流澗亦明。幽人方獨夜，山寺有微行。野處偏宜夏，貧家不厭晴。薰風吹老鬢，腐草見飛螢。_{韓仲止①五月十日作。}

十一日

太常博士黃積厚請以秋分日享壽星。_{高宗紹興七年}

宋高宗從博士黃積厚之言，舉嶽瀆祀典。_{紹興八年。以上《宋史·郊祀志》。}

仁宗幸玉津園宴射，上中的者七，從臣奉酒稱賀。_{天聖八年。《玉海》}

御史中丞裴度是日兼刑部侍郎。時度自淮西行營宣慰還，所言軍機多合上旨，故以兼官寵之。_{憲宗元和十年。《舊唐書》}

東坡與子由相遇於藤。_{宋哲宗紹聖四年，東坡謫瓊州別駕，子由謫雷州。五月十一日，相遇於藤，同行至雷。出《長公外紀》。}

東坡神宗元豐三年是日夢遊人家，開堂西門有小園古井，井上皆蒼石，石上生紫藤如龍蛇，枝葉如赤箭。主人言，此石芝也。東坡折食一枝，其味如雞蘇而甘。寤後作詩紀之。_{出《長公外紀》。}

祖師召師至范明叔宅。_{馬鈺，初名從義，字宜甫。鈺，字玄寶，更之也。五月十一日，祖師召師至范明叔宅，以詞贈之，詩云：擲下金鉤卻一年，方吞香餌任綸牽。玉京山上爲鵬化，隨我扶搖入洞天。出《史纂左編》。}

敕天下僧尼隸祠部。_{武后延載元年五月十一，敕僧尼隸祠部。此祠部轄僧之始也。出《事物紀原》。}

天倉開，宜入山修道。_{《保生月錄》}

---

① 止，底本爲“正”。此詩爲韓淲所作，淲字仲止。今改。

十二日

宋高宗是日謂輔臣曰：有白氣起紫微，因誦《晉·天文志》占驗之狀，當思應天之實。建炎四年

宋徽宗以是日祭方丘，爲寧眈節。政和三年

宋仁宗幸南御莊觀刈麥，遂幸玉津園，燕群臣，聞民舍機杼，賜織婦茶綵。天聖三年。以上《玉海》。

女仙楊敬貞於漢章帝元和十二年是日飛昇，衣服委地，床上若蟬蛻然，異香滿室。先夜，有天樂西來，闔村聞之。楊虢州閿鄉天仙村曰家女或傳爲謫仙云。先敬貞告其夫曰："妾神不安，惡聞人語，當於靜室寧之，君與兒女暫居別室。"夫許之，楊氏遂沐浴新莊，閉户而坐。出《續玄怪録》。

詩

空堂明月清且新，幽人睡忽來初匀。了然非夢亦非覺，有人夜呼祈孔賓。披衣相從到何許，朱欄碧井開瓊户。忽驚石上堆龍蛇，玉芝紫筍生無數。鏘然敲折青珊瑚，味如蜜藕和鷄蘇。主人相顧一撫掌，滿堂坐客皆盧胡。亦知洞府嘲輕脱，終勝嵇康羨王烈。神仙一合五百年，風吹石髓堅如鐵。東坡有紫藤龍蛇之夢，十二日作詩，其夢十一日。載之《長公外紀》。

十三日

宋真宗莊穆皇后崩。景德四年，皇后謚曰莊穆，葬於永熙陵之西北。《宋史·禮志》

宋孝宗詔：爲暑熱，自五月十三日並後殿坐，參假官候秋涼日取旨。乾道七年《通考》

北魏李崇。是日，大水入城，屋宇皆没。崇泊於城上，水增未已，乘舻附於女牆，州府勸崇棄州保北山，崇曰："吾受國重恩，

忝守藩岳，淮南萬里，繫於一身，一旦動脚，百姓瓦解，揚州之地恐非國物。昔王尊慷慨，義感黃河，豈愛一軀取愧千載？"崇字繼長，頓丘人也。五月十三，忽有泉水湧入八公山頂壽春城中，有魚從地湧出，野鴨群飛入城，與鵲爭巢。出《史纂左編》。

關羽生。字雲長，刺顏良於萬眾之中，威振華夏，稱萬人敵，爲世虎臣。出《桃園記》。

陳嗣是日考終厥命，誡曰："啓予手，啓予足。我聞古人有言：'珠玉而瘞之，是暴骸於中原。'古者不封不樹，後世聖人易之以棺槨，吾不敢違聖人，可具棺槨而已。"陳嗣，唐人，字弘嗣，享年八十五，太歲壬辰五月十三日卒。嗣林園遺老，玄默忘歲。合道以制嗜欲，達命以順生死。保先君武東山之故居，行不由徑，非公事不至州縣。陳子昂作墓銘，銘曰"山川隆鬱，旂鼎氤氲。挺生君子，於鑠元貞"，又有"撫化隨運，安排屈伸。天年既没，長夜何辰？聖達不免，宇宙同塵。桐棺三寸，豈我宴貧"云云。載《蜀志》。

司命真君降於王捷家之新堂。宋真宗景德四年，汀州黥卒王捷自言於南康遇道人，姓趙氏，投以小環神劍，蓋司命真君也。宦者劉承珪以其事聞，賜捷名"中正"。是年五月十三日，真君降於家之新堂，是爲聖祖，而祥瑞之事起矣。《史纂左編》

長老可遵溫泉壁上題詩，詩曰："禪庭誰作石龍頭，龍口湯泉沸不休。直待衆生總無垢，我方清冷混常流。"且記之，云元豐十一年五月十三日。後東坡過溫泉見此詩，亦作一絕："石龍有口口無根，自在流泉誰吐吞。若信衆生本無垢，此泉何處覓寒温。"出《詩話》。

渤泥國以是日爲節，國人亦於是日作佛事。渤泥國，地炎熱多風雨，無城郭，樹木栅爲王之所居，若樓，覆以貝多葉。王綰髻裸跣，腰纏花布，無輿馬，出入徒行。民多業漁，剪髮齊額，婦人衣短衫，僅蔽胸背。煮海爲鹽，瀝榔漿爲酒。無稻麥，捕生魚蝦蟹食之。食無器皿，以竹編貝多葉爲之①，食畢棄之。番書無筆札，以

---

① 之，底本爲"穴"。根據所引文獻及文意，應爲"之"，今改。

刀刻貝多葉行之。事佛甚嚴，以五月十三日爲節，作佛事。出《宋學士集》。

市人爲父母兄長或己身疾病，具香紙牲醴於城隍神祈禱。自其家且行且拜，至廟而止，謂之拜願。又以小兒女多疾者，帶小枷鎖詣廟祈禱，謂之現枷。其鼓吹管絃徹於衢巷，竟夜不止。《宣撫鎮志》

是日謂之竹醉，又謂竹迷，栽竹多盛。出《齊人四民月令》。

岳人以是日謂之龍生日，可種竹，即《齊民要術》竹醉日也。出《岳陽風土記》。

竹有生日，即五月十三日。出《文心雕龍》。

詩

夏栽醉竹餘千箇，春種辰瓜滿百區。黃山谷詩①。註：五月十三日竹醉，宜栽竹，辰日可種瓜。《山堂肆考》

重五又八日，使君慶生申。時光正流觴，物態俱精神。《事文類聚》

十四日

宋高宗。是日辛巳，日食於南斗。紹興六年。《通考》

宋徽宗。是日夏至，親祠后土於方澤。宋宣和五年。出《通考》。

宋太祖復增修宮闕。凡規爲制度，並上指授。乾德元年五月十四日，復增修宮闕。既成，坐寢殿中，令洞開諸門，皆端直通豁，上謂左右曰："此如我心，少有邪曲，人皆見之。"出《玉海》。

太子少師致仕，趙概上所集《諫林》一百二十卷。宋神宗元豐二年五月十四日，上所集詔獎諭，以勸爲學。出《會要》。

掘獲白玉床。敬宗寶曆二年，神策軍苑內古長安城中修漢未央宮，五月十四日，掘獲白玉床一張，長六尺。出《玉海》。

---

① 該詩一般題爲黃庭堅之兄黃大臨《寅庵喜成四詩遠寄魯直》。

程邵公卒。邵公廣平，程顥之次子，生於八月四日，卒於熙寧五月十四日。生而有奇質，未滿歲而温潤端重之態宛①然可愛，聰明日發，而方厚淳美之氣益備。群兒狎弄於前，泊乎如不聞，惜不壽。出《墓誌》。

南斗星君降。道經

十五日

西域曆人奏是日月當蝕。耶律楚材，字晉卿。生三歲而孤，及長，博極群書，旁通天文、地理、律曆、術數及釋老、醫卜之説，下筆爲文若宿構者。西域曆人奏五月十五日月當蝕，楚材曰："否。"卒不蝕。明年十月，楚材言月當蝕，西域人曰不蝕，至期蝕八分。《元史》

憲宗元和十五年崩，移殯於大内太極殿之西階。至是日，遷座於景陵。出令狐楚《憲宗皇帝哀册文》，曰：玉衡南指，金波西落。皓雪集其麻衣，素雲寒其綃幕。柳宫龍動，竹池魚躍。兆庶雨泣於浩穰，萬靈凤號於寥廓。哀子嗣皇帝仰攀雕輦，殷奠瓊筵，哀無容以觸地，痛不返而終天。仙仗徐進，宸儀永隔。降睿旨於鸞臺，揚聖功於鳳册。

唐侍中渾瑊與蕃相尚結贊盟於平涼。馬燧盛言蕃情可保，請許其盟，上然之。是歲閏五月十五日，渾瑊與蕃相結贊盟平涼，爲蕃軍所劫，由燧之謬謀也，坐是奪兵權。出《舊唐書》。

宋仁宗召近臣幸後苑寶岐殿觀刈麥，謂輔臣曰：朕新創此殿，不欲植花卉，爲遊觀之所，以粒食爲先，而歲種麥於此，庶知稼穡不易。皇祐元年《玉海》

揚州進水心鏡，青瑩耀日，背有盤龍，勢如生動，玄宗異之。天寶三載五月十五日，進水心鏡。天寶七載，秦中大旱，詔中使孫知古引葉法善於内庫閲此鏡，曰：鏡龍真龍也。忽鏡龍口鼻有白氣，須臾滿殿，遂遍城内甘雨大澍。出《鏡龍記》。

包信縣令段暉宅内時見光怪，掘光所得二菩薩，趺上銘曰：

---

① 宛，底本爲"完"，據《程邵公墓誌》應爲"宛"，今改。

晉太始二年五月十五日，中書監荀勗造。後暉捨宅爲光明寺。《伽藍記》

蘇耽真人。文帝三年，是日有十鶴集其庭，真人謂母潘氏曰：耽已成道，被命昇仙，仙仗臨門，不得終養，即刻辭去。母曰：吾何以卒歲？真人乃留一櫃，緘鑰甚固，曰：凡有缺，扣櫃呼之必得，可助甘旨。語畢，群鶴隨之昇天，異香天樂彌日不散。蘇耽事亦載於二月二十八、七月十五日。出《郴陽仙傳》。

老君降現鶴鳴山。

藥王韋真人成仙。以上《列仙傳》。

南極老人星下降。道經

　　詩

月色燈光滿帝都，香車寶輦向通衢。身閑不睹中興盛，羞逐鄉人賽紫姑。李商隱《五月十五日夜聞京有燈》

十六日

宋紹興二十二年五月十六日，月外有環暈五重，附近者紫紅色，白者次之，青者又次之，黄者又次之，最外深紅，各相去一丈，分寸不差，其圓如規。是日，洪邁五更初以事使過臨淮境，瞻此月暈。文官荆大聲隨行，乃至旁附耳曰：是謂月重暈，前史所紀未有如今所見者，但太陰極盛，恐非太陽之利耳。將曉乃没。《文獻通考》。未一月而高宗遜位。

管輅與倪清河刻雨期，倪未信，輅曰：今五月十六日壬子，直滿，畢星中已有水氣，水氣發動於卯辰，此必至之應也。向暮，有山雲樓起。黄昏之後，雷聲動天，星月皆没，風雲並興，玄氣四合，大雨河傾。倪謂輅言："誤中耳，不爲神也。"輅曰："誤中與天期，不亦工乎！"《管輅別傳》

後唐袁弘禦精筭術，節度使張敬達有二玉碗，弘禦筭之曰：

"此椀明年五月十六日巳時當破。"敬達聞之曰:"吾謹藏之,能破否?"即令貯大籠,藉以衣絮鎖之庫中。至期,庫屋梁折,正壓其籠,二椀俱碎。《稽神録》

宋太祖宴近臣及孟昶於大明殿。乾德三年

理宗以是日爲皇太后壽慶節。以上《宋史》。

竇凝忽聞扣門甚急,凝出候之,乃是所殺妾,向前曰:"別久安否?"凝大怖,疾走入内,其鬼隨踵至庭,見妻崔氏。崔氏驚問之,妾自敘曰:"某是竇十五郎妾。凝欲娶汝,殺妾於車道口。妾無負凝,而凝枉殺妾。妾怨氣上達於帝庭,帝許妾復仇。"崔氏悲惶請謝:"願以功德贖罪。"妾屬色曰:"凝以命還命足矣,何功德而當命也。"言畢登階擒凝,啗嚼肢體,宛轉焚毒。唐開元中,晉州刺史柳渙外孫女崔氏,家於汴州。有扶風竇凝者欲聘之。凝舊有妾,崔氏約遣妾後成禮。凝遂與妾俱之宋州車道口,以妾沉於水中。既而還汴,娶崔氏。五月十六日,妾扣門復仇,云云。《太平廣記》

道家以爲天地合日,夫婦當異寢。《天中記》

劉安中真人飛昇。《翰墨大全》

　　詩

正月十一日書札,五月十六日到來。柳吟秦望咫尺地,鯉魚何處閑徘徊。故人情意未疏索,次第序述眉眼開。上言二年隔煙水,下有數幅真瓊瑰。行吟坐讀口不倦,瀑泉激射琅玕摧。璧池蘭蕙日已老,村酒醮甲時幾杯。鶴齡鴻算不復見,雨後蓑笠空莓苔,云云。五月十六日丘光庭書到,羅隱酬之。

梅收清風來,宇净寶鑑揭。頻年城南遊,未有今夜月。呼舟泛微瀾,游魚亦出没。危榭倒影浮,倚闌涼入骨。舉酒屬西山,寒光動林樾。諸君興未已,南阜上突兀。目極大江流,高情更超越。張栻,字敬夫,號南軒。五月十六日夜城南觀月分韻得月字。

十七日

天地二氣交造化萬物之日。《翰墨大全》

晉恭帝。茀星出北斗魁中。元熙十四年五月十七日,占曰:星茀北斗中,聖人受命。後宋受禪。出《宋書·符瑞志》。

豐山絶頂有漢高廟,土俗以是口爲高帝生日,遠近畢集,薦肴觴焉。按:《漢書》,此高帝葬日也。豐山,在滁之西。或云漢諸將追項羽道經此山。《宋文鑑》

唐文宗敕文官階至三品許應子孫補兩館生出身。紹興十年五月十七敕。《玉海》

穆宗。是日,鹽鐵使王播奏:約榷茶額,每百錢加稅五十。右拾遺李珏等上疏,以爲:榷茶近起貞元多事之際,今天下無虞,所宜寬横斂之目;而更增之,何時當得息肩! 上不從。長慶元年。《舊唐書》

宋高宗御書“中庸”賜秦檜。紹興十年。《玉海》

宋徽宗上許真君尊號。真君許氏,名遜,字敬之。舉家四十二口同日飛昇,鷄犬亦隨。宋徽宗上尊號,其醮告詞文有“政和二年太歲壬辰五月丁巳十七日癸酉”云云,又於洪州玉隆觀建道場,七晝夜。出《玉隆萬壽宮志》。

十八日

徽宗夏至日親祠后土於方澤。宣和二年。《通考》

唐德宗。是日,甘露降元和殿桐木丁香木,武元衡表曰:元和殿降甘露,宣示百寮。光凝棲鳳之林,氣浥傳香之木。貞元十八年。《玉海》

潘安仁作《西征賦》曰:歲次玄枵,月旅蕤賓。丙丁統日,乙未御辰。張銑註曰:歲在子,爲玄枵。旅亦次也。蕤賓,五月律也。丙丁,統一夏之日。乙未,則岳行之辰。李善註曰:岳《傷弱子序》曰:元康二年五月,余之長安。以歷推之,元康二年,歲在壬子。乙未,五月十八日也。

毗陵郡道士楊文廣踏白石上昇。載《翰墨大全》。

正陽帝君升仙。帝君姓鍾離,名權,字雲房,號正陽子,京兆咸陽人,爲漢將軍。因兵負入山,遇少陽帝君授道終南。尋隱晉州羊角山,自稱"天下都散漢"。道成,天帝封號太極左宮真人。是日仙去,後於澧水授道純陽。出道書。

僧王法昌成佛。法昌,泉州府建陽人。生不茹葷,幼失父母,落髮入福仙寺。不拔生草,不剪生柴,著破衲以養蟣蝨,時常翻易,使之均飽。宋熙寧辛亥,忽告人曰:"吾來年五月十八日當去。"至期果然,人驚異之。出《泉州府志》。

詩

五月進農黍,三葉換楷黃。不知今何夕,嵩岳降生申。《事文類聚》

十九日

夜有流星大如斗杆,尾長十餘丈,從西北來墜城內,占曰:"天狗所墜,下有伏尸流血。"五月十九日,星墜城內。是年,竟陵王誕遣一百人出東門攻劉道產營,別遣疑兵一百人出北門,沈攸之於東門奮短兵接戰,大破之。誕又遣數百人出東門攻寧朔司馬劉勉營,攸之又破之。誕,字休文,宋文帝第六子。出《宋書》。

肅宗立代宗爲皇太子。乾元元年,代宗諱豫,肅宗長子,母曰章敬皇太后吳氏,以開元十四年十二月十三日生於東都上陽宮。出《唐書》。

道士陸惟忠卒,東坡爲之銘,銘曰:多藝此黃冠,詩棋醫卜內外丹。無求於世宜堅完,龜饑鶴瘦終難安。哀哉六巧坐一寒,祝子復來少宏寬,毋復清詩助痟酸。龍虎尤成無或好,往駕赤螭驂青鸞。惟忠,字子厚,眉山人。見東坡於黃州,出所作詩,論內外丹指略,自以爲不死。東坡曰:"子神清而骨寒,其清可以仙,其寒亦足以死。"後十五年,復見東坡於惠州,則得瘦疾,骨見衣表,然詩益工,論內外丹益精,曰:"吾真坐寒而死矣。"歲紹聖四年五月十九日卒。載東坡《蜀中考》。

二十日

唐代宗崩。葬元陵，在京兆府富平縣界。《通考》

僖宗中和三年御太玄樓，獻黄巢首級並姬妾，上問姬妾："汝曹皆勳貴子女，世受國恩，何爲從賊?"居其首者對曰："狂賊凶逆，國家以百萬之衆失守宗祧，播遷巴蜀。今陛下以不能拒賊責一女子，置公卿將帥於何地乎?"上不復問，皆戮之於市。人争與之酒，其餘皆悲怖昏醉，居首者獨不飲不泣，就刑，神色蕭然。張彭《耆舊傳》。成都有太玄樓。

宋太宗幸城内觀麥，賜田夫布帛有差，上謂近臣曰："耕耘之夫最可矜閔。"雍熙二年

种放告遊嵩山，宋真宗是日宴群臣資政殿餞之，賜放七言詩，令屬和，群臣皆賦，復賜宴於秘閣。景德二年。以上《玉海》。

吕東萊成公親迎。成公居母曹夫人憂，從吉。會妻韓氏物故，即龍圖閣學士韓無咎南澗公長女，南澗復以次女配成公，五月二十日親迎。出《宋學士集》。

純陽升仙。先生姓吕，諱巖，純陽其道號也。祖籍西京河南府滿柘縣，今蒲州蒲阪縣。生於天寶十四年，以進士授江州德化令。縱步廬山澧水，遇正陽帝君鍾離雲房授道。天帝頒詔爲九天採訪使，有詩云"斜司天上神仙籍"之句，是日上升。有《渾成集》行於世，以道授海蟾、重陽。出道書。

丹陽真君降生。真君姓馬，名鈺，字玄寶，號丹陽子。先名從義，字玄甫，寧海州人。生於宋徽宗癸卯宣和五年是日。家巨富，號馬半州，娶孫氏，生三子，曰庭瑞、庭珍、庭珪。大定七年丁卯，重陽真君至其宅，食瓜從蒂起，馬怪詢之，真君曰："香從臭裏出，甜向苦中來。"馬復叩云何名道，真君曰："五行不到處，父母未生前。"始請歸家，師之。遂以家事屬三子出家。出道書。

詩

有人夜半持山去，頓覺浮嵐映翠空。試問安排華屋處，何如

零落亂雲中。能迴趙璧人安在，已入南柯夢不通。賴有霜鍾難席卷，繫舡來聽響玲瓏。宋時湖口人李正臣畜異石九峰，東坡因異石作詩。至徽宗崇寧元年，黃庭堅繫舟湖口，正臣持此詩來。石爲好事者所取，不可得，庭堅五月二十日感嘆不已，次韻。出《宋文鑑》。

二十一日

徽宗是日夏至親祠后土於方澤。宣和七年《通考》

高宗建炎元年，以是日爲天申節，詔寢上壽禮，群臣拜表稱賀。吳芾表云：華渚呈祥，預紀有開之慶；薰風從律，式逢載夙之辰。出史事實。《貴耳集》云：高宗，韋后生也。徽宗夢吳越王引御衣曰：“我好來朝，便留住我，終須還我山河。”夢覺，與鄭后言：“朕夜來被錢王乞取兩浙甚急。”鄭后奏云：“昨二十一日夜，韋妃生子。”及建炎渡江，都錢塘，百有餘年，豈非應乞兩浙之夢乎？《湖海新聞》又云：洪皓在此買一妾，東平人，偕其母來，曾侍明節劉后，言韋后初生高宗時，夢金甲神人自稱錢武肅王即錢鏐也，年八十一。高宗亦八十一，卜都錢塘，事不偶然。

宋欽宗到燕京見金主。靖康二年五月二十一日見金主，至六月，朱后死，移居雲州。出《七修類稿》。

有道嚴僧居成都寶曆寺。唐開元十四年是日，道嚴於佛殿前軒燃長明燈，忽見一巨手在殿西軒，道嚴悸且甚。久之，聞空中云：“無懼，吾善神也。”道嚴懼稍解，因問曰：“檀越爲何神？匿其軀而見其手乎？”又忽聞空中云：“天命我護佛寺之地，以世人好唾佛祠地也。”道嚴曰：“吾願睹其形，使畫工寫於寺壁，且書其事以表之，俾世人無敢唾佛寺地。”於是，西軒見一神，巨手大鼻，身長數丈。道嚴見之，背汗。其神隱去。於是，以神狀命畫工圖於西軒壁。《宣室志》

蒲人侯道華唐大中五年以是日仙去。遺水一盃、履一雙於松下，衣掛松上，留詩云：曩昔大還丹，多年色不移。前宵盜喫却，今日碧空飛。道士鄧太玄鍊丹於永樂縣道淨院。丹成，而鄧疑未就，留貯院内，人共掌之。鄧死，徒周悟仙主院事。道華佐之，供給灑掃無不竭力，道衆奴畜之。五月二十一日，衆晨起不見道華，惟見盃、履衣而已，又留詩一絕，衆始知道華竊太玄所遺丹藥成仙。出《宣室志》。

二十二日

宋神宗以是日封孟子鄒國公，與顔子並配，而荀、楊、韓子並封伯爵，列於從祀。元豐七年《玉海》

馬鈺道人生。道人字玄寶，號丹陽，生於金太宗天會元年五月二十二日。母孕時，夢麻姑賜丹一粒，吞之。師在兒時，嘗誦乘雲駕鶴之語。及長，爲儒不樂進。耶父奇其才，俾掌庫物。好周濟而無私。李無夢見而奇之，曰：額有三山，手垂過膝，真大仙之才。後以風雨之夜，東首枕殷而逝。元至順六年贈丹陽抱一無爲真人。出《史纂左編》。

京兆人劉子貢卒。子貢明日乃蘇，言至冥司，同過者十九人。官召二人出來，拍其頭，命之曰："此二人罪重，餘者且釋去。"又引子貢歷觀諸獄，但空牆垣而已，不見其人。子貢問曰："何處？"曰："此地獄也。緣同光王生，故休罪人出地獄七日。"子貢娶難江縣令蘇元宗女，見元宗於途，問曰："丈人何得在此？"元宗曰："吾生前有過，拘留耳。"又遇鄰人季暐，暐曰："君傳語吾兒，生前罪大，須造觀世音一像，寫《妙法連華經》一部，則生天矣。"又遇其父慎曰："吾以同光王生，故在獄外，不然，每日被牛頭燒鐵彈如火，以破其皮。"出《紀聞》。

二十三日

唐僖宗乾符六年。是日，崔相國、盧相國同日册拜。宣麻之際，殿庭霧氣四塞，雹大如鷄卵，識者以爲鈞軸不祥之兆。明年大寇攻陷京師，二相俱死於難。出《劇談録》。

節度使朱克融帳下軍亂，而全家破殺。唐敬宗寶曆二年，克融獵鹿，鹿膽中得珠如彈丸，黑色，初軟後硬。或問麻安石曰："是何祥也？"安石曰："此事自古未有，請以意推之。"鹿膽得珠，克融以爲瑞。鹿者禄也，鹿死是禄盡也。珠初軟後硬，是珠變也。禄盡珠變，必有變易之事，衰亡之兆也。後五月二十三日，果帳下軍亂，而全家被殺。出《祥驗集》。

司馬文正公是日到京，致書於姪曰：叔五月二十三日到京，蒙聖恩除門下侍郎。光素無才能，加以衰老，久在沉散，絕望顯榮。一朝升擢，出人意表，舉朝之人悉非舊識，逆見忌嫉者何可勝數？獨以愚直處於其間，如一黃葉在烈風中，幾何不危墜也！云云。《事文類聚》

王愬歸，竇氏曰：君選事未成。建中三年，唐德宗時，有王愬者自冬調選，至次年孟夏，寂無音書，其妻扶風竇氏憂甚。有二女。忽聞賣卜女九娘者過其門，其九娘每有問卜屢中，遂召卜焉。九娘設香，俄空中有一人下，曰："久無音書，早晚合歸！只因選事未成，今日在西市與四人共行。"至五月二十三日，愬歸，竇氏喜曰："君選事未成。又於某日西市四人共行。"愬自以爲不附音書，何由得知，遂愕然驚。後終山陽郡司馬。出《太平廣記》。

二十四日

破宋金剛，獻捷太廟。唐高祖武德二年五月二十四日。出《會要》。

宋太宗駕幸南御莊觀稼，因幸玉津園習射，張樂賜從臣飲。淳化五年。《玉海》

貢火浣布三疋，置之瑞物閣。哲宗元祐二年。《玉海》

文文山賜狀元及第。宋理宗寶祐四年，禮部試進士文天祥以法天不息爲對，其言萬餘。五月二十四日，帝親拔爲第一，考試官王應麟奏曰："是卷古誼若龜鑑，忠肝如鐵石，臣敢爲得人賀。"文山之科，六百一人。出《山堂肆考》。

中明王生。佛書

二十五日

司天監奏五星閏五月二十五日近太陽。景德四年。《甘氏星經》曰：五星近太陽若伏而不見，即臣遜於其君。宋真宗五月二十五日御禁臺，伏而不見，大赦天下。出《湘山野錄》。

仁宗御成化殿，以芝草生於殿楹，帝作《瑞芝》五言詩，賜宰

臣王隨以下。各爲詩賦頌以獻。景祐四年。《玉海》

太平眞君昇仙。《列仙傳》

二十六日

仁宗詔宗室通一經者試之。皇祐五年

高宗改鑄虎符。建炎三年。以上《玉海》。

神宗皇后祔於廟室。建中靖國元年崩，五月二十六祔神宗廟室。出《宋史·禮志》。

元人葉禎卒。葬於玉塢山。桐廬李驤龍與禎交。禎年三十從父來桐廬爲釣臺山長，山長君死不能歸，驤龍以錢予之，使賣藥市中自給。禎風神蕭爽，不隨世浮沉。每於月白風清，同驤龍買舟泛桐江而下。驤龍善洞簫，禎歌古詞，扣舷而和之，飄飄然遊於物化者垂二十年。禎一日病革，憂戚莫知所爲，驤龍顧禎曰："君非念後事乎？有驤龍在。"禎力疾起曰："此膝未嘗下人，今爲君屈。"卒於至元五年五月二十六。禎，字仲貞，武陵人。出《宋學士集》。

詩

星火方中月下弦，更遲三日誕眞賢。《事文類聚》

二十七日

熒惑入太微，與歲星相及，俱犯右執法，至是日乃出，占曰：人主有大憂。黃初六年三月二十七日。出《宋書·天文志》。

宋仁宗詔西北邊有大事，自今令中書、樞密院召兩制以上同議之。慶曆七年五月二十七日詔。出《玉海》。

范仲淹卒。宋仁宗皇祐四年五月甲子。仲淹，資政殿大學士、禮部侍郎，諡文正。邠、慶二州與屬羌皆畫像立生祠，及卒，哀號如父。佐宋皆聖賢，事業白璧無瑕。出《山堂肆考》。

保德眞君降。道經

詩

五應蕤賓當夏月，三餘蕡莢正堯天。《事文類聚》

二十八日

宋真宗召輔臣於崇政殿，觀茅山郭真人所獲龍。長二寸許，極細鱗，腹如玳瑁，手中仰覆無懼，帝作《觀龍歌》。祥符二年復送於茅山池中。《宋史》

破朱泚露布。五月二十八日寅時，華州鎮國軍節度使駱元光等，承命於牙旗之下，分麾於轅門之外。將士等超乘賈勇，免冑啓行，夾川陸而左旋右抽，抵兵陵而浸淫布濩。聲塞宇宙，氣雄鉦鼓。陳兵於光泰門外，盡銳於神麀倉東。繚垣摧以成塵，滋水湎而爲地。左廣未離於舊疊，前偏已交於賊鋒。若降於天，如出於地。《白孔六帖》

董槐。景定三年，夜大雨，烈風雷電，槐起衣冠而坐，麾婦人出，爲諸生說《兌》《謙》二卦，問夜如何，諸生以夜中對，遂薨。槐，字庭植，濠州定遠人。少喜言兵，陰讀孫武、曹操之書，每自云"使吾得用，將汛掃中土以還天子"。槐貌甚偉，廣顙豐頤，又美髯。論事慷慨，自方諸葛亮、周瑜。宋理宗進封許國公。景定三年五月二十八日薨，諡文清，帝使使致金六十斤、帛千匹以賻。出《宋史列傳》。

劉因瘧疾復作。元劉因，字夢吉。生之夕，父夢神人馬載一兒至其家，乃名曰駰，後改今名。三歲讀書，日記千百言，六歲能詩，七歲能屬文。因素有羸病，五月二十八日瘧疾復作。出《史纂左編》。

詩

漢節熒煌直北馳，皇家卜世萬年期。東京盛德符高祖，説與中原父老知。朱文公五月二十八日聞報喜而成詩

二十九日

唐開元二年。是夜，大流星如甕，或如盆大者，貫北斗，並西

北落,小者隨之無數。天星盡搖,至曉乃止。是年,襄王崩。吐蕃入隴右,掠羊馬,殺傷無數。又大風發屋,長安御中樹連根出者十七八。次年,太上皇崩。出《太平廣記》。

郭子儀、李光弼與賊戰於嘉山。唐肅宗至德元載,安禄山使將步騎二萬人北就史思明,又使牛廷玠發范陽等郡兵萬餘人助思明,合五萬餘人。郭子儀至恒陽,思明隨至,子儀深潛高壘以待賊;賊來則守,去則追之,晝則耀兵,夜斫其營,賊不得休息。數日,子儀與李光弼議曰:"賊倦矣,可以出戰。"五月二十九日,戰於嘉山。出《長曆》。

陶穀書於汴上雨中。梁元帝畫《職貢圖》。其圖每段所寫土俗貢獻之事,皆學士陶穀書。陶穀自跋其後,初書"廣順三年"云云,又復書"夏五月二十九日汴上雨中書北海陶穀"。穀在周爲翰林學士,入宋歷禮、刑、户部三尚書,年六十八卒。《山堂肆考》

池州俗以是日爲分龍節。《圖經》

詩

元氣鍾成一代英,天休節後是公生。《事文類聚》

三十日

延熹元年五月甲戌晦,日食。徐璜曰:"臣切見道術家常言,漢死在戌亥。今太歲在丙戌,五月甲戌,日食柳宿。朱雀,漢家之貴國,宿分周地,今京師是也。史官上占,去重見輕。"璜召太史陳瑗詰問,乃以實對。梁冀怨援不爲隱諱,使人陰求其短,發摘上聞。上以亡失候儀不肅,有司奏收殺獄中。《梁冀別傳》

東漢明帝永平十六年五月戊午晦,日食,在柳十五度,宿在京都。宫車晏駕,如其占。《文獻通考》

劉德願。景和元年,是日,有白蚓數十出齋前砌上,遍身白色,非世人所見。蚓口吐舌赤色。其年德願誅。《述異記》

商山四皓降現日。《翰墨大全》

卷六

六月〔一〕

楚應城陳堦升也甫編輯

邑人徐養量叔弘甫校刻

饒琮玉卿甫

鍾惺伯敬甫

張堯熙甫

程雲翼振羽甫仝閱

六月建未。未，味也，謂萬物向成，有滋味也。《合璧事類》

林鍾，未之氣也，六月建焉。《周禮》

日在柳，昏心中，旦奎中。《禮記》

季月煩暑，流金爍石。梁元帝與武陵王書。《南史》

隆熱。韓文

季夏行春令，則穀鮮實，民多病。行秋令，則水潦，傷禾，女災。女人產不育，故曰女災。行冬令，則鷹隼早鷙，寇擾四鄙。《呂氏春秋》

爲且。《爾雅》

秋夏交會之辰，金火伏藏之日。《曆忌釋》曰：立秋以金代火也，金畏火，故至庚日必伏。庚者金也，故曰伏日。

大曆四年，伏日，寒。《唐·五行志》

伏日，周時無，至此乃有之。師古曰：伏者，謂陰氣將起，迫於殘陽而未得升，故爲藏伏。《後漢書》

曰炎夏，曰炎節。梁元帝《纂要》。《李德裕傳》又曰炎月。

楚昭王登握日之臺，得神鳥所銜洞光珠，以消煩暑，謂之招涼珠。《洞冥記》

燕昭王盛暑懷黑蚌珠，體自輕涼，號消暑珠。《拾遺記》

李輔國以迎涼草掛之窗戶間，涼自生。迎涼草色碧，而幹似苦竹葉。①《杜陽編》

元載造芸輝堂。芸，香草也，白如玉，入土不朽。爲屑以塗壁，設紫綃帳，盛夏自清涼。《蘇氏演義》

李德裕爲相，方盛夏宴賓，以金盤貯水，浸白龍皮置坐，清飆凜冽，如涉高秋。《劇談錄》

霍仙鳴別墅在龍門，一室之中開七井，皆以雕盤鏤木盤覆之。夏五六月坐其上，七井生涼，不知暑氣。《雲林異景志》

房壽召客，凭狐文几。《雲仙散錄》

房壽召客，坐竹簟。杜甫詩："留客夏簟青琅玕。"《雲仙散錄》

楊氏子弟每至伏中取大冰使匠琢成山，周圍於宴席間，座右雖酒酣而各有寒色。又以冰作鳥獸之形送遺王公。《天寶遺事》

魏鄭公徵五六月率賓避暑，取大蓮葉盛酒，以簪刺葉，令與柄通，如象鼻，持翕之，名碧筩酒。《鷄跖集》

拂菻國盛暑乃引水潛流，上遍於屋宇，機制巧密，人莫之知。觀者惟聞屋上泉鳴，俄見四簷飛溜，生涼。《合璧事類》

---

① 《杜陽雜編》此處原文：迎涼之草，其色類碧，而幹似苦竹，葉細如杉。

大食國武宗會昌元年貢松風石，方一丈。每是月，上令置殿內，秋氣颼颼。<small>松風石，瑩徹如玉，中有樹影。出《雜編》。</small>

長安舉子落第者六月不出，多借清涼廟院作文，曰"夏課"，時語曰："槐花黃，舉子忙。"<small>《南部新書》</small>

伏日並作湯餅，名爲避惡。<small>《荆楚歲時記》</small>

房州調羊酪、造含風鮓。<small>《山堂肆考》</small>

房壽搗蓮花製碧芳酒。<small>《纂記淵海》</small>

煮桃以爲豆實。<small>《大戴禮》</small>

天裂於西北，長十丈，廣二丈，光出如電，其聲如雷。<small>梁武帝太清二年</small>

天有聲，如風水相薄。<small>梁武帝中大通元年。以上《南史》。</small>

天鳴有聲。<small>寧宗開禧元年。《宋史》</small>

天星散落如雪。<small>中宗景龍四年，韋后殺帝於神龍殿。六月，臨淄王起兵討逆，與劉幽求入苑中。建①夜，天星散落如雪，幽求曰："天意如此，時不可失！"王遂勒兵入玄武門，誅韋氏，即位以正大統。出《唐書》。</small>

雷震太廟鴟尾，徹壁柱，若有文字。<small>義熙二年。《晉安帝紀》</small>

雷震娼女死於市衢，脇下有朱字，云：李林甫以毒虐弄正權，帝命震死。<small>元和元年六月。娼女，惠州人。出《龍城録》。</small>

南州有東南長風，俗號黃雀。風時海魚變爲黃雀，因爲名。<small>《風土記》</small>

寒風如冬時。<small>獻帝初平四年。《續五行志》</small>

是月必有三時雨，田家以爲甘澤，邑里相賀，曰賀嘉雨。<small>《荆楚歲時記》</small>

西北有黑雲屬地，散如豬者十餘。<small>大建五年陳宣帝六月，西北有黑雲</small>

---

① 疑爲"是"字之誤。

如豬。《洪範五行傳》曰：“當有兵起西北。”時後周將王軌軍於吕梁。明年，擒吳明徹，軍皆覆没。出《通考》。

雲中二物如羝羊，黃色，大如新生犬，鬥而墜。文帝開皇十二年，繁昌楊悦六月見雲中物如羝羊，鬥而墜。悦獲其一，數旬失所在。《洪範五行傳》曰：君不明所致也。狀如新生犬者，羔類也。雲掩蔽者，奸邪之象。羊與楊同音，國姓也。羔，羊子也。太子勇既升儲貳，晉王廣陰毁之而廢黜。二羔鬥，一羔墜之應也。出《隋書》。

火自空墜入城北，有物如龍。開寶七年，棣州城北。出《五行志》。

天雨塵土。嘉泰元年。《宋史》

饒州長山天雨木子數畝，狀類山芋子，味香而辛。宋神宗元豐三年。土人以爲木①子，又曰“菩提子”。明道中嘗有之，是歲大稔。《宋史》

彰德雨白毛。順帝元統二年。俗呼云“老君氅”，民謡云：“天雨氅，事不齊。”《元史》

忠州雨豆。元豐二年

忠州臨江縣雨白黍，又雨黑黍。元祐二年。以上《宋史·五行志》。

黃河是月水名礬山水。《水衡記》

芙蓉山寒氣逼人。青羊潭在芙蓉山上，六月寒氣逼人。唐天寶六載，有樵者登山，見青羊出臥潭側，入不見。出《長沙府志》。

台州黃巖縣山自徙五十餘里，其聲如雷，草木墳墓皆不動。慶元二年。《宋史》

潭面如碧鏡，每歲己午，忽有泡光出艷異甚，過此月則無。洋縣有念佛巖，巖下有潭。出《漢中府志》。

宋光宗紹熙三年，他工採石，聞其聲呼，相應答。紹興元年，平江府崑山縣石工採石而山摧，工壓焉。三年六月，他工採石鄰山，聞其聲呼，相應答如平生。報其家，鑿石出之，見其妻，喜曰：“久聞乍風，肌如裂。”俄頃，聲微嘿，不語，化爲石

---

① 木，《宋史》爲“桂”。

人，貌如生。出《通考》。

靈帝光和元年，有黑氣墮温德殿庭中，如車蓋，隆起奮迅，五色，有頭，體長十餘丈，形貌如龍。上異之，以問，蔡邕曰："所謂天投蜺者也。不見足尾，不得稱龍。"占曰："天子内惑女色，外無忠臣，兵革將起。"後中平元年，黄巾賊張角等令三十六方，起兵燒郡國，山東七州莫不畢應。出《通考》。

梁元帝承聖三年，有黑氣如龍，見於殿内。黑，周色。今見於殿内，周師入梁之象。其年爲周所滅，帝遇害。出《通考》。

宋淳熙十四年，有雷聲自太乙宫，及和寧門，人馬辟易相踐，有失巾履者。《山堂肆考》

陸澤縣得石佛五十軀，皆長尺餘。宋太宗興國七年六月，陸澤縣屬深州民王緒田中得白兔，逐入穴，掘之得佛。《通考》

徐州丈八銅像汗流於地。太和十九年六月。《魏書》

長安女子有生兒，兩頭異頸面相鄉，四臂共匈俱前鄉，尻上有目，長二寸。平帝元始元年。師古曰："鄉"讀曰"嚮"。《前漢書》

洛陽民生男，兩頭共身。上西門外劉倉妻生也。出劉艾《紀》。

神龍寺前水渠生合歡蓮，其花一莖兩房。權德輿等賀表。德宗貞元十八年。《北夢瑣言》

銅樂縣枯樹斷折，忽然自立相屬。晉孝武帝太元十四年。銅樂縣屬建寧郡。《五行志》

鳳凰降萬歲縣。前蜀王建天祐七年六月。出《六帖》。

烏集徐州滕縣，嘯柴爲城，中有白烏一，碧烏一。貞元十八年六月。出《五行志》。

群烏集竈，朱猗死。晉安帝義熙三年，龍驤將軍朱猗戍壽陽。婢炊餘，忽有群烏集竈，競來啄噉，婢驅逐不去。有獵狗咋殺兩烏，餘烏因共啄殺狗，又噉其肉，惟餘骨存。六月，猗死，此其應也。《五行志》

江夏張騎是月所乘牛言曰："天下亂，乘我何之？"騎懼而還，犬又言曰：“歸何早也！”尋後，牛又人立而行。騁使善卜者卦之，謂曰：“天下將有兵亂，爲禍非止一家。”晉惠帝永安二年六月，其年張昌反，先略江夏，騁爲將帥。於是五州殘亂，騁亦族滅。出《五行志》。

錢塘猳豕産兩子，皆人面，如胡人狀，其身猶豕。成帝咸和六年。出《晉書》。

鄱陽縣民家一貓帶數十鼠，行止食息皆同，如母子相哺者，民殺貓而鼠舐其血。宋寧宗慶元元年，鼠將盜，貓職捕，而反相與同處，司盜廢職之象也。出《通考》。

神馬二疋，一白一黑，出於河中。晉孝武帝太元十四年六月

二黃龍見東阿井中。漢武帝建武十二年。以上《宋書·符瑞志》。

陽武有鯉魚乘空而鬥。後周大象元年，鯉乘空而鬥，猶臣下興起，小人從之而鬥也。明年帝崩，國失政。出《通考》。

平晉縣鹽自成綿段，長七尺一寸五分，闊四尺九寸。承安元年。出《金史》。

　　詩

江南季夏天，身熱汗如泉。蚊蚋成雷澤，裌裳作水田。范燈《狀江南·六月》

流火稍西傾，夕影逼層城。高天澄遠色，秋氣入蟬聲。薛道衡六月作。

懶搖白羽扇，裸袒青林中。脫巾掛石壁，浮瓜洒松風。李賀六月作。

六月灘聲如猛雨，香山樓北暢師房。夜深起憑闌干立，滿耳潺湲滿面涼。白居易《香山避暑》

人人避暑走如狂，獨有禪師不出房。可是禪房無熱到，但能心靜即身涼。白居易《苦熱題禪房》

畢竟西湖六月中，風光不與四時同。接天蓮葉無窮碧，映日

荷花別樣紅。蘇軾《西湖》①

無限荷花染暑衣，阮郎何處弄舡歸。自慚不及鴛鴦鳥，猶得雙雙遶釣磯。魚玄機六月聞李郢公垂釣回作。玄機，長安女，字蕙蘭。與李公居近唱酬，賈島嘗贈以詩。咸通中，爲李億補妾，後爲女道士。

四顧山光接水光，憑闌十里芰荷香。清風明月無人管，併作南來一味涼。黃庭堅六月晚樓閒望。②

定林青木老參天，橫貫東岡一道泉。六月杖藜尋石路，午陰多處弄潺湲。王安石《定林》。六月作。

參差樓閣半天中，六月清風百尺松。隱約齋壇低曉月，五雲深處一聲鍾。唐詩

雷霆空霹靂，雲雨竟虛無。炎赫衣流汗，低垂氣不蘇。乞爲寒冰玉，願作冷秋菰。何似兒童歲，風涼出舞雩。

日下四山陰，山亭嵐氣侵。牛羊歸徑險，鳥雀聚枝深。正枕當星劍，收書動玉琴。半扉開燭影，欲掩見清砧。以上杜甫六月作。

祝融南來鞭火龍，火旗焰焰曉天紅。日輪當午凝不去，萬國如在紅爐中。五嶽翠乾雲彩滅，陽侯海底愁波竭。何當一夕金風發，爲我掃卻天下熱。《合璧事類》

蓮蕩落紅衣，泉泓數白石。山谷

涼雨打低殘菡萏，急風吹散小蜻蜓。盧延讓

小暑

夏至後十五日，斗指午，爲小暑。小暑者，初後爲小也。《孝經緯》

---

① 該詩現題爲楊萬里《曉出淨慈寺送林子方》。
② 該詩現題爲黃庭堅《鄂州南樓書事》。

六月小暑爲節者，此以相形爲名，形大暑，故謂之小暑。<small>暑，熱也。就熱之中分爲大小，月初爲小，月中爲大，今則熱氣猶小。出《三禮義宗》。</small>

小暑，音比大呂。<small>《抱朴子》</small>

小暑日，溫風至，六月節也。後五日蟋蟀居壁，後五日鷹乃學習。<small>溫風至，至，極也，溫熱之風至此而極。蟋蟀，一名蚕蚕，音拱，一名蜻蚓，即今之促織。《禮記》註曰：生土中，此時羽翼稍成，居穴之壁，至七月遠飛在野。蓋肅殺之氣初生則在穴，感之深則在野。應氏曰：殺氣未肅，鷙猛之鳥始習於擊，迎殺氣也。《月令》</small>

小暑之日，溫風不至，國無寬教。<small>《周書·時訓》</small>

小暑至，梃重囚。<small>梃，寬也。《月令》</small>

大暑

小暑後十五日，斗指未，爲大暑。大暑者，望後爲大也。<small>《孝經緯》</small>

小暑加十五日指未，則大暑，音比太簇。<small>《抱朴子》</small>

大暑日，腐草爲螢，中氣也。土潤溽暑。後五日，大雨時行。<small>螢，一名丹良，一名丹鳥，一名夜光，一名宵燭，皆螢之別名。離明之極，則幽陰至微之物亦化而爲明。《毛詩》曰：熠燿霄行。另亦種也，形如米虫，尾亦有火，不言化者，不復原形。土潤溽暑，溽，濕也。土之氣潤，故蒸鬱而爲濕暑，俗稱齷齪熱是也。大雨時行，前候濕暑之氣蒸鬱，今候則大雨時行以退暑也。《月令》</small>

大暑陰，雲出南赤北蒼。<small>《易通卦驗》</small>

不可以興土功，不可以合諸侯，不可以興兵動衆。<small>土將用事欲静。《月令》</small>

詩

蛇折鱗於靈窟，龍解角於皓蒼。遂乃溫風赫曦，草木垂幹，山拆海沸，沙融爍爛。飛魚躍渚，潛龜浮岸。鳥張翼以遠棲，獸交逝而雲散。<small>曹植《大暑賦》</small>

或赫熾以瘴炎，或鬱術而燠蒸。獸狼望以倚喘，鳥垂翼而弗翔。根生苑而焦炙，豈含血而能當？仰庭槐而嘯風，風既生其如湯。氣呼吸以袪短，汗雨下而沾裳，就清泉以自沃，猶沃淰而不涼。體煩如以於沰，心情悶而窘惶。魏王粲《大暑賦》

體沸灼乎如燎，汗流爛兮珠連。卞伯玉《大暑賦》

三伏相仍，徂暑彤彤，上無纖雲，下無微風。扶桑㷀以增焚，大火曄其南升。夏侯湛《大暑賦》

六月〔二〕

楚應城陳堦升也甫編輯

邑人徐養量叔弘甫校刻

饒琮玉卿甫

鍾惺伯敬甫

張堯熙甫

程雲翼振羽甫仝閱

一日

唐睿宗生於蓬萊宮含涼殿。龍朔二年六月一日。出《會要》。

宋孝宗皇嫡孫生。乾道元年六月一日，皇嫡孫生，百僚表賀。出《會要》。

德祐元年是日日食，星見，雞鶩皆歸。明年，宋亡。《宋史》

唐高祖始詔國學立孔子廟。武德二年。出《事物紀原》。

宋哲宗是日改紹聖五年為元符。詔曰：統承聖緒，紹述先猷，克享天心，屢蒙嘉貺。甘露荐降，靈光屬天。申錫無疆，神璽

自出。敕命之幾，惟聖時憲。思答神休，以協瑞應。其易統年之號，用昭受命之符。《合璧事類》

宋崔鷗應詔論馮澥。六月一日詔書，詔諫臣直論得失。崔鷗應詔曰：馮澥近日上章，其言曰："士無異論，太學之盛也。"此姦言也。昔王安石除異己之人，當時名臣如韓琦、富弼、司馬光、呂公著、呂誨、呂大防、范純仁等咸以異論斥逐，布衣之士誰敢爲異乎？安石著《三經》之説，士用其説者入官，不用其説者黜落，天下靡然雷同，不敢可否。出《文鑑》。

龍廣寒，江湖異人也，事母至孝。是日，其母壽，方啓北牖舉觴，忽梅花一枝入牖，香色甚佳，人以孝梅稱之。後孝梅百有五歲猶童顏綠髮，人以爲孝感所致。出《廣客談》。

監茶柳應辰、蔡餘慶是日在黃鶴樓下，刻石於十盤亭前，題曰：東有亭，西有菴。路十盤而上，故亭以十盤名之。宋仁宗慶曆二年。出《楚通志》。亭今廢。

貴妃是日生。上幸華清宮，命小部音聲。小部者，梨園法部所置，凡三十人，皆十五已下。於長生殿奏新曲，未有名，會南海進荔枝，因以曲名《荔枝香》，左右歡呼，聲動山谷。是年十一月，祿山反幽陵。《楊太真外傳》

康居國以是日爲歲首，王及人庶並服新衣，剪髮鬚。在國城東林下馬射，置一金錢於帖上，射中者則得一日爲王。俗事天神，崇敬甚重。康國人並善賈，男年五歲則令學書，少解則遣學賈，以得利多爲善。其人好音聲。康居，漢時通焉，在大宛西北二千里，與大月氏同俗。出《西蕃記》。

北澗禪師是日有偈云：六月一日前，萬象森羅替説禪；六月一日後，八角磨盤空裏走。今朝正當六月一，無位真人赤骨律。金毛獅子鮮翻身，無角鐵牛眠少室。十聖三賢總不如，笑倒寒山並拾得。楊億因演而爲頌曰：八角磨盤空裏走，金毛獅子變作狗。擬欲藏身北斗中，應須合掌南辰後。人謂楊億通禪學，以其有"八角磨盤"之句耳。出《丹鉛摘録》。

虢州黃河中有女媧墓。唐玄宗天寶十一年是日,因大雨晦冥,墓失所在。至僖宗乾符二年又六月是日夜,聞有風雷聲,曉見其墓湧出,下有巨石,上有雙柳,各長丈餘,時號風雷堆。占:"塚墓自移,天下破。"出《五行志》。

忌經營。《月令》

清靈真人降。道經

　　詩

南風吹南枝,一白點萬綠。歲寒誰知心,孟宗林下竹。龍廣寒至孝。母六月一日壽,方舉觴,忽梅花一枝入牖,香色殊常,人以爲孝感所致,遂作此一絕。

二日

太乙宮雲氣如香煙。仁宗慶曆間,京師五月旱,諫官王公素乞親行禱雨,帝曰:"太史言六月二日當雨,一日欲出禱。"公曰:"臣非太史,是日不雨。"帝問故,公曰:"陛下幸其當雨以禱,不誠,不誠不可動天,臣故知不雨。"帝曰:"明日禱雨醴泉觀。"公曰:"醴泉地近,豈憚暑不遠出耶?"帝曰:"當禱西太乙宮。"六月二日,召王公以從。日色甚熾,埃霧漲天,帝不怡。至瓊林苑,回望太乙宮上有雲氣,如香煙以起。少時,雷雨至。帝卻道遙輦御平輦,徹蓋還宮。明日,召對,帝曰:"朕自卿得雨。"出《聞見錄》。

唐中宗崩。葬定陵,在京兆府富平縣界。《通考》

宋太祖皇太后杜氏崩於滋德殿。建隆二年。《宋史·禮志》

唐景龍二年是日,蘇頲爲中書舍人劇任,文詔動以萬計,而頲手操口對,無毫髮差。韓禮等轉書詔草,屢謂頲曰:"乞公稍遲,禮等手腕將廢,恐書不及。"李嶠嘆曰:"舍人思若湧泉,嶠所不測也。"《譚賓錄》

三日

宋太祖平廣南祭南海。開寶三年六月三日。出《禮志》。

唐玄宗開元九年置中都，是日詔停。楊州功曹參軍韓覃上疏曰："建國都，乃長久之大業也。若兩都舊制，分官衆多，費耗用度，尚以爲損，豈況更建中都乎？且陋東都而幸西都，自西都而造中都，取樂一君之欲，以遺萬人之憂，非所以深根固蔕不拔之長策矣。昔漢帝感鍾離之言，息事德陽之殿；趙主採續咸之諫，止造鄴都之宮。臣願詔罷中都，則福履無疆。"六月三日，詔停。出《通典》。

宋高宗御書《儒行篇》，賜進士王佐等。紹興十八年六月三日。出《實録》。

宰臣武元衡元和九年是日爲盜所害。先是長安謠曰："打麥麥打三三三。"既而旋其袖曰："舞了也。"解者謂，打麥者，打麥時也。麥打者，謂闇中擊也。三三三者，謂六月三日也。舞了者，謂元衡卒也。《唐書·五行志》，亦出《事詞類奇》。

鄭君雄持楊師立首出降。梓州觀察使楊師立反。唐僖宗敕蜀將高仁厚等討平。仁厚圍梓州久不下，乃羽檄入城云："仁厚不忍城中玉石俱焚，爲諸君緩師，諸君自成其功。若十日不送師立首，四面俱進，克之必矣。"鄭君雄大呼於衆曰："天子所誅者元惡耳，他人無預也！"衆呼萬歲，大譟，突入府中，師立自殺。六月三日，君雄推師立首出降，仁厚收得梓州並師立首至駕前。出《續寶運録》。

賈誼在湖南，是日有鵬鳥來。載《事文類聚》。

有霧則歲大熟。《望雲經》

四日

唐玄宗詔令祠龍池。是日，右拾遺蔡孚獻《龍池篇》。開元二年。《玉海》

皇太子建成、齊王元吉謀害太宗。是日，太宗率長孫無忌、尉遲敬德、房玄齡、杜如晦等，於玄武門誅之。太宗謂玄齡曰："前世史官所記，皆不令人君見之，何也？"對曰："史官不虛美，不隱惡，人君見之必怒，不敢獻。"太宗曰："朕異前世帝王，欲觀國史，知前日之惡，爲後來之戒。"於是，玄齡等進《實録》。上見六月四日事，語多微隱，謂玄齡曰："昔周公誅管叔以安周，季友鴆叔牙以存魯。朕所爲類是，史官何諱焉！"即命削去浮辭，直書其事。出《通鑑》。

李齊是日反。夜，軍亂，節度使李愿與一子踰城奔鄭州，亂兵殺其妻。出《實録》。據《愿傳》，作七月四日。唐穆宗長慶二年。

太素三元君朝真日。道經

　詩

夏季蕚開四葉新，崧高今日降生申。《事文類聚》

五日

梁太祖崩。先是，熒惑犯心大星，去心四度，順行。心，帝王之星。開平三年六月五日崩。出《通考》。

蜀主是日以道士杜庭光爲金紫光禄大夫，進號廣成先生。梁太祖乾化三年，庭光博學善屬文，蜀主重之。出《後梁紀》。

李授之上《易解》，除直秘閣。宋高宗紹興八年。《玉海》

廣陵太守孟彦暉是日奏，西湖有金龜徑寸，遊於荷葉之上，畫圖以獻。武成三年。《太平廣記》

　詩

明日始臨天貺節，今朝先出地行仙。《事文類聚》

六日

大禹生。禹生於廣柔縣石紐村。直隸鳳陽府有禹廟，在塗山絶頂。昔禹會諸侯於此，後人至廟，亦相傳禹以六月六日生，是日奉祭，百姓皆至焉。出《一統志》。

黃陵廟以是日致祭。黃陵廟，在湘陰縣北，漢荆州牧劉表建以祀舜二妃之神。二妃墓在黃陵廟西。昔舜南巡崩，葬蒼梧，娥皇、女英尋之不及，死沅湘間，故立廟祀之。五代馬氏重修，每歲六月六日致祭。唐高駢詩曰：舜帝南巡去不還，二妃幽怨水雲間。當時珠淚知多少，直到如今竹上班。出《長沙府志》。

真宗以是日天書再降爲天貺節。祥符四年。《宋史》

同執政對於內殿。宋李綱，字伯紀，六月六日同執政對於內殿。綱奏上曰："今日國勢而視靖康其不逮遠矣,然而有可爲者,陛下英斷於上,而群臣輯睦於下,庶幾革靖康之風,而中興可圖。然而今日之事,須有規模。所謂規模者,外禦强寇,内銷盜賊,修軍政,變士風,裕邦財,寬民力,改弊法,省冗官,誠號令以感人心,信賞罰以作士氣,然後可以議興舉而問罪金人,迎還二聖,此規模之大略也。"出《左編》。

胡瑗卒。瑗,字翼之。爲人師,使誠明者達,昏愚者勵,頑傲者革。自景祐明道以來,學者有師惟先生暨泰山孫明復、石守道三人,而先生之徒最盛,東南之士莫不以仁義禮樂爲學。至嘉祐元年,遷太子中允,充天章閣侍讀,又以太學博士致仕。東歸之日,太學諸生與朝廷賢士大夫送至東門,執弟子禮,路人嗟嘆以爲榮。以四年六月六日卒於杭州。出《胡瑗墓表》。

崔珏生。珏,蘄州彭城人,稱爲崔府君。以其晝理陽間、夜斷陰府。初,父讓艱於嗣,與母禱於衡嶽,母夢仙童擎一盒,曰："帝賜盒中物,令汝夫婦吞之。"啓盒,是美玉二枚,夫婦各吞其一,覺而有娠,大業二年六月六日生。兒時神彩煥發,日誦千言。出《列仙傳》。

崇寧真君生。《翰墨大全》

清暑日。道經

是日清晨,汲井水貯甕中封之,凡造麴醯酒、作醬淹蔬,皆取以用。日午,以所藏衣曝之。《宣府鎮志》

兗州是日有黑蟻與赤蟻交鬥,長六十步,廣四寸,赤蟻斷頭而死。後魏顯宗天安元年六月六日。《五行記》

滁州野蠶成繭,遍於山阜。唐太宗貞觀十二年六月六日。出《會要》。

　詩

六月六日生我公,我公生與彭祖同。彭祖壽年八百歲,我公壽筭還無窮。《事文類聚》

七日

宋戚舜臣卒。戚舜臣治有惠愛,民大悦服。徙知南安軍,未及施爲而病作矣,皇祐四年六月七日卒於官,年五十有七。出《墓銘》。

周茂叔卒。周敦實，字茂叔，道州人，後避英宗，舊名改敦頤，卒於熙寧六年六月七日。自少以名節自高，襟懷飄灑，雅有高趣，尤樂佳山水，遇適意處，或徜徉終日。廬山之麓有溪焉，茂叔濯纓而樂之，取營道所居濂溪爲號，而築書堂於其上。雖仕宦三十年，而平生之志終在丘壑，朱熹曰清逸處士。出《史纂左編》。

文山狀元及第，是日謝闕。文山先五月二十四日賜狀元及第，六月七日謝闕。出《七修類稿》。

密州卑産山。太和二年是日，有龍見。初，赤龍從西來，續有青龍、黃龍從南來，後有白龍、黑龍從山北來，並形狀分明，自申至戌方散去。《五行志》

詩

今日江頭天色惡，礙車雲起風欲作。《國史補》：暴風之候有砲車雲。獨望鍾山喚寶公，林間白塔如孤鶴。寶公骨冷喚不聞，卻有老泉來喚人。電眸虎齒霹靂舌，爲予吹散千峰雪。南行萬里亦何事，一酌曹溪知水味。他年若畫蔣山圖，爲作泉公喚居士。東坡《六月七日泊金陵，阻風，得鍾山泉公書，寄詩爲謝》

八日

虹蜺竟天。唐景隆元年六月八日。《天文志》

梁武帝天監三年。是日，武帝講於重雲殿，沙門誌公忽然儛歌樂，須臾悲泣，因賦五言詩：“樂哉三十餘，悲哉五十裏。但看八十三，子地袄災起。佞臣作欺妄，賊臣滅君子。若不信吾言，龍時候賊起。且至馬中間，啣悲不見喜。”梁自天監至於大同三十餘年，江表無事。至太清二年，臺城陷，帝享國四十八年，所言“五十裏”也。太清元年八月十三，而侯景自縣瓠來降，在丹陽之北子地。帝惑朱异之言以納景，景之作亂始自戊辰之歲，至午年帝憂崩。出《通考》

宋真宗祥符六年，天書再見內十功德閣，六月八日，封祀制置使王欽若言：“泰山西南垂刀山有紅紫雲氣，漸成華蓋，至地而散。其日，木工董祚於靈液亭北見黃素書曳林木之上，有字不能識。言於皇城使王居正，居正睹上有御名，馳告欽若，遂授中使捧詣闕。"帝御崇政殿，趨召輔臣曰："朕五月丙子夜復夢向者神人來言，來月上旬當賜天書於泰山，宜齋戒祇受。朕未敢宣露，惟密諭欽若等凡有祥異即上聞，朕今得其奏果與夢協。"王旦等曰："陛下至德動天，感應昭著，臣等不勝大慶。"再拜稱賀。《宋史·禮志》

東京是日百姓相驚以鬼兵，皆奔走不知所在。初，洛水南坊市喧喧漸至，其至時空中如數千里甲兵，人馬嘈嘈有聲。出《紀聞》。唐玄宗開元二十三年六月八日，時帝在東京，惡之。《北齊書》亦有此事，天保①中，晉陽有鬼兵，百姓競繫銅鐵以畏之不來。

九日

唐肅宗是日置太乙神壇於南郊東，命侍臣王璵祭之。至德三年。《玉海》

唐蓬萊殿是日賜群臣橘。《翰墨大全》

唐敬宗是日生。王智興請於泗州置戒壇，度僧尼以資福許之。自元和以來，敕禁此弊，智興欲聚貨，首請置之。於是四方輻湊，江淮尤甚，觀察使李德裕上疏罷之。《舊唐書》

宋真宗車駕在西京幸會節園，召從臣張樂宴飲。開寶九年六月九日。出《會要》。

宋孝宗以國公封皇嫡孫。乾道元年六月一日，嫡孫生，六月九日封國公。出《會要》。

宋孝宗是日崩，太皇太后有旨，皇帝以疾聽在內成服，太皇太后代皇帝行禮。皇帝即光宗。紹興五年六月九日。出《宋史·禮志》。

---

① "天"後闕一字，據上下文，應爲"保"字，爲北齊的年號。

西方阿彌陀佛像成，奉安於金陵清涼寺供養。東坡妻王氏，名閏之，字季章，年四十六，元祐八年卒於京師。臨終之夕，遺言捨所受用，命其子邁、迨、過畫彌陀佛像。紹聖元年六月九日，像成，奉安清涼寺供養。乃爲贊曰：佛子在時百憂繞，臨行一念何由了。口誦南無阿彌陀，如日出地萬國曉。何況自捨所受命，畫此圓滿天日表。見聞隨喜悉成佛，不擇人天與蟲鳥。但當常作平等觀，本無憂樂與壽夭。丈六長身不爲大，方寸千佛夫豈小。此心平處是西方，開眼便到無魔嬈。出《燕石齋補》。

倪勤讀《金剛經》，水漲，勤讀經益勵，水退，周視數里，民舍盡溺，獨勤舍不溺，人皆禮敬焉。勤，梓州人。唐太和五年，以武略稱。每設佛像而讀經。其年六月九日水漲。《報應記》

王璹暴死，復蘇，言初死之時，行入一大門，有一人謂璹曰："汝無罪，放歸。"璹迴顧，見米行質立於廳，有吏守之。唐尚書行部郎中米行質，博陵人也，性不信佛，有慢謗之言。永徽二年病死，至六月九日，有王璹暴死，蘇後謂人曰："見行質，有吏守之，行質悲喜謂予曰：'吾被官責以生平功德薄，苦不可當，君歸可至我家，急語令作功德。'"璹蘇，以此告行質家人，家人作佛事謝過，後行質現形謝璹。出《冥報記》。

詩

肯羨薰風書殿壁，行看藜杖照文房。明年展慶三三日，縹緲鈞天賜壽觴。《事文類聚》

十日

齊武帝永明八年，雷有黃光照地，狀如金色。占曰："人君有德。"或謂之榮光。出《齊書》。

高宗紹興三十二年，閬州有五色雲見錦屏山之西，浮雲映日，自未及申。《玉海》

高宗是日御札："皇太子可即皇帝位，朕稱太上皇帝，退處德壽宮，皇后稱太上皇后。應軍國事，並聽嗣君處分。"於是，行內禪之禮，有司設仗紫宸殿，宰相、文武百寮立班，皇帝出宮升御坐，左僕射陳康伯等奏曰："今陛下超然獨斷，高蹈堯舜之舉，臣等心實欽仰，但自此不獲日望清光，犬馬之情，不勝依戀！"因再拜辭相與泣下，帝亦流涕曰："朕在位三十六年，今老且病，欲閑退。此事斷自朕心，非由臣下開陳，卿等當悉力以輔嗣君。"嗣君即孝宗。出《宋史·禮志》。

于闐王伏闍信來朝，賜金帶錦袍。唐太宗貞觀二十三年六月十日來朝。于闐，國名。出《外夷傳》。

梅聖俞卒。康定辛巳年六月十日，以其官卒，宋翰林侍讀學士，賜紫金魚袋。墓在宣州宣城縣長安鄉西山里。出《神道碑》。

金乘如來生。道經

詩

恰則炎威到一旬，當年神岳降生申。《事文類聚》

十一日

唐玄宗改璽書爲寶書。天寶五載。《玉海》

玄宗夜次金城，智藏寺僧進葤粟。天寶十五載，玄宗自延秋門出，微雨霑濕，扈從惟宰相楊國忠、韋見素、內侍高力士，從之不及。渡便橋，國忠欲斷橋，上曰："後來者何以能濟？"辰時至咸陽望賢驛，官吏駭散，無復儲供。上憩於宮門之樹下，亭午未進食。俄有父老獻麨，於是百姓獻食相繼。六月十一日，夜次金城，智藏寺僧進葤粟，行從方給。出《亂雜記》。

唐武宗生於東宮，以爲慶陽節。《天中記》據《舊唐書》以武宗十二日生。武宗，穆宗第五子。

宋高宗禪位於孝宗。高宗退處德壽宮。出《通考》。

東坡紹聖四年別子由，渡海行瓊儋間，肩輿坐睡，夢中得句云："千山動鱗甲，萬谷酣笙鍾。"覺而遇清風急雨。東坡謫海南，子由謫雷州。先一月相遇於藤，至六月十一日，別子由渡海，有夢中得句云云。出《長公外

243

紀》。

詩

四州環一島，百洞蟠其中。我行西北隅，如渡月半弓。登高望中原，但見積水空。此生當安歸，四顧真途窮。眇觀大瀛海，坐詠談天翁。區區魏中梁，一米誰雌雄。幽懷忽破散，永嘯來天風。千山動麟甲，萬谷酣笙鍾。安知非群仙，鈞天宴未終。喜我歸有期，舉酒屬青童。急雨豈無意，催詩走群龍。夢雲忽變色，笑電亦改容。應怪東坡老，顏衰語徒工。久矣此妙聲，不聞蓬萊宮。東坡六月十一日瓊儋間，夢中得句，覺而遇清風急雨，戲作。

十二日

唐高宗永徽元年，是日地震，上謂侍臣曰："朕政教不明，使晉州之地屢有震動。"先四月地震侍中張行成曰："天，陽也；地，陰也。陽，君象；地，臣象。君宜轉動，臣宜安静。今晉州地震，恐女謁用事，大臣陰謀。且晉州，陛下本封，今地屢動，尤彰其應。伏願深思遠慮，以杜其謀。"帝深然之。《五行志》

唐武宗生於東宮。元和九年六月十二日生，母宣懿皇后，穆宗第五子。出《舊唐書》。

宋孝宗率百官朝高宗太上皇於德壽殿，以雨，百僚免入見，上就宮中行禮。紹興三十二年六月十一日，高宗禪位於孝宗，稱太上皇，退處德壽宮，十二日朝見。出《通考》。

路生爲趙自勤卜之曰："公之官，不出六月十二日。"自勤赴選，訪卜於長安縣路生，云："公之官，不外重口。"後又卜之云："公之官，不出六月十二日。"至期，敕爲左拾遺。"拾遺"之字，各有一口。出《太平廣記》。

元順帝二十七年，皇太子寢殿後新甃井中有龍出，光燄爍人，宮人震懾仆地。《元史》

十三日

隋文帝生於同州般若寺中。赤光照室,流溢外户,紫氣滿庭,狀如樓閣,色染人衣。姈母以時炎熱就而扇之,寒甚幾絶,困不能啼。出《王劭舍利記》。隋文帝以後魏大統七年六月十三日生,姈母以時炎熱扇之,幾絶。有神尼者名曰智仙,河東蒲阪劉氏女也。語太祖曰:“兒天佛所祐,勿憂。”尼遂名帝爲卯羅延,言如金剛不可壞也。又曰:“此兒俗家穢雜,自爲養之。”太祖乃割宅爲寺,内通小門,以兒委尼。後皇姈來抱,忽見化而爲龍,驚惶墮地,尼曰:“何因妄觸我兒,遂令晚得天下。”及年七歲,告帝曰:“佛法將滅,一切神明今已西去。兒當大貴,從東國來。佛法當滅,由兒興之,一切神明還來。”尼沉静寡言,時道成敗吉凶莫不符驗。及周滅二教,尼隱皇家,内著法衣,戒行不改。帝後果山東入爲天子,重興佛法,每以神尼爲言。乃命王劭爲尼作傳,令天下舍利塔内各作神尼之像焉。又《隋書》載,文帝詔曰:六月十三日,是朕生日。哀哀父母,生我劬勞。宜令海内爲武元皇帝、元明皇后斷屠。

唐高宗生於東宫之麗正殿。貞觀二年六月十三日。出《舊紀》。

後晉高祖崩。葬顯陵,在洛京壽安縣。《通考》

宋文文山賜狀元及第,以是日謁廟。文山科六百一人,六月十三日謁廟。先五日謝闕,至二十九日賜宴,又至七月一日賜小録。出《七修類考》。

宰臣秦檜是日以上所賜御書真、草《孝經》刻之金石,上曰:十八章世以爲童蒙之書,不知聖人精微之學不出乎此。宋高宗紹興九年。《藝文志》

張正常,四十二代天師。至元乙亥年是日,其父太玄真人坐而假寐,忽見神人飛空而至,曰:“余自華蓋山來游君家。”及覺而正常生,紫雲覆庭,紅光照室,人以爲祥徵。正常年七歲,雙目炯炯如巖下電,容止異群兒。後三歲,太玄出游五岳名山,指相傳雌雄劍及玉刻陽平治郡功印,曰:“龍星再集於亥,吾兒當持此大振玄風。”太玄渡淮化去,正常衍道家玄旨,乃啓黄書赤界紫素丹刻之文授其徒,四方學者川赴雲蒸。劍失其一,流落鄱陽季氏家,夜生光怪,正常訪而合之。出《史纂左編》。

河内野王山上龍死。襄楷，字公矩，平原隰陰人，好學博古，善天文陰陽之術。桓帝時，宦官專朝，災異數見。延熹九年，楷自家詣闕，上疏曰："臣聞皇天不言，以文象設教。堯舜雖聖，必曆象日月星辰，察五緯所在，故能享百年之壽，爲萬世之法。"前七年六月十三日，河內野王山上有龍死，長數十丈。夫龍形狀不一，小大無常，故《周易》況之大人，帝王以爲符瑞。或聞河內龍死，諱以爲蛇。夫龍能變化，蛇亦有神，皆不當死。昔秦之將衰，華山神操璧以授鄭客，曰"今年祖龍死"，始皇逃之於沙丘。後靈帝即位，以楷書爲然。出《後漢書》。

朝元太一真君下降。道經

詩

亭晚人將別，池涼酒未酣。關門勞夕夢，仙掌引歸驂。荷葉藏魚艇，藤花冒客簪。殘雲收夏暑，新雨帶秋嵐。失路情無適，離懷思不堪。賴茲庭戶裏，別有小江潭。岑參《六月十三日水亭送華陰王少府還縣》

去年六月焦原雨，入得東州第一朝。今日看雲舊時節，又來農畔聽蕭蕭。宋時曾鞏《先一年久旱，六月十三日入境得雨，次年復旱，得雨亦六月十三日也》

十四日

宋孝宗是日即位，未改元，以皇帝登極奏告天地、宗廟、社稷、景靈宮、天慶觀、報恩。紹興三十二年《通考》

唐穆宗賜牛僧孺金紫。長慶元年

宋高宗詔西安進士陳元助制刻漏一座，送尚書省，補其子爲局生。紹興二年。以上《玉海》。

郭子儀薨。子儀，華州鄭縣人。建中二年夏，病甚，德宗傳詔省問及門，郭氏子弟迎拜於外，子儀臥不能興，以手叩頭謝恩。六月十四日薨，年八十五。德宗震悼，廢朝五日。《舊唐書》

元禎泛江翫月。張季友、李景儉二侍御史，王文仲司録、王

衆仲判官兩昆季，爲禎載酒炙，選聲音，自府城之南橋，乘月泛舟，窮一夕以爲歡。元和五年六月十四泛江。《楚通志》

賜貴妃自盡。諸將誅楊國忠，以貴妃在宮，人情恐懼。六月十四日，命高力士賜貴妃自盡，陳玄禮見上請罪，命釋之。

于長文昇仙。《列仙傳》

太乙真君降。道經

詩

楚色分形勢，羊公壓大邦。因依多士子，參畫盡敦龐。岳壁閑相對，荀龍自有雙。共將舡載酒，同泛月臨江。遠樹懸金鏡，深潭倒玉幢。委波添凈練，洞照滅凝釭。闐咽沙頭市，玲瓏竹岸窗。巴童唱巫峽，海客話神瀧。已困連飛盞，猶催未到缸。飲荒情爛熳，風棹樂琤樅。勝事他年憶，愁心此夜降。知君皆逸韻，須爲應莡撞。元禎六月十四泛江翫月。《楚通志》

十五日

宋神宗元豐二年是日，命知制誥張璪、光禄丞陸佃於秘閣考試宗室。《玉海》

程伯淳卒。伯淳，諱顥。召爲宗正寺丞，卒於宋神宗元豐八年六月十五日。先，伯淳鄠縣主簿。有石佛像，歲傳佛首放光，遠近男女晝夜會集。伯淳取其首視之，不復放光。後以特旨召，老稚數千追及境上攀號，不忍別。出《宋文鑑》。

黃龍見於牛山，潘炎賦曰：非同上天之五蛇，有異渡江之一馬。秦夢立乎鄜畤，漢時見於成紀。彼皆一至，此則重光。唐中宗景龍二年六月十五日，黃龍再見於牛山。

李華作《御史大夫壁記》。天寶十四載六月十五作《記》，曰：君以文明照臨百官，官糾其邪，職有邦憲，由京師而端下國，王化所繫，不惟威刑。御史大夫其任也，用捨決於天心，得失震於人聽。舉直錯枉而不撓，則公卿屏氣，道路生風，云云。

出《事文類聚》。

天寶八載，以是日加老子號大道玄元皇帝。《高宗紀》，亦出《事物紀原》。

王處一從祖師得道，萊陽縣劉植以無嗣告處一，處一曰："吾稟之上蒼。"六月十五日，處一詣其居，而植爲置具，處一曰："特來從嗣，豈可以常酒相待耶？庫之西北所封者，妙醞也。"植往索之，得煮酒一器。處一曰："不惟此酒，嗣亦如之。"索紙書一頌，後批"四四應真"四字。植明年四月十四日生子，乞名，處一曰："已與之矣！"植良久曰："四四則人所共知，'應真'二字是其名否？"處一曰："是日純陽降也，非應真乎？"遂名之。出《史纂左編》。

西斗星降。

太虛元君真人、紫微王夫人同降現。以上道經。

沖素真人飛昇。《列仙傳》

東華帝君降誕。帝君姓王，或云名玄甫，於是日降生，後隱崑崙，復居五臺，得老子之道仙去。出道書。

海蟾帝君升仙。燕山劉操，字宗成，號海蟾子。爲遼相，遇純陽遂解印，佯狂遠避。純陽授以丹道，乃作詩云："抛離火宅三千口，屏去門兵百萬家。"道成，於是日飛仙，後隱終南、太華，授道董凝陽、張紫陽。出道書。

印宗法師爲六祖惠能落髮日。佛書

詩

他寢此時吾不寢，近秋三五日逢晴。相思惟有霜臺舊，望盡孤光見却生。賈島《六月十五日酬朱侍御》

隆暑赫炎曦，門弧慶左垂。東君來瑞世，西斗降臨時。《事文類聚》

十六日

蘇軾上書曰：臣已具積欠六事，及舊所論四事上奏。臣聞之孟子曰："以不忍人之心，行不忍人之政。"若陛下初無此心，則臣亦不敢必望此政，屢言而屢不聽。然臣孜孜强聒者，知陛下實有此心，爲臣子所沮格。竊觀即位之始，發政施仁，天下聳然，望太平於期月。今八年，而民亦貧，願陛下深思其故。宋哲宗元祐七年六月十六上書。出《文編》。

顧保宗，字世嗣，江夏人也。每釣魚江中，是日夜坐草堂臨月未臥，忽有一人鬚髮皓然，自稱翁，至堂下乃揖保宗，便箕踞而坐，惟哭而已，保宗謂曰："翁何往？"翁曰："來自江州，復歸江夏。"言訖又哭，保宗曰："翁非異人乎？"翁曰："我實非人，以君閑退，故相訪耳。"保宗曰："野人釣魚，可謂勞生，何閑退之有？"翁曰："世方兵亂，閑退何妨？"保宗曰："今世清平，未嘗有亂。"翁曰："君不知桓玄之志乎？"保宗因問："世若有兵，可言歲月否？"翁曰："今不是隆安五年耶？"保宗曰："是。"翁又屈指復哭，謂保宗曰："後年易號。復一歲，桓玄盜國，盜國未幾，爲卯金所敗。"保宗曰："卯金爲誰？"翁曰："君當後識耳。"言訖乃去，保宗送於户外。及曉，保宗臨江觀之，聞水風漸急，魚皆出浪，不知其數。其中有大魚，百餘尺，昂首四望，後乃没。是歲隆安五年六月十六日也。保宗大異之。後二年，改隆安爲元興。元興二年，桓玄果篡位。三年，建武將軍劉裕起兵滅桓玄，復晉安帝位。後十七年，劉裕受晉禪。皆如魚言。出《九江記》。

潘真人昇仙。潘子真。《事文類聚》

詩

禁門深鑰寂無譁，濃墨淋漓兩相麻。唱徹五更天未曉，一池月浸紫薇花。《六月十六日鎖學士院》洪咨夔

十七日

宋明帝。是日，太白、歲星、填星合於東井，占曰：改立王公。

秦始七年。《南齊書》

唐高宗於洛州栢崖置敖倉，容二十萬石。咸亨三年六月十七日置敖倉，至開元十年廢。出《會典》。

唐玄宗是日次扶風郡，軍士各懷去就。會益州貢春綵十萬匹，上命置於庭，召諸將諭之曰："卿等國家功臣，陳力久矣，朕之優獎，常亦不輕。逆胡背恩，事須臾迴避。甚知卿等不得別父母妻子，朕亦不及親辭九廟。"言發流涕，又曰："朕幸蜀，今有此綵，卿等即宜分取，各圖去就。朕自有子弟中官相隨，與卿等訣別。"眾咸俯伏涕泣曰："死生願從陛下。"上曰："去就任卿。"自是悖亂之言稍息。天寶十五載六月十七日。出《玄宗本紀》。

唐睿宗以經籍多缺，令京官有學行者，分行天下，搜檢圖籍。景雲三年六月十七日。出《會要》。

東坡是日復過瓊之雙泉處。丁丑歲，東坡南遷過瓊，得雙泉之甘於城之東北隅。至庚辰歲六月十七日，東坡遷於合浦，復過之，即徽宗皇帝登極之年也。太守承議郎陸公求泉上之亭名，名之曰洞酌。出《長公外紀》。

趙真人上昇。趙廣信。出《翰墨大全》。

詩

暑雨雖不足，涼風還有餘。樂此城陰夜，何殊山崦居。月明蒼檜立，露下芭蕉舒。試問澄虛閣，今夕復焉如。陳與義，字去非。《六月十七日夜寄邢子友詩》

清水簾門散異香，恩深咫尺對龍章。花應洞裏時常發，日向壺中特地長。坐久忽疑槎犯斗，歸來兼恐海生桑。如今冷笑東方朔，惟用詼諧侍漢皇。韓致光《六月十七日召對自辰及申方歸本院》

酌彼兩泉，挹彼注茲。一缾之中，有澠有淄。以瀹以烹，眾喊莫齊。自江徂海，浩然無私。豈弟君子，江海是儀。既味我泉，亦嘖我詩。東坡六月十七日過雙泉處，作齊飲不盡也，嘖齒嘗之。

十八日

隋文帝移入新邑。文帝欲遷都,太史奏當遷都,帝曰:吾於開皇二年六月十八日移入新邑。在漢故城之東南萬年縣界,南直終南山子午谷,北枕龍首原。今朝堂即舊楊興村,村門大樹今猶在。出《西京記》。

吕巖是日岱嶽王母池復書七言絕句,題云"回公再書"。吕巖,字洞賓,唐河中永樂人,號純陽。宋天聖戊寅年曾書五言絕句於岱嶽土母池,後又宋徽宗政和丙申年六月十八日復書七言絕句。好事者摹刻於會貞宮。出《純陽集》。

緣督真人降生。饒郡趙宗子,名友欽,字緣督。是日生,身幼遭劫火,早有山林之趣。性聰敏,天文、地理、經緯、術數,莫不精通。得紫瓊丹道搜群書,作三教一家之文,及《金丹問難》等書行於世。寓衡陽,以道授上陽子。出道書。

詩

昔年留字識曾來,事滿華夷遍九垓。無奈蛟龍知我字,故留蹤跡不塵埃。洞賓六月十八日題於岱嶽王母池

十九日

後周世宗崩。後周顯德六年,有一人敝衣入中書升政事堂,據床而坐,堂吏叱之曰:"何人遣爾至此?"其人曰:"宋州官家教我來此。"吏白其事於宰臣,宰臣密令遣之,尋不知所適。其年六月十九日,世宗崩。明年正月,大宋受命。出《通考》。

宋仁宗幸後苑觀稻,賞瑞竹宴太清樓。景祐二年。《玉海》

博陵崔咸。是夜雷後,忽有一女子,年十六七,逾垣而入,問所從來,而終無言,咸疑其奔者,乃深藏之。將旦而斃,咸驚懼。崔咸少習靜,獨在齊中。天寶元年六月十九日夜,忽有女子逾垣入室,將旦而斃。乃出於里內,私問失女。有奴婢六七人,喪服行語,若尋求者,相與語曰:"死而逃,況生乎?"咸從而問之,對曰:"郎君何故用問,吾小娘子喪三日,昨夜方斂,被雷震,尸起出,不知所向。"咸問其形容衣服,驗之果是。後歸葬,而女子又重來,咸乃奠酒祝之,不復來。出《通幽記》。

二十日

壽昌節。宣宗六月二十二日。出《玉海》。

晉洗馬衛玠薨。永嘉六年五月一十日薨。謝幼輿鯤發哀於武昌，感慟不自勝，人問："子何故而致哀如是？"答曰："棟梁折矣，何得不哀？"出《山堂肆考》。

北山黃東與鄭子恭，表兄弟也。黃東約以六月二十日會於天寧之浮圖，各具酒一壺、飯一器，春蠶、夏荔不拘其數，合而飲食之。古人騷賦詩詠，與夫投壺弓矢之具，有則攜之，以佚娛樂，相告語以孝弟忠信，相問勞以老少安否，家計有無，至於農圃桑麻之業，皆可抵掌而劇談。晨而往，暮而歸，於是，重親戚、厚風教，豈不善歟？子恭曰："善哉。"正月十日亦然。載《黃直卿序》。

弘州人張珪晚憩神谿孤石上，有神人自空而下，言曰："律呂律呂，上天敕汝六月二十日行硬雨。"語畢騰空而去。珪至家，遍語鄰村人，使速收麥，未及收者，至期爲雨所傷，盡空。事聞朝廷，遣使祭焉，遂立律呂神於孤石上。漢太初元年。出《天下一統志》。

祈請於葛洪居處。道士申太芝奏稱："奉恩旨，令臣往名山修功德。去載六月二十日，於南海葛洪居處至誠祈請，中夜恍惚見一老人，云是茅山羅浮神人，嘗於七曜洞來往，昔曾於九疑山桂陽石室中藏天樂一部，歲月久遠，變爲五野豬，彼郡百姓捉獲，汝可往取獻皇帝。每祈祭，但依方安置奏之，即五音自和，天仙百神，應聲降福，所求必遂，壽命延長。臣奉神言，即往桂陽尋問。百姓云：'天寶二載，村人嘗見五野豬，逐之，便走於石室，就裏尋覓，化爲石物五枚。'今將奉進者。"王維表曰：龐眉皓髮，遙同入昂之仙；真訣玄信，來告馭風之客。棲身七曜，以俟唐堯；藏樂九疑，不傳虞舜。按：古器物出見，其精爽化形，誠亦有之。龍躍平津，蛇飛武庫。載在《晉史》，王維表賀夫豈云誣。出《墨卿談乘》。

詩

參橫斗轉欲三更，苦雨終風也解晴。雲散月明誰點綴？天容海色本澄清。空餘魯叟乘桴意，粗識軒轅奏樂聲。九死南荒

吾不恨,茲遊奇絶冠平生。_{蘇軾《六月二十日夜渡海作》}

二十一日

少帝是日生。馮導等表曰:大電繞樞,哲后繼羲農之運。五星聚井,真人啓文景之基。昌圖永洽於千年,嘉慶宜光於載誕。當大雨時行之日,乃常星不見之辰。請以六月二十一日爲啓聖節,使地角天涯,望南山而祝壽;九州四海,仰北極以傾心。從之。_{《天中記》}

宋高宗謂輔臣曰:一二年就緒,庶寬民力。昨在會稽,嘗書《趙充國傳》賜諸將。但上下不能承奉。_{紹興六年。《玉海》}

宋真宗皇后郭氏葬於永熙陵之西北。_{謚曰莊穆。景德四年六月二十一日葬。《宋史‧禮志》}

二十二日

唐宣宗以是日生,爲壽昌節。_{宣宗生於大明宮,憲宗第十三子。出《天中記》。}

宋林栗上《經傳集解》。_{孝宗淳熙十年六月二十二日,知潭州林栗上《經傳集解》。出《會要》。}

潭州是日上言:湘陰縣得鍾,製作精妙,上有古篆八十三字,人不能識,畫圖以進。_{宋太宗端拱二年。《玉海》}

張真人上昇。_{張元化。《翰墨大全》}

二十三日

宋徽宗殿前池內雙生蓮。_{政和三年。《玉海》}

安禄山不意玄宗西幸,是日遣使止崔乾祐兵留潼關,又遣孫孝哲攻陷長安,害諸妃、主、皇孫。_{唐肅宗至德元載六月二十三日。出《亂雜記》。}

儀官禪師無疾而終。_{長安看龍寺儀官禪師,本唐氏之族也,父琅邪王與}

越王起兵，伐則天不克而死。后誅其族無遺，惟禪師方在襁褓，乳母抱而逃。後數年，后聞琅邪有子，求之愈急，乳母攜至峻州，鬻女工以自給。禪師年已八歲，聰慧出類，狀貌不凡。乳母恐事露，大憂之，乃於桑野中告以本末，泣而謂："吾養爾已八年，亡命無所不至。今汝已長，而敕訪不止，事洩之後，汝與吾俱死。"禪師遂流涕而別，削髮爲僧，後得道歸者甚衆。六月二十三日，無疾終。柩將發，異香芬馥。有白鶴數百，鳴舞於宮中，彩雲覆柩。出《紀聞》。

虞翁生上昇。《翰墨大全》

詩

淅淅曉風起，孤舟愁思生。蓬窗一螢過，葦岸數蛩鳴。老大畏爲客，風波難計程。家人夜深語，應念客猶征。張耒，字文潛。六月二十三日夜泊林裏港作。

二十四日

崔圓是日奏劍南歲稔民安，儲供無闕，玄宗大悅，授圓中書侍郎、同中書門下平章事。天寶十五載。《玉海》

錢塘人以是日設醮捨齎。宋咸淳間，羽士陳崇貞者，自閩來，卜居於錢塘西湖，善雷法，因敕建雷院以居之，賜號沖素真人。六月二十四日，郡人雲集，設醮捨齎，至今不廢。出《西湖遊覽志》。

南斗降。道經

忌遠行，水陸俱不可往。《雲笈七籤》

二十五日

唐敬宗幸凝碧池，令兵士千餘人於池中取大魚，長大者送入新池。寶曆二年。《玉海》

東坡與秦少游相別於海康。東坡云：歲在庚辰六月二十五日，予與秦少游相別於海康，意色自若，與平日不少異。但自作挽詞一篇，人或怪之。予以謂少游齊生死，了物我，戲出此語，其言過矣。此言惟淵明可以當之。少游因遷謫而作此詞，豈真若是乎？其自製挽詞曰：嬰釁徙荒域，茹哀與世辭。官來錄我橐，吏來殯我屍。藤束木皮冠，槁葬路傍陂。孤魂不敢歸，惴惴滯猶茲。家鄉在萬里，妻子天一涯。弱孤未堪事，歸骨定何時？昔忝柱下史，通籍黃金闈。一朝奇禍發，飄流至於斯。修塗繚山海，未免從闔維。荼毒復荼毒，彼蒼焉得知！秋晚瘴江急，鳥獸鳴聲悲。殯宮生蒼蘚，紙錢掛枯枝。濛濛寒雨零，慘慘陰風吹。無人致薄奠，誰與飯黃緇！更無挽歌者，但有挽歌詞。出《合璧事類》。

天元甲子朝元日。

九華安妃紫微王夫人降金曲山壇。以上道經。

二十六日

唐玄宗詔左丞相張說在家修史。開元二十五年六月二十六日，詔在家修史，李元紘奏就史館，從之。出《會要》。

宋太祖幸迎春苑習射。建隆三年。《玉海》

史憲誠是夜爲衆軍所害。憲誠，其先出於奚虜，今爲靈武建康人。敬宗即位，進秩司空。太和二年，滄景節度使李全略卒，其子同捷竊據軍城，表邀符節，舉兵伐之。先是，憲誠與全略婚媾，及同捷叛，復潛以糧餉爲助。憲誠嘗遣驍將至闕下，恣爲張大，宰相韋處厚以語折挫之，憲誠不敢復與同捷爲應。憲誠亦出師共討同捷。及滄景平，加司徒。憲誠心不自安，上又加侍中，移鎮河中。憲誠素懷向背，太和三年六月二十六日夜，爲衆軍所害，冊贈太尉。出《舊唐書》。

六月二十六日，發龍涸，晝夜蕭蕭常寒，不復得脫襦褲，將從七十二人，面盡黎黑，口唇青淤。《沙州記》

清涼真人生。《翰墨大全》

二十七日

宋真宗。黃雲如飛鳳，覆昭慶殿。祥符九年。出《玉海》。

文宗是日欲拜德裕平章事，已進，麻詔曰：命相絕是重事，適看曆日，日辰非佳。太和七年六月二十七日。出《獻替記》。

太常寺是日奏："孔子高弟子所封侯爵與宣聖名同，失弟子尊師之禮。今乞以瑕丘侯曾參改封爲武城侯，宛丘侯顓孫師爲穎川侯，龔丘侯南宮縚爲汶陽侯，楚丘侯司馬耕爲雒陽侯，頓丘侯琴張爲陽平侯，瑕丘伯左丘明爲中都伯，龔丘伯穀梁赤爲雒陵伯，楚丘伯戴聖爲考城伯。"從之。宋徽宗政和元年六月二十七日。《通考》

啓聖節。少帝六月二十七日。出《玉海》。

天寶十三載是日，加老子號大聖祖高上大道金闕玄元天皇大帝。《唐會要》，亦出《事物紀原》。

宗明僧泊然而逝。宗明，上饒柳氏子。志慕空寂，依蘄州廣化寺師事文仙，薙髮受具足戒，後遊漢東卓庵於靈濟故地，澹如也。屬歲大旱，民艱食，請師爲禱。師以法力起池龍，甘雨沾足，屢歲有秋。元貞元年六月二十七日，泊然而逝。出《楚通志》。

取枸杞煎湯沐浴，至老不病。《雲笈七籤》

詩

黑雲翻墨未遮山，白雨跳珠亂入舡。卷地風來忽吹散，望湖樓下水如天。

放生魚鱉逐人來，無主荷花到處開。水枕能令山俯仰，風舡解與月徘徊。

烏菱白芡不論錢，亂繫青菰裹綠盤。忽憶嘗新會靈觀，滯留江海得加餐。韓文公詩曰：平地散芡盤。

獻花遊女木蘭橈，細雨斜風濕翠翹。無限芳洲生杜若，吳兒不識楚詞招。杜若，山薑也

未成小隱聊中隱，可得長閑勝暫閑。我本無家更安往，故山無此好湖山。東坡《望湖樓六月二十七日醉書五絕》

二十八日

太白與月相迫。蔡邕上疏曰：六月二十八日太白與月相迫，兵事惡之。鮮卑犯塞，所從來遠，今出師不利，上違天文，下逆人事。出《蔡邕傳》。

德王裕以是日封乾寧。大順二年六月二十八日。四年，册爲皇太子。唐昭宗長子也。出《舊唐書》。

敬宗御三殿，觀兩軍、教坊、内園分朋驢鞠、角抵。戲酣，有碎首折臂者，至二更方罷。寶曆二年六月二十八日。《玉海》

宋仁宗以飛白文詞字賜翰林侍讀李淑。康定二年，淑出守許州，爲飛白寶草《記摹石州癣》。《玉海》

神馬二匹，一白一黑，忽出於滇池縣河中，河水周回二百餘里，縣民董聰見之。晉孝武帝太和十四年六月二十八日。出《宋書·符瑞志》。

滇中風俗，每歲是日，各家俱束葦爲槁，高七八尺，凡兩樹置門首，遇夜炳燎，其光燭天。合家俱用生肉，切爲膾，調以醯蒜，不加烹飪，名曰喫生，總稱曰火節。《譚叢》

二十九日

武宗。是夜，一鼓至五鼓小流星五十餘，交横流散。會昌元年六月二十九日夜。出《唐·天文志》。

宋真宗對輔臣於崇政殿觀陣圖，上曰："北戎寇邊，常遣精悍爲前鋒，若扞禦不及，即有侵軼之患。今盛選鋭兵，命驍將統領別爲一隊，遏其奔衝，彼既挫鋭而退，餘其望風不敢進矣。"咸平四年六月二十九日，對輔臣於崇政殿。出《會要》。

李長民上《廣汴都賦》。宋徽宗宣和四年。《玉海》

文文山賜宴。五月二十四日賜狀元及第，六月二十九日賜宴。《七修類稿》

回鶻入貢，摩尼偕來於中國。是日，唐憲宗敕賜回鶻摩尼，爲之置寺，賜額爲"大雲光明寺"。元和元年。回鶻之摩尼，猶中國之僧也。出《大曆》。

桐栢真人降。

九華真妃降。以上道經。

詩

此夕薰風息舜絃，明朝早振蕟收權。《事文類聚》

三十日

東漢章帝建初六年，是日日食，在翼六度。翼主遠客。冬，東平王蒼等來朝。明年正月，蒼薨。

漢高后二年，是日日有食之，既，在營室九度，爲宮室中。時高后惡之，曰："此爲我也！"明年應。師古曰"明年應"，謂高后崩也。以上《通考》。

漢獻帝興平元年，是日日食，帝避正殿，寢兵，不聽事。《後漢書》

趙清獻公抃賜第在京師府司巷，長女適史氏，以暑月不寐，啓户納涼，見月滿中庭如晝，方嘆曰："大好月色。"俄庭下漸暗，月痕稍稍縮小，斯須光滅，仰視星斗燦然，而是夕乃晦日，竟不曉爲何物光也。《夷堅志》

丘處機以是日抵豐州，飽食如故。處機，字通密，號長春子，生於金熙宗皇統八年，從重陽祖師得道後，元太祖時，至阿不罕山，過棲霞觀，偶不食，但飲湯而已，衆問之曰："師奚疾？"師曰："予疾非爾輩可測，聖賢琢磨故耳。"有尹清和夢人謂之曰："師之疾，公輩勿憂，至漢地當自愈。"六月三十日抵豐州，有奉以湯餅，飽食如故。衆相謂曰："清和之夢驗矣。"後師昇化，至元六年贈長春演道主教真人。處機事亦載於七月九日、八月二十七日。出《史纂左編》。

卷七

七月〔一〕

楚應城陳堦升也甫編輯

邑人徐養量叔弘甫校刻

虞正緒甫

陳光宸致可甫

李宇粹甫

陳蕾伯春甫全閱

　　七月建申。申，身也。言萬物身體成也。《合璧事類》

　　夷則，申之氣也。七月建焉。《周禮》

　　日在翼，昏斗中，旦畢中。《禮記》

　　天地始肅。《月令》

　　流火。《詩》

　　招搖指申。《淮南子》

　　序移玉律，氣應金商。《唐書》

　　日行白道曰西陸，謂之秋。《後漢書》

　　西方曰辰，其時曰秋，其氣曰陰。《管子》

　　孟秋行春令，則亢旱不實；行夏令，則多火災、痰熱瘧症；行

冬令，則敗介蟲，來戎兵。《呂氏春秋》

爲相。《爾雅》

景曰明景、澄景、清景、晨景。辰曰淒辰。節曰素節、商節。

肇秋，亦曰孟秋、初秋、上秋、早秋、首秋、蘭秋。以上梁元帝《纂要》。

唐宮中每至秋時，妃妾以金籠閉蟋蟀，置枕畔，夜聽其聲，庶民之家皆效之。《開元遺事》

明皇嘗製《秋風高》曲，每至秋空迥徹，纖埃不起，即奏之，則清風遠來，庭葉交墜。《羯鼓錄》

永州風俗，少年常擊鼓，群入民家，號"行盜"，皆迎爲辦具，謂之"起盆"，後爲解索，喧呼疢鬥。韋宙出爲永州刺史，一切禁之。出《白孔六帖》。

天曰旻天。梁元帝《纂要》

宋神宗熙寧元年戊子夜，西南雲間有聲鳴，如風水相激。又七年丙寅夜，西北方雲間有聲，如磨物。又七年庚子夜，西北天鳴，占主政虐民勞，兵革歲動。《宋史》，俱係七月。

彩虹出西方，蔽月。義熙二年。《晉安帝記》

峨眉山頂下雪，謂之封山。《野記》

風曰涼風，又曰商風、素風、淒風、激風、悲風、金風。梁元帝《纂要》

江南有大風，相傳以爲孟婆發怒。按《山海經》，謂帝之女遊於江中，出入風雨自隨，以帝女故曰孟婆。《野記》

東都大雨，人多殍殣。先是童謠曰："新禾不入箱，新麥不入場。迨及八九月，狗吠空垣墻。"唐高宗永淳九年。《通考》

天雨雹，殺牛羊。王莽天鳳元年。《漢紀》

廣州雨金，占曰：人君多殺無辜。<small>垂拱二年。《五行志》</small>

天雨水銀，占曰：人君多殺無辜。<small>惠帝永興二十六年，《晉書》。高宗</small>
<small>紹興二十年七月，亦雨水銀。《宋史》</small>

天雨錢，或從石甃中湧出。<small>紹興二年。《宋史》</small>

天雨血。<small>端平三年。《五行志》</small>

泗州下邳天雨湯，殺鳥雀。<small>唐懿宗咸通八年。出《通考》。</small>

北地兼雨肉，似羊脅。<small>桓帝建和三年。時梁太后攝政，兄弟專權，枉殺李</small>
<small>固、杜喬等，天下冤之，其後梁氏誅滅。出《漢書》。</small>

京師雨毛，如髮，長者三尺餘，短者六七寸。<small>文帝開皇六年。京房</small>
<small>《易飛候》曰：“天雨毛，其國大饑。”時關中旱，米粟湧貴。出《隋書》。</small>

黃河是月水名荻苗水。<small>《水衡記》</small>

齊東昏侯。淮水變赤如血。<small>永元元年</small>

陳宣帝。江水赤如血，自建康，西至荆州。禎明中，江水赤，
自方州，東至海。<small>太建十四年，京房《易占》曰：水化爲血，兵起。其後爲隋所滅。</small>

唐穆宗。河水赤，三日止。<small>長慶元年。以上《通考》。</small>

王方翼次葉河，無舟，而冰合，時以爲祥。<small>《白孔六帖》</small>

晉神山縣北谷中有鐵隨水流出，方二丈三尺，其重七千斤。
<small>建隆二年。《五行志》</small>

武帝殿前地陷，方五尺，深數丈，中有破船。<small>太康八年。《晉朝雜</small>
<small>事》</small>

熙河路地震，有裂數十丈者，蘭州尤甚。倉庫俱没，河東諸
郡震裂。<small>宣和四年。《宋史》</small>

黃氣出壁，長五尺餘，占曰：兵出。<small>景德元年。《宋史》</small>

京城紅葉滿空，如火照人，自旦至辰方息。後數日，京城黑
氣起，百步内不見人，自寅至巳方消。<small>順帝七年。《元史》</small>

汴州相國寺佛閣見有赤塊轉門譙藤網中，周而火作。頃之，

赤塊北飛，轉佛閣藤網中，亦周而火作。既而大雨，平地水深數尺，火亦不滅。<small>唐昭宗大順二年</small>

齊武帝不豫，徙御延昌殿。始登階，而殿屋鳴叱，上惡之。未幾，崩。<small>永明十一年</small>

王莽。社陵便殿乘輿虎文衣廢藏在室匣中者出，自樹立堂上，良久乃委地。吏卒見者以聞，莽惡之。<small>地皇元年。以上《通考》。</small>

進賢縣婦産子，首有角，腋有肉趐。<small>光宗紹熙二年。《宋史・五行志》</small>

河中生草，葉自相樛結，如旌旗之狀，時人以爲“旗子草”。<small>僖宗光啓元年。《五行志》</small>

晉陵縣民析薪，中有木字曰“紹興五年”，如是者二。是時，猶未改元，其後果然。此木妖。<small>《宋史》</small>

彰德李樹結小黃瓜，民謠曰：“李生黃瓜，民皆無家。”<small>順帝至正三年。《元史》</small>

鳳凰集蒼梧。<small>吳孫權黃武五年</small>

鳳凰見會稽山陰。<small>武帝永初元年。以上《宋書・符瑞志》。</small>

有小鳥如雀，生大鳥如鳩於萬年宮皇帝舊宅。<small>高宗永徽五年</small>

烏銜柴爲城，方十餘里，高二三尺，烏口皆流血。<small>德宗貞元四年。上《舊唐書》。</small>

武陵縣龍鬥於復塘村，大雷雨，二龍奔逃，珠墮火，如車輪，牧童得之，自是連歲有水災。<small>宋孝宗乾道五年。《五行志》</small>

有蛇從郭外入，與邑蛇群鬥孝文帝廟。<small>漢孝武帝太唐二年。《白孔六帖》</small>

詩

江南孟秋天，稻花白如氈。素腕慚新藕，殘粧妒曉蓮。<small>鄭槩《狀江南・七月》</small>

時秋積雨霽，新涼入郊墟。燈火稍可親，簡編可卷舒。_{韓文公}

遞嘯取遙風，微微近秋朔。金柔氣尚低，火老候愈濁。_{韓聯句}

急雨收殘暑，西風吹暮蟬。煙浮水空闊，露洗月華圓。_{張芸叟}

打荷看急雨，吞月任行雲。夜半蚊雷起，西風爲解紛。_{山谷}

寂寂官槐雨乍晴，高枝斜帶夕陽明。臨風忽起悲秋思，獨聽新蟬第一聲。_{寇准《新蟬》}

銀獨秋光冷畫屏，輕羅小扇撲流螢。天街夜色涼如水，臥看牽牛織女星。_{杜牧《秋夕》}

萬事悠悠心自知，強顏於世轉參差。移床獨臥秋風裏，靜看蜘蛛結網絲。_{王安石《省中》}

洛陽城裏見秋風，欲作家書意萬重。復恐匆匆説不盡，行人臨發又開封。_{張籍《秋思》}

五千里外三年客，十二峰前一望秋。無限別魂招不得，夕陽西下水東流。_{崔塗《巫山七月於別》}

繞樹無依月正高，鄡城新淚濺雲袍。幾年始得逢秋閏，兩度填河莫告勞。_{蔣洌①《閏七月題烏鵲》}

蘆花兩岸風蕭瑟，渺渺煙波浸秋日。鷗鷺家深不見人，小艇忽自花中出。_{王十朋《蓮花》}

旦暮已凄涼，離人遠思忙。夏衣臨曉薄，秋影入簷長。前事風隨扇，歸心燕在梁。殷勤寄牛女，河漢正相望。_{元禎}

殘暑已束裝，好風方來歸。未能疏團扇，且復製秋衣。高蟬遽如許，長吟送落暉。相戒趣女功，莎蟲能表微。_{杜甫②}

---

① 該詩作者現題爲李商隱。
② 該詩作者現題爲黃庭堅。

新裂齊紈素，皎潔如霜雪。裁成合歡扇，團團似秋月。出入君懷袖，動搖微風發。常恐秋節至，涼飆奪炎熱。棄捐篋笥中，恩情中道絕。顏延年、班婕妤《扇詩》①

星依雲渚冷，露滴盤中圓。好花生木末，衰黃愁空園。夜天如玉砌，池葉極青錢。僅厭舞衫薄，稍知花簟寒。曉風何拂拂，北斗光闌干。李賀

立秋

立秋，木死、水歿、火休、金相。

大暑後十五日，斗指坤，爲立秋。秋者，揫也，物於此而揫斂也。《孝經緯》

律中夷則。孟秋氣至，則夷則之律應。《月令》

斗柄西指，而天下皆秋。《鶡冠子》

一葉落，天下知秋。《淮南子》

壯志悲秋，感陰氣也。《韓子》

坤，西南也，主立秋。《易說》

磬，立秋之樂也。磬者，夷則之氣，象萬物之成。《五經要義》

西方以立秋，謂白精之帝，而少昊、蓐收食焉。《月令》

濁陰，雲出如赤繒。

立秋，白露下。以上《易通卦驗》。

立秋，西方閶闔風至。一名飆風。出《符瑞圖》。

列子遇風，常以立春歸乎八荒，立秋遊乎風穴。是風至草木皆生，否則搖落，謂之離合風。《陸機要覽》

蟋蟀吟於始秋。後襄楷書

---

① 該詩現題爲《怨歌行》。

立秋，促織鳴，女工急促之。《春秋考異郵》

立秋，腐草爲螢。《易通卦驗》

瑤光星散爲鷹，立秋之日，鷹鸇擊。《春秋元命苞》

立秋日午時，豎竿，影得四尺五寸二分半，五穀熟。立秋後四十五日內，土氣在坤，不得修造動土及遠行，出軍士凶。《月令占候圖》

立秋，涼風至，報土功，祀四鄉。《易通卦驗》

立秋日，涼風至，王者報地德，禮西郊。《白虎通》

先立秋祀黃帝，迎氣西郊，樂奏黃鐘，歌西顥，舞《雲翹》。《後漢書》

《春官宗伯》："以白琥禮西方。"立秋爲白精之帝，故曰琥，以象秋氣之嚴肅。《周禮》

貙以立秋日祭獸，王者亦以此日獵獸，祭宗廟。按《爾雅》：貙似狸，或曰虎。五指爲貙。柳子曰：貙畏虎，虎畏羆。出《漢書》。

立秋日，習戰陣之儀，名曰貙劉。《後·禮儀志》

天子居總章左个，乘戎輅，駕白駱，載白旗，衣白衣，服白玉，食稻與魚，其器廉以深。太史以立秋三日謁於天子，曰："某日立秋，盛德在金。"天子乃齋。立秋之日，天子親率諸侯、大夫迎秋於西郊。還，乃賞軍師武人於朝，乃命將帥簡練俊傑，專任有功，以正不義，詰誅暴慢，以明好惡，順彼遠方。《禮》

立秋日，自郊禮畢，始揚威武，斬牲於東門薦陵廟。其儀乘輿御戎車，白馬朱鬣，躬執弩射牲，牲薦鹿麛。謁者各一人，載以獲車，馳送陵廟。還宮，遣齋束帛賜武官。武官肄兵習戰之儀，斬牲之禮，名曰貙劉。兵官皆肄孫吳之兵法，六十四陣。《晉書》

立秋日，夜漏未盡五刻，京都百官皆衣白，迎氣於西郊。《續漢

書》

漢家授御史多於立秋日，蓋以風霜已嚴，鷹隼初擊。《裴德容本傳》

孫寶爲京兆尹，請侯文爲掾，進見如賓禮。數月，以立秋日署文東部郡，且曰："今日鷹隼始擊，當順天地取奸惡，以成嚴霜之誅，掾部詎有其人乎？"文曰："無其人不敢受職。"寶曰："誰也？"文曰："霸陵杜稚季。"寶問其次，文曰："豺狼橫道，不宜復問狐狸。"孫寶，字子嚴。《漢書》

京師立秋，滿街賣楸葉，婦女兒童皆剪成花樣戴之，形製不一。《夢華録》

立秋日，人未起，汲井水，長幼飲之卻病。《常氏日録》

立秋日，勿沐，令皮膚粗燥。《延壽參贊書》，亦出《攝生論》。

嵩山之上有玉女擣帛石，瑩徹光潔，人莫能測。岳下人云，立秋前一日中夜，常聞杵聲響。五代秦再思《紀異》

立秋日，五岳諸真人詣黃老君於黃房靈庭山，會仙官於日中，定天下祀圖靈樂。《登真隱訣》

　　詩

茲辰戒流火，商飆早已驚。雲天收夏色，木葉動秋聲。劉言史

獨行獨語曲江頭，回馬遲遲上樂遊。蕭颯涼風與衰鬢，誰教計會一時秋。白居易《立秋日登樂遊園》

風入泥陽池館秋，片雲孤鶴兩難留。明朝獨向青山廓，惟有蟬聲催白頭。武元衡《立秋華原南館別二客》

日月不相饒，節敘昨夜隔。玄蟬無停號，秋燕已如客。平生獨往願，惆悵年半百。罷官亦由人，何事拘形役。工部棄官去客秦州作。是時，立秋後一日。

百重堆案掣身閑，一葉秋聲對榻眠。床下雪霜侵戶月，枕中琴筑落堦泉。崎嶇世味嘗應遍，寂寞山栖老漸便。惟有憫農心尚在，起瞻雲漢更茫然。東坡《立秋日禱雨宿靈隱寺同周徐二令》

山雲行絕塞，大火復西流。飛雨動華屋，蕭蕭梁棟秋。窮途愧知己，暮齒借前籌。已費清晨謁，那成長者謀。解衣開北戶，高枕對南樓。樹濕風涼進，江暗水氣浮。禮寬心有適，節爽病微瘳。主將歸調鼎，吾還訪舊丘。工部立秋日雨，成都幕中作。

樓峴倚長霄，登攀及霽朝。高如石門頂，勝擬赤城標。天路雲虹近，人寰氣象遙。山清伯禹廟，江落伍胥潮。徂暑迎秋薄，涼風是日飄。果林餘苦李，萍水覆甘蕉。覽古嗟夷漫，陵空愛寂寥。更聞金刹下，鐘梵晚蕭蕭。孫逖《立秋日題安昌寺北山亭》

律變新秋至，蕭條自此初。花酣蓮報謝，葉在柳成疏。淡日非雲映，清風似雨餘。捲帷涼暗度，迎扇暑先除。草盡多翻燕，波澄乍露魚。今朝散騎省，作賦興何如。司空曙立秋作。

處暑

立秋後十五日，斗指申，爲處暑。言漬暑將退，伏而潛處也。《孝經緯》

處暑赤雲出。《易通卦驗》

處暑日，鷹乃祭鳥。後五日，天地始肅；後五日，禾乃登，修宮室，坏垣墻。

處暑後築場圃，登穀；天子嘗新，先薦寢廟。以上《月令》。

七月〔二〕

楚應城陳堦升也甫編輯

邑人徐養量叔弘甫校刻

虞正縉甫

陳光宸致可甫

陳蕾伯春甫仝閱

一日

宋蒼梧王。是夜，熒惑、太白、辰星合於翼。元徽七年。占曰："改立王公。"出《南齊書》。

唐太宗。是日，黃氣竟天，大雨，穀水溢。貞觀十一年。《通考》

後晉開運元年，是夜，大雷雨，明德門内井亭有石槽，槽有龍首，其夕漂行數步而龍首斷焉。識者云："石，國姓也，龍首既斷，大不吉之象。"晉祚果終於開運。出《通考》。

武后封嵩嶽爲神嶽大中王。垂拱四年。《事物紀原》

宋真宗是日謂輔臣曰：朕夢神人降，傳玉皇之命云："先令汝祖趙某授汝天書。"即日於延恩殿設道場。先聞異香，頃之黃光滿殿蔽燈燭，覩仙儀衛天尊至，曰："吾人皇九人中一人也，是趙之始祖。皇帝善爲撫育蒼生，無怠前志。"即離坐，乘雲而去。祥符五年。出《宋史·禮志》。

高宗以是日東宮誕育滿月，大赦天下。龍朔二年。出《舊唐書》。

宋真宗以是日聖祖降爲先天節。《宋史》，亦出《事文類聚》。

文文山是日賜小録。五月賜狀元及第，六月賜錢、賜宴。《七修類稿》

張蕃國王於公衙會諸蕃飲宴，動蕃樂。正月一日亦然。《通考》

太上老君登太極朝元始。道經

詩

高棟層軒已自涼，秋風此日灑衣裳。修然欲下陰山雪，不去非無漢署香。絕壁過雲開錦繡，疏枝隔水奏笙簧。看君宜著王喬履，貞賜還疑出尚方。

宓子彈琴邑宰日，終軍棄繻英妙時。承家節操尚不泯，爲政風流今在茲。可憐賓客盡傾蓋，何處老翁來賦詩。楚江巫峽半雲雨，清簞疏簾看奕碁。杜子美《題終明府水樓二首》，大曆元年七月一日夔州作。

元傲胡床酒半醒，釣筒收盡數舟橫。風生細葛無三伏，月上疏林正四更。北斗離離低欲盡，明河脉脉去無聲。升仙豈復塵中戀，便擬騎鯨返玉京。宋人陸游，字務觀，號放翁。坐舍北水亭七月一日作。

涼飆呼不來，流汗方被體。稀星乍明滅，暗水光瀰瀰。香風過蓮茨，驚枕裂魴鯉。欠伸宿酒餘，起坐濯清沚。火雲勢方壯，未受月露洗。身微欲安適，坐待東方啓。東坡《七月一日出城舟中苦熱》

初秋尚苦暑，歸沐乃君恩。地閒少來客，日宴猶閉門。家乏念藜藿，開顏無一樽。況復辭貌拙，敢隨車馬奔。盥濯何所事，讀書坐前軒。豈堪當世用，空味古人言。頗喜市朝內，獨無塵土喧。終年但如此，貞竊太官餐。曾鞏，字子固。《七月一日休假作》

文書稍去眼，日夕進微涼。高樓一徙倚，清風爲我長。漁父蔭深樾，歸人度浮梁。仰看河漢明，俯視群山蒼。平生會心處，於此故難忘。舊聞水東勝，巖巒發天藏。豈無一日暇，勇往聊徜徉。民瘼未渠補，況敢懷樂康。天邊雲物佳，似復爲雨祥。秋成儻可期，歲晚或自强。當從農家鼓，一歷水雲鄉。張栻，字敬夫，號南軒。七月一日晚登湘南樓作。

二日

東漢桓帝元嘉二年，是日日有食之，在翼四度。史官不見，廣陵以聞，占曰：翼主倡樂。時上好樂過。阮籍《樂論》曰："桓帝聞琴，悽愴傷心，倚扆而悲，慷慨長息曰：善乎哉，爲琴若此，一而足矣。"出《通考》。

唐武宗會昌元年夜，北方流星光明照地，東北流星有聲如雷。《天文志》

宋徽宗是日詔神霄玉清府改營宮宇，以迎神貺，更賴輔弼大臣同寅協力。以太師魯國公蔡京、少傅太宰鄭居中、少保少宰余深等並充神霄玉清萬壽宮，使知樞密院事鄧洵、中書侍郎白時中、宣和殿大學士蔡攸等並兼充副使。政和八年。《合璧事類》

許攸與陳康是日同死。許攸夢烏衣吏奉添案，案上有六封文書。拜跪曰："府君當爲北斗。"明年七月，復夢有一案，四封文書，云："陳康爲主簿。"覺後康至，曰："今來當謁。"攸聞而懼，曰："予夢爲北斗，夢君爲主簿。"明年七月二日，同死。出《幽明錄》。

三日

同昌公主生。唐宣宗大中三年七月三日生，至懿宗九年薨，謚曰文懿。主，郭淑妃所生。出《舊唐書》。

東坡是日杭州到任，謝表云"江山故國，所至如歸。父老遺民，與臣相問"云云。即日謁文宣王廟，祝文曰："昔自太史通守是邦，今由禁林出使浙右。"宋哲宗元祐四年七月三日，表有"父老遺民"云云者，以東坡去杭州十六年，故有此語耳。出《長公外紀》。

唐太子少保薛稷、雍州長史李晉等，是日家破身斬。薛稷、李晉等，外飾忠鯁，內藏諂媚，因附太平公主，並遷要路，自以爲得志，可保泰山之安。七月三日，家破身斬，何異鷦鷯棲於葦荻，大風忽起，而巢折卵破。出《朝野僉載》。

有霧歲熟。《望氣經》

詩

雲送關西雨，風傳渭北秋。孤燈然客夢，寒杵擣鄉愁。灘上思嚴子，山中憶許由。蒼生今有望，飛詔下林丘。唐人岑參《七月三日宿關西客舍寄東山嚴、許二山人》

今茲商用事，餘熱亦已末。衰年旅炎方，生意從此活。亭午減汗流，北鄰耐人聒。晚風爽烏匼，筋力蘇摧折。閉目踰十旬，大江不止渴。退藏恨雨師，健步聞旱魃。園蔬抱金石，無以供採掇。密雲雖聚散，徂暑終衰歇。前聖脊焚巫，武王親救暍。陰陽相主客，時序遞回斡。灑落唯清秋，昏霾一空闊。蕭蕭紫塞鴈，南向欲行列。欻思紅顏日，霜露凍楷閾。胡馬挾彫弓，鳴弦不虛發。長鈚逐狡兔，突羽當滿月。惆悵白頭吟，蕭條遊俠窟。臨軒望山閣，縹緲安可越。高人鍊丹砂，未念將朽骨。少壯跡頗疏，歡樂曾倏忽。杖藜風塵際，老醜難翦拂。吾子得神仙，本是池中物。賤夫美一睡，煩促嬰詞筆。杜子美《七月三日亭午已後校熱退，晚加小涼，穩睡，作詩，因論壯年樂事，戲呈元二十一曹長》

四日

宋太宗封神爲顯聖王。顯聖王廟，在寧州真寧縣即要册湫也。唐乾符中封神爲應聖王，光化二年封普濟王。宋朝太宗在晉邸，有神告之應。太平興國二年七月四日，封顯聖王。出《事物紀原》。

董陵編《宋徽宗御集》《手詔》二册進，賜帛。高宗紹興十六年七月四日進。《宋史》

宋文文山以是日拜黃甲，敘同年。七月一日賜小録，四日敘同年。出《七修類稿》。

邵雍，字堯夫。是日大書詩一章，曰："生於太平世，死於太平世。客問年幾何，六十有七歲。俯仰天地間，浩然獨無愧。"以是夜五更捐館。雍，河南人。舉遺逸試，將作主簿，後又以潁州團練推官，辭疾不赴。雍始學於百泉，堅苦刻厲，冬不爐，夏不扇，夜不就席者數年。衛人賢之，雍嘆曰："昔人尚友千古，而吾未嘗及四方，遽可已乎？"於是走吳適楚，過齊魯，客梁晉，久之而歸，曰："道在是矣。"蓋始有定居之意。至熙寧十年，有疾。張載喜論命，來問疾，因曰："先生論命否？當推之。"雍曰："若天命，則已知之矣。世俗所謂命，則不知也。"載曰："先生知天命矣！載尚何言？"程頤曰："先生至此，他人無以爲力，願自主張。"雍曰："平生學道，豈不知此，然亦無可主張。"時居正寢，諸公議後事於外，有欲葬近洛城者。先生已知，呼子伯溫入曰："諸公欲以近城地葬我，不可，當從伊川先塋耳。"七月四日五更卒。出《史纂左編》。據《安樂窩集》，雍七月十四卒。

丘處機謂門人曰：吾歸無遺恨。處機，號長春子。聞太液之南岸崩裂，水入東湖曰："吾與之俱矣。"七月四日，謂門人曰："昔丹陽嘗授記與予云：'吾没之後，教門大興，四方化爲道鄉，道院皆敕賜名額。又當住持大宮觀，仍有使者佩符乘傳，幹教門事，此乃功成名遂歸休之日也。'丹陽之言一一皆驗，吾歸無恨矣。"出《左編》。

五日

宋寧宗即位。紹聖五年七月五日。出《通考》。

宋神宗崩。是日，請諡於南郊。元豐八年。《宋史·禮志》

宋太宗以吳鉉入史館校定字書。興國八年，吳鉉獻重定《切韻》。七月初五殿試日，令入史館。出《會要》。

李綱自右僕射陞左僕射，黃潛善從門下侍郎爲右僕射。宋高宗建炎元年是月，綱即出，提舉洞霄宮。出《宋學士集》。

宋朝雲卒於惠州。朝雲以七月五日卒，葬於西禪寺，東坡銘其墓。朝雲始不識字，晚忽學書。嘗從泗堂比丘尼義沖學佛。卒之日，誦《金剛經》四句偈而絶。東坡又作詩輓之，中有"駐景恨無千歲藥，贈行惟有小乘禪"之句。出《東坡集》。

三會日宜修迎秋齋。《法天生意》

詩

避謗詩尋醫，畏病酒入務。蕭條北窗下，長日誰與度。今年苦炎熱，草木困薰煮。況我早衰人，幽居氣如縷。秋來有佳興，秔稻已含露。還復此微吟，往和槽床注。酒入務，謂絶酒不飲也。杜詩："賴知禾黍秋，已覺槽床注。"

何處覓新秋，蕭然北臺上。秋來未云幾，風日已清亮。雲間聳孤翠，林表浮遠漲。新棗漸堪剥，晚瓜猶可餉。西風送落日，萬竅含淒悵。念當急行樂，白髮不汝放。以上二首，東坡七月五日作。

六日

是日雨謂之洗車雨。《歲時雜記》

唐穆宗詔曰："七月六日，是朕載誕之辰，其日，百寮命婦宜於光順門進名參賀，朕於門內與百寮相見。"先是，左丞韋綬奏行之，宰臣以爲古無降誕受賀之禮，奏罷之。次年是日，復行賀禮。出洪邁《隨筆》。

宋元徽五年，是夜，少帝微行至領軍府，帝左右人曰："一府皆眠，何不緣墻入。"出《南史》。

宋太祖詔：皇弟①尹、宰相、樞密使、翰林學士、中書舍人泛舟後苑新池，張樂宴飲，極懽而罷。乾德三年。《宋史·禮志》

唐高祖詔用象笏、竹木笏。《唐會要》曰：笏，周制也，《周禮》：諸侯笏，大夫魚鬚，士以竹。晉、宋以來，謂之乎板。西魏以後，五品以上通用象牙。高祖武德四年七月六日，詔五品以上象笏，六品以下竹木笏。出《事物紀原》。

宰臣司馬光請設十科以取士。哲宗元祐元年七月六日，司馬光請設十科：一曰行義純固可爲師表，二曰節操方正可備獻納，三曰智勇過人可備將帥，四曰公正聰明可備監司，五曰經術精通可備讀講，六曰學問該博可備顧問，七曰文章典麗可備著述，八曰善聽訟獄盡公得實，九曰善治財賦公私俱便，十曰練習法令能斷請讞。於十科內舉三人。《宋史》

太平興國年，習俗以是日爲嘉辰。宋太宗詔："七夕嘉辰，著於甲令。今習俗多用六日，非舊制也，宜復用七日。"且名爲七夕而用六，不知自何時以然，唐時無此說，必出於五代耳。出《容齋三筆》。

京師人家左廡以是日乞巧。右廡七日。出《歲時記》。

---

① 弟，底本爲"帝"，據所引《宋史·禮志》及文意，應爲皇弟開封尹的"弟"字，今改。

陶弘景仙化，門徒欲厚之，忽然重起，曰："道士絶與俗殊，胡爲哀哭厚葬？但建修齋功，此乃合太古淳真之法也。"言訖而化。陶弘景，魏郡平陽人，自號華陽隱居。平生嘗晝眠，看書必至夜半。喜聞松風之聲。七月六日仙化。出《太平經》。

詩

縹緲爐煙上帝閽，朝來一洗旱如焚。壟頭無復成龜兆，水面初看起縠紋。免使夏畦炊白玉，未妨秋稼刈黄雲。使君憫雨心猶在，化得邦人不茹葷。曾茶山《江南大旱七月六日臨川得雨奉呈仲高侍御》

七月六日苦炎熱，對食暫餐還不能。每從夜中自是蠍，況乃秋後轉多蠅。束帶發狂欲大叫，簿書何急來相仍。南望青松架短壑，安得赤腳踏層冰。杜工部

七日

天河之西，有星煌煌，與參俱出，謂之"牽牛"；天河之東，有星微微，在氐之下，謂之"織女"，世謂"雙星"。《焦林大斗記》

河鼓謂之牽牛。《爾雅》

烏鵲填河而渡織女。《淮南子》

是日雨曰灑淚雨。《歲時記》

漢武帝生於猗蘭殿。景帝坐崇芳閣，上有丹霞起，赤龍盤棟間。使王夫人居之，改崇芳閣爲猗蘭殿。得幸有娠，夢日入懷，景帝亦夢高祖謂己曰："王夫人得子，可名爲彘。"及生男，因名焉，是爲武帝。出《冥冥記》。

後魏武帝生於參合陂北。太祖道武皇帝，諱珪，昭成皇帝之嫡孫，獻明帝之子也，母曰獻明賀皇后。初因遷徙，游於雲夢，寢夢日出室内，寤而見光自牖屬天，歆然有感。以建國三十四年七月七日生帝，其夜復有光明，昭成大悦，群臣稱慶。出《北史》。

竇后少小頭禿，不爲家人所齒。人皆看織女，獨不許后出，乃有神光照室，爲后之瑞。《後漢書》

玄宗與貴妃避暑驪山宮，夜半凭肩相誓，願世世爲夫婦。《天寶遺事》

戚夫人侍兒賈佩蘭云：“在宮時見戚夫人侍高祖，至七月七日，臨百子池作于闐樂畢，以五色縷相羈，謂爲連愛。”《西京雜記》

玄宗與妃子每至七夕夜在華清宮宴時，宮女各以蜘蛛内之小金盒中，至曉開視，以爲得巧之多少，民間效焉。《開元遺事》

天寶宮中，七夕，玄宗以錦綵結成樓殿，高百尺，可容數人，陳花果酒炙，設坐具，以祀牛、女二星。嬪妃各執九孔針、五色線向月穿之，過者爲得巧。動清商之曲，宴樂達旦，士民效之。《唐書》

漢武帝登尋真之臺齋戒，至七夕夜，忽見天西南如白雲起，直來趣宮。須臾，聞雲中蕭鼓之聲，西王母至，乘紫雲之輦，臨發，雲氣勃鬱，盡爲香氣。

漢武帝掃除宮内，張雲錦之帷，燃九薇之燈。至二更，西王母駕九色之斑龍上殿。以上《武帝内傳》。

漢武帝七夕於承華殿。有鳥從西方來，集殿前，問東方朔，朔曰：“此西王母欲來。”有頃，王母至，有二青鳥夾侍王母旁。《武帝故事》

西王母七夕降漢武帝闕庭，東方朔於朱雀窗中窺王母。時王母以桃七枚獻帝，帝欲留核種之，王母笑曰：“此桃千年生花，千年結實。”指方朔曰：“此兒三偷桃矣。”《漢書内傳》

七夕，西王母爲帝設玉門之棗。《天中記》

武陽城有仙道者，謂其弟曰：“織女當渡河，諸仙悉還宮。”弟問曰：“何事渡河？”答曰：“織女暫詣牽牛。”世人至今謂織女嫁牽牛。《續齊諧記》

王子喬見桓良曰："告我家七月七日待我於緱氏山頭。"至時，果乘白鶴於山頭，望之不得，舉手謝時人而去。

陶安公者，六安鑄冶師也。一朝火散上，紫色衝天。安公伏冶下求哀，須臾，朱雀止治下，曰："安公！安公！冶與天通。七月七日，迎汝以赤龍。"至時，安公騎赤龍東南去。

吳蔡經去家時已老，及還更少壯，鬚髮皆黑，語家中曰："七月七日，王方平當來，可作數百斛飲待之。"至日，方平果來，乘羽車，駕五龍，聞金鼓蕭管人馬之聲。以上《列仙傳》。

周靈王太子晉七月七日乘白鶴駐山巔，謝時人而去。後世稱太子之駕曰鶴駕，禁曰鶴禁。《山堂肆考》

洞賓書詩於紙。元豐中，呂惠卿守單州天慶觀。七月七日，有異人過焉，書詩於紙，一曰："四海孤游一野人，兩壺霜雪是精神。坎離二物君收得，龍虎丹行運水銀。"一曰："野人本是天台客，石橋南畔有舊宅。父子生來有兩口，多好生歌不好拍。"惠卿婿余中解之曰："後篇第一句，賓字也；第二句石橋者，洞也；第三句兩口者，呂也；第四句者，吟也。吟此詩者，其洞賓乎！"出道書。

唐開元中，有李氏爲尼，號曰"真如"。天寶七年七月七日，忽見五色雲墜地，一囊中有五物，乃寶玉也。至肅宗元年，真如爲神人召往化城見帝，授以八寶俾獻於朝，真如乃並前五物皆獻之。《唐寶記》

太原郭翰少有清標。乘月臥庭中，視空中有人冉冉而下，乃一少女，明艷絕代，曰："吾天之織女也。上帝命遊人間，願乞神契。"乃升堂，同枕至曉辭去。後夜復來，翰戲之曰："牽牛郎何在，乃敢獨行？"對曰："陰陽變化，關渠何事？"至七夕，忽不來，數夜方至，翰問曰："相見樂乎？"笑曰："天上那比人間。"問曰："此來何遲？"曰："人中五日，彼一夕耳。"忽一夜，悽愴流涕，曰："帝

命有期，便當永訣。”以七寶枕留別而去。《墨莊冗録》

郭子儀至銀州，七夕見左右皆赤光。仰視天上，軿車繡幄，中有美女，自天而下。子儀祝曰：“必是織女降臨，願賜長壽富貴。”後立功貴盛，年九十餘薨。《子儀傳》

有女子尚幼，七夕見家人出庭望候天門開，獨在室中不出，曰：“若合當見者，雖暗室中亦應見之。”至夜深，忽見天上門開，雲氣赤奕，因求富。及長嫁而富，就寡，家累鉅萬。有賈客貨其絹百疋去，而船覆溺，絹皆没。其女子偶開後房，見絹在其中，但濕耳。賈客歸，女子曰：“絹歸矣。”驗之而信。《雜異書》，亦出《夷堅録》。

僧宗本題邑治之壁曰：“東燒西燒，日月七七。”後數日，江西盜李仁入境，焚其邑，七月七日也。紹興二年。《五行志》

師曠所鑄鏡背有二十六①字科蚪書，曰：維晉新公二年七月七日午時，於首陽山前白龍潭鑄成此鏡，千年後出。於背上環書，一字管天文一宿，依方列之，則左有日右有月，龜龍虎雀各依方安焉。於鼻下題曰：“夷則之鏡。”天寶陳仲躬得之井中，後仲躬交戰累勝，爲大官。《白孔六帖》

李員居長安延壽里，忽聞室之西南有歌，其音清越，誌其歌詞曰：色分藍葉清，聲比磬中鳴。七月七日，吾當示汝之形。後雨甚，潰其堂之北垣，又聞其聲，果前聞者。員驚視之，於垣下得一金，徑尺餘，製用金成，形狀奇古，有文視不可見。叩之，其韻極長。即命滌去塵蘚，歷然可讀，字若小篆，乃崔子玉座右銘。《白孔六帖》

唐德宗斬僞官喬林，將臨刑，書曰：“林以七月七日生，亦以七月七日死，豈非命也！”《國史補》

---

① 根據後文“一字管天文一宿”，“二十六”應爲“二十八”，其他本也是“二十八”。

陸士龍云：魏武帝劉婕好以七月七日折琉璃筆管，此其時也。《天中記》

太液池西有漢武帝曝衣樓，是日宮女出后衣曝之。《漢書內傳》

俗以是日曝衣。諸阮庭中爛然綈錦。籍兄子咸時總角，乃豎長竿，標大布犢鼻褌於庭中，曰："未能免俗，聊爾耳。"《竹林七賢傳》

郝隆曝腹於庭中，人問之，曰："我曝腹中書。"《六帖》

曬曝革裘，無蟲。《韋氏月錄》

盧照鄰是日綿州泛舟，其詩序曰：諸公迹寓市朝，心游江海。訪奇交於千里，惜良辰於寸陰。常恐辜負琴書，荒涼山水，於是脫屣人事，鳴棹川隅，言追挂犢之才，用卜牽牛之賞。邊生經笥，送炎氣以濯纓；郝氏書囊，臨秋光而曝背。似遇緱山之客，還疑星漢之遊，云云。載《蜀志》。

晉潘尼，字正叔。是日侍皇太子宴玄圃園，作詩：商風初授，辰火微流。朱明送夏，少昊迎秋，云云。潘尼，潘岳其從父也。東宮之比，曰玄圃園。《山堂肆考》

俗以蠟作嬰兒，浮水中以爲戲，爲婦人生子之祥，謂之化生。唐人詩曰：水拍銀盤弄化生。《歲時紀事》

中尚署進七孔金鈿針。《百官志》

漢綵女穿針於開襟樓。《西京雜記》

齊武帝起層城觀，宮人多登之穿針，謂之穿針樓。《輿地志》

織染署祭杼。《唐·百官志》

膳部有節日食料。《唐六典》注謂：七月七日斫餅。

洛陽人家乞巧，造明星酒，裝同心繒。《金門歲節記》

京師舊俗以菉豆、小豆、小麥貯磁器內，以水浸之，生芽數

寸，以紅藍絲縷束之，謂之種生，於街心綵幙張設貨賣。《山堂肆考》

取小赤豆，男吞一七，女吞二七，畢歲無病。

取烏雞血，和三月三日桃花末，塗面及徧身，二三日肌白如玉。此太平公主法。以上《韋氏月錄》。

七日爲慶生中會，地官三宮九府四十二曹，同會天、水二官六宮十八府七十八曹，同考罪福。道經，亦出《山堂肆考》。

詩

豈意靈仙隔，相忘亦彌年。夕衣清露濕，晨駕秋風前。韋應物《七夕》詩

仙車駐七襄，鳳駕出天潢。月映九微火，風吹百和香。何遜。九微，燈名。

耿耿曉河微，神仙此會稀。今年七月閏，應得兩回歸。王灣《閏七月七日》

亭亭新粧立，龍駕具層空。世人亦爲爾，祈請走兒童。牽牛詩

聞道尋源使，從天北路回。牽牛去幾許，宛馬至今來。

牽牛出河西，織女處其東。萬古一相望，七夕誰見同。以上杜詩。

年年七夕渡瑤軒，誰道秋期有淚痕。自是人間一周歲，何妨天上只黃昏。崔塗

今日雲駢渡鵲橋，應非脉脉與迢迢。家人競喜開粧鏡，月下穿針拜九霄。權德輿

月帳星河次第開，兩情惟恐曙光催。世人不用穿針待，没得心情送巧來。羅隱

玉殿凭肩共語時，風清月墜有誰知。梧桐秋雨三山遠，始信生前有別離。

靈定三秋會，仙期七夕過。槎來人泛海，橋渡鵲填河。帝綖昇銀閣，天機罷玉梭。誰言七襄詠，重入五絃歌。李嶠《奉和七夕兩儀殿會宴應制》

白露含明月，青雲斷絳河。天街七襄轉，閣道二神過。袨服鏘環佩，香筵拂綺羅。年年今夜盡，機杼別情多。杜審言

移家避寇逐行舟，厭見南徐江水流。吳地征徭非舊日，秣陵凋敝不宜秋。千家閉戶無砧杵，七夕何人望斗牛。秖有同時驄馬客，偏題尺牘問窮愁。李嘉祐《七夕京口孤泊章侍御寄書相問因以贈之》

秋動清風扇，火移炎氣歇。廣簷含夜陰，高軒通夕月。安步巡芳林，傾望極雲闕。組幕縈漢陳，龍駕凌霄發。沉情未申寫，飛光已飄忽。相對眇難期，今歡自茲沒。劉鑠

素秋二七，天漢指隅。口暮宴罷，車騎就衢，蓋如飛鶴，馬如游魚。劉禎

八日

宋真宗曰：朕行有三：一，監前代成敗；二，進善人；二，斥群小。欲史氏不能書吾惡。景德十六年。《玉海》

宋度宗崩。度宗七月八日崩，時選舉殿試之期竟不畢試，嗣君即位。出《宋史》。

吳王李煜太平興國三年是日薨，皇上撫几興悼，贈太師，追封吳王。皇上輟朝三日。出《李煜墓志銘》。

王居安少時，劉孝韙是日過其家塾，見居安異凡兒，使賦八夕詩，援筆成之，有思致。孝韙驚拊其背曰："子異日名位過我。"居安少讀《孝經》，有從旁指曰："曉此乎？"即答曰："夫子教人孝耳。"宋孝宗淳熙十四年舉進士，授徽州推官。後居安以書生，於兵事不學而能。有論居安者曰：掃除群邪以匡王國，其志壯哉！居安，字資道，黃巖人。出《宋史列傳》。

詔再修，士雄記。錢塘沈振蓄一琴名冰清，腹有晉陵子銘，云：“卓哉斯器，樂惟至正。音清韻高，月苦風勁。巢餘神爽，泛絕機静。雪夜敲冰，霜天擊磬。陰陽潛感，石藏前鏡。人其審之，豈獨知政。”大曆三年三月三日，上底蜀郡奉詔書，貞元十一年七月八日再修，士雄記。或以謂晉陵子杜牧道號，篆法類義山，不知士雄何人也。出《國史補》。

桂陽城武丁有仙道，是日失武所在。武丁忽謂其弟曰：“七月七夕，織女渡河，諸仙悉還宮。吾向已被召，不得停，與爾別矣。”弟問：“織女何事？兄何日當還？”答曰：“織女暫詣牽牛，吾去後三千年當還耳。”初八日，失武所在。出《續齊諧事》。

商人李環、戴政俱沉於江。王植，新贛人也，與朱壽乘舟過袁江。時日暮遠眺謂壽曰：“此是楚昭王獲萍實之處，仲尼言童謠之應也。”壽曰：“識者以童謠爲偶然，而聖人必知之。”言訖，見岸上青衣執蘆荻謂植曰：“卿從何處來？”植曰：“自贛至。”青衣又謂壽曰：“仲尼不語怪力亂神，何也？”壽曰：“夫子聖人也，不語怪神者，恐以亂教。”青衣曰：“善。”又曰：“子信怪神乎？”壽曰：“吾信之。”青衣曰：“我非鬼神。又非人類。”又謂植曰：“明日有李環、戴政，俱是商人，以利剝民，上帝惡之，欲沉於江。”植、壽異之，乃牽舟上流，遇一賈舟，問以姓名，如其言。壽謂植曰：“上帝惡不善事已定矣。”時晉恭帝元熙元年七月八日也，二商一時俱沉溺。譚者謂：“此處有青蛟，往往見於波中。所見青衣者，恐蛟有靈，奉上帝之命也。出《九江記》。

九日

晉祖遣中使謂侯益曰：“朕思卿前年七月九日大立戰功，故復以七月九日徙卿鎮彭門，領相印。”賜門戟。侯益，汾州平遥人，祖父以農爲業。晉祖召益謂曰：“宗社危若綴旒，卿能爲朕死耶？”益曰：“願假鋭卒五千人，破賊必矣。”後益率禁兵數千人，次虎牢，從賓軍萬餘人，夾氾水而陣。七月九日，大敗其衆，擊殺殆盡。晉祖追念虎牢之功，乃遣中使云云。出《宋史列傳》。

司業李元瓘是日言：《禮記》文少人皆競讀，《周禮》《儀禮》《公》《穀》四經殆絕，請習四經者許其入策選舉。唐玄宗開元八年。《玉海》

宋庠上《紀年通譜》。宋仁宗慶曆六年七月九日,庠上《通譜》,取十七代正史並百家雜説,凡正僞年號成一書,詔送史館。出《會要》。

金陵杜元卒。杜元苦學有材氣,能爲詩。元至元中,張文穆公欲以茂才異等薦杜元,不就,事二親嘖嘖有聲。及兵亂,士卒相戒不忍犯焉。元至正年卒。字一元。出《宋學士集》。

丘處機登寶玄堂,留頌曰:生死朝昏事一般,幻泡出没水長閒。微光見處跳烏兔,玄量閑時納海山。揮斥八紘如咫尺,吹噓萬有似機關。狂辭落筆成塵垢,寄在時人妄聽間。書畢而逝。處機,字通密,號長春子。一日,雷雨大作,人報云太液之南岸崩裂,水入東湖,聲聞數十里,黿鼉魚鱉盡去,池遂枯涸,北口山亦摧。師初無言,良久笑曰:"山摧地枯,吾將與之俱乎!"九日登寶玄堂,留頌而逝。出《史纂左編》。

詩

人間秋光七月九,萬里新涼到槐柳。《事文類聚》

十日

劉玄德是日致書於馬超曰:令尊翁忠義聞於四海,今被操之所害,爲子之道,安忍坐視?若能率西涼之兵以敵曹之勢,備當舉荊、襄之眾,則逆曹可擒,姦黨可滅,讎辱可報,漢室可興。建安十六年七月十日。出《三國志》。

宋真宗幸魏咸信第視疾。天禧元年。《宋史》

獨孤君葬。獨孤君,諱申叔,字子重。年二十二舉進士,又二年,用博學宏詞爲校書郎,又三年,居父喪,未練而没,蓋貞元十八年四月五日也,是年七月十日葬。此事四月五日亦載《合璧事類》。

行開元通寶錢。開元通寶錢縵工有文如初月者,《譚賓錄》曰:武德初,行開元通寶錢。初進樣日,文德皇后掐一甲,因不復改。《唐要》曰:武德四年七月十日,行開元通寶錢。

漢武帝是日掃除宫掖,設座大殿,以紫羅薦地,燔百和香,燃九微燈，以待王母。出《山堂肆考》。據《武帝內傳》，事在七日。

十一日

真宗詔近臣及寇準及馮拯，觀內苑穀，遂宴於玉宸殿。景德四年。《宋史·禮志》

鄭承規因《碧落碑》字之難辯，楷書之。絳州興龍宮有碧落石像，皆刻其篆文，世傳爲《碧落碑》。《洺中紀異》乃云：有二道士閉戶三日，不聞人聲，人怪而破戶，惟見二白鴿飛去，刻篆宛然。《學古編》辯爲李陽冰之書，蓋唐人能篆者，無出陽冰之右。讀其字難識，鄭承規於咸通十一年七月十一日，因其字之難辯，復楷書焉。出《七修類稿》。

印肅禪師沐浴，書偈於方丈之西壁，云："乍雨乍晴寶像明，東西南北亂雲深。失珠無限人遭劫，幼應權機爲汝清。"書畢，跏趺而逝。師未生時，鄰夜有望其室者，祥光燭天，遠近相愕，已而蓮生道周，或現阡陌，衆愈異之。及師生，五相豐潤，即善世言。至乾道五年七月十一日，跏趺而逝，號普庵。出《楚通志》。

玉帝遣使降石壇上，以符一道，撚如藥丸，使女仙謝自然服之。貞元十年。《集仙錄》

詩

行看野氣來方勇，臥聽秋聲落竟慳。淅瀝未生羅豆水，蒼忙空失皖公山。火耕又見無遺種，肉食何妨有厚顏。巫祝萬端曾不救，只疑天賜雨工閒。王荊公《舒州七月十一日雨》

介蟲之長，寔曰靈龜。明陰陽以應化，察利害以俟時。於穆我皇，德無不被。春國洋溢，神物來萃。雖五靈其必臻懿，雙龜以時瑞。陋衆水而不處，選天池以自寄。金甲炫晃，帶璧日以流光；綠毛丰茸，度薰風而含吹。不唼喋於蘋藻，恣東西於荷芰，云云。秋七月十一日，龜雄雌各一，游於內池，甲耀金毛。帝出示百官，周存作賦。

十二日

永元元年，大風，京師十圍樹及官府居民屋皆拔倒。《南齊書》

唐玄宗是日次普安郡，與房琯語甚悦，即日以琯拜爲吏部尚書、同中書門下平章事。天寶十五載。《玉海》

吳直方薨。字行可，生於宋恭宗德祐乙亥年，以集賢大學士致仕。讀書不屑屑章句，於《魯論》言忠信及事君致身語尤有深契。生平不信堪輿，遺言隨地而葬。又以無大功業，不必乞銘於人，乃自序歷官世第而系之以辭，曰：余生雖艱，非有所覬。漫游京華，旅食三紀。際時休明，偶膺禄仕。位躋極品，恩封三世。儒者之榮，於斯爲至。報上一誠，如水東注。樹碑自銘，以詔來裔。人以爲實録云。至正年七月十二卒。《宋學士集》

老君乘白輿，駕青牛，至函關，關吏入白尹喜，喜曰："今我得見聖人矣！"即具朝服出迎，跪伏叩頭，邀之曰："願丈人暫留神駕。"老君謝曰："吾貧賤老弱，居在關東，田在關西。今暫往取薪，何故見留？"喜復稽首曰："丈人豈是取薪！久知大聖人當來西游，願少憩神駕。"《史纂左編》

劉處玄生。是夜，有紫氣二道從大基山橫貫其家。處玄母王氏夜夢白衣翁呼出，西南指之，有玉樹四枝，枝各有一金葉。令取其一，曰："他日必生異人。"意將取之，其葉自墜於手，視之則金蟬。飛起而復投於口中，遂有娠。明年七月十二日生，後得道羽化。元至元六年贈長生輔化明德真人。出《史纂左編》。

岳神上天日。趙郡李湜，以開元中謁華岳廟，遇三夫人，邀入寶帳中。三夫人送與結懽，懽罷而別，謂湜曰："每年七月十二日，岳神上天。此後至期相迎，勿辭。今日相見，亦是其時，故得盡懽耳。"明年七月十二日，湜復遇三夫人，敘離異則淚出，論新懽則情洽。又盟以後會之期。自是，湜形体日瘦。見一術者，曰："君有邪氣。"爲書一符，邪不得近。後三夫人罵曰："酷無行，何以帶符爲？非獨損我，亦當損君。"如其言。出《廣異記》。

詩

桂含爽氣三秋首，蕡吐中旬三葉新。正是澄江如練處，玄暉應喜見詩人。李商隱《七月十二日夜寄池州李使君》

十三日

唐肅宗即皇帝位。玄宗幸蜀，有詔以肅宗嗣皇帝位。肅宗奉詔，歔欷哀不自勝。至七月十三日，即皇帝位。出《考異》。

唐德宗駕還長安。德宗興元元年七月十三日，還長安，使孔巢父詔赦李懷光。懷光素服待罪。懷光左右多胡人，皆曰："太尉懷光無官矣！"巢父又宣言於衆曰："軍中誰可代太尉領軍者？"於是懷光左右發怒諠譟，詔未畢，衆殺巢父。出《邠志》。

吐蕃不意唐兵猝至，大驚。高仙芝爲行營節度使，將萬騎討吐蕃，以七月十三日會連雲堡下。吐蕃不意唐兵猝至，大驚。依山拒戰，礌櫑如雨。出《左編》。

東坡是日疾少間，曰："今日喜近筆硯。"建中靖國元年，東坡是年六月自儀真避疾渡江，曰："吾與子由不復見而訣，甚痛。"至七月十三日疾少間，曰："今日喜近筆硯，試爲錢濟明戲書數紙。"遂書《惠州江月》五詩。是月終，年六十六。出《長公外紀》。

晉趙泰爲祖父、二弟延請僧衆，大設福會。趙泰，字文和。舉孝廉不就。忽卒，泰見城邑崔峚，與男女數千人並進，見獄中祖父及二弟號泣。主者開藤篋，檢年紀尚有餘筭，乃遣泰還。泰復生，乃爲祖父、二弟設福會。時晉太始五年七月十三日也。出《冥祥記》。

王真人昇仙。王靈輿。《翰墨大全》

詩

夜夢嬉遊童子如，父師檢責驚走書。計功當畢《春秋》餘，今乃始及桓莊初。怛然悸寤心不舒，起坐有如挂鈎魚。我生紛紛嬰百緣，氣固多習獨此偏。棄書事君四十年，仕不願留書繞纏。自視汝與丘孰賢，易韋三絕丘猶然，如我當以犀革編。東坡在儋耳，七月十三日夜夢後作。東坡以嘉祐二年中第，至紹聖四年貶儋耳，時年四十。"走"字當如《前漢書》音奏，蓋趁之之義也。退之詩"有如魚挂鉤"。① "習""氣"字出佛書。

十四日

廣州地震有聲。慶曆四年七月十四日。《宋史》

宋仁宗以是日作鎮國神寶。先是，帝謂大臣曰："奉宸庫有良玉，廣尺而厚半之，希世之珍也。"皇祐五年

宋神宗是日詔：自安南用兵，獻議討賊者以百數，其言水陸進師之道，往往不同，未知孰得。宜命檢詳官王伯虎、梁燾編類衆説成書，各繪圖附見，以備他日之用。元豐元年。以上《玉海》。

秋禊。禊，水上祓除也，然有春禊、秋禊。《論語》"浴乎沂"注"上巳祓除"、王右軍蘭亭暮春修禊，此春禊也。劉禎《魯都賦》曰"素秋二七，天漢指隅，人胥祓禳，國子水嬉"，此用七月十四日，指秋禊也。《丹鉛摘録》

寇萊公生詩曰：向②時生上相，明日是中元。《事文類聚》

元君與侍女群真二十七人降於薛玄同之室，玄同迎拜於門。元君憩坐良久，示以《黃庭》存修之旨，賜丹一粒，使八年後吞之，"當遣玉女飆車迎汝於嵩嶽"，言訖散去。薛氏者，河中少尹馮微妻也，自號玄同。適馮微乃稱疾獨處，日誦《黃庭經》二三遍。忽有青衣玉女二人降其室，光如月照，香風四集。二人告曰："紫虛元君主領南方，下校文籍，命諸真仙於六合内有志道者拔之。"唐懿宗咸通十五年七月十四日，元君降玄同室，與丹一粒，許遣玉女飆車相迎。及黃巢犯關，馮微與玄同同寓晉陵。中和元年，舟至瀆口，忽見河濱有朱紫官吏若迎侯狀，舟人見而驚之，玄同曰："無懼。"即移舟就之，官吏皆拜。後玄同沐浴，飼所賜之丹，稱疾而去，開棺惟有空衣而已。《集仙録》

詩

不復微雲滓太清，浩然風露欲三更。開簾一寄平生快，萬頃

---

① 韓愈《寄三學士》詩："歸舍不能食，有如魚中鉤。"

② 向，今爲"何"。此詩爲宋人魏野《寇相公生辰二首》其二中詩句。

空江著月明。陸游《七月十四夜月》

高閣在清禁，長軒憑廣虛。御帷閟圖象，依然臨幸餘。翠甍布天路，黃簾分直廬。一雨清景早，稍涼秋興初。解帶就君坐，臨床窺素書。山海所錯出，飛潛類紛如。此語果虛實，遺編空卷舒。自笑正豕亥，更微注蟲魚。君材合遠用，就此固已疏。如我乃斯幸，地閒容誤居。竹影散良席，花香浮廣裾。俯仰自足適，歸時更當徐。曾鞏，字子固，號南豐。七月十四日韓持國直廬同觀山海經作。

十五日

七月中氣，日在張。《六帖》

日月會於鶉尾，而斗建申之辰。招搖指申。出《淮南子》，載《纂記淵海》。

七月中元，乃大慶之月。《修行記》

壬戌之秋，七月既望，蘇子與客泛舟遊於赤壁之下。東坡《賦》

孟秋之望。十五日也。《六帖》

中元節，京城張燈。開寶四年。《天中記》

三①元日，非供祠不採魚。《唐史·百官志》

明皇在便殿，甚思姚元崇。是日苦雨不止，泥濘盈尺，上令侍制者抬步輦召學士。時元崇爲翰長，中外榮之。自古急賢待士，未有如此。《白孔六帖》

金承遼俗，於是日行拜天禮，畢則射柳於毬場。軍②中以端午日走馬爲蹛柳。蹛音札。宋徽宗政和四年，金主拜天射柳，此承遼俗。五月五日、九月九日亦然。出《山堂肆考》。

石國是日以王父母燒餘之骨，金甕盛之，置於床上，巡繞而

---

① 底本無"三"字，據歐陽修《新唐書·百官志》，此處有"三"字，今補。

② 軍，底本爲"華"，據所引《山堂肆考》應爲"軍"，今改。

行，散以香花雜果，王率臣下設祭焉。禮終，王與夫人出就別帳，臣下以次列坐而饗宴。正月六日亦然。石國隋時與中國通，居於藥殺水，都柘折城，方千餘里。本漢大宛北鄙之地。出《四裔考》。

中尚署七月十五日進盂蘭盆。《唐六典》

宮中是日造盂蘭盆，綴飾鏐琲，設高祖以下七聖位，幡節、衣冠皆具，各以帝號識其幡。《王縉傳》

目連以母生餓鬼中，佛令作盂蘭盆，是日以百味五果盆中供養十方大德，而母得食。後世因之席爲華飾。《白孔六帖》

中元之日，地官校勾，搜選人間，分別善惡。諸大聖衆普詣宮中，簡定劫數，人鬼傳録。餓鬼囚徒，一時皆集。以其日作玄都大醮玉京山，採諸花果、珍奇異物，幢幡寶蓋，清膳飲食，獻諸聖衆。道士於其日夜講誦是經，十方大聖，齊詠靈篇，囚徒餓鬼俱飽滿，免於衆苦，得還人中。道經

太上老君同元始天尊會集福世界。《道藏經》，亦出《山堂肆考》。

邊洞玄女仙上昇。《事文類聚》

清虛真人是夜與許玉斧言曰：五公石腴，急宜服之，可以延年。《真誥》

蘇耽真人生。蘇耽，文帝朝桂陽郡人也。母潘氏，嘗於江邊澣水，有五色苔浮於水，颺而去復來，繞足者三，乃取吞之，既而有孕，誕真人。時惠帝五年七月十五日。人異之，母乃致之居後牛脾山石洞中。七日往視，則有白鶴覆之，白鹿乳焉。復取歸，既長，欲立姓名，母曰“適有擔禾者至以草貫魚”，遂名姓蘇名耽。事母以孝聞。耽每持一竹杖，一日，忽掃庭除，若有所待，母問其故，曰：“儔侶當降。”頃之，紫氣氳氳，有十鶴集其庭，與耽語密如故。出門群鶴隨之，迤邐升天，而異香天樂彌日不散。二月二十八、五月十五。亦載《郴陽仙傳》。

道通禪師無疾而終。道通禪師，唐州紫玉山僧，詣建陽謁馬祖。祖尋儻龔公山，師亦隨之。祖將歸寂，謂師曰：“夫王石潤山秀麗，益汝道業，遇可居之。”師不

曉其言。是秋游洛，回至唐州，西見一山，四面懸絕，峰巒秀異。因詢鄉人，曰"紫玉山"。師乃陟山頂，見石方正，瑩然紫色，嘆曰："此其紫玉也，先師之言懸記耳。"遂剪茅構屋而居焉。後學徒四集，有問："如何出得三界去?"師曰："汝在裏許，得多少時也!"曰："如何出離?"師曰："青山不礙白雲飛。"元和八年七月十五日，無疾而終。出《楚通志》。

河中鳳林關有靈岩寺，每是日溪穴流聖柰出，大如盞。《洽聞記》

王勣是日匣中寶鏡悲鳴，其聲纖遠，俄而漸大，若龍吟虎吼，良久乃定。勣開匣視之，即失鏡矣。大業十三年，勣先夢寶鏡，語曰："我素蒙鄉兄厚待，今當去人間，欲得一別，請鄉兄早歸長安。"勣夢中許之，覺而歸秦。至七月十五日，寶鏡匣中悲鳴，遂去。《異聞集》

元和中，内侍劉希昂是日忽見一白衣女人獨行，曰家遠暫借後院，希昂許之。入院不見，惟有一火柴頭在廁門前。舉家相謂曰：此火災也。希昂有家人上廁，中忽聞廁中云："即來，且從容。"家人驚報希昂。希昂自往聽之，又云："即出來，即出來。""何不出來?"忽有一小人，長尺餘，一家驚走。至七月十五日，忽有一白衣女人借後院，希昂許之。頃有火柴頭在廁，希昂覓術士鎮壓之。當鎮壓時，火從廚發。至冬，希昂忤憲宗，族誅。出《博異志》。

詩

偶來人世值中元，不獻玄都永日閒。寂寂焚香在仙觀，知師遙禮玉京山。令狐楚《中元日贈張尊師》

燈前飛入玉階蟲，未臥先聞半夜鍾。看即中元齋日到，白盤金線綉真容。王建《宮詞》

宮濠水落兩三痕，正是秋初雨後天。菱荇中間開一路，曉來誰過採菱船。楊廷秀《七月十五觀菱濠》

野迴雲歸盡，山高月上遲。暗螢依露草，驚鵲遶風枝。素影隨波遠，新涼與酒宜。中秋更有味，試爲卜歸期。宋人曾極，字景建。

《七月十五日夜顯仁寺東軒對月》①

邪氣奔屯瑞氣移，清平過盡到艱危。縱饒犬彘迷常理，不奈豺狼幸此時。九廟有靈思李令，三川悲憶恨張儀。不憐一曲還京樂，重對紅蕉教蜀兒。羅隱中元甲子以辛丑駕幸蜀作，載《蜀志》。

玄都開秘籙，白石禮先生。上界秋光净，中元夜景清。星辰朝帝處，鸞鶴步虛聲。玉樹花難老，珠宮月最明。掃壇天地肅，投簡鬼神驚。儻賜刀圭藥，還留不死名。殷堯藩《中元看諸道士步虛》

妙道本非説，殊途或異名。聖人得其要，俱以化群生。鳳吹從上苑，龍宮連直城。花鬘列廣殿，雲蓋駐前庭。松竹含新韻，軒窗有餘清。緬懷崆峒事，須斷管絃聲。離相境都寂，忘言理更精。域中信稱大，天下乃爲輕。屈己由濟物，堯心豈所榮。崔元翰《七月十五日奉和聖製題章敬寺》

徂暑尚繁鬱，大火空西流。兹辰喜佳節，涼雨忽驚秋。晼晚蘭徑滋，蕭荊庭樹幽。炎氣一吹去，恢台逝不留。刀筆隨事屏，塵囂與心休。端居諷道言，焚香味真諦。子亦玩文史，及此同優游。朱公文《七月十五兩中呈子晉》

十六日

唐高祖詔五品以上執象笏，六品以下執竹木笏。武德四年。《玉海》

宋哲宗即位，詔以太皇太后是日生爲坤成節。《宋史》

謝靈運出爲永嘉守，是日之郡。高祖永初三年五月崩，少帝即位，出靈運守永嘉。少帝猶未改元，故云永初。靈運七月十六日之郡，初發都作詩一首，詩曰：述職期闌暑，理棹變金素。秋岸澄夕陰，火旻團朝露。辛苦誰爲情，游子值頹暮。愛似莊念昔，久敬曾存故。如何懷土心，持此謝遠度。李牧愧長袖，郤克慚蹀步。良

---

① 此詩作者現題爲金人郝俁。

將不見遺，醜狀不成惡。曰余亦支離，依方早有慕。生幸休明世，親蒙英達顧。空班趙氏璧，徒乖魏王瓠。從來漸二紀，始得傍歸路。將窮山海迹，永絕賞心晤。出《文選》。

張元崇昇仙。《列仙傳》

齊董清建復生。清建父賢明，建元初爲越騎校尉。母宋氏初孕時，夢人語曰：“必生男，體上當有青誌，可名青兒。”及生，遂以名焉。稍長，有容止美言，見者異之。年十四，爲水曹三軍。忽疾將卒，謂母曰：“不須憂念。”乃大哭，聲盡而絕。母欲殯齋前，七月十六日夜復生，云：“勿安齋前，自有道人迎喪者。”果有道人來，名曇順。母以其語語之，曇順曰：“貧道居南林寺，造丈八像垂成，賢子有此感應。寺有空地，可永藏也。”遂葬於寺。後母過墓，夜見清建如生，曰：“願母割愛，何必至此。”每於空中聞清建聲。出《法苑珠林》。

　　詩

洞庭葉下涼颸颸，凍天頑白凝不流。圓月擬缺不忍缺，輕露欲浮終未浮。憶吹朱籟鳳軿上，更採紫芝雲嶠陬。玉樓天畔幾千尺，珠樹玲瓏懸上頭。宋人狄遵度《七月十六日夜書事》

十七日

金樓子曰：“吾筮十七日當得雨。”遇坎之比，又曰：“坎者水也，其在今夜三更乎！”地上有水，稱之爲比。其夜，果有甘雨。金樓子七月至荊州，亢陽日久，月旦雖雨，俄而便晴，人皆曰“月雨額，千里赤蓋”，旱之極也。七月十七日得雨，如金樓子筮。出《天中記》。

徐文質卒。文質，字處中，宋人也。天聖八年七月十七日卒，壽五十。非慶吊大事不出門，事繼母彌盡其力。出《文質墓誌》。

張政復生。唐開元三年，張政暴卒。初見四人來捉，行至大江，細看之水皆血，及念《金剛經》，使者變色。忽逢一僧，長八尺餘，曰：“張政是某本宗弟子，命數未盡。”頃之，見前四人皆著大枷，亦不見前所渡之大江。僧令弟子閉目，以一杖擊之，乃活，時七月十七日也。出《報應記》。

十八日

玄宗次巴西郡,太守崔涣奉迎。即日以涣爲門下侍郎、同中書門下平章事,以韋見素爲左相。_{天寶十五載}

宋神宗詔中書門下考察内外官,置簿記功過,歲終升黜之。_{熙寧三年。以上《玉海》。}

韋處元真人成仙。

太真西王母誕日。_{以上《翰墨大全》。}

詩

中元過後恰三朝,因是庭闈喜氣飄。李謫若非當此夕,申生應是在今宵。_{《事文類聚》}

十九日

唐僖宗即位。_{僖宗,咸通三年五月八日生於東内,十四年十九日即位,時年十二。出《續寶運錄》。}

劉黑闥稱王改元。_{唐高祖武德四年,漳南諸將往詣之,告以其謀,黑闥欣然從之。黑闥方種蔬,即殺耕牛與之共飲食定計,聚衆得百人。七月十九日,稱王改元。出《實錄》。}

宋韓琦祖母卒。_{祖母崔氏,棣州司馬魯之長女,終於天復二年七月十九日,年八十有三。出《五代祖塋記》。}

警玄禪僧示寂。_{警玄年至八十,嘆無可以繼者,遂作偈,并皮履、布直裰,寄浮山遠禪師,使爲求法器。偈曰:"楊廣山頭草,憑君待價焞。異苗翻茂處,深密固靈根。"偈尾云:"得法者潛衆十年,方可闡揚。"遠拜而受之。遂贊師像曰:黑狗爛銀蹄,白象崑崙騎。於斯二無礙,木馬火中嘶。宋仁宗天聖五年七月十九日,師陞座,辭衆示寂,塔於大陽山。出《楚通志》。}

歧真人昇仙日。_{歧平定。《列仙傳》}

聖母化生日。_{出佛書。}

二十日

唐高祖武德六年，巂州山崩水咽流。《五行志》

唐太宗廢明德宮及飛仙宮之囿院，以分給遭水之家。貞觀十一年。《玉海》

宋哲宗靈駕發引。元符三年正月，哲宗崩，徽宗即位。至七月二十日，靈駕發引。《宋史·禮志》

盤盤國王遣竺伽藍婆奉獻金銀、琉璃、諸香藥等物。孝武帝孝建二年。《宋·起居注》

盧汾於後魏莊帝永安二年是日將赴洛，友人宴於齋中。夜闌月出，忽聞庭前槐樹有笑語聲，並絲竹音韻。數友人聞而訝之。俄見青衣、綠衣女子出槐中，謂汾曰："此地非郎君所詣。"汾曰："吾適宴罷，故來請見。"女子笑曰："郎君請入其內。"汾舉目見門戶盡開，有一女出戶，謂汾曰："娘子命郎君及諸郎相見。"汾與友人俱入，見數十人各年二十餘，立於大室中，其額曰"審雨堂"。汾與友人歷階而上，與紫衣婦人相見，紫衣命汾等就宴。後有白衣、青衣自堂東西出，艷麗異常。忽聞大風，所望審雨堂梁傾，汾與友人驚走，乃醒。將明，見庭中風折大枝，連根而墮。以火照所折處，穴中有蟻，又有一二蚯蚓，俱死於槐穴中。盧汾，字士濟，幼而好學。出《太平廣記》。

取鷹法，七月二十日為上時，內地者多，塞外者殊少；八月上旬為次時，下旬為下時，塞外鷹畢至矣。《天中記》

二十一日

隋文帝崩，以是日發喪。仁壽四年七月二十一日，時陳夫人與後宮戰栗失色。晡後，太子遣使者齎小金合，帖紙親署封字，以賜夫人。夫人見之惶懼，以為鴆毒，不敢發。使者促之，乃發，合中有同心結數枚。宮人咸悅，相謂曰："得免死矣！"陳夫人恚而卻坐，不肯致謝，諸宮人共逼之，乃拜使者。其夜，太子烝焉。杜預曰：上淫曰烝。出《隋書》。

中書門下表言：在漢之隆，實居長樂；有唐之盛，亦闡義安。請以皇太后曹所居慈壽宮爲慈壽殿。宋英宗治平元年七月二十一日，中書門下表。出《實錄》。

印肅禪師書偈於方丈西壁，書畢，跏趺而逝。據《楚通志》七月十一日書偈示寂，據《史纂左編》二十一日示寂，故是日亦載師夢一僧點其胸曰"汝他日當自省"。既痾白母，黃氏親點紅塋，大似世之櫻珠。

上元唐真人生。《翰墨大全》

二十二日

唐肅宗延英殿梁上生玉芝，一莖三花，肅宗作《玉靈芝》詩。上元二年七月二十二日，梁生芝。出《玉海》。

元禎暴疾卒。元禎，字微之，河南人。八歲喪父，其母鄭夫人。家貧，爲禎自授書教之。九歲能屬文，二十八應制，登第者十八人，禎第一。後改授越州刺史兼御史大夫、浙東觀察使。會稽山水奇秀，禎所辟幕職，皆當時文士，而諷詠詩什，動盈卷帙。副使竇鞏，海內詩名，與禎酬唱最多。太和五年七月二十二日，卒於鎮，時年五十三，贈尚書右僕射。出《舊唐書》。

二十三日

晉成帝。有星孛於西北，至七月是日乃滅，占曰："爲兵亂。"咸和四年，郭默殺江州刺史劉胤，荊州刺史陶侃討默，明年斬之。是時，石勒又始僭號。出《通考》。

京兆韋詞爲宛陵廉使。是日微雨，詞於公署寢，忽夢一人投刺，視之，見題其字曰"李故言"。俄於恍惚間，空中有人言："明年及第狀頭。"元和六年，詞訝其事，爲名中少有"故"字者，焉得有李故言哉？後果有舉人投刺，其名一如夢中，但"故"爲"固"耳。詞藏夢中事不洩，乃曰："足下明年必擢第。"兵部侍郎許孟容知舉，果擢爲榜首。初固言嘗夢著宋景衣，後固言居左拾遺,舊例諫官從駕行禮者,太常各頒禮衣一襲。固言所服衣,衣下有字曰"左補闕宋景"。信乎! 數皆前定。此出《續定命録》。又先固言下第游蜀,遇一老姥,與言"郎君明年芙蓉鏡下及第",明年果狀元及第,詩賦有人鏡芙蓉之目,所遇老姥乃金天神也。出《酉陽雜俎》。

詩

淅淅曉風起,孤舟愁思生。蓬窗一螢過,葦岸數蛩鳴。老大畏爲客,風波難計程。家人夜深語,應念客猶征。張宛丘《七月二十三日立秋夜行泊林里港》

二十四日

宋仁宗御迎陽門,召宰執以下觀御書妙法正覺殿額,次赴天章閣觀御書。嘉祐三年

南宋高宗出御製《郊祀天地宗廟樂章》並御札付宰執,宣示禁從及館閣之臣。紹興二十八年。以上《玉海》。

西蜀孟昶卒,太祖傷之。是日,正衙備禮册命昶,其文曰:維乾德二年,某月某日,皇帝若曰:咨爾故檢校太師兼中書令、秦國公孟昶,册贈之典,所以彰世祚而紀勳伐,繼絶之義,所以旌異域而表來庭。苟匪全功,寧兼二者。國家乘乾撫運,拓地開圖。既定壺關之亂,復剪淮夷之兇。兵威震疊,寰宇來同。以至薄伐兩川,徂征三峽。惟爾昶襲乃堂構,據有巴庸,於戲! 爾有及親之孝,特異常倫;爾有達上之情,所期終養。何高穹之不祐,與幽壤之同歸! 云云。昶母李氏,隨昶至京師,太祖數命肩輿入宮,謂之曰:"母善自愛,無戚戚懷鄉土,異日當送母歸。"李氏曰:"使妾安往?"太祖曰:"歸蜀。"李氏曰:"妾家本太原,得歸并土,妾之願也。"時晉陽未平,太祖聞其言大喜,曰:"俟平劉鈞,即如母願。"因厚加賜賚。及昶卒,不哭,以酒酹地曰:"汝不能死社稷,貪生以至今日。吾所以忍死者,以汝在爾。今汝既死,吾何生焉!"因不食,卒。太祖聞而傷之,七月二十四日正衙備禮册命昶。出《宋史世家傳》。

仁宗誼卒。宗誼知淄州，借紫加勳騎都尉，以大觀元年七月二十四日終於家，刻跋作誌銘，銘曰："服周於身，棺周於服，刓石豪文，以爲之槨。度三之一，得其函深，如函之深，爲之蓋博。其封可隱，其坎可席，從先大夫，歸此真宅。宗誼，字仲宜。"出《宋文鑑》。

龍樹王生辰。藏經

二十五日

晉安帝。五虹見於東方。義熙七年七月二十五日，虹見，占曰："五虹見，天子黜，聖人出。"出《宋書·符瑞志》。

琅耶王儼斬和士開。和士開，字彦通，清都臨漳人也。世祖時，恒令士開與太后握槊，又出入臥內，遂與太后爲亂。及世祖崩，彌自放恣，琅邪王儼惡焉，七月二十五日斬之，時年四十八。士開稟性庸鄙，不窺書傳，發言吐論，惟知諂媚。河清、天統以後，威權轉盛，富商大賈朝夕填門，朝士不知廉恥者多相附會，甚者爲其假子。出《北齊書·恩倖傳》。

槃瓠石窟，每歲是日扶老攜幼集於廟祠，以牛羝酒酢椎歌歡飲。武溪山，高可萬仞，半有槃瓠石窟，可容數萬人，窟中有石似狗形，蠻俗相傳曰"槃瓠"。每歲七月二十五日，種類四集於廟，扶老攜幼環宿其旁，凡五日，祠以牛羝酒酢椎歌，歡飲即還。又《魏略》曰："高辛氏有老婦，居王室，得耳疾，挑之乃得物，大如繭。婦人盛瓠中，覆之以槃，俄頃化爲犬，其文五色，因名槃瓠。"出《武陵記》。

劉助尸解。助，唐人劉瞻之弟。年十三能詩，讀書惟精於《道德經》。嘗結茅舍山林間，以不妻爲誓。瞻曰："以子頻秀，取青紫如探囊，何苦爾爾?"曰："富貴草上霜耳。不知養性，塚兆纍纍，雖王侯何益?"忽一日，有二道士過訪其廬，與之談，甚異之。二人秘傳內養之術，兼授餐松服石之法。相處近月，鄉人視其廬有五色雲籠之。又謂助曰："吾二人度汝，君勿泄。吾王屋真人也。"二人忽不見。助大中元年七月二十五日，尸解去。此事九月十六日亦載。劉助，字元德。《郴陽仙傳》

通天護國嘉應侯生。《翰墨大全》

沐浴令人壽長。《雲笈七籤》

詩

一夕驕陽轉作霖，夢回涼冷潤衣襟。不愁屋漏床床濕，且喜溪流岸岸深。千里稻花應秀色，五更桐葉最知音。無田似我猶欣舞，何況田家望歲心。曾茶山七月二十五日大雨作。

我夢遊天台，橫空石橋小。秋風吹菌露，翠濕香嫋嫋。應真飛錫過，絕澗度雲鳥。舉意欲從之，倏然已松杪。微言粲珠玉，未說意先了。覺來如墮空，耿耿窗戶曉。群生陷迷網，獨達從古少。杜曳子何人，長嘯萬物表。妻孥空四壁，振策念輕矯。遂爲赤城遊，飛步淩縹緲。問禪不歸舍，屢爲瓠壺繞。何人識此志，佛眼自照瞭。我夢君見之，卓爾非魔嬈。仙葩發茗椀，剪刻分葵蓼。從今更不出，閉戶閑騕裏。時從佛頂巖，馳下雙蓮沼。元豐八年，杜幾先自浙東還，東坡七月二十五日相遇於金山，話天台之異，作詩贈之。

二十六日

千秋節。唐玄宗開元四年，上封事者言壽星居列宿之長，宜置壽星壇。救七月二十六日爲千秋節，祭老人星。出《玉海》。據《會要》，以八月五日爲千秋節。兩日俱載。

宰臣秦檜是日撰《景鍾銘》上之。宋高宗紹興十六年。《玉海》

晉平南將軍侍中王廙，工飛白，祖述張法，得索靖書七月二十六日一紙，每寶翫之。王廙，右軍之叔父。遭永嘉喪亂，乃以一紙四疊綴衣中以渡江，令蒲州桑泉令豆盧器得之，疊跡猶存。出《國史異纂》。

詩

夜入磻溪如入峽，照山炬火落驚猿。山頭孤月耿猶在，石上寒波曉更喧。至人舊隱白雲合，神物已化遺蹤蜿。安得夢隨霹靂駕，馬上傾倒天瓢翻。東坡七月二十六日五更起行至磻溪未明，作之。

二十七日

唐玄宗是日敕：風伯雨師，濟時育物，謂之小祀。天寶四載。《玉海》

宋高宗幸秘書省，至右文殿降輦，頒手詔曰："蓋聞周建外史，掌三皇五帝之書；漢選諸儒，定九流七略之奏。文德之盛，後世推焉。仰惟祖宗建開冊府，凡累朝名世之士，由是以興，而一代致治之原，蓋出於此。朕與學士大夫共宏斯道。"紹興十四年，高宗新建秘書省，七月成。秘書少監游操等援宣和故事，請車駕臨幸，詔從之。七月二十七日，幸秘書省。出《宋史》。

吏部侍郎王播以是日爲京兆尹，兼御史大夫。唐穆宗長慶二年

堰以是日破。肅宗孝昌二年，揚州刺史李憲表云："門下督周伏興以去七月患假還家，行至十一日夢渡肥水，行至草堂寺南，遙見七人，一人乘馬著朱衣，籠冠，六人從後。興路左而立，至便再問興何人，興對曰：'李公門下督，暫使硤石。'其人語興：'君可回，我是孝文皇中書舍人，遣語李憲勿憂賊堰，此月破矣。'興行兩步，呼興姓字，令興速白。興寤，曉遂還城，具言夢狀。七月二十七日，堰破。"出《魏書》。

二十八日

永壽節。周太祖七月二十八日。出《玉海》。

玄宗車駕以是日至蜀郡，扈從官吏軍士到者一千三百人，宮女二十四人而已。天寶十五載。出《唐書》。

肅宗是日以郭子儀、李光弼並加平章事。至德元載。出《唐曆》。

右補闕常濬貶萬州司户。唐僖宗光啓元年，常濬上疏，以爲："陛下姑息藩鎮太甚，是非功過，駢首並足，致天下紛紛若此，猶未之寤，宜稍稍典刑以威四方。"田令孜之黨言於上曰："此疏傳於藩鎮。豈不致其猜忿！"上覽之，不悦，顧謂侍臣曰："藩鎮若見此疏，深爲忿恨，自此猜間。"至七月二十八日，貶濬萬州，尋賜死。其"是非功過，駢首並足"，言齊是非、一功過，無所差別也。出《續寶運録》。

夜軍是日亂，田弘正并家屬、參佐、將吏等三百餘口並遇害。

唐穆宗聞之震悼。出《舊唐書》。

宋王深甫卒。深甫以進士補亳州衛真縣主簿，歲餘自免去。有勸之仕者，輒辭以養母。其墓誌銘王安石作焉，銘曰：“嗚呼深父！維德之仔肩，以迪祖武。厥艱荒遲，力必踐取。莫吾知庸，亦莫吾侮。神則尚反，歸刑此土。”治平二年七月二十八日卒。《宋文鑑》

蘇東坡卒於常州。子由作東坡墓誌銘，云：先生七月被病，二十八日卒於昆陵。吳越之民相與哭於市，其君子相與哭於家。訃聞四方，無賢愚皆咨嗟出涕。徽宗建中靖國元年，時年六十六。出《長公外紀》。

西洛劉真人昇仙。《集仙錄》

詩

漢節熒煌直北馳，皇家卜世萬年期。東京盛德符高祖，説與中原父老知。朱文公《七月二十八日聞報喜而成詩》

吾年四十九，羈旅失幼子。幼子真吾兒，眉角生已似。未期觀所好，蹁躚逐書史。搖頭卻梨栗，似識非分耻。吾老常鮮懽，賴此一笑喜。忽然遭奪去，惡業我累爾。衣薪那免俗，變滅須臾爾。歸來懷抱空，老淚如瀉水。

我淚猶可拭，日遠當日忘。母哭不可聞，欲與汝俱亡。故衣尚懸架，漲乳已流床。感此欲忘生，一臥終日僵。中年忝聞道，夢幻講已詳。諸藥如丘山，臨病更求方。仍將恩愛刃，割此衰老腸。知迷欲自返，一慟送餘傷。東坡子遯，七月二十八日亡於金陵，作二詩哭之。

二十九日

晉安帝。是夜，彗星出太微中，彗柄起上相星下，芒尾漸長至十餘丈，進埽北斗及紫微中。義熙十四年，占曰：彗星出太微，社稷亡，天下易政。出《宋書·符瑞志》。

宋真宗詔輔臣觀粟於後苑御山子，觀御製文閣御書及《嘉禾

圖》，賜飲。是日，皇子從游。景德六年。《宋史·禮志》

陳摶左手支頤昇仙。陳摶，亳州真源人。幼嘗有青衣老嫗來乳之。成道後，隱於華山玉泉院，後又命弟子賈德昇鑿石室張超谷，既成而大笑，左乎支頤而死，時元祐二年七月二十九日也。出《七修類稿》。據《史纂左編》十月二十二，據《翰墨大全》七月二十二。

天皇真人受六壬遁甲秘經日。《翰墨大全》

　詩

麟閣龍旗日月章，中興再見赭袍光。仰觀焜燿人文盛，深識扶持德意長。功利從今卑管晏，浮華自昔陋盧王。慚非實學酬天造，敢效明河織女襄。呂東萊《恭和御製七月二十九日幸祕書省》

三十日

天鳳三年，是日日食，王莽大赦天下。《通考》

宣城太守殷祐有病，韓友善占卜筮之，曰：“七月三十日，大鸛鳥來集廳事上，宜勤伺取，若獲者為善，不獲將成禍。”至期，果有大鸛垂尾九尺來集廳事上，掩捕得之，祐乃遷石頭督護，後為吳郡太守。友占卜神效甚多，而消殃轉福無不驗。友，字景先，廬江舒人也。為書生，受《易》於會稽伍振，故善占卜。出《晉書·韓友傳》。

弔鳥山，俗傳曰鳳死其上，每至七月三十日望，群鳥來集其上鳴呼。李彤《四部》

地藏菩薩生辰。藏經

孔子是日太上老君受三乘妙道。《翰墨大全》

　詩

端筮得幽貞，考槃寄茲嶺。未成長往計，抱恨終耿耿。秋風吹庭樹，遙夜枕席冷。感彼歲序移，慨此心事永。明晨發孤興，趨駕向絕境。躋攀力雖倦，想像意逾騁。雲山一以眺，俯仰疑倒景。檢校石田收,眷戀茅屋静。淹留復未遂,外物媿張邴。珍重同來人,妙語各清整。擊節三嘆餘,超然得深省。朱文公淳熙戊戌年七月二十九日與子晦、純叟、伯林同發屏山,西登雲谷,三十日夜乃至,而李通德功亦自山北來會,賦詩紀事

卷八

八月〔一〕

楚應城陳堦升也甫編輯

邑人徐養量叔弘甫校刻

程以良衷一甫

陳藏甫

張于徵叔任甫

黄大任成玉甫全閲

八月建酉。酉,緧也,言萬物皆緧縮也。《合璧事類》

南宮,酉之氣也,八月建焉。《周禮》

日在角,昏牽牛中,旦觜觿中。《禮記》

宵中星虛,以殷仲秋。《月令》

仲秋,日出於卯,入於酉。《尚書考靈曜》

招搖指酉。《淮南子》

剥棗。《詩》

仲秋行春令,則雨不降,草木榮,國有恐;行夏令,則亢旱,蟲
不蟄,五穀復生;行冬令,則風起雷收,草木早枯。《吕氏春秋》

爲壯。《爾雅》

中秋月爲端正月,昌黎詩曰:"三秋端正月今,夜出東溟。"又有詩曰:"去年中秋端正月,照我衣襟萬條血。"《事文類聚》

秋曰仲秋,亦曰仲商。梁元帝《纂要》

冀州北作飲食爲腰,其俗曰腰臘。《後漢書》

京師是月秋社,以社糕、社酒相餽送。貴戚、宮院多以豬羊肉及雜物之屬,切片調和鋪於飯上,謂之社飯。人家婦女皆歸外家,既歸,即外甥姨舅皆以新葫蘆兒爲遺,俗云宜良外甥。《夢華錄》

天中裂爲二,有聲如雷者三。晉惠帝太安二年

天中裂廣三四丈,有聲如雷,野雉皆鳴。穆宗升平五年。以上《晉書》。

天有聲,如風水相激。陳宣帝太建十四年。《陳書》

天鳴西北。德宗貞元二十一年。《文獻通考》

天有聲如雷,水響於東南,四日乃止。紹興二十六年。《五行志》

兩月相承,晨見東方。漢成帝建始元年。服虔曰:相承,在上下也。《漢紀》

仲秋之月,雷乃收聲。《月令》

雷震死興化軍民劉政,有文在胸中曰"大不孝"。宋太宗端拱二年八月。《通考》

京師大雨雹,人畜有凍死者。長安三年。《六帖》

里俗以雨爲豆花雨。《荊楚歲時記》

風曰盲風,曰疾風。《禮記》

天雨草而葉相樛結,大如彈丸。漢元帝永光二年。《五行志》

天雨白毛,占曰:"邪人進,賢人逃,天雨毛。"漢武帝天漢元年。《五行志》

天隕魚。元至正丙午年,上海縣浦東俞店橋南牧羊兒三四,聞頭上恰恰有聲,

仰視之，光中隕魚，其狀異常，占曰：天隕魚，人民失所之象。出《輟耕録》。

天雨狗。漢武帝二年，後吳楚反攻梁，梁堅城守，遂伏尸流血。出《天中記》。

黄河是月水名荻苗水。與七月同出《水衡記》。

古井湧浪。開元二十二年八月，古井在清夷軍黄帝祠。

鴻池谷有石，青質白文成字。貞觀十七年八月，鴻池谷在涼州昌松縣。太宗遣使祭之，曰：“天有成命，表瑞貞石。文字昭然，曆數惟永。”《五行志》，亦載《六帖》。

雲蔚代三州山谷間，石化爲麵，人取食之。太和四年八月，太原節度使柳公綽奏聞。出《唐會要》。

地有美玉。八月中，草木獨有枝葉下垂者，地有美玉。《地鏡經》

汾州悉達院僧知嚴頭生角，長三寸。宋太宗淳化元年。《文獻通考》

祥符縣樹木皆有濕泥塗之。順帝至正二年。《元史》

黄州橘木與柿木連枝。明道元年。《宋史》

晉明帝有大鳥二，蒼黑色，翼廣一丈四尺。其一集司徒府，射而殺之；其一集市民家，獲焉。及閏月戊子，帝崩，遂有蘇峻、祖約之亂。太寧三年。《通考》

漢中平二年，懷陵上有萬餘雀，先極悲鳴，後亂鬥相殺，皆斷頭，懸於樹枝枳棘。中平六年，靈帝崩。夫陵者，高大之象也。雀者，爵也。天戒若曰：懷爵禄而尊厚者，自還相害至滅亡也。《搜神記》

松州雌鷄化爲雄。則天永昌元年。《白孔六帖》

鳳凰集石邑縣，又郡國十三鳳凰見。漢獻帝延康元年。《宋書·符瑞志》

有黑龍如狗。肅宗正光元年，有黑龍如狗，南走至宣陽門，躍而上，穿門樓下而出，魏衰之象也。《魏書》

京師豬生子，一頭、四耳、兩身、八足。世宗正始四年。《魏書》

詩

江南仲秋天，鱘鼻大如船。雷是樟亭浪，苔爲化石錢。沈仲昌《登天寶九年進士狀江南八月》

八月濤聲吼地來，頭高數丈觸山回。須臾卻入海門去，卷起沙堆似雪堆。劉禹錫《浪淘沙》

蘆花深澤静垂綸，月夕煙朝幾十春。自説孤舟寒水畔，不曾逢著獨醒人。杜牧八月《贈漁父》

秋草生庭白露時，故園諸弟益相思。盡日高齋無一事，芭蕉葉上獨題詩。韋應物《寄諸弟》

暮天新鴈起汀洲，紅蓼花疏水國秋。想得故園秋夜月，幾人相憶在江樓。杜荀鶴八月《新鴈》

江柳影寒新雨地，塞鴻聲急欲霜天。愁君多自沙頭宿，岸繞蘆花月滿船。白居易八月《贈江客》

清溪流過碧山頭，空水澄鮮一色秋。隔斷紅塵三十里，白雲紅葉兩悠悠。程顥仲秋作。

熱去解鉗伏，飄蕭秋半時。微雨池塘見，好風襟袖知。髮短疏未足，枕涼閑且欹。平生分過此，何事不參差。杜牧

不獨避霜雪，其如儔侣稀。四時無失序，八月自知歸。春色豈相訪，衆雛還識機。故巢尚未毀，會傍主人飛。杜甫《題歸燕》

桂影中秋特地圓，況當餘閏魄澄鮮。因懷勝賞初經月，免使詩人嘆隔年。萬象歛光增浩蕩，四溟收夜助嫦娟。鮮雲清廓心田豫，乘興能無賦詠篇。趙大成《題閏中秋》

秋風淅淅搖密竹，乍覺涼生洗炎溽。豆田過雨麥毛肥，蘋渚風輕浪浪促。田家社日試新蒭，相過一飯百無憂。卻笑儒生真自苦，髮如衰草不勝秋。韓子蒼

白露

處暑後十五日，斗指庚，爲白露。陰氣漸重，露凝而白也。
《孝經緯》

和氣精凝爲露。《五經通義》

露者，陰之液也。蔡邕《月令》

黄陰雲出。《易通卦驗》

仲秋白露節，盲風至，秦人謂蓼風爲盲風。蔡邕《〈月令〉章句》

颶風之作，多在初秋，過白露，雖作不猛。《嶺表錄》

八月白露始降，萬物堅成而彊大，故曰大梁。《天文錄》

鶴性警，至八月白露，即鳴而相警。

白露日，鴻雁來。後五日，玄鳥歸；後五日，群鳥養羞。是月也，養衰老，授几杖，行糜粥飲食。天子乃儺，以達秋氣。命樂正習吹。《月令》

白露日，鴻雁不來，遠人皆叛；玄鳥不歸，室家離散；群鳥不羞，臣下驕慢。《周書·時訓》

詩

昊天秋且高，秋風發初涼。白露下微津，明月流素光。劉鑠《題白露》

白露團甘子，清晨散馬蹄。圃開連石樹，船渡入江溪。憑几看魚樂，迴鞭急鳥棲。漸知秋實美，幽徑恐多蹊。工部《白露》詩

霏霏靈液重，雲表無聲落。霑樹急玄蟬，灑池淒皓鶴。流塵清遠陌，飛月澄高閣。宵潤玉堂簾，曙寒金井索。佳人比珠淚，坐感紅綃薄。李正封

悲秋將歲晚，繁露已成霜。遍渚蘆先白，霑籬菊自黄。應鍾鳴遠寺，擁鴈度三湘。氣逼襦衣薄，寒侵宵夢長。滿庭添月色，拂水歛荷香。獨念蓬門下，窮年在一方。顏粲《題白露》

早寒青女至，零露結爲霜。入夜飛清景，陵晨積素光。騧星初晳晳，葭莢復蒼蒼。色冒沙灘白，威加木葉黄。鮮輝襲紈扇，殺氣掩干將。葛屨那堪履，徒令君子傷。徐敞《題白露》

皇天平分四時兮，切獨悲此廩秋。白露既下降百草兮，奄離披此梧楸。《楚詞》

秋分

秋分，水胎，火廢，金旺。水胎，言水孕於金也。

白露後十五日，斗指西，爲秋分，陰生於午，極於亥，故西其中分也。《孝經緯》

招摇指西。《淮南子》

日月會於壽星，而斗建西之辰。《月令》

斗指西爲秋分。又曰：秋分日在内衡。《孝經説》

兑，西方也，主秋分。《易説》

秋分，八月之中氣也。秋分之時，日出於卯，入於西，分天之中，陰陽氣等，晝五十刻，夜五十刻。一晝一夜，二氣中分，故謂之秋分。《曆日疏》

陰陽調，日夜分五①，萬物春分而生，秋分而成，生與成，必得和之精。故積陰不生，積陽不化，陰陽變化，乃能成和。《文子》

白陰雲出。《易通卦驗》

秋分日，雷乃收聲。後五日，蟄蟲坯户；後五日，水始涸。淘瓦之泥曰坯，細泥也。

秋分之日，雷不收聲，諸侯淫汰；蟄蟲不閉户，民靡有賴；水不涸，介蟲爲害。《周書·時訓》

① 五，底本和校本均爲“五”。《文子》原文是“故”，如爲“故”，則句讀在前。

龍秋分而入淵。<small>春分登天。《説文》</small>

秋分，閶闔風至，鷙鳥擊，玄鳥歸。<small>《易通卦驗》</small>

老人星常以秋分夕見於丙，見則治平，主壽昌。<small>《晉・天文志》</small>

秋分日命有司饗壽星於南郊。<small>據《爾雅》，"壽星，角亢也"。角亢，列宿之長，故云壽星。《月令》</small>

秋分，晝夜分，則同度量，平權衡，祭馬社。<small>《月令》</small>

秋分而人君釋鍾鼓之懸。<small>京房《易候占》</small>

月宮中有七寶浴池、八騫之林。秋分之日，月宿東井之地，上廣靈之堂。<small>《三道順行經》</small>

秋分之節，諸仙聽訟，定人間功過及死生者，故《仙忌真記》曰："子欲昇天慎秋分，罪無大小皆上聞。"此朱火丹陵宮仲陽先生之要言也。<small>《太平御覽》</small>

秋分，勿殺生，勿用刑，勿處房帷，勿吊喪問疾，勿大醉。君子當齋戒靜專以自檢。<small>《千金月令》</small>

此節後忌多霜，主病。<small>《臞仙月占》</small>

八月〔二〕

楚應城陳堦升也甫編輯

邑人徐養量叔弘甫校刻

程以良衷一甫

張于徵叔任甫

黃大任成玉甫仝閱

一日

大風，江海湧溢，平地水深八尺，拔南陵樹二千株，石碑磋動，吳城兩門飛落。<small>太平元年八月一日。是年，孫權薨。《吳志》</small>

宋太宗書《大言賦》賜蘇易簡，《賦》曰：少年盛世兮爲詞臣，古往今來兮有幾人。<small>云云。淳化四年</small>

兵部郎中楊徽之進雍熙詞，五言六韻凡十章，太宗覽而嘉賞，依韻和之以賜。<small>淳熙三年。以上《玉海》。</small>

王荆公是日《永昭陵旦表》：伏以暑往御時，宵中應律。載班秋朔，申薦廟嘗。伏唯尊謚皇帝，體道成乾，施仁應物。率土方涵於聖化，賓天遽慘於神遊。追龍駕於空衢，莫知所税；瞻鳥耘之新隴，但有至懷。<small>《臨川集》</small>

蘇東坡繼室同安郡君王氏卒於京師。<small>按：東坡初娶通義郡君王氏，乃同安之堂姊也。東坡《祭王君錫丈人》云：某始婚姻，公之猶子。允有令德，夭閼莫遂。惟公幼女，嗣執釐筐。即此而通義爲同安之堂姊明矣。元祐八年八月一日卒，時東坡年五十八。出《長公外紀》。</small>

張文定公卒。<small>大中祥符八年八月一日，真宗聞訃震嗟，追贈尚書左僕射。諱詠，字復之，年七十。出《行狀》。</small>

緱氏尉鄭楚相臥於廳中，夢盧叔敏曰："吾被賊殺死，此賊明年八月一日從河中府與同黨牽牛過邑西門，最後驅牛者即此賊也。"鄭君驚而寤。至期，潛布弓矢於西門外，捕之。果有同黨而牽牛者獨後，即鄭君夢中所云，遂擒之，果殺盧生者。<small>盧叔敏，居緱氏，即崔祐甫之表姪也。祐甫初拜相，有書與盧生，令應明經舉。盧生自緱氏赴京，惟一僕相隨。是時，有紫衣人與盧生同行。至鄂嶺，早發十餘里，紫衣人抽刀刺盧生與僕。後緱氏尉鄭楚相夢盧生被髮血污告以故，云云。出《太平廣記》。</small>

真君許遜。忽有雲仗自天而下，二僊乘輦降於真君之庭，真君降階迎拜。一僊曰："予乃玉真上公崔子文。"一僊曰："予元真大卿瑕丘仲。"言畢,揖真君,乘雲車而去。許遜,字敬之。居許昌,高節不仕,潁陽由之後也。父肅末,避地於豫章南昌,家焉。吴赤烏二年,母夢金鳳啣珠,墜於掌中,玩而吞之。覺而有娠,而真君生。至孝武寧康二年八月一日,舉家四十二口拔宅飛升。真君年一百三十六。《史纂左編》

　　傛人王錫。有甘露降於竹林中。錫,郴州人。生於唐宣宗朝。遇異人於山中,迎至其家,傳以祕書,曰:"咸通十二年之秋,甘露降,服之可以上升。"至咸通十二年八月一日,甘露果降於竹林中,錫日服之,不復火食,後白日羽化。此事亦載於三月十五。《郴陽仙傳》

　　尹太和真人昇仙日。《翰墨大全》

　　曾弘農鄧紹入萊山採藥,見一童子執五綵囊求栢葉上露,露皆如珠滿囊。紹問之,答曰:"赤松先生取之明眼。"言畢,失所在。《續齊諧記》,又《述仙記》曰:作五明囊盛取百草頭露洗眼,眼明。

　　六神日,以露水調朱砂蘸小指,宜點灸去百病。《風俗通》

　　楚俗以朱墨點小兒額,爲天灸,以壓疾病。《山堂肆考》。據《翰墨大全》,事在初十。

　　作飲食爲䐑,其俗曰䐑獸。《漢史》

　　八月一日後微火煖足,勿令下冷。《三元延壽書》

　　　詩

　　城頭旭日照欄杆,城下降戎綵仗攢。九陌塵埃千騎合,萬方臣妾一聲歡。樓臺乍仰中天易,衣服初迴左衽難。清水莫教波浪濁,從今赤嶺屬長安。薛逢《八月一日因駕幸延喜樓以冠帶降戎》

二日

　　周宣爲郡吏。太守楊沛夢人曰:"八月二日曹公當至,必與君杖,飲以藥酒。"使宣占之。是時黃巾賊起,宣對曰:"夫杖起弱者,藥治人病。八月二日,賊必除滅。"至期賊果敗。宣,字孔和,樂安人。《魏書》

僧元安午時告寂。師卯年出家，問道臨濟。濟嘗對衆美之曰："臨濟門下一隻箭，誰敢當鋒？"後辭濟，尋澧陽洛浦山卜築居焉。唐昭宗光化元年八月二日午時告寂。出《楚通志》。

三日

京都旱，祈嶽鎮海瀆及諸山川能行雲雨者。是日，獲感應。孝宗淳熙十四年，京都旱。八月三日，獲感應，命報謝。出《通考》。

裴度是日發赴行營，憲宗敕神策軍三百人衛從，上御通化門勞遣之。度望門拜泣而辭，上賜以犀帶。元和十二年。《舊唐書》

逆黨使顏真卿縊之。真卿是日解金帶，遺使者曰："吾修道以形全爲先。吾死之後，但割支節，爲吾吭血，以給之，則死無恨矣。"縊者如其言。興元元年，真卿年七十七。素不附安祿之黨。李希烈使倡優竹簫朝政以爲戲，真卿怒曰："相公人臣也，奈何使小輩如此？"希烈使人問儀制，真卿答曰："老夫耄矣！曾掌國禮，所記者諸侯朝覲禮耳！"其後希烈使積薪，以油沃之，令人謂真卿曰："不能屈節，當須自燒。"真卿奮身入火，其逆黨救之。真卿乃作遺表、墓誌、祭文以示必死，逆黨使縊之。後真卿遷葬，啓殯視之，棺朽而尸形儼然，肌肉如生，手足柔軟，遠近驚異之。後十餘年，真卿舊僕見於同德寺，遺十金，令勿洩，忽失所在。出《玉堂閑話》。

歐陽脩作胡瑗墓表。宋胡瑗，字翼之，卒於杭州。廬陵歐陽脩八月三日作墓表。其墓表有"先生之德在乎人，不待表而見於後世，然非此無以慰學者之思，乃揭於其墓之原"，云云。出《文鑑》。

慧能禪師跏趺而化。慧能，姓盧氏，新州人。流移南海，鬻薪供母。年二十四，聞人誦《金剛經》，至"應無所住而生其心"有省，乃參五祖，忍大師使就舂米之役。一日，會衆傳法弟子，神秀爲偈書壁間，曰："身似菩提樹，心如明鏡臺。時時勤拂拭，勿使惹塵埃。"能不識字，聞人誦之，乃爲偈，請人書其側，曰："菩提本無樹，明鏡亦非臺。本來無一物，何處惹塵埃。"忍見之，遂傳法於能。先天二年八月初三日，能跏趺而化，壽七十六。唐憲宗謚曰大鑒禪師。出《禪宗志》。

詩

金天玉露浴長庚，此際來騎海上鯨。勁氣全如秋色勁，生辰常帶月華生。《事文類聚》

沉寥中秋夜，坐見如鈎月。始從西南升，又欲西南没。全移河上影，暫透林間缺。縱待三五時，終爲千里別。顏況《八月三日望初月簡於吏部》

四日

天壽節。後周恭帝八月四日。出《玉海》。

宋孝宗是日東宮講畢，袖出御製《新秋雨過書懷》詩。淳熙四年。《玉海》

唐宰相房琯卒於閬州僧舍。廣德元年八月四日卒。工部祭琯曰：純樸既散，聖人又没；苟非大賢，孰奉天秩？唐始受命，群公間出；君臣和同，德教充溢。魏杜行之，夫何畫一；屢屢繼之，不墜故實。百餘年間，見有輔弼；及公入相，紀綱已失，云云。出《工部文集》。

宋文帝時有馬處伯，少信佛法。元嘉十二年，夜夢天際有三人，長二丈餘，告曰：“汝厄在荊楚，戊寅年八月四日，齋戒可免，嗣後當悟道。”如其言，後十五年八月是日病篤。其日，遙見西方有三人，長二丈餘。前一人垂髮，後二人姿貌端嚴，去地數仞。處伯視之，宛然前所夢者。頃之，香氣襲人，病小差。處伯所居卑陋，是時覺在殿上，廊壁輝耀，齋戒之驗也。處伯，巴西閬中人。出《冥祥記》。

程邵公，廣平程顥之次子，生於治平仲秋四日。死於熙寧仲夏之十四日，葬於伊陽縣。出《明道集》。

賈佩蘭言，宮中是日出雕房北戶竹林下圍棋。勝者終年有福，負者疾病。取絲縷，就北辰星求長命乃免。《西京雜記》

五日

宋神宗。是日，天雨黃毛。熙寧元年。《通考》

千秋節，祭老人星。唐開元敕有司置壽星壇，以八月五日千秋節祭老人星及角、亢七宿，著之常式。壽星，南極老人星也。《爾雅》云：壽星，角亢也。注云角亢列宿之長，故云壽星。出《會要》。

百姓祭皆就千秋節名爲賽白帝。《隋唐嘉話》

唐明皇生，張説奉詔置千秋節。顧況有《八月五日歌》："八月五日天氣新，昭成太后生聖人。"又爲天長節。出《山堂肆考》。

群臣上萬歲壽，王公戚里進金鑑綬帶，士庶結絲承露囊，更相問遺。《隋唐嘉話》

蒲州蔣儼年少時，袁天綱相之曰："子當累年幽禁，後大富貴，官至刺史。年八十三，其年八月五日禄絶。"儼後征遼東，没賊，囚於地阱。高麗平定歸，得官至刺史，八十三矣。時謂其家人曰："袁公言我八月五日禄絶，或其死耶？"設酒與親故爲別，至期果卒。出《太平廣記》。

詩

仲秋金帝起，五日土行標。瑞表壬寅露，光傳甲子霄。陰風吹大澤，夢日照昌朝。不獨華封老，千里嘉祝堯。①

蘭殿千秋節，稱名萬歲觴。風傳率土慶，日表繼天祥。玉宇開花萼，宮懸動會昌。衣冠白露下，欒幕翠雲長。獻遺成新俗，朝儀入舊章。月銜花綬鏡，露綴綵絲囊。處處祠田祖，年年宴杖鄉。深思一德事，小獲萬人康。玄宗八月五日詩

五德生王者，千齡啓聖人。赤光來照夜，黃雲上覆辰。海縣銜恩久，朝章獻壽新。高車帝坐出，夾道衆官陳。槊仗洗晴景，磬管凝秋旻。珠囊含瑞露，金鏡抱遷輪。何歲無鄉飲，何田不報神。薰歌與名節，傳代幸群臣。張説《千秋節應制》

自罷千秋節，頻傷八月來。先朝常宴會，壯觀已塵埃。鳳紀

---

① 本詩爲張説《皇帝降誕日集賢殿賜宴》。

編生日，龍池塹劫灰。湘川新涕淚，秦樹遠樓臺。寶鏡群臣得，金吾萬國迴。衢樽不重飲，白首獨餘哀。

御氣雲樓敞，含風綵仗高。仙人張內樂，王母獻宮桃。羅襪紅蕖艷，金羈白雪毛。舞階銜壽酒，走索背秋毫。聖主他年貴，邊心此日勞。桂江流向北，滿眼送波濤。杜工部《八月五日千秋節有感》二首

六日

梁孝元帝載誕之辰，設齋。江南風俗，兒生一期，爲製新衣，盥浴裝飾，男則用弓矢紙筆，女則刀尺針縷，並加飲食之物，及珍寶服玩，置之兒前，觀其發意所取，以驗貪廉愚智，名之爲兒試。親表集聚，致燕享焉。自茲以後，二親若在，每至此日，常有酒食之事。無教之徒，雖已孤露，其日大作聲樂，不知感傷。梁孝元帝少之時，每八月六日誕辰常設齋。出《顏氏家訓》。

宋仁宗召輔臣宗室於龍圖、天章閣觀三聖御書，元真殿觀瑞穀，宴蕊珠宮，宰臣以下賦詩。天聖八年

宋孝宗召吏部侍郎王之奇、詹事陳良翰、禮部侍郎周必大同對選德殿，賜坐，從容訪以治道。久之，袖出御筆一通，首以魏徵[1]答唐太宗德仁功利之問。乾道七年。以上《玉海》。

詩

日離黃道千年昏，敏手重開造化門。火帝動爐銷劍戟，風師吹雨洗乾坤。左牽犬馬誠難測，右祖簪纓最負恩。丹筆不知誰是罪，莫留遺跡怨神孫。

金虎挺災不復論，構成狂猘犯車塵。御衣空惜侍中血，國璽幾危皇后身。圖霸未能知盜道，飾非唯欲害仁人。黃旗紫氣令

---

① 徵，底本爲“證”，今改之。

仍舊，免使老臣攀畫輪。韓政光《八月六日作》

七日

宣宗崩於大明宮。大中十三年，壽五十。《舊唐書》

真宗宴群臣於崇德殿，作樂。咸平元年。《宋史·禮志》

日本人來戰，盡死。元世祖至元二年八月一日，討日本，風破舟，文虎等諸將各自擇堅好船乘之，衆議推張百戶者爲主帥，號之曰張總管，聽其約束。方伐木作舟欲還，七日，日本人來戰，盡死。出《左編》。

丘處機得上批答。處機，字通密，師重陽祖師。遣阿里鮮奉表詣金世宗，稟論道日期。至八月七日，得上批答，次日即行。出《左編》。

石泰尸解，作頌曰："雷破泥丸穴，真身駕火龍。不知誰下手，打破太虛空。"泰，常州人，字得之，號杏林。遇張紫陽得金丹之道，於高宗紹興二十八年八月七日尸解，後二年，易介復見杏林於羅浮山。《史纂左編》

沐浴令聰明。《纂要》

詩

七千里外二毛人，十八灘頭一葉身。山憶喜歡勞遠夢，地名惶恐泣孤臣。長風送客添帆腹，積雨浮舟減石鱗。便合與官充水手，此生何止略知津。東坡《八月七日初入贛過惶恐灘》

八日

"春秋致月"，注云：古之致月，不在於二立，而在於二分；不在於二分之望，而常在弦者。以八月八日與不盡八日者，得陰陽之正平故也。《周禮·春官·馮相氏》："冬夏致日，春秋致月，以辨四時之叙。"出《山堂肆考》。

宋真宗觀書龍圖閣，觀瑞物於崇和殿，遂宴資政殿。帝作七言詩，從臣皆賦。祥符三年。《玉海》

宋真宗幸瑞聖苑，宴射於水心殿。帝作五言詩賜近臣。祥符七年八月八日。出《通典》。

宋真宗夢真聖降現日。《翰墨大全》

宋哲宗葬永泰陵。元符三年。《宋史·禮志》

佛以八月八日沸星出時轉法輪，又以八月八日沸星出時取般涅槃。《薩婆多論》

南斗星下降。道經

劉伯文冥中托李娥致佗兒書不可曉，乃請費長房讀之，曰佗會府君，當以八月八日中時，武陵城南溝水畔待之。於是，舉家大小八月八日候於此處。須臾果至，聞人馬隱隱之聲，詣溝水，便聞有呼聲曰："佗來！汝得我所寄李娥書否耶？"曰："即得之，故來至此。"伯文以次呼家中大小問之，悲傷斷絶，曰："死生異路，不能數得汝消息。"良久，謂佗曰："來春大病，與此一丸藥以塗門户，則辟來年妖厲矣。"言訖，不見其形。至來春，武陵大病，白日見鬼，惟伯文之家鬼不敢近。武陵充縣女子李娥病死，埋於城外已十四日，娥北舍有蔡仲聞娥富①，謂殯當有金寶，盜發塚，剖棺。斧數下，娥於棺中言曰："蔡仲！汝護我頭。"蔡仲驚走，爲吏所見，遂收治，依法當棄市。武陵太守聞娥死復生，召見問事狀，娥對曰："謬爲司命所召，到即遣出，過西門適見外兄劉伯文，爲相勞問，涕泣悲哀。娥語曰：'我今遣歸，不知路，又不能獨行，爲我得一伴否？'伯文曰：'當爲汝問之。'即遣門卒與户曹相問：'司命一日誤召武陵李娥，今遣還不知路，當有伴。是吾外妹，幸爲便安之。'答曰：'今武陵民李黑亦遣還，便可爲伴。'於是娥遂得歸。與伯文別，伯文曰：'書一封，以與兒陀。'娥與黑歸。事狀如此。"其伯文致佗兒書不可曉，惟費長房知之，故佗兒八月初八日於武陵城南溝水畔候之，云云。《後漢書》，亦出《搜神記》。

勿買鞋履附足，大忌。《雲笈七籤》

---

① 富，底本、校本均爲"比"，所引文獻爲"富"，今據文意和所引文獻改。

九日

唐太宗即位於東宮明德殿。武德九年八月九日。出《會要》。

憲宗是日即皇帝位於宣政殿。先連月霖雨，其日晴霽，人情忻悅。元和元年。《玉海》

開寶五年是日，以潘美、尹崇珂兼領嶺南轉運使，以轉運使王明爲副使，許允言爲判官。轉運之有判，自此始。出《事物紀原》。

天寶十五載，明皇幸蜀，肅宗即位於靈武。杜工部自鄜贏奔行在，爲賊所得，則在是年八月九日也。出《工部年譜》。

元人朱文霆卒。文霆九歲能文，至文宗至順壬申年，上名南宮，對大廷，名列第十，賜進士出身，後以嘉議大夫泉州路總管致仕，八月九日卒於家。文霆，字原道。出《宋學士集》。

徽宗以是日青華帝君生辰爲元成節。政和三年。《宋史》

　　詩

今夜鄜州月，閨中只獨看。遙憐小兒女，未解憶長安。香霧雲鬟濕，清輝玉臂寒。何時倚虛幌，雙照淚痕乾。工部八月九日月夜作。幌，帷也。

十日

晉安帝。是夜，鎮星入太微。義熙十四年八月十日，占曰："鎮星守太微，亡君之戒。"出沈約《宋書》。

晉武帝詔曰：八月十日，先帝棄天下日也。今已周年，何時一得敘人子之情。泰始二年。出《禮志》。

孝宗以是日立皇子鄧王愭爲皇太子。皇帝御太極殿行冊禮，皇太子服遠遊冠、朱明衣，執桓圭，習儀。乾道元年。出《宋史·禮志》。

有群仙來傳金母令女仙謝自然披髮，金母當自降。群仙中有一使自言姓崔，將一板闊二尺、長五尺附自然。群仙到，墙壁間熒煌似鏡。群仙各有几案。呼自然披髮，自然黃雲繞身，又有七人黃衣戴冠侍於左右。貞元十年八月是日也。《集仙記》

戚玄符飛昇。符三歲時，以疾暴卒，父母痛甚，有道士過門，問之，曰：“此可救耶。”抱出示之曰：“此兒後必仙。”衣帶中解墨符救之，良久遂活。父母致拜，道士曰：“我北岳真君也。此女可名玄符。”及爲民妻，姑舅嚴酷，事益謹。每謂諸女曰：“得人身，生中國，尚爲女子，此亦所闕。父母早喪，惟舅姑爲尊，雖箠楚，何怨？”大中十年八月初十日，有神仙授靈藥飛昇。《集仙錄》

吳赤烏二年八月十日，武昌王子義之船。烏山下無水，魏末，有人掘井五丈，得一石函，函得一甌，大如馬蹄，積炭五枝於函傍，復掘三丈，遇盤石，下有水流洶洶然，遂鑿石穿水，北流甚駛。俄有一船觸石而上，人窺船上得一杉木板，刻字曰“吳赤烏二年”，云云。出《楚通志》。

楚俗以朱墨點小兒額，爲天灸，以壓疾病。《荆楚歲時記》，並《翰墨大全》。據《山堂肆考》，事載於初一。

詩

屋東瓜蔓已扶疏，小石藍花破蕚初。從此到寒能幾日，風沙還見一年除。王荆公《八月初十題景德寺試院壁》

細把行藏爲子評，只知盡分敢徼名。出入有益殷三聘，用不能行魯兩生。此道古人如飲食，後來寵婢或猜驚。子雲亦號知書者，猶把商山作採榮。

孔訓元無實對名，只言爲己與求人。能知管仲不爲諒，便識殷賢都是仁。義利兩途消處長，古今一理屈中伸。自從聖學寥寥後，千百年誰信得真。

別來歲月爾滔滔，流落天涯忽此遭。萬木辭榮秋意澹，百川歸壑岸容高。笑看海上兩蝸角，閑禿山中千兔毫。若向顏曾得消息，直須奴僕命離騷。

夕陽春處是吾家，水遶山環路轉賒。蹙蹙四方渾未定，茫茫大化渺無涯。歸來已恨十年晚，老卻空嗟雙鬢華。各願及時崇令德，萬鍾於我本何加。以上四首魏鶴仙《八月十日別袁尊固監承》

宛丘先生自不飽，更笑老催窮百巧。一更相過三更歸，古栢陰中看參昂。去年與君首蓿盤，夜傾閩酒赤如丹。今年還看去年月，露冷遥知范叔寒。典衣自種一頃豆，那知積雪生科斗。歸來四壁草蟲鳴，不如王江長飲酒。東坡《八月初十夜看月有懷子由並崔度賢良》。王江，陳州道人。

十一日

晉安帝。是日，新天子氣見東南。義熙七年八月十一日至十二年，北定中原。《宋·符瑞志》

真宗是日幸含芳園習射。《宋史》

唐裴伷，開元七年爲都督廣州使。是日，夜漏未闌，忽然天曉，星月皆没，禽鳥盡飛，舉郡驚異之。裴公於是衣冠而出，召參佐及賓客至，皆異之，因留賓寮於廳。良久，天色昏暗，夜景如初，賓寮執燭而歸。詰旦，裴公詢問，無有能辨者。忽有商船遠自南至，謂郡人曰：“我八月十一日夜舟行，忽遇巨鰲出海，舉首北向，而雙目照曜千里，毫末皆見，久之復没，夜色依然。”徵其時，則裴公集賓寮之時也。《集異記》

加老子號“太上老君混元上德皇帝”。大中祥符六年。出《事物紀原》。

懷讓禪師圓寂於衡嶽。懷讓，姓杜氏，金州人也，於唐儀鳳二年四月八日降誕。感白氣，在安康之分，帝問何祥，太史對曰：“國之法器。”酒敕太守韓偕慰其家。家有三子，惟師最小。性喜惟讓，父乃命名讓。年十歲時，惟樂佛書。時有三藏玄静過舍，告其父母曰：“此子若出家，必獲上乘，廣度衆生。”至垂拱二年，辭親往玉泉寺出家。通天二年,詣曹谿參六祖,祖問"甚麼處來",曰"嵩山來",祖曰"甚麼物恁麼來",師無語。遂經八載,忽然有省。天寶三年八月十一日,圓寂於衡嶽,謚大慧禪師。出《楚志》。

詩

半秋初入中旬夜,已向階前守月明。從未圓時看卻好,一分分見傍輪生。王建八月十一日夜作。

十二日

後漢隱帝葬於潁陵。陵在許州陽翟縣。《通考》

蔣玄暉弒昭宗於椒殿,帝單衣旋柱而走。天祐元年。《唐書》

南豐石仙岩中冷真人昇仙。《集仙録》

長慶中,有王先生者,弘農晦之聞其術,往謁焉。王留之宿,乃八月十二日也。先生召其女七娘謂之曰:"汝爲吾刻紙狀今夕之月,置於室東之垣上。"有頃,七娘以紙月施於垣上,忽月光洞然一室,毫髮盡辨,晦之驚嘆不測。此與楊隱之宿唐道家事同。出《宣室志》。據《太平廣記》,有王先生者,家於烏江上。一日里中有火起,延燒廬舍,先生往視之,呼曰:"火且止!火且止!"於是盡滅。弘農晦之聞其術,往謁。先生隱几而坐,風骨清逸,晦之愈健慕,於是留宿,時八月十二日也。及曉將去,先生一杖擊之,俄而塵起,見山谷重疊。晦之悸然背汗,毛髮豎立,先生曰:"陵谷速遷,吾子安所歸乎?"晦之益恐,泣曰:"不知一旦有桑田之變,豈仙都瞬息而塵世已千載乎?"先生笑曰:"子勿懼。"於是持箒掃其庭門,而庭門如舊。晦之喜,即馳馬而去。

詩

桂子風高豆雨收,才經三日是中秋。稱觴會集歡聲沸,祝壽推開瑞氣浮。《翰墨大全》

亂雲遮卻臺東月,不許交依次第看。莫爲詩家先見境,被他龍與作艱難。王建八月十二夜作。

十三日

唐懿宗即帝位。大中十三年八月七日，詔立爲皇太子監國，十三日即位。年二十七，姿貌雄麗。宣宗長子。出《舊唐書》。

唐文宗以李仲言爲諫官，李德裕諫之，上曰："李逢吉薦之，朕不欲食言。"對曰："逢吉身爲宰相，乃薦奸邪以誤國，亦罪人也。"文宗太和八年，李仲言流象州遇赦，還東都。會留守李逢吉思復入相，仲言自言與鄭注善，逢吉使仲言厚賂之。注引仲言見王守澄，守澄薦於上，曰仲言善《易》，上召見之。時仲言有母服，難入禁中，乃使衣民服。仲言儀狀秀偉，倜儻尚氣，頗工文辭，有口辨，多權數。上見之，大悦，以爲奇士，待遇日隆。八月十三日以仲言爲諫官。出《唐書》。

西漢張騫乘舟遊黄河，至暮，誤泛入天河，見一女浣紗，騫問曰："此何地也？"女人授一石與騫，謂曰："汝歸，問成都賣卜嚴先生。"張騫八月十三誤入天河，有女授一石，既歸，持石問嚴君平先生，君平曰："此織女支機石也，汝何得來？"騫告其故，君平曰："我見彼月客星犯斗牛之間。"騫曰："是矣，正其時也。"出《山堂肆考》。

仙人葛玄語弟子張奉曰："吾爲上帝所召，當八月十三日尸解。"至期，衣冠入室，臥而氣絶，其色不變。弟子焚香三日，大風折木，失玄所在。葛玄能積薪烈火而坐，薪盡而衣冠不灼。飲酒一斛，入深泉中臥，酒解乃出。玄遊會稽，有賈人過神廟，廟神語賈人曰："欲附一書與葛玄。"因以一書擲賈人舟中，如釘入木中，不可取。及達會稽，賈人報玄，玄自取之，即得。葛玄，字孝先。出《神仙傳》。

太極左仙公上昇日。沖應真人。出《翰墨大全》。

詩

八月秋欲半，後夜月將圓。《事文類聚》

今夜月明勝昨夜，新添桂樹近東枝。立多地濕昇床坐，看過墙西寸寸遲。王建八月十三日夜作。

十四日

月有重輪，潘炎作《重輪賦》，《賦》曰：時屬高秋，瑞彰元后。光泛皎潔之斜漢，色映闌干之北斗。金波耀景，非懸闕澤之名；璧彩揚輝，不入士衡之手。理殊吳夢，符炳漢謠；浄桂花於日道，環水鏡於丹霄。唐中宗景龍元年八月十四日夜，月重輪。出《文苑英華》。

宋紹興三十二年，是日，文武百僚、太傅以下行事官並朝服入詣大慶殿下立班。皇帝自内服履袍入御幄，服通天冠、絳紗袍出至大慶殿，詣册寶位前拜，在位官皆拜。宋高宗詔皇太子即位，左僕射陳康伯等請上太上皇帝尊號、太上皇后尊號。八月十四日，奉上册寶，皇帝與文武百僚詣册寶前拜。《宋史·禮志》

宋真宗幸含芳苑宴射，帝中的者再。祥符三年八月十四日。出《通典》。

八月，獲禿鶖於宮内，詔以示崔光本，光本曰："蒙示十四日所得大鳥，此即《詩》所謂'有鶖在梁'。"光，本名孝伯，字長仁。禿鶖，貪惡之鳥，野澤所育，不應入殿庭。出《魏書》。

杭有月巖，惟中秋之月穿竅而出，若八月十四日與十六日，則外此竅矣，餘月尤斜。杭江干鳳凰山有石如片雲，拔地高數丈，亦奇峰也。巔有一隙，尺餘，名曰月巖，古今名人遊賞題詠亦多焉。出《七修類稿》。

詩

猶欠一宵輪未滿，紫霞紅襯碧雲端。誰能喚得嫦娥下，引向堂前仔細看。元禎《八月十四夜玩月》

銀漢無聲露暗垂，玉蟾初上欲圓時。清樽素瑟宜先賞，明夜陰晴未可知。孫明復《八月十四夜》

月似圓來漸漸凝，玉盤盛水欲浸稜。夜深盡放家人睡，直到天明不炷燈。王建《八月十四夜》

月擬來宵好，吾先今夕遭。纔升半壁許，已復一輪高。遷坐明相就，群飛影得逃。望秋惟有此，徹夜敢辭勞。楊誠齋《八月十四翫月》

光華豈不盛，賞宴尚遲遲。天意將圓夜，人心待滿時。已知千里共，猶訝一分虧。來夕如澄霽，清風不負期。范仲淹《八月十四夜》

去年看月壽邊樓，雲罅微光如玉鈎。主人不樂客嘆息，清歌空送黃金舟。今年看月三叉市，纖雲不作良宵累。素娥命駕掃客愁，我亦傾杯邀共醉。風露萬里方渺然，冰輪無轍行碧天。盈盈耿耿意無盡，月不忍落人忘眠。一言欲報廣寒殿，茅簷華屋均相見。明年萬事不足論，但願月滿人長健。陸游，字務觀，號放翁，山陰人。《八月十四夜三叉市觀月》

十五日

南陽府有龍泉，在汝州西南，其水瑩潔。中秋之夕，陰雲蔽月，俯觀泉中，魄形自若。詩人有"我欲龍泉觀夜月，崆峒煙雨阻行人"之句。《天下一統志》

移花日。《通考》

爲月夕。《提要錄》

中秋月有光，則是歲珠多。海賈云。

天子以八月之望，與諸侯並觀濤於廣陵之曲江。枚乘《七發》

高宗詔郡國同以八月十五日試舉人。紹興二十四年。《宋史》

東坡居士以丙辰中秋歡飲達旦，大醉，作《水調歌》，都下傳唱。神宗問內侍外面新行小調，內侍錄此進呈。讀至"又恐瓊樓玉宇，高處不勝寒"，上曰："蘇軾終是愛君。"乃命量移汝州。《山堂肆考》

宋晏元獻公守南郡，王琪君玉時已館閣校勘，公特請於朝，以爲府僉判。嘗遇中秋夜陰晦，齋廚已宿爲備，晏適無命，不敢請。君玉乃爲詩以入，曰："只在浮雲最深處，試聽絃管一吹開。"公枕上得詩，大喜，即索衣起，徑召客治具，大合樂。至夜分，月果出，遂相與樂飲達旦。《石林詩話》

蘇頲音挺與李義封掌文誥。是日夜，於禁中直宿諸學士翫月，備文酒之晏。時長天無雲，月色如晝，蘇曰："清光可愛，何用燈燭！"遂使擲去。出《翰苑名談》。頲，字廷碩，雍州人。義，字尚真，趙州人。

謝尚鎮牛渚，中秋夕與左右微服泛江，會袁宏於別舫諷詠，聲韻清朗，詞意藻拔，尚即逆宏舟，吐華達旦。《晉書》

中秋天色陰晴，與夷狄同。蘇東坡曰："故人史生爲余言：嘗見海賈云中秋之月，雖相去萬里，他日會合相問，陰晴無不同者。"公集中有《中秋詩》："嘗聞此宵月，萬里同陰晴。天公自著意，此會那可輕。"《山堂肆考》

新羅國風俗，是日，設樂，令官人射，賞以馬布。新羅國在高麗東南，其俗亦同。出《隋書》。

杭俗有弄潮之戲。吳王賜子胥死，乃取其屍盛以鴟夷之革，浮之江中。子胥因流揚波，依潮來往。或有見其乘白馬素車在潮頭者，因爲之立廟，每歲仲秋既望，潮水極大，杭人以旗鼓迓之，有弄潮之戲。出《臨安志》。

長慶中，有人是夜玩月，見林中光屬天，如匹布，尋視之，見一金背蝦蟆，疑是月中者。《酉陽雜俎》

何中正登第後，求卜於郭從周，從周贈之詩："三五來時月正圓，一麾從此出秦關。"中正後以八月十五日改知制誥，出秦州。《翰苑名談》

金人田特秀卒。特秀母妊時，問之卜者，卜者曰："前中後是五，五三一十五。生死與成敗，逍遥在廊廡。"莫識其故。後生時五月五日午時，以爲合三五之數矣，豈知因其生，遂名五兒；所居里名半，十行當第五；二十五歲府、省、御四試，皆中第五；死於憂午軒，壽五十五，時八月十五日也。出《七修類稿》。

孔坦，字君平，孔愉之從子。中秋日，疾篤，與庾亮書："不謂疾苦，遂至頓弊。修短命也，將何所悲！但以身往名没，朝恩不報，所懷未敘，若死而有靈，潛聽風烈。"俄卒，時年五十一。追贈光禄勳，謚曰簡。坦方直有雅望，常以國事爲己憂。亮報書曰："廷尉孔君，神遊體離，嗚呼哀哉！得八月十五日書，知疾患轉篤，遂不起濟，悲恨傷楚，不能自勝。足下才經於世，世常須才，況今日倍相痛惜。吾以寡乏，忝當大任，國恥未雪，夙夜憂憤。常欲足下同在外藩，戮力時事。此情未果，……邈然永隔，夫復何言！謹遣報答，並致薄祭，望足下降神饗之。"出《晉書》。

唐明皇。是夜，葉静龍邀上游月宫，將行，請上衣裘而往。及至月宫，寒凛特異，上不能禁，静龍出丹二粒進上服之。《山堂肆考》

明皇是夜與太真、葉法静遊月宫，少頃，見龍樓雉堞、金闕玉扉，冷氣逼人。後西川奏是夕有天樂過。《明皇雜録》

玄宗玩月，羅公遠取杖擲之化爲長橋，其色如銀，請帝登之。至大成闕，公遠曰："此月宫也。"見仙女數百素練寬衣舞於庭，帝問曰："此何曲?"曰："《霓裳羽衣曲》。"《異聞集》

周貫有道術，附書於李生云："明年中秋夕，當上謁。"至時，生以事出，貫乃以白土書其門，曰："今年中秋夕，求赴去年約。不見折足鐺，彈指空剥剥。"周貫，號木鴈子。先三年至袁州，見李生秀韻，欲攜歸林下。李嗜酒色難其行，貫指煮藥鐺作偈曰："頑鈍天教合作鐺，初從三足豈能行。雖然有耳不能聽，只愛人間戀火坑。"後有見於京師者，附書於李生云云。出《冷齋話夜》。

唐太和中，周生善道術，中秋客至，周曰："我能梯雲取月，置懷袖中。"因取筋數百條,繩梯架之,命閉目良久,忽天黑,仰視無雲,俄呼曰:"至矣!"手舉其衣,出月寸許,一室盡明,寒入肌骨。《宣室志》

九華山道士趙知微,玄真之師也。中秋夜,濃雲無月,玄真謂同門者曰:"惜良宵無月耳。"知微命侍童曰:"可備酒肴。"遍召從學者,升天柱峰玩月。從學者雖唯應而心疑,以爲濃雲暴雨,無復有月。頃之,知微曳杖而出,從學者隨之登峰之巓,皓月如晝。至月色盡落,各歸山舍,濃雲暴雨如故。《三水小牘》

鍾陵西山有遊帷觀,每至中秋,車馬喧闐。豪貴遊多召名妹善謳者,握臂連踏而唱。太和末,有書生文蕭往觀,覘一妹甚麗,且歌曰:"若能相伴陟仙壇,應得文蕭駕綵鸞。自有繡襦並甲帳,瓊臺不怕雪霜寒。"生意其神仙,植足不去。妹亦相眄,歌罷,獨秉燭穿大松徑,將盡,陟山捫石,冒險而升,生躡其蹤,妹曰:"莫是文蕭耶?"相引至絶頂,有仙童持天判曰:"吳綵鸞以私欲洩天機,謫爲民妻一紀。"妹乃與生下山,歸鍾陵。《傳奇録》

武夷山神號武夷君,秦始皇二年,一日語村人曰:"汝等以八月十五日會山頂。"是日,村人畢集,見幔亭綵屋,設寶座,施紅雲紫霞褥,器用甚設。令男女分坐,聞空中人聲,不見其形。須臾樂響,亦但見樂器,不見其人。酒行命食,味皆甘美,惟酒差薄。諸仙既去,衆皆欣喜,因名其地曰同亭三水。《諸山記》

許真君晉元康三年舉家四十二口拔宅上天。出《山堂肆考》《翰墨大全》。據《史纂左編》,"八月初一飛昇",兩日俱載。真君,名遜,字敬之,汝南人,爲旌陽令。

太虛真人成道。蜀人李珏得黃房公丹道,改名棲真,號太虛。詣武夷山潛修七月,歸經龍虎山。先夕,雩壇有夢真人者,時旱禱弗應。次日真人至其處,衆弗知也，夢者指所至貧道人爲是。衆請禱雨，應時霝霈。後至真州玉虛庵，以道授張紫瓊，囑曰："金丹宜潛修，大道當人授。"入青城山，道成。出道書。

劉湛真人拔宅上昇。

軒轅皇帝騎火龍上昇。以上《翰墨大全》。

有梵僧從天竺鷲山飛來，云八月十五日夜桂子落。禪林備覽

長安中秋夜，有人聞鬼吟曰："大街鼓歇行人絶，九衢茫茫空有月。"又聞有和者曰："九衢日①生何勞勞，長安土盡槐根高。"俗云務本西門是鬼市。《南部新書》

詩

合望月時長望月，分明不得似今年。仰頭五夜風中立，從來團圓直到圓。王建《八月十五夜月》

人道中秋明月好，欲邀同賞意如何？華陽洞裏秋壇上，今夜清光此處多。白居易《華陽觀中中秋夜招友翫月》

一年明月在中秋，數日陰雲不奈愁。忽喜新晴轉書室，極知清夜照歌樓。韓仲止

長風迅掃太空雲，銀漢無聲斗柄橫。秋到今朝三五半，月於此夜十分明。晁無咎

一年秪有今宵月，盡上江樓獨病眠。寂寞竹窗閑不閉，夜深斜影到床前。熊孺登《中秋夜臥疾》

雲卷庭虛月逗空，一方秋草盡鳴蟲。是時兄弟正南北，黃葉滿階來去風。薛能《中秋旅舍》

把酒冰壺接勝遊，今年喜不負中秋。故人心似中秋月，肯爲狂夫照白頭。戴復古，字式之，號石屏，天台人。《中秋夜李漕冰壺燕集》

---

① 日，底本無此字。據《南部新書》補。

桂影中秋特地圓，況當餘閏魄澄鮮。因懷勝賞初經月，免使詩人嘆隔年。_{趙大成}

千崖爽氣已平分，萬里青天碾玉輪。如向錢塘江上望，相逢卻是廣寒人。_{白玉蟾《中秋夜》}

暮雲收盡溢清寒，銀漢無聲轉玉盤。此生此夜不長好，明月明年何處看。_{蘇軾《中秋夜》}

滿目飛明鏡，歸心折大刀。轉蓬行地遠，攀桂仰天高。水路疑霜雪，林棲見羽毛。此時瞻白兔，直欲數秋毫。

稍下巫山峽，猶銜白帝城。氣沉全浦暗，輪側半樓明。刁斗皆催曉，蟾蜍且自傾。張弓倚殘魄，不獨漢家營。_{杜工部}

天將今夜月，一遍洗寰瀛。暑退九霄淨，秋澄萬景清。星辰讓光彩，風露發晶英。能變人間世，儵然是玉京。_{劉賓客《中秋翫月》}

涼意今年早，蟾光七澤多。憑欄共懷古，擁裌獨高歌。風物關山遠，功名歲月過。一樽聊復爾，於此興如何。_{張栻，字敬夫，號南軒。《與僚佐登江陵郡城觀月》}

向老逢清節，歸懷托素輝。飛螢元失照，重露已沾衣。稍稍孤光動，沉沉眾籟微。不應明白髮，似欲勸人歸。_{陳后山}

待月東林月正圓，廣庭無樹草無煙。中秋雲淨出滄海，半夜露寒當碧天。輪影漸移金殿外，鏡光猶掛畫樓前。莫辭達曙殷勤望，一墮西巖又隔年。_{許渾《夜宿雞鳴寺翫月》}

銀臺金闕靜沉沉，此夕相思在禁林。三五夜中新月色，二千里外故人心。渚宮東面煙波冷，浴殿西頭鍾漏聲。猶恐清光不同見，江陵地濕足秋陰。_{白樂天《八月十五日夜禁中寓直寄元四積》}

月晃長江上下同，畫橋橫截冷光中。雲頭艷艷開金餅，水面沉沉臥彩虹。佛氏解為銀色界，仙家多住玉華宮。地雄景勝言

不盡，但欲追隨乘曉風。_{蘇舜欽《中秋松江新橋對月》}

十六日

宋仁宗御大慶殿門，觀南郊儀仗法物，宰臣兩制預焉。_{景祐五年八月十六日，觀南郊儀仗法物。出《禮志》。}

宋高宗出所書《孝經》《詩》《書》篇章，宣示宰執，曰："朕詹仰古聖王之治，以爲規戒。"_{紹興三年。《玉海》}

杜工部祖母范陽太君①盧氏，以是日葬於河南之鄾師。_{盧氏卒於陳留之私第，工部代叔父作誌。出《年譜》。}

楊廷秀中秋夜宿辟邪市，至十六日早起，曉星已上，日欲出，而月未落。光景萬變，天下奇觀，乃作《羲和謠》以紀之，曰："羲和夢破欲啓行，紫金畢逋啼一聲。聲從天上落人世，千村萬路鷄爭鳴。素娥西征未歸去，簸弄銀盤浣風露。一丸玉彈東風來，打落桂林雪毛兔。誰將紅錦幕半天，赤光絳氣貫山川。須臾卻駕丹砂轂，推上寒空輾蒼玉。詩翁已行十里強，羲和早起道無雙。"_{《事文類聚》}

天曹掠剌②真君降。_{道經}

詩

舊把金波爽，皆傳玉露秋。關山隨地闊，河漢近人流。谷口樵歸唱，孤城笛起愁。巴童渾不寐，半夜有行舟。_{工部《八月十六夜翫月》}

年年歲歲望中秋，歲歲年年霧雨愁。涼月風光三夜好，老夫懷抱一生休。明時諒費銀河洗，缺處應須玉斧修。京洛胡塵滿

---

① 君，底本爲"后"，誤，今改。

② 剌，疑爲"剩"或"刷"形誤。有掠剩神、掠刷神，沒有掠剌神。職責是"司人剩財而掠之"。

人眼，不知能似浙江不。曾茶山《癸未八月十四日至十六日夜月色皆佳作》。茶山年八十。

十七日

骨利幹正觀二十一年是日，遣使貢良馬百匹，中有十匹尤駿，唐太宗各爲制名，曰：噴沫則千里飛紅，流汗則三條振血。塵不及起，影不暇生。《玉海》

唐文宗以是日葬於章陵，知樞密劉弘逸、薛季稜率禁軍護靈駕。二人素爲文宗獎遇，仇士良惡之，心不自安，欲倒戈誅士良。即日覺其謀，弘逸、季稜伏誅。開成五年。出《考異》。

元人唐懷德卒。字思誠。幼而穎悟，未就師傅即能誦詩。既長，受業於文懿許公。六經百家之説無不探討，學以濂洛諸儒爲宗，故粹然出於正。武威余公持節海右，深慕思誠之學。余公善大篆，或請書揚雄九州箴者，余公不知所出，思誠曰：“此載自《古文苑》。”即援筆寫之，後覆以其書，不差一辭，余公驚服。至正丁酉年八月十七日卒。出《宋濂集》。

元國子博士吳師道卒。先生少勇於學，稍長，許文懿公以朱子之學淑學者，先生持所悟識造門質難，許公甚重之。於元英宗至治元年舉進士，授高郵丞，後入爲國子助教，踰年陞博士。先生聲著中朝，士子持所疑以問，即開以機鑰。師道，字正傳，婺之蘭溪人。於至正四年八月十七日卒於家，壽六十二。出《宋濂集》。

唐壽州刺史張士平夫婦俱患瞽疾，禱醮星辰祈祐，歲久，精誠不懈。至元和七年是日，有書生請謁，家僮曰：“主公夫婦瞽，不能接賓客。”書生曰：“予亦知醫。”家僮入報，士平接見，書生曰：“不假藥餌，開一井眼自愈。”書生選一勝地，穿井以水洗眼，即時明净如初。夫婦感而謝之，遺金帛，書生曰：“吾太白星官，非塵市中人也。以子精誠禱醮，感五帝星君，使我下降，答子修奉之心，豈受金帛？”出《神仙感遇傳》。

長庚星降。

南斗星降。以上道經，亦出《翰墨大全》。

詩

眼昏燭暗細行斜,考閱精彊外已誇。明日失杯君莫怪,早知安足不成蛇。

亂山遮曉擁千層,睡美初涼撼不應。昨夜酒行君屢嘆,定知歸夢到吳興。

天台桂子爲誰香,倦聽空階夜點涼。賴有明朝看潮在,萬人空巷鬥新粧。

秋花不見眼花紅,身在孤舟兀兀中。細雨作寒知有意,未教金菊出蒿蓬。

樓上煙雲怪不來,樓前飛紙落成堆。非關文字須重看,卻被江山未放回。熙寧五年,東坡杭州監試。先有詩催試官考校,八月十七日,牓出,復登望湖樓,與試官五人和前篇五首。

秋月仍圓夜,江村獨老身。捲簾還照客,倚杖更隨人。光射潛虬動,明翻宿鳥頻。茅齋依橘柚,清切露華新。杜工部《八月十七夜對月》

病骨卻風露,愁懷厭甲兵。人居絶域久,月向此宵明。輪亥初經漢,光分半隱城。遲遲不肯下,應識異鄉情。朱弁,字少章,宋人。吉州團練使。《八月十七日夜對月》

月缺霜濃細蕊乾,此花元屬桂堂仙。鷲峰子落驚前夜,蟾窟枝空記昔年。破衲高僧憐耿介,練裙溪女鬥清妍。願公採擷紉幽佩,莫遣孤芳老澗邊。東坡《八月十七日天竺山送桂花分贈楊檜》。檜,字元素,皇祐五年及第。

十八日

唐太宗崩於含風殿,以是日葬。按正史、雜史,咸謂太宗以八月庚寅日葬,與《大詔令》等書並同。庚寅,則貞觀二十三年八月十八日也。後有云庚子,則八月之二十八日。不知何以有一旬之差，豈史誤耶？先太宗三月丁卯不豫，四月己亥幸翠微宮，五月己巳崩。

唐敬宗遣中使往湖南、江南等道及天台山採藥。寶曆元年八月十八日，遣中使時，有道士劉從政者説以長生之道，請於天下求訪異人，冀獲靈藥，乃以從政爲光禄少卿，號亥昇先生。出《唐書》。

錢塘數百里士女聚觀舟人漁子迎濤觸浪，謂之弄潮。出《杭州府志》。據《臨安志》，八月十五日有弄潮之戲，乃子胥事也，若八月十八日弄潮事不同。蓋錢塘江通海，海潮每晝夜在。至卯酉之月，爲陰陽之交，氣以交而盛，故潮獨大於餘月。朔望之後，爲陰陽之變，氣以變而盛，故潮獨大於餘日。小則水漸漲，不過數尺，大則湧濤高數丈。每年八月十八日，郡人觀舟人漁子迎濤觸浪，謂之弄潮。至今俗尚有之。

女仙裴玄静跨白鶴西北昇天而去日，有五雲盤旋，仙女奏樂。玄静好道，父母置一静室，以女使侍之，逐於外。獨居，别有女伴言笑。窺之，不復見；語之，不肯言。父母欲歸之李言，玄静不從，父母抑之曰：南岳魏夫人亦從於人育嗣，後爲上仙。遂適李言。一日，獨居静室，李言聞言笑，從壁隙窺，滿室光明馥郁，有二仙女，鳳髻霓裳，侍側有綽約之態。李言問之，玄静曰："崑崙仙女相省，勿窺。再窺，召譴。然予與君俗緣甚薄，不久在人間，念君嗣未立。"後産一兒，與李言曰："予當去矣！"大中八年八月十八日，昇天而去。在温縣供道村。此事與"七月十四日"女仙玄同略同。出《集仙録》。

四海龍王神會日。道經

詩

八月十八睡龍死，海龜夜食羅刹水。須臾海擘黿鼉門，地捲銀龍薄於紙。艮山移來天子宮，宮前一箭隨西風。劫灰欲洗蛇鬼穴，婆留折鐵猶争雄。望海樓頭誇景好，斷鼇已走金銀島。天吳一夜海水移，馬蹀沙田食沙草。崖山樓船歸不歸，七歲呱呱啼軹道。杭州潮有繪其圖者。楊廉夫題。

八月十八潮，壯觀天下無。鷗鵬水擊三千里，組練長驅十萬夫。紅旌青蓋互明滅，黑沙白浪相吞屠。人生會合古難必，此景此行那兩得。願君聞此添蠟燭，門外白袍如立鵠。東坡題潮

十九日

唐太宗詔：三品以上服紫，四品、五品服緋，六品、七品以綠，八品、九品以青。貞觀四年。《玉海》

唐高宗是日詔：此後每五日一度，升大極殿視事，朔望即爲常式。蓋今五日起居之始也。永徽二年八月十九日詔。《循吏傳》曰：漢宣五日一聽事，則彷佛起居之事。其禮雖見於漢，要自唐始行之。出《事物紀原》。

洞賓過湖州吳興東林沈氏。沈氏能釀白酒，洞賓自稱回道人，願求一醉。飲之數斗不醉，乃用石榴皮題詩於壁，詩曰：西鄰已富憂不足，東老雖貧樂有餘。白酒釀成緣好客，黃金散盡爲收書。熙寧元年八月十九日，洞賓過湖州，題詩云云。後東坡和回先生贈吳興沈東老韻三首，詩曰：世俗何知窮是病，神仙可學道之餘。但知白酒留佳客，不問黃公覓素書。　符離道士晨興際，華岳先生尸解餘。忽見黃庭丹篆句，猶傳青紙小朱書。　淒涼雨露三千後，彷佛塵埃數字餘。至用榴皮緣底事，中書君豈不中書。出《純陽集》。

田真人昇仙。田仕文

申天師昇仙。以上《翰墨大全》。

詩

空庭得秋長漫漫，寒露入幕愁衣單。喧喧人語已成市，白日未到扶桑間。永懷所好卻成夢，玉色髣髴開心顏。逆知後應不復隔，談笑明月相與閑。王荆公《八月十九日試院夢沖卿作》

二十日

封西嶽爲金天王。唐先天元年八月二十日封。出《會要》，亦出《事物紀原》。

唐玄宗破契丹告廟。開元二十八年八月二十日破。自後，軍捷必告廟。

出《會要》。

唐高宗。是日，隕石十八於同州馮翊縣，光曜，有聲如雷。上問于志寧曰："此何祥也？由朕政有闕。"對曰："是陰陽之事，非吉凶所生。自古災變者不可測，但恐物之自爾，未必關於人事。陛下發書責躬自省，未必不爲福矣。"永徽四年。《五行志》

宋高宗賜趙鼎御書《尚書》一部，鼎奏謝，上曰："《尚書》所載君臣相戒之言，所以賜卿，欲共由此道，以成治功。"紹興五年。《玉海》

呂獻可葬於伊闕縣。呂晦，字獻可，宋人也。登進士。性沉厚，不妄交遊。獻可病亟爲手書命司馬光爲理文。光往省之，至則目且暝，光伏呼曰："更有以見屬乎？"張目强視曰："無。"光出門而獻可没。光銘曰：位則不究，道則不負。年則不壽，名則不朽，云云。八月二十日，葬於伊闕縣神陰鄉中費里。出《文鑑》。

後梁貞明中，徐州王商將叛。是夜，月明如畫，居人咸聞通衢隊伍之聲。自門隙窺之，皆青衣兵士而無甲。俄聞大笑相呼，刀楯盈巷，怪狀奇形，甚可畏懼，乃知非人也。是冬商叛，劉尋以兵五萬致討，合境悉罹其禍，後商敗。《玉堂閒話》

鮑靚上京，行達龍山，見前一少年，姿容整茂，徒行甚徐。靚乘名馬，密逐數里，終不能及，意甚異之。問曰："視似有道者。"少年答曰："我中山陰長生也。"大興元年八月二十上京。靚，字太玄，陰長生，晉元帝時地仙。出《道學傳》。

二十一日

孔子生。有二蒼龍自天而下，來附徵在之房，因夢而生夫子。有二神女擎香露於空中而來，以浴徵在。天帝下奏鈞天之樂，列於顏氏之房。空中有聲，言天感生聖子，故降以和樂笙鏞之音，異於世俗。又有五老列於徵在之庭，則五星之精也。按：孔子之生，《春秋左傳》不書，《公羊》《穀梁》二傳並於襄公二十一年書之。《公羊》書"十有一月庚子"，《穀梁》書"十月庚子"。説者謂《春秋》於是年書十月庚辰朔，則庚子乃十月二十一日，而十一月無庚子，當以《穀梁》爲是。襄公十月二十一日，即今之八月二十一日也。又孔氏子孫相傳者以孔子生於八月二十七日，此出自《山堂肆考》。又《事文類聚》以孔子生於五月四日，或誤。孔子未生時，有麟吐玉書於闕里人家，文曰："水精之子，係衰周素王。"故二龍繞室，五星降庭。微在賢明，知爲神異，乃以繡紱繫麟角。至魯定公二十四年，魯人鋤商田於大澤，得麟，以示夫子，繫角之紱尚在焉。夫子知命之將終，乃抱麟解紱，涕泣滂沱。

褚淵薨。褚淵，字彥回，河南陽翟人也。建元四年八月二十一日薨於私第，春秋四十有八。《文選》曰：淵神茂初學，業隆弱冠。孝敬淳深，盡歡朝夕。總熊羆之士，率不貳心之臣。康國祚於綴旒，拯王維於已墜，云云。

使者持命至。元劉因，字夢吉。二歲日記千言，六歲能詩，七歲能屬文。偶腹痛，下血不已。八月二十一日，使者持命至。因初聞之，惶怖無地，不知所措，徐而思之，竊謂供職雖未能扶病而行，而恩命則不敢不扶病而趨。即日拜受，留使者，候病稍退，與之俱行。出《左編》。

蘇東坡貶惠州。是日過虔州，與王巖翁同謁祥符宫，老蘇曾攜東坡自虔州歸，其日感傷流涕。宋哲宗紹聖元年。老蘇攜過虔州，時東坡年十二，至紹聖元年四十七年，而東坡年五十九矣。出《長公外紀》。

然燈佛生。藏經

詩

香山居士留遺迹，天竺禪師有故家。空詠連珠吟疊壁，已亡飛鳥失驚蛇。林深野桂寒無子，雨漚山薑病有花。四十七年真一夢，天涯流落淚橫斜。老蘇曾攜東坡自虔州歸。是時，老蘇謂東坡曰：虔州天竺寺有白樂天親書詩。後東坡過虔州，四十七年矣，其親書詩已亡，僅有石刻存耳。八月二十一日，感泣不已，乃作是詩。

二十二日

石勒死。先熒惑逆行，勒八月二十二日死。出《晉書》。

鎮海迎丘處機。字通密，師重陽祖師。處機遣阿里鮮詣金世宗，稟論道日期。八月二十二日，田鎮海來迎，上遣鎮海曰："便欲見耶？且少憩耶？"師曰："入見是望。"既見，賜湩酪，竟乃辭。上曰："師每日來就食，可乎？"師曰："山野修道之人，惟愛靜處。"上令從便。有《磻溪鳴道集》行於世。出《左編》。

沐浴令人無非禍。《雲笈七籤》

方丈臺昭靈李真人降。《翰墨大全》

　詩

孤松吟風細泠泠，獨繭長鎖女媧笙。陋哉石鼎逢彌明，蚯蚓竅作蒼蠅聲。缾中宮商自相賡，昭文無虧亦無成。東坡醉熟呼不醒，但云作勞吾耳鳴。劉義仲八月二十二日餞飲東坡，聞笙簫聲，杳杳若在雲霄間，抑揚往反，甚中音節。徐而察之，則出於雙缾，水火相得，自然吟嘯，食頃乃已。

二十三日

貞觀八年是日，星孛於虛危，歷於玄枵，太宗謂侍臣曰："是何妖也？"虞世南對曰："齊景公時有彗星，晏子對曰：'公穿池畏不深，築臺恐不高，行刑恐不重，是以有彗。'景公懼而修德，十六日而星滅。臣聞若德政不修，麟鳳數見，終無所補；苟政教無闕，雖有災愆，何損於時。伏願陛下勿以功高古人而務大，勿以太平日久而驕逸，慎終如始，彗何足憂！"帝深嘉納之。《唐書》

郭子儀屯扶風。唐肅宗勞饗諸將，遣攻長安，謂子儀曰："事之濟否，在此行也！"對曰："此行不捷，臣必死之。"於是，子儀八月二十三日先行屯扶風，至九月十三日，廣平乃發也。出《實錄》。

僕固懷恩上書自敘功伐，曰：廣德元年八月二十三日，刺肝瀝血，謹頓首上書寶應聖文神武皇帝陛下：臣家本蕃夷，代居邊塞，爰自祖父，早沐國恩。臣年未弱冠，即蒙上皇驅策，出入死生，竭力疆場，叨承先帝報功，時年已授特進。洎乎祿山作亂，大振王師,臣累任偏裨,決死靖難,上以安社稷,下以拯生靈。仗皇天之威神,滅狂胡之醜類,云云。僕固懷恩,鐵勒部落僕骨歌濫拔延之曾孫,訛謂之僕固。出《舊唐書》。

金主哀宗生於翼邸。承安三年八月二十三生,仁聖無子,養爲己子。出《金史》。

智才,潭州龍牙山僧。宋高宗紹興年是日,俄集眾生,示曰:涅槃生死,盡是空華。佛及眾生,並爲增語。汝等諸人,合作麼生。眾背下語不契,師喝曰:苦!苦!復曰:白雲湧池,明月當天。言詭,翛然而逝。火浴獲舍利五色並靈骨,塔於寺之西北隅。《楚通志》

詩

年年八月二十三,長庚此夜照江南。南山已爲吾皇祝,更願我公如老聃。《事文類聚》

二十四日

東漢順帝。是日,熒惑入軒轅。郎顗曰:天遣,熒惑入軒轅,以悟主上。東漢郎顗,字雅光,北海安丘人也。父宗,學《京氏易》,善風角。顗少傳父業,晝研精義,夜占象度。陽嘉年,顗謂順帝曰:八月二十四日戊辰,熒惑歷輿鬼東入軒轅,出后星北,東去四度,北旋復還。軒轅者,後宮也。熒惑者,至陽之精也。天之使也,而出入軒轅,繞還往來。《易》曰:"天垂象,見吉凶。"其意昭然可見。禮,天子一娶九女,嫡媵畢具。今宮人寺御,動以千計,或生而幽隔,人道不通,鬱積之氣上感皇天,故八月二十四日遣熒惑入軒轅,以悟主上。出《史纂左編》。

隋文帝。仁壽宮八月天雨金銀花,至是日卯時,永安宮北有自然種種音樂,震滿虛空。仁壽二年。出《隋紀》。

吳越錢俶以天成四年是日生,至端拱元年是日卒。吳越錢俶,字文德,杭州臨安人。祖鏐,因黃巢之亂,據有吳越奄有勾吳之地,不忘象魏之心。宋太宗雍熙元年,封漢南國王。四年春,出爲武勝軍節度,改封南陽國王。俶久被病,詔免入辭。將發，賜玉束帶、金唾壺、椀盜等。俶四上表讓國王，改封許王。至端拱元年，徙封鄧王。會朝廷遣使賜生辰器幣，與使者宴飲至暮，有大流星墜正寢前，光燭一庭，是夕暴卒，年六十。俶以八月二十四日生，亦以八月二十四日卒，人皆異之。出《宋史世家傳》。

彭抗真人舉家二十六口白日昇天。彭抗，字武陽，蘭陵人。仕晉爲尚書左丞，密修仙業，師事許真君，納女爲真君子婦，後致政，挈家居豫章，再詣真君門下，盡傳其道，宋高祖永初二年八月二十四日，舉家昇天。出《列仙傳》。

馬鈺真人是日長安祈雨，有詩云：一犂沾足待何時，五五不過二十五。明日雨足。馬鈺，初名從義，字宜甫，鈺，字玄寶，更之也，號丹陽子，寧海人。八月二十四日，長安祈雨，有詩。出《史纂左編》。

二十五日

宋真宗。是日，真遊殿上梁，召近臣焚香，因宴於長春殿，帝作七言詩，令近臣繼和。祥符七年。《玉海》

衞州進士高郢上書曰：太后聖德，不必以一寺增輝；國家永圖，以百姓爲本。捨人就寺，何福之爲！且無寺猶可，無人可乎！況陛下當卑宮室，以夏禹爲法。而崇塔廟，躡梁武之風也。唐代宗大曆元年，魚朝恩奏以先所賜莊爲章敬寺，以資章敬太后冥福。窮壯極麗，盡都市之財不足用，故高郢八月二十五日上書云云。出《郢集》。

以呂祐之等直昭文館。宋太宗淳化元年八月二十五日，以呂祐之等直昭文館。先是，但有直史館，至是，始命祐之等分直，備三館職。《談苑》曰：淳化中，復置直史館，疑唐有是職也。出《事物紀原》。

交阯貢異獸。宋仁宗是日御崇政殿，召輔臣等觀之。司馬光作《交阯獻奇獸賦》：其狀熊頸而鳥喙，豨首而牛身。與夫雕題卉服之士，南金象齒之珍，款紫闥而坌入，充彤庭而並陳。翔舞太和，涵濡茂澤，殊俗嚮臻，靈獸來格，云云。嘉祐三年八月二十五日。《宋史》

東坡遊赤壁，秋濤方漲，水面十里。東坡遊赤壁者三，今人知其二者，據二《賦》也。二《賦》在元豐六年，而第一遊在六年前八月二十五日也。觀跋《龍井題名記》曰"予謫黃州，參寥使人示以題名。時去中秋十日，秋濤方漲，水面十里"等語，則二十五日是第一遊也。出《七修類稿》。

詩

涼秋涉仲琯，佳月從下弦。《事文類聚》

二十六日

晉愍帝。是日，天有聲震地，夜如晝。曉起視西北，間有光明照地。建興十七年八月二十六日。《晉書》

煬皇帝是日御龍舟幸江都，以左武衛大將軍郭衍為前軍，李景為後軍，文武官五品以上給樓船，九品以上給黃篾，舳艫相接，二百餘里。《隋書》

宋太宗車駕幸國子監謁文宣王廟，命博士李覺講《周易》"泰卦"，賜綵段百匹。移幸玉津園習射。端拱元年八月二十六日。《玉海》

知龍州王稱上《東都事略》。宋孝宗淳熙十三年八月二十六日，上《事略》百三十卷，明年春除直秘閣。出《會要》。

壽星現。南極老人星現於真宗八月二十六日。出《翰墨大全》。

二十七日

宋太宗謂丞相曰："朕昨日聽說《泰卦》文理深奧，足以為君臣鑒戒，與卿等遵守之。"趙普頓首謝。端拱元年八月二十七日。《玉海》

宋英宗以是日葬。治平四年。《宋史·禮志》

代宗詔郭子儀與馬璘合攻吐蕃。唐代宗大曆二年，吐蕃至涇西，詔郭子儀自河中帥甲士三萬鎮之。八月二十七日，又詔統精卒一萬與馬璘合攻之。是時，京師戒嚴。出《汾陽家傳》。

咸通末年，翰林舍人蘭陵公自右史竄黔南。秋八月二十七日，泝三峽，次秭。是時蜀水方漲，公積悸而寢，夢神人赤髮碧眸，自云險不足懼。公異之，再寐又夢。公詰其所自，則曰："我黃魔神，居紫極之隅，將祐助明公出於此境。"公自是抵於黔，又還於羅。每陟險，如有神助焉。《楚通志》

元太祖賜丘處機葡萄酒、瓜、茶。處機，字通密，號長春子。元太祖謂師曰："師每日來就食，可乎？"師曰："山野修道之人，惟愛靜處。"上令從便。八月二十七日，賜葡萄酒等物。出《史纂左編》。

諸佛慶會東海。藏經

詩

推擠不去已三年，魚鳥依然笑我頑。人未放歸江北路，天教看盡浙西山。尚書清節衣冠後，處士風流水石間。一笑相逢那易得，數詩狂語不須刪。

路轉山腰未足移，水清石瘦便能奇。白雲自占東西嶺，明月誰分上下池。黑黍黃粱初熟後，朱柑綠橘半甜時。人生此樂須天賦，莫遣兒郎取次知。東坡與毛令方尉熙寧七年八月二十七日遊西菩提寺，作二首，至今西菩山明智院石刻存焉。

二十八日

宋仁宗幸瑞聖園射，上中的十一。寶元二年八月二十八日

宋孝宗御書漢議郎崔寔《政論》賜宰臣虞允文等，允文曰："寔所謂'師五帝''式三王'，'棄苟全之政，蹈稽古之蹤'，此聖學之所緝熙，特稷契之佐、伊尹之輔，未如卒章所云，臣所甚懼也，惟陛下選建其人極於三五之隆。"乾道六年。以上《玉海》。

崔光本，字長仁。是日，帝見有物出於太極之西序，敕以示光本，光本曰："八月二十八日，物出於太極之西序。臣按其形，即《莊子》所謂'蒸成菌'者也，又云'朝菌不終晦朔'。雍門周所

稱'磨蕭斧而伐朝菌',指言蒸氣鬱長,非有根種,柔脆之質凋殞速易,不延旬月,無擬斧斤。"《魏書》

四天會事日。道經

詩

喜臨晚節安康久,兩日三秋催蕭霜。《事文類聚》

二十九日

袁充知天文,上表陳嘉瑞曰:去年八月二十九日夜,大流星如斗,出王良北,正落突厥營,聲如崩墻。占:星墜賊所,賊必敗。帝大悦。袁充,字德符,本陳郡陽下人也。年十餘歲,其父黨至門,冬初,充尚衣葛衫,客戲充曰:"袁郎子,綌兮紛兮,淒其以風。"充答曰:"惟絺與綌,服之無斁。"以是大見嗟賞。隋煬帝大業六年,遷内史舍人,其後天下亂,盜賊並起,帝心不自安,充上表陳嘉瑞云云。出《隋書》。

唐高宗。京東西二市置常平倉,置常平司官。永徽六年八月二十九日。出《會要》。

謝晦卒。謝晦廟在岳州府黄山。劉宋謝晦刺荆州,嘗過黄山,顧瞻久之。未幾,卒於八月二十九日,柩過此山不肯去,因葬焉。民爲立祠,宋封顯應公。每年荆州刺史祭以八月二十九日。出《岳州府志》。

牛文信真人上昇。《列仙傳》,亦出《翰墨大全》。

詩

陰陽在天地,鼓吹猶橐籥。煩蒸翕已盡,灝氣乃浮薄。群山翠相抱,塵靄如洗濯。川源亦虚徹,沠别歸衆壑。囂音滅蛙蚓,勁意動鶗鶪。蠅蚊自不容,雖有類鉗縛。驅之舊苦衆,忽去寧匪樂。俯仰自醒然,意適忘體瘼。天運雖已晏,生意固未剥。薑芋圃可掘,禾黍田始穫。脫苞紫栗迸,透葉紅梨渥。幽花媚清景,鮮蕊耀新萼。西風動孤格,露曉愈修擢。能終犯寒冱,詎可忽纖弱。況當九日近，家釀成已昨。溫顏几杖適，弱質衣冠恪。閨門自可會，非必千里約。箏匏出人指，遹迆奮宮角。初言小人獻，終拜長者酢。清言喜自洽，細故憂可略。幸無職事顧，況荷租賦薄。讀書有休暇，得醉且吟嘍。曾鞏，字子固。《八月二十九日小飲》

三十日

金主世宗詔：百姓自二月一日至八月三十日，並禁絕飲宴。金主詔：百姓不許殺生祈祭。若遇節辰及祭天日，許得飲會。亦不許赴會，恐妨農功。雖閏月亦不許痛飲，犯者抵罪。出《金史》。

元人林靜是夜夢羽客持龜蛇施施而來，謂靜曰："子能往鼇峰乎？吾遲子矣。"林靜嗜道家言，事玄武神尤謹，以瑤臺玄史爲之號。一日出遊虎林，忽遇羽客，鬒髻而方瞳，揖靜曰："吾與子生同里，何遽忘之耶！"問其里居姓名，笑而不答，強之，則曰："李自然也，客鼇峰之紫陽庵。"言訖飄然而逝。八月三十日夜，夢羽客持龜蛇云云，靜異之。明日，靜往鼇峰，逢龜蛇出洞中，已而不見。靜因厮地獲石類鼊卵，瀹而視之，玄武神黃帕首，按劍坐雲中，龜蛇在下。所現之像，毫末備悉，靜曰："此吾事玄武神甚謹，故感而有此。所謂同里及李自然云者，蓋示萬物之理同出自然。"出《宋濂集》。

詩

塵纓忽解誠甚喜，世網重來未可知。莫忘全吳館中夢，嶺南泥雨步行時。白居易《寶曆二年八月三十日夜夢後作》

弱質有孤念，獨往窮名山。那知歲月逝，白首塵埃間。今朝定何期，憑高睨清灣。群賢一戾止，共此一日閑。晤言不知疲，林昏鳥飛還。勝踐可無紀，重來諒非艱。留語巖上石，毋使門常關。朱文公《八月三十日浮雲亭次叔通韻》

卷九

九月〔一〕

楚應城陳堦升也甫編輯

邑人徐養量叔弘甫校刻

陳蔀伯祥甫

陳茗伯取甫

陳時升暘國甫

程有年耳雍甫全閱

九月建戌。戌,滅也,言萬物皆衰滅也。《合璧事類》

無射,戌之氣也,九月建焉。《周禮》

日在房,昏虛中,旦柳中。《禮記》

日月會於大火而斗建戌之辰。《月令》

晚秋者,天將搖落,其歲之晏乎。韓皋云。

季秋行春令,則暖風至,民懈怠,師旅興;行夏令,則大水殃民;行冬令,則多盜,邊境不寧,土地分裂。《吕氏春秋》

為玄。《爾雅》

為季秋,亦曰暮秋、末秋、杪秋、秘秋、暮商、季商。梁元帝《纂要》

文武百寮擇勝地追賞爲樂。唐德宗時。出《南部新書》。

邑人掘蛇黃岡深七八尺，有大者如雞子，小者如彈丸。其色紫，磨之可治腫毒。黃蛇岡在平南縣，出蛇黃。載廣西《潯州府志》。

四民並籍野飲宴。《荊楚歲時記》

天東南有聲，如風水相激，三夜乃止。陳宣帝大建十三年。《陳書》

天東南有聲如蟲飛，漸移西北。陳宣帝大建十四年。《陳書》

天赤氣見於西北，長二十丈，廣八九尺，食頃乃滅。高祖太和十六年。《魏書》

天西北有赤氣似火燗，北鎮反亂之徵。肅宗正光三年。《魏書》

夜有流星起中天，首如甕，尾如二百斛船，長十餘丈，聲如群鴨，明若火炬，過月下西流。須臾，有聲礱礱，墜地，有大聲如壞屋者三，在陳、蔡間。元和十二年。《唐書》

有大星自西南流於東北，小者如斗相隨，天盡赤，聲如雷。占曰："流星爲貴使。"是年，汲桑殺東燕王騰，遂據河北。沈約《宋書》

雹落大如蒜子。永明元年。《南齊書》

風中有黑子。占曰：黑者陰也。臣有蔽明主者。永寧元年。《晉書》

天雨塵土。慶元六年

天雨塵土。嘉泰元年。以上《宋史》。

淮南地生毛，或白或蒼，長者尺餘，遍居人床下，揚州尤甚。垂拱元年。《唐書》

雍州新豐縣有山湧出，高二十丈，有池周三百畝，池中有龍鳳之形、禾麥之異，武后以爲休應，名曰慶山。垂拱二年。《唐書》

黃河是月水名登高水。《水衡記》

瀘州鹽井竭。遣劉晚入視，忽有聲如雷，火焰突出，晚被傷。

端拱元年。《五行志》

夾江縣民王誼得黑石二，皆丹文，其一云"君王萬歲"，其一云"趙二十一帝"，緘其石以獻。興國四年。《五行志》

膠東下密人年七十餘，生角，角有毛。漢景帝二年九月，生角。時膠西、濟南、齊四王有舉兵反謀，謀由吳王鼻起，連楚、趙凡七國。下密縣居四齊之中。角，兵象，上鄉者也。老人，吳王象也。年七十，七國象也。天戒若曰：人不當生角，猶諸侯不當舉兵以鄉京師也。禍從老人生，七國俱敗。京房《易傳》曰："家宰專政，厥妖人生角。"出《通考》。

會稽剡縣木生如人面，後王敦作亂。晉明帝太寧元年，《五行志》。前漢哀成之世並有此妖，人貌備具。

豫州萬歲澗廣數丈，有樹連理，隔澗騰枝相通，越壑跨水爲一幹。昇明二年九月。《南齊書》

鳳凰集東海，遣使祠其處。漢昭帝始元三年。《宋書·符瑞志》

大雨，鼠巢樹上。光武六年。《漢書》

豫州有豬生子，一頭、二身、八足。高祖延興元年九月。《魏書》

長安馬生人。唐僖宗中和元年九月。《通考》

滿子縣馬生人。晉愍帝建興二年九月。京房《易傳》曰："上亡天子，諸侯相伐，厥妖馬生人。"是時，帝室衰微，不絕如線，胡狄交侵，兵戈日逼，尋而帝亦淪陷。《通考》

詩

江南季秋天，栗熟大如拳。楓葉紅霞萃，蘆花白浪穿。劉蕃詩《狀江南》。九月，蕃登天寶六年進士。

異鄉寒覺早，故國信來稀。秋風江上望，一鴈正南飛。樂天

心逐南雲逝，形隨北鴈來。故鄉籬下菊，今日幾花開。隋江總《九月至微山亭》

萬葉風聲利，一山秋氣寒。曉霜浮碧瓦，薄月度朱欄。權常侍

荆溪出白石,天寒紅葉稀。山路寒無雨,空翠濕人衣。_{王維}

井梧分墜砌,寒鴈遠橫空。雨久莓苔紫,霜濃薜荔紅。_{徐鍇}

地僻門深少送迎,披衣閒坐養幽情。秋庭不掃攜藤杖,閒踏梧桐黃葉行。_{白居易《晚秋閒居》}

九月湘江水漫流,沙邊惟覽月華秋。金風浦上吹黃葉,一夜紛紛滿客舟。_{戎昱《宿湘江》}

秋叢遶舍似陶家,遍繞籬邊日漸斜。不是花中偏愛菊,此花開後更無花。_{鄭谷,字微之。《題九月菊》}

陰陽爲炭地爲爐,鑄出金錢不用模。莫向人前逞顏色,不知還解濟貧無。_{皮日休,字襲美,襄陽人。《題金錢花》}

九月徐州新戰後,急風殺氣滿山河。惟有流溝山寺下,門前依舊白雲多。_{白居易《過流溝寺》}

秋風落葉滿空山,古寺殘燈石壁間。昔日經行人去盡,寒雲夜夜自飛還。_{皎然《晚投山寺》}

霜草蒼蒼蟲切切,村南村北行人絕。獨出門前望野田,月明蕎麥花如雪。_{白居易《村夜》}

塞月沉沉洞房静,真珠簾外梧桐影。秋霜欲下手先知,燈底裁縫刀剪冷。

碧空溶溶月華静,月裏客愁吊孤影。花開殘菊倚疏籬,葉下衰桐落寒井。

塞鴻飛急覺秋盡,鄰雞鵙時知夜永。凝竚不語空所思,風吹白露衣裳冷。_{王維}

誰將陶令黃金菊,幻作酴醾白玉花。小草真成有風味,東園添我老生涯。_{山谷}

爽氣澄蘭沼,秋香動桂林。露凝千片玉,菊散一叢金。日吐

高低影，雲垂點綴陰。蓬瀛不可望，泉石且娛心。太宗《秋日》

晨起動征鐸，客行悲故鄉。雞聲茅店月，人跡板橋霜。槲葉落山路，枳花明驛墻。因思杜陵夢，鳧雁滿迴塘。温庭筠《秋晚商山早行》

閏節開重九，真游下太千。花寒仍薦菊，座晚更披蓮。剎風回雕輦，幡橫間綵斿。還將西梵曲，助入南熏弦。李嶠

閏月再重陽，仙輿歷寶坊。帝歌雲稍白，御酒菊猶黃。風鐸宣行漏，天花拂舞行。豫游多景福，梵宇自生光。宋之問

重陽登閏序，上界叶時巡。駐輦天花落，開筵妓樂陳。城端剎柱見，雲表露盤新。臨眺光輝滿，飛文動睿神。劉憲。以上三首《和聖製閏九月九日登裝嚴總持二寺閣》。

八月九日蘆花飛，南溪老人垂釣歸。秋山入簾翠滴滴，野艇倚檻雲依依。卻把漁竿尋小徑，閑梳鶴髮對斜暉。翻嫌四皓曾多事，出爲儲王定是非。張志和

曉煙茅舍月，初日棗林霜。歐陽公

木落千山瘦，天高一鴈橫。吳正仲

霜洲楓落盡，月館竹生寒。僧尚能

寒露

秋分後十五日，斗指辛，爲寒露，謂露冷寒而將欲凝結也。《孝經緯》

九月寒露爲節者，九月之時，露氣轉寒，故謂之寒露。《三禮義宗》

正陰雲出，如冠纓。《易通卦驗》

寒露日，鴻鴈來賓。後五日，雀入大水爲蛤；後五日，菊有黃花。"鴻鴈來賓"：鴈以仲秋先至者爲主，季秋後至者爲賓。《通書》作來濱，濱，水際也，亦通。"菊有

黄花"：草木皆華於陽，獨菊華於陰，故桃桐之華皆不言色，而獨菊言者，其色正應季秋土旺之時也。

霜降

寒露後十五日，斗指戌，爲霜降，氣肅露凝結而爲霜也，故云"馴見而隕霜"。《孝經緯》

青女出以降霜。青女，霜神也。又高誘注曰：青女乃青腰玉女，司霜雪者。出《淮南子》。

霜陰陽之氣也，陰氣盛則凝而爲霜。《大戴禮》

霜者，陰精，冬令也。四時代謝，以霜收殺。《春秋考異》

展禽曰：春風鼓，百草敷蔚，吾不知其茂；秋霜降，百草零落，吾不知其枯。《符子》

霜降，太陰雲出鬼，上如羊，下如蟠石。《易通卦驗》

豐山有九鍾，是知霜鳴。郭璞注曰：霜降則鍾鳴，故言知也。出《山海經》。

霜降日，豺乃祭獸。《月令》

北方白鴈秋深乃來，來則霜降，謂之霜信。《古今詩話》

霜降則百工休，乃命有司曰：寒氣總至，民力不堪，其皆入室。霜降，清風，戒寒，所以令人入室。

霜降後，天子乃教於田獵，以習五戎，班馬政。草木黄落，乃伐爲炭。

霜降後，天子乃以嘗稻，先薦寢廟。

霜降後，合秩芻養犧牲，以供皇天上帝、名山大川、四方之神，以祠宗廟社稷之靈，爲人祈福。以上《月令》。

霜降而婦功成，嫁娶者行焉。王肅注曰：季秋霜降嫁娶始於此。又《詩》曰："將子無怒，秋以爲期。"出《家語》。

詩

青女橫霜夜，神壚盛凍天。王宏

天凝露以降霜兮，本葉落而隕枝。潘安仁賦

霜降①秋早寒，禾穗未熟皆青乾。長吏明知不申破，急歛暴征求考課。杜陵叟霜降節詩

天地之氣，嚴凝爲霜。候高秋於玉琯，體正色於金方。表蕭殺而順時戒節，協變化而開陰闔陽。激清風而增厲，净皓月而浮光。驚鴻鴈之嗷嗷，落蒹葭之蒼蒼。所以從地而升，應律而降。詠團扇而見託，班姬豈恨於長門。履堅冰以是階，袁安欲驚於陋巷。達重陽而首出，啓沍寒以先期。陰與律而相感，寒與氣而相資。百工由是休矣，萬物於焉。原夫日次於氐，月窮於戌。當青女以紀候，從白露以受質。洞庭之葉驚波，豐山之鍾應律，云云。

崔損《霜降賦》

九月〔二〕

楚應城陳塏升也甫編輯
邑人徐養量叔弘甫校刻
陳蔀伯祥甫
陳茗伯取甫
陳時升晹國甫
程有年耳雍甫仝閲

---

① 霜降，原詩爲“九月降霜”，該詩現題爲唐白居易《杜陵叟》。

一日

徽宗詔頒朔、布政自十月爲始。是日，上御明堂，頒天運、政治及八年歲運、曆數於天下。政和七年。《宋史·禮志》

唐玄宗每歲薦衣於陵寢。五月五日薦衣扇。《通考》

萬年縣女子劉凝静是日乘白馬，著白衣，男子從者八九十人，入太史局，升令廳床坐，勘問比有何災異。太史令姚玄辯執之以聞。是夜彗見西方天市中，長五尺，漸小，向東行，出天市。高宗永隆二年。《唐書·天文志》

大星隕於境内，聲如雷，未幾，孟珙薨。孟珙，字璞玉。薨之夕，大風發屋折木。訃至，帝震悼輟朝，封吉國公，謚忠襄，廟曰威愛。珙忠可貫金石。在軍中與參佐部曲論事，言人人異，珙徐以片語折衷，衆志皆愜。謁士遊客，老校退卒，壹以恩意撫接。退則焚香掃地，隱几危坐，若蕭然事外。遠貨色，絕滋味。學邃於《易》，亦通佛學，自號無庵居士。出《宋史》。

司馬温公薨，太皇太后聞之慟，上亦感涕不已。二聖皆臨其喪，哭之哀甚。天祐元年九月一日，温公薨，年六十八，贈太師温國公。出《山堂肆考》。

至元五年九月一日放鴈，獲者勿殺。郝經，字伯常，官至國子祭酒。經還，汴中民射鴈金明池，得繫帛書詩云："露落風高恣所如，歸期回首是春初。上林天子援弓繳，窮海羈臣有帛書。"後題曰至元五年云云，郝經書於忠勇軍營新館。其忠誠如此。出《元史》。

金主以爲天壽節。《金史》

南斗降。道經

太上老君於玉天瓊房金闕上宫，校集靈篇。道經

詩

藜杖侵寒露，蓬門啓曙煙。力稀經樹歇，老困撥書眠。秋覺追隨盡，來因孝友偏。清談見滋味，爾輩可忘年。杜子美《九月一日過

孟十二倉曹、十四主簿兄弟》

二日

隕霜殺稼。漢元帝永和元年九月二日，先隕霜殺桑。是時，石顯用事，天下大饑。《五行志》

隕霜傷穀。吳孫權嘉禾三年九月朔，隕霜。班固書九月二日。《五行志》

唐德宗是日敕：今方隅無事，烝庶小康，其正月晦日、三月三日、九月九日，宜任文武百寮擇勝地追賞爲樂。貞元元年。《南部新書》

唐憲宗出内庫羅綺、犀玉、金帶賜裴度。元和十二年。《玉海》

宋太宗賜胡旦已下緑袍、靴、笏。興國三年。自是以爲定制。《玉海》

波斯大商李蘇沙是日進沉香亭子材，拾遺李漢諫曰："沉香爲亭子，不異瑤臺、瓊室。"上怒，優容之。《唐敬宗本紀》

天寶中，河南緱氏縣仙鶴觀每年九月二日夜，有一道士得仙。其夜，皆不扃户，以求上昇之應。張竭忠令二勇者以兵器潛覘之。是夜，見一黑虎入觀，須臾，唧出一道士。二人射之，不中。竭忠申府請弓矢，大獵於太子陵東石穴中，格殺數虎。或金簡玉籙，或冠披人髮甚多。《白孔六帖》

太素三元君朝真日。道經

作墨法：用鷄子白、真珠、麝香合以和墨，宜用九月二日。《抱朴子》

三日

哀帝以是日生於大内中，號乾和節。群臣表曰：陛下九五飛龍，四三應運。國稱利見，天表殊休。當誕聖之日，感真人以衛室。居在藩之際，實羽客以獻符。敢循故典，爰定美文。《天中記》

肅宗以景雲二年是日生於東宮之別殿，祥光照室。即位後，號天成地平節。玄宗在東宮，爲太平公主所忌。宮中左右持兩端，而潛附太平者必陰伺察，事雖纖介，皆聞於上，太子心不自安。后時方娠，太子密謂張説曰："用事者不欲吾多息胤，恐禍及此婦人。"密令説懷去胎藥而入。太子於曲室躬自煮藥，醺然似寐，夢神人覆鼎。既寤如夢，如是者三。太子異之，以告説，説曰："天命也，無宜他慮。"既而太平誅，九月三日生肅宗於東宮別殿。出《册府》。

宋英宗宣仁聖烈皇后高氏，於哲宗元祐八年是日崩於崇慶宮，遺誥皇帝，皇帝成服，三日内聽政。高后葬於永厚陵。《宋史》

宋皇太后崩於壽康殿。元和八年九月三日，皇太后崩於壽康殿，謚宣仁聖烈皇后。畢仲游代宰相作哀册文，有"雲似郤而復凝，月雖輝而如慘"云云。出《文鑑》。

宋孝宗詔明堂免奏祥瑞，曰："朕自有真祥瑞，豐年是也。百姓家給人足，瑞莫大焉。"淳熙六年。《玉海》

詩

一道殘陽鋪水中，半江瑟瑟半江紅。誰憐九月初三夜，水似真珠月似弓。白居易《九月初三暮江吟》

東籬菊開風露香，北山歲歲先重陽。綵衣斑斑映銀燭，兒孫各獻一般菊。去年開遲排不周，今年喜有兩中秋。一般菊薦一杯酒，爭徵前賢祝翁壽。或誦堯夫人壽篇，或詠癭魚白樂天。兩翁胸次雖各別，六十三時俱頭白。如翁精采真天人，應物無滯凝於神。逆順境中有定力，火煉精金色愈出。替得兒孫亦白頭，我翁綠鬢照清秋。長生共説團欒話，家慶年年可圖盡。彭虛寮九月初三日壽北山叔六十三。《古詩》

四日

光宗以是日爲重明節。《宋史》

宋高宗謂輔臣曰：學寫字不如便寫經書，不惟可以學字，又得經書不忘。紹興十三年。《玉海》

道人曾志静告其徒曰：吾九月初四爲衡山之遊。至期，正坐而化。志静，廬陵人。自少不御酒肉，端毅寡言。忽遇異人授以道術，自是杜門辟穀十餘年，異人來視之，曰："未也。"又數年，復至，曰："可也。"既葬，有自衡山來者持志静書，勉其徒學道云。宋志化二年，坐化。出《吉安府志》。

五日

唐敬宗宴於宣和殿，陳百戲。寶曆二年。《玉海》

宋太祖詔選樂工八百三十人，隸太常習鼓吹。建隆四年詔。《玉海》

宋英宗詔以九月是日開講，至重陽罷。先是仁宗率二月開經筵，至重午罷；八月復開，冬至罷。呂公著乞依先帝故事，上從之。《聖政録》

梁武帝於寺中設無碍大會，遣皇太子、王侯朝貴等奉迎舍利供養。風景明和，觀者百數十萬人。先武帝到寺禮拜，設無碍大會，大赦天下，以金鉢盛水泛舍利，其最小者隱鉢不出，武帝禮數十拜，舍利乃於鉢内放光。旋回，武帝謂大僧慧念曰："弟子欲請一舍利還臺供養。"至九月五日，又設無碍大會，遣皇子等奉迎。出《梁書》。

《韓明府修孔子廟碑》曰：永壽二年，歲在涒灘，霜月之靈，皇極之日。蓋九月五日也。韓名敕，字叔節。出《集古録》。

詩

龍之來兮乘其陽，躍於泉兮臨高岡。龍之至兮歸有德，符於黃兮土之色。精曜曜，光雄雄。上不在天兮接於物，下不在田兮蟠於空。列四靈智稱其首，居五位色表其中。將銜甲以無比，與負舟而不同。明皇家之王氣，符曆數於聖躬。飛煙噴霧，若動若顧。聲雖虩虩，非同三尺之劍；色乃煌煌，下映五花之樹。誠帝王之嘉兆，寧朝夕之可遇。何蛇蟥之足言？諒騰黃之匪喻。同翠龜之薦綠圖，彰大人兮告元符。覽史墨之言，未之聞也；驗登殷之祀，不其然乎！景龍二年秋九月五日，黃龍見於上黨伏牛山之南岡，留久之，彰聖人之德也。潘炎於是作《黃龍見賦》。

六日

宋仁宗、哲宗、徽宗親祀明堂。嘉泰七年、元祐元年、政和七年，皆以九月六日親祀。出《通考》。

宋太祖。皇太后杜氏崩，太常少卿馮吉請上尊謚曰明憲皇太①后。是日，群臣奉册寶告於太廟。建隆二年。《宋史·禮志》

宋高宗賜鄧名世出身，充史館校勘。紹興四年，鄧名世上《春秋四譜》六卷，九月六日賜出身。出《玉海》。

薛道光尸解，作頌曰：鐵馬奔入海，泥蛇飛上天。蓬萊三島路，元不在西邊。道元，閬州人。嘗爲僧，號紫陽。雲遊長安，壽一百十四歲。於宋光宗紹熙二年九月六日尸解，作頌。明年，沙道昭復見紫陽於霍童山。出《史纂左編》。

孟盛子上昇。孟，名之生，漢將軍。武帝遣入北山採藥，棄官學道，號孟盛子。受法於清靈裴真人，周遊名山，日行百里。九月六日上昇。出《楚通志》。

詩

滿城風雨近重陽，無奈黃花惱意香。雪浪翻天迷赤壁，令人兩望憶潘郎。

滿城風雨近重陽，不見修文地下郎。想得武昌門外柳，垂垂老葉半青黃。

滿城風雨近重陽，安得斯人共一觴。欲問小馮今健否，雲中孤鴈不成行。謝無逸思潘邠老"滿城風雨近重陽"之句。九月六日去重陽四日，風雨大作，無逸遂用邠老之句廣爲三絕。

黃菊尚遲三日約，碧桃已作十分開。《事文類聚》

---

① 太，底本無此字，據原引文獻和文意補入"太"字。

七日

宋真宗是日宴近臣於龍圖閣之崇和殿，命侍講學士邢昺赴曹州，刑部尚書温仲舒、宋白，侍郎郭贄預焉。昺視壁掛《尚書》《禮記圖》，指《中庸篇》"凡爲天下國家有九經事"。因講大義，皆有倫理，在位聳聽。上嘉納之，群臣皆呼萬歲。即席賦詩二首，以寵其行，命群臣咸賦。及行，又令近臣相送，會於宜春苑。景德四年。《玉海》

歐陽脩作《六一居士傳》。歐陽修熙寧三年九月七日曰：六一居士初謫滁山，自號醉翁。既老而衰且病，將退休於潁水之上，則又更號六一居士。客有問曰："六一，何謂也？"居士曰："吾家藏書一萬卷，集録三代以來金石遺文一千卷，有琴一張，有碁一局，而常置酒一壺。"客曰："是爲五一爾，奈何？"居士曰："以吾一翁，老於此五物之間，不爲六一乎？"客笑曰："子欲逃名者乎？而屢易其號。此莊生所誚畏影支乎日中者也。"云云。出《文鑑》。

潤州鶴林寺有杜鵑花，每春爛熳。周寶鎮浙西謂道人殷七七曰：鶴林之花，君能非時開否？曰：可。乃九月七日宿鶴林寺中，以俟杜鵑花開。至九日，杜鵑爛縵如春。出《續仙傳》。

全椒縣有丁氏婦，本丹陽人，年十六適全椒民家。其姑嚴酷，笞捶不可堪，九月七日縊死，遂有靈。江南婦女是日不作事避之，呼爲丁姑，今祠尚在。《太平廣記》

詩

懷山不能寐，中宵命行軒。亭午思畏景，薄暮登危巒。峻極踰百磴，縈紆欲千盤。行行遂曛黑，月落天風寒。羽人候中途，良朋亦林端。問我何所迫，而嘗茲險艱。疲勞既云極，饑渴不能言。授裝臥中丘，幸此一室寬。怒號竟永夕，落枕無時安。旦起闢幽户，竹樹青檀欒。警喜非昔睹，披尋得新觀。淹留十日期，

俯仰有餘歡。寄語後來子，勿辭行路難。朱文公《先一日發潭溪夜登雲
谷九月初七日賦詩》

八日

唐高宗改九成宮爲萬年宮。永徽二年至乾封二年二月初十，復爲九成
宮。《玉海》

哲宗召輔臣觀穫稻於後苑。元祐三年。《玉海》

劉鋹僭位。是夜，衆星北流，歸朝之兆。南漢劉鋹年十六僭僞位。
司天監周傑筮之，遇復之豐，傑曰："二卦皆土爲應。土之數五，二五十也。上下各五，
將五百五十五乎。"及鋹之敗，果五十五年。又廣州童謠曰："羊頭二四，白天兩至。"識
者以羊是未之神，是歲歲在辛未，擒鋹。天兩者，王師如時雨之義。前一年九月初八
日夜，衆星皆北流，知星者言劉氏歸朝之兆。鋹體質豐碩，嘗以珠結鞍勒爲戲龍之狀，
極其精妙，以獻太祖。太祖曰："鋹好工巧，習以成性，若以習巧移於治國，豈至滅亡
哉！"出《宋史·世家傳》

王勃年十三，侍父宦遊。是日，舟次遇老叟曰："子非王勃
乎？來日重九，南昌都督命客作《滕王閣序》，子有清才，盍往賦
之？"勃曰："此去七百餘里，今已九月八日矣，夫何復言？"叟曰：
"吾助清風一席。"勃登舟。翌日昧爽，抵南昌。《摭言》

見義里有京兆人杜子休宅。時有趙逸之晉朝舊事，多所記
錄。指子休園中乃晉太康龍驤將軍王濬平吳之後，建寺之處。
掘之月日，如其言，得石銘，其銘曰：晉太康六年乙巳，九月甲戌
朔，八日辛巳。後子休捨宅爲靈隱寺。《伽藍記》

詩

已是人間寂寞花，解憐寂寞傍貧家。老來不得登高看，更甚
殘春惜歲華。司空圖九月八日作。

明日重陽今日歸，布帆絲雨暮霏霏。行過鶴渚知堪住，家在
龍沙意有違。皎然《九月八日送蕭少府歸洪州》

圃畦新雨潤，愧子廢鉏來。竹杖交頭柱，柴扉隔徑開。欲棲群鳥亂，未去小童催。明日重陽酒，相迎自醱醅。《晚晴吳郎見過北舍》。杜工部作。

九日明朝是，清樽強自開。蕭蕭疏雨暗，滾滾大江來。野菊閑無數，沙鷗靜不猜。何須騎馬飲，此興亦悠哉。張栻，號南軒。《九月八日作》

長年身外事都捐，節序驚心一慨然。正是山川秋入夢，可堪風雨夜連天。桐梢槭槭增悽斷，燈燼飛飛落小圓。湔洗此情須痛飲，明朝試訪酒中仙。秦少游《九月八日夜大風雨寄王定國》

月入秋帷病枕涼，霜飛夜簟故衾香。可憐吹帽狂司馬，空對親春老孟光。不作雍容傾座上，翻成骯髒倚門傍。人間此會論今古，細看茱萸感嘆長。《明日重九東坡以病不赴述古召飲》

九日

歲往月來，忽復九月九日，爲陽數兩月日並應，故曰重陽。魏文帝書

授衣之月，落帽之辰。《六帖》

是日馬射，或云秋金之節武習射，象立秋之禮。《晉書》

明宗生，號應聖節。《天中記》

陳秀公生。陳秀公，名旭，後改升之，拜相。《翰墨大全》

宋武帝爲宋公，在彭城，嘗登項羽戲馬臺，至今相承爲故事。

高祖登高，飆館在孫陵寺岡，特呼爲九日臺。以上《南齊書》。

唐明皇登壺關山，時東北有紫雲現，光彩照日。《瑞應錄》，亦出《山西潞州志》。

唐太宗蓬萊殿宴群臣酒，賜湖南新橘。《合璧事類》

龍沙在郡北帶江，沙甚潔白，高峻而陂有龍形，俗爲九日登

高處。《豫章記》

九井山即殷仲文是日從桓公九井賦詩之所。丹陽有九井山。《姑熟記》

望楚山舊名馬鞍，宋武陵王駿爲刺史，改爲望楚山。駿後龍飛，人號爲鳳嶺，巔有三磴，劉弘、山簡是殿宴賞於此。《襄陽記》

登高山其形突兀，舊有花藥圃。歲是日，官屬於此登臨。登高山，在肇慶府封川縣。《廣東志》

池州府有齊山，因唐刺史齊映得名。唐杜牧是日登山，有"江涵秋影鴈初飛"之句，至宋吳中復登高，亦有詩：當時齊映爲州日，從此山因姓得名。却自牧之賦詩後，每逢秋至菊含情。《一統志》

湖山平正，可容數百人坐。民俗是日菊酒讌會於此山者，三四百人。登之見邑屋悉委，江海分明。《臨海記》

迎秋臺乃後唐莊宗時築，宋都人於此登高。《開封府志》

登高嶺，邑人載酒囊茱遊賞於此，故名。《汀州府志》：嶺在寧化縣。

九日，岡其頂頗平，可坐百人，邑人登遊其上。《贛州府志》：岡在信奉縣。

蒙山一峰孤秀，高出衆山，士人登高於此。《太原府志》：山在平定州，上有晉山神祠。

紫金壇，每歲郡人登高於此。《懷慶府志》：紫金壇，在太行之陽，諸峰之上。

輝縣有共山，俗呼九山，以九日登臨故名，昔共伯逍遥得道於此。《衛輝府志》

九仙山，越王無諸九日嘗宴於此。九仙山，一名于山。世傳何氏兄弟於此登仙。《九域志》

孟嘉爲征西桓溫參軍，溫甚重之。是日，溫遊龍山，僚屬畢集。時參佐竝著戎服，有風至吹嘉帽落，嘉不知覺，溫敕左右勿言，以觀其舉止。良久如廁，溫令取還之。時孫盛在坐，桓授紙筆，命嘲之，置嘉坐處。嘉還見之，笑請紙作答，了不容思，其文甚美。《晉書》

南昌府帥宴僚屬於滕王閣。帥有婿吳子章，喜爲文詞。帥欲誇之，乃宿搆《滕王閣序》，俟賓合而出爲之，若即席就者，帥授簡諸客，王勃輒受。是時勃年最少，帥密囑數吏伺勃下筆即口報，至"落霞""秋水"句，帥矍然曰："此天才也！"頃而文成，帥大悦，子章慚而退。《摭言》

魏奉古授雍丘尉。嘗九日公燕，有客草序五百言。奉古言此舊文，援筆到疏之。草序者默然自失，到座撫掌。奉古徐笑曰："適覽記之，非舊習也。"由是知名。時挺涖汴州，召奉古前，曰："此聰明尉耶！"他日，持廱目令示奉古，一覽便諷千餘言。挺驚起曰："仕宦且四十年，未嘗見此。"《合璧事類》

韋綬爲學士，以心疾還第。德宗是日作《黄菊歌》，顧左右曰："安可不示韋綬？"即遣使持賜，綬遽奉和附進。《唐書》

寧康三年是日，上講《孝經》，謝安侍坐，陸納、卞耽執讀，謝石、袁宏執經，車胤、王溫摘句。《埤史》

劉夢得欲用"餻"字作九日詩，以不見經傳，不復作。宋子京有《九日食餻詠》曰："飆館輕霜拂曙袍，糗餈花飲鬥分曹。劉郎不敢題餻字，虛負詩中一世豪。"遂爲絶唱。《聞見録》

唐蕭瑀不解射。是日，賜宴較射，矢俱不中鵠，歐陽詢詠之曰：急風吹緩箭，弱手御强弓。欲高翻復下，應西還更東。借問誰爲此，只應是宋公。《太平廣記》

重陽日當有疏風冷雨。《荆楚歲時記》

宋康伯可在翰苑日，嘗重九遇雨，奉敕撰詞，伯可口占《望江南》一闋進云："重陽日，陰雨四垂垂。戲馬臺前泥拍肚，龍山會上水平臍。直浸到東籬。　茱萸胖，菊蕊濕滋滋。落帽孟嘉尋弱笠，休官陶令覓蓑衣。兩箇一身泥。"《山堂肆考》

李義山乃令狐楚故吏，楚子綯繼相殊不展分。重陽日，義山詣綯，廳事題云："曾共山翁把酒卮，霜天白菊正離披。十年泉下無消息，九日尊前有所思。莫學漢臣栽苜蓿，還同楚客詠江籬。郎君官重施行馬，東閣無由得再窺。"綯見詩乃閉此廳，終身不處。《北窗瑣言》

謝無逸以書問潘大臨："近作新詩否？"答曰："秋來景物，件件是佳致。昨日清臥，聞攪林風雨聲，遂起題壁曰：滿城風雨近重陽。忽催租人至，敗意。止此一句奉寄。"

宋韓忠獻嘗遇重陽置酒私第，惟歐陽文忠公與一二執政，而蘇明允乃以布衣參其間，都人以為異禮。席間賦詩，明允有"佳節屢從愁裏過，壯心還倚醉中來"之句，其志氣不少衰如此。按：明允，蘇洵字。以上《山堂肆考》。

魏武帝《與鍾繇書》曰："九月九日，草木遍枯，而黃菊紛然獨秀，今奉一束。"《白孔六帖》

僧皎然九日與陸羽煎茶。東坡詩："明年桑苧煎茶處，憶著衰翁首重回。"按：皎然，名清晝，唐湖州人，謝靈運之孫。羽，字鴻漸，號桑苧翁。《山堂肆考》

唐明皇重陽日獵沙苑，射中飛鷴帶箭去益州道觀，有道士徐佐卿寄寓，忽自外持一箭歸，曰："吾行山中，為飛箭所傷，已無恙。"因掛箭於壁。書其日月，且曰："後十年，箭主到此，付之。"後明皇幸蜀至觀，乃見箭。《集異紀》

穆宗納后欲用九月九日，是忌月。范汪問王彪之，答曰："禮無忌月，不敢以所不見，便謂無之。"博士曹耽、荀納等並謂無忌月之文，不應有妨。王洽曰："若有忌月，當復有忌歲。"《晉書》

樂遊園，漢宣帝所立。唐長安中太平公主於原上置亭遊賞。其地四望寬敞，每重陽，士女遊戲，就此祓禊。三月上巳亦然。

九日登高，幄幕雲布，車馬填塞，綺羅燿日，馨香滿路，朝士詞人賦詩。《西京雜記》

陶潛九日無酒，坐宅邊東籬下菊叢中，摘菊盈把，未幾，望見白衣人至，乃王弘送酒，便即酣飲。《續晉陽秋》

袁師德，給事高之子。九日出糕謂坐客曰："某不忍食。"俛首久之，謂音似父名。《隋唐嘉話》

漢戚夫人侍兒賈佩蘭，後出爲扶風人段儒妻，說在宮時，九月九日佩茱萸，食蓬餌，飲菊花酒，令人長壽。《西京雜記》

唐尹氏姿容甚麗，性識敏慧，不因保母而妙善唱歌。因重陽，與群女戲登南山文峰，而同輦命之歌，乃顰眉緩頰，怡然一曲，聲達數十里。《江南野史》

二社重陽尚食餻，而重陽爲盛大。率以棗爲之，或加以栗，亦有用肉者。《歲時雜記》

都人重九各以粉麵蒸餻相遺，上插剪綵小旗，糝飣果實，如榴、栗、銀杏、松實之類。《夢華錄》

洛陽人家重陽作迎涼脯、羊肝餅，佩瘦水符。《金門歲節記》

日精、治牆，皆菊花莖之別名。九月，律中無射而數九，俗尚九日，而用候時之草也。《風土記》

茱萸爲辟邪翁，菊花爲延壽客，故重九日假此二物以消陽九之厄。《仙書》

採菊花，與伏苓、松脂久服，令人不老。《太清草木方》

汝南桓景隨費長房遊學，長房謂曰："九月九日汝家有厄，急去，令家人作絳囊盛茱萸繫臂，登高飲菊花酒，可解此厄。"歸如言，還見雞、犬、牛、羊一時暴死，長房聞之曰："代之矣。"九日登高、飲酒、帶茱萸囊，始此。《續齊諧記》

茱萸，椒也。至重九成熟，赤色，可採。費長房云：插頭髻辟惡。《風土記》

張道陵漢永壽二年九日，與夫人雍氏登雲臺峰，白日昇天，時年一百二十三歲。道陵初入蜀，居鶴鳴山，煉丹修道，感老君授以秘錄。《保寧府志》

王可交，華亭人，業耕釣。一日，擢舟入江，忽見中流有彩舫，載七道士，遠聞有呼可交名者。頃之，舟近舫側，呼可交登舫。一道士曰："好骨相，合爲仙。"一道與之二栗，食之甘如飴。命黃衣送上岸，覓所乘舟不得，乃在天台山瀑布寺前，僧迎問之，可交曰：今早離家，蓋三月三日。僧言：九月九日，已半年餘矣。後絕穀，往四明山不出。《松江府志》

蜀中落魄仙姓張，嘗賣鼠藥於梓州，獄吏王昌遇者市藥以歸，鼠食之，皆翼而飛。後昌遇至瀘，又遇之，乃易其藥，餌之，遂名昌遇爲易玄子取馬，令乘以歸焉，乃龍也。歸梓後，以九月九日飛昇。至今初八夜，即其地爲藥市。《瀘州志》

德賢，上猶人，號棲真尊者。宋治平間，結庵节山習禪。元豐五年九日，忽自圖其容於壁間，對衆説偈云：片雲歸去本無心，流水下山非有戀。言訖而化，弟子收靈骨建塔，凡有禱屢應焉。
《江西南安府志》

詩

九日重陽節，開門有菊花。不知來送酒，若箇是陶家。王勃

九月九日眺山川，歸心歸望積風煙。他鄉共酌金花酒，萬里同悲鴻鴈天。盧照鄰

節過重陽菊委塵，江邊病起杖扶身。不知此日龍山會，誰是風流落帽人。趙嘏《寄韋舍人》

欲從攜手登高去，一到門前意已無。那得更將頭上髮，學他年少插茱萸。朱放《九日期登山不得往因贈楊凝》

無限青山行已盡，回看忽覺遠離家。逢高欲飲重陽酒，山菊今朝未見花。張籍《重陽日至峽道》

黃花紫菊傍籬落，摘菊泛酒愛芳新。不堪今日望鄉意，強插茱萸隨衆人。楊衡《九日作》

江涵秋影鴈初飛，與客攜壺上翠微。塵世難逢開口笑，菊花須插滿頭歸。杜牧《九日》

莫將邊地比京都，八月嚴霜草已枯。今日登高樽酒裏，不知能有菊花無。普▨①《九日》

賜酒盈杯誰共持，宮花滿地獨想思。想思只傍花邊立，盡日吟君詠菊詩。白居易《禁中九日對花酒憶元九》

薊庭蕭瑟故人稀，何處登高且送歸。今日暫同芳菊酒，明朝應作斷蓬飛。王之渙《九日送別》

憐君臥病思新橘，試摘猶酸亦未黃。書後欲題三百顆，洞庭須待滿林霜。韋應物《故人重九日求橘》

獨在異鄉爲異客，每逢嘉節倍思親。遥知兄弟登高處，遍插

---

① 此字底本漫漶不清，該詩爲唐王縉《九日作》詩。

茱萸少一人。_{王維}

天邊今日又重陽，隴樹紅飛鴈叫霜。來日預期扶宿酒，未應籬菊減秋香。_{宇文虛中}

今日潘懷縣，同時陸浚儀。坐開桑落酒，來把菊花枝。天宇清霜净，公堂宿霧披。晚酣留客舞，鳧鳥共差池。_{子美《重九日楊奉先會白水崔明府》}

綴席茱萸好，浮舟菡萏衰。百年秋已半，九日意兼悲。江水清源曲，荊州此路疑。晚年高興盡，搖蕩菊花期。_{子美《九日曲江曲》}

可訝東籬菊，能知節候芳。細枝青玉潤，繁蕊碎金黃。爽氣浮朝露，濃姿帶夜霜。泛杯傳壽酒，應共樂時康。_{九日釋廣宣《菊花詠應制》}

瑞塔千尋起，仙輿九月來。茰房陳寶席，菊蕊散花臺。御氣鵬霄迴，升高鳳野開。天歌將梵樂，空裏共徘徊。_{李嶠《九日登慈恩寺浮圖應制》}

老去悲秋強自寬，興來今日盡君歡。羞將短髮還吹帽，笑倩傍人爲正冠。藍水遠從千澗落，玉山高並兩峰寒。明年此會知誰健，醉把茱萸仔細看。

風急天高猿嘯哀，渚清沙白鳥飛迴。無邊落木蕭蕭下，不盡長江滾滾來。萬里悲秋常作客，百年多病獨登臺。艱難苦恨繁霜鬢，潦倒新停濁酒杯。_{以上工部。}

今日雲景好，水綠秋山明。攜壺酌流霞，搴菊泛寒榮。地遠松石古，風揚絃管清。窺觴照歡顔，獨笑還自傾。落帽醉山月，空歌懷友生。_{李太白《九日》。搴，音騫。《説文》：搴，拔取也。}

十日

宋神宗、徽宗、高宗親祀明堂。_{熙寧四年、宣和三年、紹興十年，俱九月}

十日。《通考》

唐高宗以是日小重陽，百僚追賞，帝賦詩以賜。麟德十年。《藝文志》

京師士庶多於重九後一日再會，謂之小重陽。《歲時記》

唐文宗太和八年，是日，召李宗閔授中書侍郎、平章事，代李德裕。出德裕爲興元節度使。德裕自陳戀闕，不願出藩，追敕守兵部尚書。宗閔奏制命已行，不宜自便。德裕，字文饒，趙郡人。父吉甫。德裕幼有壯志，苦心力學，尤精《西漢書》。《舊唐書》

東坡云九月十日君猷置酒秋香亭，有拒霜獨向君猷開，坐客喜笑，以爲非使君莫可當，作《定風波》詞以紀之。詞曰：兩兩輕紅半暈腮，依依獨爲使君回。若道使君無此意，何爲，雙花不向別人開。　但看低昂煙雨裏，不已，勸君休訴十分盃。更問樽前狂副使，來歲，花開時節與誰來？《山堂肆考》

紅巾犯省治。元至正壬辰年，湖州黑氣亘天，雷電異常，雨以物若果核，與雨雜下，五色間錯，光瑩堅固，破其實食之，似松子仁，人皆曰娑婆樹子。此三月時也。至九月十日，紅巾犯省治，雨核之地悉被兵火。後又湖州陷，儀鳳橋四向焚戮特甚。此蓋雨核時，橋四向爲最多。後池州亦然，而池州之禍尤慘也。出《輟耕録》。

樹癭裂，得嬰兒。巴而木的斤亦都護，亦都護者，高昌國主號也。先世居畏兒之地，有和林山，二水出焉。一夕，有神光降於樹，在兩河之間，人即其所而候之，樹乃生癭，若懷妊狀。九月十日，而樹癭裂，得嬰兒者五，土人收養之。其最稚者曰不可罕。既壯，遂能有其民人土田，而爲之君長。傳三十餘君，是爲玉倫的斤，數與唐人相攻戰，久之議和親，以息民罷兵。於是唐以金蓮公主妻的斤之子葛歷。出《史纂左編》。

　詩

九日不出門，十日見黃菊。灼灼尚繁英，美人無消息。賈島《九月十日對菊》

昨日登高罷，今朝更舉觴。菊花何太苦，遭此兩重陽。李白

節去蜂愁蝶不知，曉庭和露折殘枝。自緣今日人心別，未必秋香一夜衰。鄭谷《題九月十日菊》

漢江天外東流去，巴塞連山萬里秋。節過重陽人病起，一枝殘菊不勝愁。陳羽《九月十日即事》

柳吳興近無消息，張長公貧苦寂寥。唯有角巾沾雨至，手持殘菊向西招。李益《九月十日雨中過張伯雄期柳雄未至》

晚雨秋陰酒乍醲，感時心緒杳難平。黃花冷落不成艷，紅葉飄揚帶鼓聲。背世返能厭俗態，偶緣猶未望多情。自從霜鬢班班白，不學安仁卻自驚。李後主《九月十日偶書》

十一日

禁苑樹無風而摧折、連根而拔者不知其數，至十四日乃止。唐憲宗元和十五年九月十一日。出《五行志》。

宋真宗宴近臣於長春殿，餞河陽三城節度使張旻赴任，以王旦在殯，不舉樂。天禧二年。《宋史·禮志》

翰林侍讀學士李淑以是日出守河州，宋仁宗製五言六韻詩賜之。嘉祐二年。《玉海》

宋王旦卒年七十四。王公旦以明道建元之初抗章引年，朝廷不欲奪其志，許以本官致仕，命一子自布衣試秘書省校書郎，蓋所以享耆德而嘉廉退也。以景祐二年九月十一日卒，滕宗諒作誌銘，銘曰：建水之靈，武夷之英，猗歟王公，才爲時生。賢推仕漢，帝選登瀛。直如朱弦，瑩若壺冰。出守藩方，入趨臺閣，[1]德化優柔，文鋒錯落。播在民謠，虜於聖作，辭絕累句，言無宿諾。致致於君，歸全返真，雅合天道，光昭縉紳。有典有則，不緇不磷，壽鍾五福，慶延後昆。云云。

謝疊山《與魏容齋書》曰：某自九月十一日離嘉禾，即不食煙火。書云：某所以寧爲民不爲官者，忠臣不事二君，烈女不更二夫。大元以禮招徠，

---

① "出守藩方，入趨臺閣"，底本爲"守藩方出趨臺閣"，誤，現改。

上有堯舜，下有巢由；上有湯武，下有隨光夷齊。夷齊之死而不仕者，正欲使天下萬世知大兀之量，可爲堯舜湯武，能使謝某不失臣節。某自九月十一日離嘉禾，即不食煙火，今則並勺水一果不入口矣，惟願速死。出《全編》。

梓州罷藥市。蜀梓州易玄子以九日上升。今梓州，每於初八夜易玄子龍池中買藥，謂之藥市。成都九日爲藥市，人盡入市吸藥氣。九日雨，則仙人在其中。宋燕肅知郡事，展三日，至十一日而罷。出《事文類聚》。

詩

燈光欲凝不驚風，月色初晴若發蒙。羈客不眠詩未就，遊人半醉夜方中。荒城熠耀相明滅，野水芙蓉亂白紅。知欲訪僧同寂寂，應憐病懶畏爐爐。

宿雨初乾試火城，端居無計伴遊行。厭看門外繁星動，想見僧窗一點明。老罷逢春無樂事，夢回孤枕有鄉情。重因佳句思樊口，一紙家書百鎰輕。蘇子由《九月十一日書事》

十二日

宋仁宗改元嘉祐。至和三年九月十二日。出《宋史》。

唐代宗大曆元年，魚朝恩奏以先所賜莊爲章敬寺，以資章敬太后冥福。衛州進士高郢是日上書曰：古之明王，積善以致福，不費財以求福；修德以消禍，不勞人以禳禍。今興造急促，晝夜不息，愁痛之聲盈於道路，以此望福，臣恐不然。陛下迴正道於內心，求微助於外物，徇左右之過計，傷皇王之大猷，臣竊爲陛下惜之！出《郢集》。

宋孝宗幸秘書省，受朝右文殿，移御秘閣，觀累朝御書。上手以光堯太上皇帝所書琴賦示群臣。淳熙五年九月十二日。《玉海》

東坡在儋耳。是日，與客飲酒小醉，信筆書曰：吾始至南海，環視天水無際，悽然傷之曰："何時得出此島耶？"已而思之：天地在積水中，九州在大瀛海中，中國在少海中，有生孰不在島者？覆盆水於地，芥浮於水，蟻浮於芥，茫然不知所濟。少焉水涸，蟻即徑去，見其類，出涕曰："幾不復與子相見。豈知俯仰之間，有方軌八達之路乎？"念此可以一笑。《長公外紀》

詩

獨步溪頭夜初寂，掃空塵念心清涼。月明眼底見秋色，境靜鼻根歸桂香。王十朋九月十二夜作。自序云：時獨步梅溪翫月，人迹悄然，秋色滿眼，微風不動，岩桂自香。初不勞思，偶成一絕。蓋心境中靜時語也。

玉軸牙籤煥寶章，簪紳侍列映秋光。宴開芸閣儒風盛，坐對蓬山逸興長。稽古有文慚菲德，禮賢下士法前王。欲臻至德觀熙洽，更罄嘉謀爲贊襄。淳熙五年九月十二日，孝宗臨幸秘省，賜丞相史浩以下官詩。

麟閣龍旗日月章，中興再見赭袍光。仰觀焜耀人文盛，始識扶持德意長。功利從今卑管宴，浮華自昔陋盧王。願將實學酬天造，敢效明河織女襄。呂伯恭《九月十二日和孝宗韻》

十三日

宋徽宗、孝宗親祀明堂。宣和七年、淳熙九年俱九月十三日。《通考》

邢昺知曹州，宋真宗賜宴宜春苑。景德四年九月十三日賜宴。出《會要》。

潞州獻瑞應圖。唐玄宗是日謂宰臣曰：朕在潞州，靖共職業，不知此事。昔史館惟書災異，令王者修德，故《春秋》不書祥瑞，惟記有年，遂敕天下毋得奏祥瑞。開元十三年

宋仁宗御閣召賈昌期講《乾卦》"用九"，曰："外以剛健決事，內以謙恭應物。"詔褒答以卦義付史館。以上《玉海》。皇祐四年。

癸亥十年九月乙亥朔十三日丁亥，北燕伯使使者蒙猇冊命

大蘭王曰：惟君稟太陰之沉精，標群形於玄質，體肥腯而洪茂，長無心以遊逸。資豢養於人主，雖無爵而有秩，此君之純也。君昔封國殷商，號曰豕氏，業隆當時，名垂後世，此君之美也。白蹢彰於周詩，涉波應乎隆象；歌詠垂於人口，經千載而流響，此君之德也。君相與野遊，唯君爲雄；顧群數百，自西徂東。俯歕沫則成霧，仰奮鬣則生風；猛毒必噬，有敵必攻，長驅直突，陣無全鋒，此君之勇也。《大蘭王九錫文》宋袁淑

馬希萼遣朗兵及蠻兵與劉彦瑫戰於湄州，彦瑫還走，士卒溺死者數千人。後漢隱帝乾祐二年，楚王希廣以朗州與山蠻入寇，諸將屢敗，憂形於色。劉彦瑫言於希廣曰："朗州兵不滿萬，馬不滿千，都府精兵十萬，何憂不勝！願假臣兵萬餘人，戰艦百十五艘，徑入朗州縛馬希萼，以解大王之憂。"王悅，以彦瑫統兵入朗州，父老爭以牛酒搞軍，曰："百姓不願從亂，望都府之兵久矣！"九月十三日，希萼遣兵戰於湄州。彦瑫還走，楚王希廣聞之涕泣。出《湖湘故事》。

元人鄭仲涵生。仲涵生於泰定丙寅九月十三日。仲涵學舉子業，場屋不合，乃棄去，潛心秦漢諸文章。未幾，又棄去，取群聖之經而專溫之，窮道德生命之秘，質於濂洛關閩之說。母病逾年，仲涵不離側，夜則泣禱於天，請以身代母。病革，思西域瓜，既食而卒，仲涵終身不忍食瓜。出《宋濂集》。

董文炳是日疾篤，洗沐而坐，召文忠等曰："吾以先人死王事，恨不爲國死邊，今至此，命也。願董氏世有男能騎馬者，勉力圖報，則吾死瞑目。"言畢，就枕卒。文炳，字彦明。警敏善記誦，自幼儼如成人。爲藁城令，明於聽斷，以恩濟威。吏抱案求署字，不敢仰視。後知樞密院。八月天壽節，禮成賜宴，帝命坐，論宗室大臣曰："文炳，功臣也，理當坐。"後文炳疾，敕賜御醫。九月十三日疾篤，就枕卒。出《北史》。

十四日

宋太祖是日幸閱士卒騎射，張樂賜從官飲。乾德四年

宋真宗。是日，皇太子朝謁太廟，乘金輅。_{太子}①_{即仁宗。天禧二}年。以上《玉海》。

唐神堯拜河東節度使，領大使擊龍門賊母端兒。九月十四日夜，過寒津口，時明月方出，白露初澄，於小橋下有二人語，言明日母大郎死。神堯因駐馬問，二人再拜，泣言：某二人漢兵也，昨奉東嶽命，嶽神付龍門助將軍討賊，某二人埋骨在此，因少憩亦自感傷，欲先報於將軍耳。神堯訝其言，詢其姓氏，俱笑，忽不見。明日破賊，發七十三矢皆中，而復得其矢，信乎聖王所向，至靈亦先爲佐祐焉。_{柳宗元《龍城録》}

  詩

去年秋雨時，我在廣陵歸。今年中山去，白首歸無期。_{東坡以}端明侍讀學士出知定州，九月十四日雨中作示子由。

十五日

唐太宗。靈州地震，有聲如雷。_{貞觀二十年。《五行志》}

宋哲宗邇英殿講《論語》，終篇，賜執政講讀史官燕於東宮。又遣中使賜御書詩各一首，東坡得《紫微花絶句》，其詞曰：絲綸閣下文書静，鍾鼓樓中刻漏長。獨坐黄昏誰是伴，紫微花對紫微郎。_{元祐二年九月十五日。昱日，各以表謝又進詩一篇。《東坡集》}

宋孝宗淳熙十四年是日，陳賈作《御史臺廳壁記》曰：宋朝三院御史皆得論政事、糾官邪。元豐、紹聖著於令甲，其用峻，故其選精，一時列職其間，悉繇天子親擢。太上中興，大明國是。耳目所寄，必惟其人。紹興更化，詔除公正之士，以革締交合黨之風。蓋欲遵用忠純體國之人，以成篤厚之政。先後丁寧，昭若日

---

  ① 子，底本爲"宗"，據文意及史實應爲"子"字，今改。

月。龍蛇飛動,琬琰光輝。聖意相傳,家法不改。實我宋維持紀綱之盛事,云云。《事文類聚》

羊角哀夢左伯桃云:"與荆將軍墓鄰,數苦我。九月十五日,幸兵於塚上,助我。"春秋燕人羊角哀與左伯桃爲死友,聞楚王賢,二人同往見之。至梁山道遇雨雪,計不能俱全,伯桃乃併衣糧與角哀,入空樹中餓死。角哀至楚,爲上大夫,乃告楚王。備禮葬於莆塘,在溧水縣四十里。一夕,角哀夢伯桃云:"與荆將軍墓鄰,數苦我。九月十五日,幸兵於塚上,助我。"哀泣曰:"塚上安知汝之勝負?"開棺自剄而死,就葬於墓中。出《山堂肆考》。

范式,字巨卿,與汝南張伯元爲友。二人春別京師,以暮秋爲期。伯元是日殺鷄以待巨卿,母曰:"相去千里,汝何信之也。"言未卒,而巨卿至。《漢書》

朱熹生。熹以建炎四年九月十五日午時生劍南尤溪之寓舍。幼穎悟,莊重能言,父指示曰:"此天也。"問曰:"天之上何物?"父異之。就傅,授以《孝經》,一閲,封之題其上曰:"不若是,非人也。"嘗從群兒戲沙上,獨端坐以指畫沙,視之,八卦也。少長屬志聖賢之學,於舉子業初不經意,晚年以野服見客。朱熹,字仲晦。出《史纂左編》。

元人白珽卒。珽出刺得宜,文化大行,後謝事養痾海陵。遠近學徒擔簦相從者,殆無虛日。與韻間勝友曳杖游衍,御杯賦詩。所居西湖有泉自天竺來,及門而匯,榜之曰湛淵,因以自號。晚歸老栖霞,又號栖霞山人。文宗天曆元年九月十五日卒。珽,字庭玉,年八十一。出《宋濂集》。

詩

八月繁雲連九月,兩回三五晦漫漫。一年悵望秋將盡,不得嫦娥正面看。徐凝《九月望夕雨》

江南地暖少嚴冬,九月炎涼正得中。溪上玉樓樓上月,清光合在水晶宮。陽漢公《九月十五翫月》

白露下衆草,碧空卷微雲。孤光爲誰來,似爲我與君。水天浮四座,河漢落酒樽。使我冰雪腸,不受麯糵薰。尚恨琴有絃,出魚亂湖紋。哀彈本舊曲，妙耳非昔聞。良時失俯仰，此見寧朝昏。懸知一生中，道眼無由渾。<small>東坡《九月十五夜觀月聽琴西湖示坐客》</small>

十六日

唐玄宗敕：諸郡風伯壇置在社壇之東，雨師壇於社壇之西。其祀風伯請用立春後丑，祀雨師請用立夏後申。<small>天寶四載九月十六日敕。《通考》</small>

宋太祖詔：於東京舊城南建武成王廟，與國學相對，命左諫議大夫崔頌、中使盧德岳董其役，乃命頌檢閱唐末以來謀臣、名將勳績尤著者，具名以聞。<small>建隆三年九月十六日詔。《玉海》</small>

楊廷秀曰：予於紹興壬子九月十六日，以廢疾至自金陵。深念平生無他好，獨好泉石，而所居乃土山，安所得石？忽有遺予以怪石，予甚喜，亟召匠飣餖爲假山。友人王才臣見之，譙予曰："先生居真山而又爲假山，將誰紿？"予笑曰："予敢紿人？聊以自紿耳。"才臣曰："有石而無泉，非闕與？"予偶思去假山三十步而近，舊有一泉而湮，即命浚焉。泉冽以猛，因接筒引之。又於假山之前甃一小方塘，植以芙蕖，雜以荇藻，云云。<small>《泉石膏肓記》</small>

程伊川以白夾被被體，坐竹床。<small>伊川年七十四得風痺疾。大觀元年九月十六，先生以白夾被被體，坐竹床，與尹焞舉手相揖。焞還，次日有叩門者，報先生卒。出《明道集》。</small>

唐人劉助尸解。<small>助少時，有二道士訪其廬，與之談，甚異之，二道授以餐松服石之法，又謂助曰："偕來度汝，君勿泄。吾王屋真人也。"後服丹飲氣，九月十六日尸解。兄瞻在京師，其日遇一道士問曰："弟助已爲仙矣。"忽失所在。後郴人蔣椿往陝西，見助從一道士策驢而行。此事七月二十五日亦載。劉助，字元德。出《郴陽仙傳》。</small>

詩

繡裳畫袞雲垂地，不作成王剪桐戲。日高黃繖下西清，風動槐龍舞交翠。壁中蠹簡今千年，漆書科斗光射天。諸儒不復憂吻燥，東宮賜酒如流泉。酒酣復拜千金賜，一紙驚鸞回鳳字。蒼顏白髮便生光，袖有驪珠三十四。歸來車馬已喧闐，爭看銀鈎墨色鮮。人間一日轉萬口，喜見雲章第一篇。玉堂晝掩文書靜，鈴索不搖鍾漏永。莫言弄筆數行書，須信時平有主聖。犬羊散盡沙漠空，捷烽夜到甘泉宮。似聞指揮築上郡，已覺談笑無西戎。文思天子師文母，終閉玉關辭馬武。小臣願對紫微花，試草尺書招贊普。元祐二年，哲宗先一日賜《紫微花絕句》，東坡九月十六日進詩謝。

十七日

肅宗車駕幸彭原，命郭子儀赴天德軍，伐叛蕃。至德元載九月十七日，幸彭原。出《實錄》。《汾陽家傳》云駕幸在十九日，非也。

宋真宗御崇政殿，試賢良方正。景德三年。出《選舉志》。

唐懿宗。是日，賊四面斬關而入。時昏霧極甚，咫尺莫辨。咸通九年，賊逼徐州。或勸崔彥曾奔兗州，彥曾怒曰：「吾為元帥，城陷而死，職也！」立斬言者。居民鼓譟動地，民在城外者，賊撫慰無所侵擾，由是人爭歸之。民助賊推草車塞門而焚之，九月十七日，賊斬關而入。出《實錄》。

歐陽詢上《藝文類聚》。唐高祖武德七年九月十七日，給事中歐陽詢奉敕撰《藝文類聚》成，上之。出《會要》。

元國子博士吳師道葬。師道少勇於學，文辭驚人。許文懿公以朱子之學淑學者，師道持所悟識造門質難，許公禮重之。於至治元年舉進士，至正四年九月十七日葬銅山。師道，字正傳，蘭溪人。出《宋濂集》。

程伊川卒。文觀元年九月十七日卒，得風痺疾。出《明道集》。

淮南副使陸洎卒。陸洎與李承嗣最善。承嗣與諸客訪之，洎曰：「明年此月當與諸君長別矣。"承嗣間其故,洎曰:"吾向夢人以騎召未止大明寺西數里,①至一大府,署曰陽明府。下馬入一室中,有頃,吏引立階下。有二綠衣使捧一案,案上有書。一紫衣取書宣云:'洎三世慈孝,功成業就,冥後受此官,司陽明府侍郎,判九州都監。來年九月十七日,本府上事。'語畢復以騎送歸,奄然遂悟。天命已定,不可改矣。"客等至次年九月十六日候之,曰:"君昨年言明日當上事,今何無恙?"洎曰:"明日當行。"承嗣譏其爲妖,洎曰:"君與我有緣,他日當卜鄰。"明日十七日,果卒,葬於菜蔓灣。承嗣爲楚州刺史,葬洎墓之北。出《稽神録》。

天曹增福相公生。《翰墨大全》

詩

惟彼神蓍,生而有知。用知不測,明以稽疑。擢九尺之纖幹,伏千年之寶龜。德圓而神兮,無幽不及。其生三百兮,其用五十。惟聖人之觀象,乃神動而鬼入。列八卦以效變,翹孤莖而孑立。蓍之立兮發其祥,吾君得之尊以光。明乎太極,演彼歸藏。因卜祝之符瑞,應天人之會昌。景龍二年九月十七日,上使韓從禮蓍筮,卦未成,蓍自立,從禮曰:"大人之瑞也。"潘炎於是作《神蓍立賦》。

十八日

赤氣竟天,其光燭地,經三日乃止。唐景龍元年。《天文志》

親祀明堂。宋高宗紹興元年。《通考》

唐貞觀二十三年,是日,太尉無忌奏請視朝,坐日,高宗曰:"朕即大位,自今已後每日常坐。"《通典》,亦出《事物紀原》。

宋孝宗幸玉津園,宴射,賦七言詩,賜曾懷以下,與宴者皆和。淳熙元年。《玉海》

北斗星降。道經

---

① 此處所引《稽神録》原文爲"吾向夢人以騎召去止大明寺西數里",如此則句讀在"止"前。此處疑爲形誤。

忌遠行。《雲笈七籤》

詩

錫宴朝野洽，追歡堯舜情。秋堂絲管動，水榭煙霞生。黃花媚新霽，碧樹含餘清。同和六律應，交泰萬宇平。睿藻下中天，湛恩闡文明。小臣諒何幸，亦此影華英。權德輿《九月十八日奉和聖製因書所懷》

十九日

齊東昏侯永元元年，是日，地五震。有童謠云：“野豬雖嗃嗃，馬子空閭渠。不知龍與虎，飲食江南墟。七九六十三，廣莫人無餘。烏集傳舍頭，今汝得寬休。但看三八後，摧折景陽樓。”識者解云“陳顯達屬豬，崔慧景屬馬”，非也。東昏侯屬豬，馬子未詳，梁王屬龍，蕭穎冑屬虎。崔慧景攻臺，頓廣莫門死，時年六十三。“烏集傳舍”，即所謂“瞻烏爰止，于誰之屋”。三八二十四，起建元元年，至中興二年，二十四年也。“摧折景陽樓”，亦高臺傾之意也。“今汝得寬休”，言天下將去，乃得休息也。出《南齊書》。

宋太宗幸金鳳園。建隆四年九月十九日。出《會要》。

唐懿宗咸通十年，龐勛是日死。先閭里小兒競歌之曰：“得節不得節，不過十二月。”即龐勛九年十月十七日作亂。十年九月十九日就戮，通其閏月，計之正一歲而滅。龐勛襲宋州，陷其南城。刺史鄭處沖守其北城，賊知有備，捨去。度汴，南掠亳州，沙陀追及之。勛引兵循渙水而東，將歸彭城，爲沙陀所逼，官軍大集，殺賊萬餘人，皆溺死，降者千人。九月十九日，勛亦死，而人莫之識，數日乃獲其尸。賊宿遷等諸寨皆殺其守將而降。初，龐勛之求節也，必希歲內得之，小兒乃歌曰：“得節不得節，不過十二月。”計勛作亂至就戮之日，一歲而滅。出《彭城紀亂》。

宋高宗。是日，言者請依雍熙故事，賜新進士《儒行篇》以勵士，檢有旨，添賜《中庸》送秘府，校勘正字，張嵲校《中庸》，高閌校《儒行篇》。閌奏《儒行》雖間與聖人之意合，而其詞類戰國縱

橫之學，蓋漢儒雜記，決非聖人格言，止賜《中庸》，庶幾學者知聖學淵源，奏可。紹興五年。《宋史》

吳中有一書生，皓首，稱胡博士，教授諸生，忽不見。至九月十九日，士人相與登山遊觀，聞講書聲，命僕尋之，見空塚中群狐羅列，見人即走，老狐獨不去，是前皓首書生也。《搜神記》

九月十九日曰展重陽。《事文類聚》。三月十三日曰展上巳。

北斗大帝下降。道經

二十日

唐代宗。吐蕃寇涇原，節度使高暉以城降之。代宗廣德元年，吐蕃入寇，邊將告急，程元振皆不以聞。九月二十日，吐蕃寇涇原，高暉為之鄉導，詔以雍王適為關內元帥，郭子儀為副元帥，出鎮咸陽以禦之。子儀閑廢日久，部曲離散，至是召募，得二千騎而行，至咸陽，吐蕃帥吐谷渾、党項、氐、羌二十餘萬衆，彌漫數十里，自司竹園循山而東。子儀使判官中書舍人王延昌入奏，請益兵。鳳翔府盩屋縣有司竹園。出《段公家傳》。

王師討之，是日城陷。英顯王廟在梓州梓潼縣，本梓潼神也。舊記曰：神本張亞子，仕晉戰死而廟存。唐明皇狩蜀，神迎於萬里橋，追命左丞相。咸平中，益卒為亂，王師討之，忽有人呼曰"梓潼神遣我來"，九月二十日城陷，果克。州以狀聞，故命追封英顯王。出《事物紀原》。

東坡是日別南北山道友去杭，與楊元素同舟，而陳令舉、張子野皆從之。東坡熙寧七年杭州通判，以子由在濟南，求為東州守。既得，請九月二十日去杭，別南北山道友。《長公外紀》

宜齋戒沐浴。雞鳴時沐浴，令人辟兵。《風土記》

天帝遊東井。道經

詩

岐陽九月天微雪，已作蕭條歲暮心。短日送寒砧杵急，冷官無事屋廬深。愁腸別後能消酒，白髮秋來已上簪。近買貂裘堪

出塞，忽思乘傳問西林。東坡《九月二十日懷子由》

參橫斗轉欲三更，苦雨終風也解晴。雲散月明誰點綴，天容海色本澄清。空餘魯叟乘桴意，粗識軒轅奏樂聲。九死南荒吾不恨，茲遊奇絶冠平生。東坡《九月二十夜渡海》

二十一日

唐高祖詔置常平監官，以均天下之貨。武德元年九月二十二日詔。出《會要》。

武則天永昌元年，是日，敕免張楚金等死，陳子昂上疏曰：九月二十一日敕免張楚金等死，初有風雨，變爲景雲。臣聞陰慘者刑也，陽舒者德也。聖人法天，天亦助聖，云云。子昂疏

宋哲宗御邇英閣，召講讀官講書、讀寶訓，賜御書詩一首，上書姓名於後。元祐五年九月二十一日。《玉海》

元人許有壬卒。有壬幼穎敏，讀書一目五行，嘗閱衡州净居院碑，文千言，一覽輒背誦無遺。元英宗至治二十四年九月二十一日卒。有壬歷事七朝，垂五十年，遇國家大事，無不盡言，皆一根至理，而曲盡人情。當權臣恣睢之時，稍忤意，輒誅竄隨之，有壬絶不爲巧避計。有壬善筆劄，工辭章，歐陽玄序其文，謂其雄渾閎雋，湧如層瀾。諡曰文忠。有壬，字可用，年七十八。出《元史·許有壬傳》

菩提達磨造於南海。菩提達磨祖師者，南天竺國香至王第三子。達磨者，通大之義也。達磨往震旦作佛事，造於南海，實梁晉通七年庚子歲九月二十一日也。出《左編》。

二十二日

宋高宗内出親書《大有》《大畜》二卦，與《孟子》之言七篇，凡十扇。遣中使宣示宰執。建炎二十九月二十二日。《玉海》

杯渡僧卒於赤山湖。杯渡者，不知姓名。嘗乘杯渡水，故世人呼此僧爲杯渡。有齊諧妻病篤，杯渡一呪即愈。元嘉三年九月二十二日辭諧，卒於赤山湖，諧

迎屍還葬。至四年，有一僧來，云是杯渡弟子，"家師欲來相見，"荅曰："杯渡已死，何得復來？"頃之，杯渡來，諸大驚，禮拜之。出《高僧傳》。

詩

月入千江體不分，道人非復人間人。鍾山南北安禪地，香火他時共兩身。王荆公九月二十二日夜，夢高郵土山道人赴蔣山北集雲峰爲長老，已而坐化。復出山南興國寺，與衍公同臥一榻。片竹數寸，上繞生絲，屬荆公藏之。荆公棄弗取。

二十三日

親祀明堂。宋神宗元豐三年。《通考》

宋真宗召宗室、近臣對清景殿内出御製，賜皇太子《元良述》《六藝箴》各一卷，又作七言十韻詩賜宰臣寇準等，遂宴於殿内。天禧二年。《玉海》

宋仁宗奉天書至長春殿。宋真宗乾興元年崩，仁宗即位，召輔臣赴會慶殿，見先帝生平服御玩好之具。帝與輔臣議及天書皆先帝尊道膺受靈貺之瑞，不可久留人間，宜於永定陵奉安。九月二十三日奉道天書至長春殿，帝上香再拜奉辭。出《宋史·禮志》。

詩

才名舊楚將，妙略擁兵機。玉壘雖傳檄，松州會解圍。和親知計拙，公主漫無歸。青海今誰得，西戎實飽飛。廣德元年九月二十三日，杜工部在閬州祭房琯，作此警急詩。至十月，吐蕃陷京師。十二月，吐蕃陷松維州。出《年譜》。

二十四日

周世宗生，百寮上表曰：壽丘降跡，爰符出震之期。里社應祥，式契乘乾之運。候屬澄河，時當降聖。鰈水鶼林，望堯雲而獻祝。桓圭穀璧，趨禹會以駿奔。請以二十四日爲天清節。所冀金相玉振，負寶曆以彌新。地久天長，煥文編而不朽。從之。

《天中記》

宋太宗幸潛龍園，臨水謂近臣曰："朕不至此已十年，今池邊之木已成林矣。"淳化三年九月二十四日。出《會要》。

庾翼於康帝即位欲率衆北伐，是日行至夏口，上表曰："臣以胡寇有弊亡之勢，輒率所統，致討山北，並分見衆，略復江夏數城。臣等以九月十九日發武昌，以二十四日達夏口，輒簡卒搜乘停當上道。"翼，字稚恭，庾亮之弟也。風儀秀偉，少有經綸大略，與殷浩並才名冠世，翼欲北伐，上疏於康帝曰："賊季龍年已六十，奢淫理盡，醜類怨叛，又欲決死遼東。兇雖驍果，未必能固。若北無掣肘之虜，則江南將不異遼左矣。輒率南郡太守王愆期、江夏相謝尚、尋陽太守袁真、西陽太守曹據等精銳三萬，風馳上道。"並發所統六州奴及車牛驢馬，百姓嗟怨。帝及朝士皆止之，翼不從，違詔九月二十四日輒行。至夏口，復上表。出《晉書·庾翼傳》。

二十五日

宋徽宗頒鹿鳴宴樂章五曲：《樂育人才》《賢賢好德》《烝我髦士》《利用賓王》，云云。政和二年。《音樂志》

范希文以是日作《岳陽樓記》，《記》有："霪雨霏霏，連月不開，陰風怒號，濁浪排空；日星隱曜，山岳潛形；商旅不行，檣傾楫摧；薄暮冥冥，虎嘯猿啼。"云云。

天符節。《翰墨大全》

無諍慧初，常德府德山僧。是日上堂，顧視大衆曰："見麼？在天成象，在地成形，在日月爲晦爲朔，在四時爲寒爲暑。鼓之以雷霆，潤之以風雨。"又曰："一趯趯翻四大海，一拳拳倒須彌山。佛祖位中留不住，又吹漁笛泪羅灣。九月二十五，聚頭相共舉。瞎卻正法眼，拈卻雲門普。德山不會説禪，贏得村歌①社舞。

---

① 歌，底本爲"得"字，據所引文獻和文意，"歌"字爲是，今改。

呵呵呵,囉囉哩。"遂作舞,下座。《楚通志》

南極長生大帝降現。道經

　　詩

共作洛陽千里伴,老劉因疾駐行軒。今朝獨自山前立,雪滿
三峰倚寺門。元禎與太白同之東洛,至櫟陽,太白染疾駐行,禎九月二十五日至華
嶽寺,雪後望山。

二十六日

宋太宗詔來年正月親耕。雍熙四年九月二十七日詔。出《通典》。

海陵王之子廣陽是日生。滕王廣陽母南氏本民家婢,隨元妃入宮,海陵
王幸之,有娠。正隆二年九月二十六日,生廣陽。十月滿月,海陵令施在京貧民。出
《金史》。

右羽林大將軍建昌王攸寧除納言,著紫帶金龜。唐武后天授二
年,攸寧借紫衫金帶。九月二十六日,著紫帶金龜,則借紫之制,自則天攸寧始也。出
《事物紀原》。

任宗誼以是日葬須城縣。宋大觀二年葬。宗誼,字仲宜,除知淄州,借
紫加勳騎都尉。載《墓銘》。

南斗星下降。道經

二十七日

宋明帝。是日,白氣見東南,長二丈,形狀長大,猛過彗星,
占曰:除舊布新,易主之象。太始三年。《南齊書·天文志》

宋太宗、皇太子謁太廟,乘金輅。至道元年九月二十七日。常朝則乘
馬。皇太子即真宗。出《宋史》。

紹聖二年九月二十七日,蘇東坡在惠州皇華館思無邪齋記
外祖程公遺事。記曰:公諱仁霸,眉山人。以仁厚信於鄉里。蜀平,中朝士大夫
憚遠,宦闕,選士人有行義者攝,公攝錄事參軍。眉山尉有得盜蘆菔根者,實竊,而所

持刀誤中主人。尉幸賞,以劫聞,獄掾受賕,掠成之。太守將慮囚,囚坐廡下泣涕,衣盡濕。公適過之,知其冤,咋謂盜曰:"汝冤,盍自言,吾爲汝直之。"盜果稱冤,移獄。竟殺盜。公坐詿誤罷歸。不及月,尉、掾皆暴卒。後三十餘年,公晝日見盜拜庭下曰:"尉掾未定服,待公而決。前此地府欲召公暫對,我叩頭爭之曰,不可以我故驚公,是以至今。公壽盡今日,我爲公荷擔而往,暫對即生人矣,子孫壽禄,朱紫滿門矣。"公具以語家人,沐浴衣冠,就寢而卒。其幼時聞此語言。已而,外祖壽九十,舅氏始貴顯,壽八十五。曾孫皆仕有聲,同時爲監司者三人。玄孫宦學益盛,而尉之子孫微矣。予記公之遺事,以遺程氏。出《事文類聚》。

儼公禪師與門人告别,趺坐而化。儼公禪師,曹氏子。兒時獨不戲,九歲樂爲僧。父不能奪其志,抱經笥入岣嶁山從名師。至元和十三年九月二十七日,趺坐而化。出劉禹錫碑記。

清源真人生。《翰墨大全》

二十八日

宋太宗校獵近郊。帝御弧矢射走兔四,御製獵詩,群臣屬和。興國二年。《玉海》

瀛國公以是日爲天瑞節。《纂記淵海》

星源誕聖日。《婺源廟記》

詩

寒包已向青春發,又見秋深特地開。應笑菊殘無意思,不能邀賦洛陽才。梅堯臣《九月二十八日題牡丹》

九月二十有八日,天愁無光月不出。浮雲蔽天衆星没,舉手向空如抹漆。天昏地黑有一物,不見其形,但聞其聲。其初切切淒淒,或高或低,乍似玉女調玉笙,衆管參差而不齊。既而咿咿呦呦,若軋若抽,又如百兩江州車,回輪轉軸聲啞嘔。鳴機夜織錦江上,群鴈驚起蘆花洲。吾謂此何聲,初莫窮端由。老婢撲燈呼兒曹,云此怪鳥無匹儔。其名爲鬼車,夜載百鬼淩空遊。其聲雖小身甚大，翅如車輪排十頭。梅堯臣作《鬼車古風》。鬼車即車載板，亦名逆鴒。

二十九日

唐光宅元年是夜，有星如半月，見西方。《天文志》

王鎮惡率龍驤將軍蒯恩百舸前發。鎮惡，劇人也。鎮惡，王猛之孫。或薦鎮惡於高祖，高祖謀討劉毅，鎮惡曰：“有事西楚，請賜給百舸為前驅。”義熙八年，劉毅有疾，求遣從弟兗州刺史蕃為副貳，高祖偽許之。大軍西討，轉鎮惡參軍，加振武將軍。高祖至姑熟，遣鎮惡率龍驤將軍蒯息百舸前發，是九月二十九日也。出《王鎮惡傳》。

元人星吉北面再拜曰：“臣力竭，不能報國。”言畢而絕。星吉，字吉甫，諡忠肅。至正十一年，賊巢據彭澤，吉甫欲攻之，而江州食糧匱，乃諭民輸財麥。令士卒守小孤山，自駐番陽口，阨江湖要衝，以圖恢復。然亂已久，湖廣、江浙無援助者，或請去就食東南，圖再舉，吉甫曰：“吾受命守江西。此江西地也，死則死此，去將何之？”賊知兵食俱竭，帥大舶載葦蔽江而下，杜上下流縱火焚攻。數千兵戰死，吉甫猶堅坐，大呼曰：“殺賊！殺賊！”俄而，賊射吉甫，中目，仆舟中，賊素識吉甫名，不忍害，賊以刀脅吉甫降，吉甫罵不已，賊終不敢害。吉甫不食九日，九月二十七日，自力起，北面再拜曰：“臣竭力，不能報國。”言畢而絕，年五十七。出《宋濂集》。

詩

指麾八荒定，懷柔萬國夷。單于陪武帳，日逐衛文楯。端扆朝四岳，無為任有司。共樂還譙宴，歡此大風詩。唐太宗幸慶善宮宴從臣子渭濱作。

三十日

東漢安帝延光三年是日，日有食之，京房占曰：骨肉相賊。在氏十五度，為宿宮。宮，中宮也。時上聽中常侍江京、樊豐等讒言，廢皇太子。《通考》

元順帝。天甫明，西南方天裂，紅光燭地，移時始復，又白虹貫日。至正己亥年九月三十日。出《元史》。

魏主珪以是日甲子進軍攻之,太史令晁崇曰:"不吉。昔紂以甲子亡,謂之疾日,兵家忌之。"珪曰:"紂以甲子亡,武王不以甲子興乎?"崇無以對。晉武帝隆安元年九月,魏主珪自將圍中山,中山饑甚,慕容麟帥二萬餘人出據新市。九月三十日甲子,魏主進軍攻之。出《晉書》。

黃山谷卒。黃山谷作《承天院記》,朝廷謂其幸災謗國,以崇寧二年自鄂謫宜州,獨赴貶所,崇寧四年九月三十日卒。出《楚通志》。

包廷藻生。號南澗。眉目秀整,倍書學文皆過人。五歲見伯父記《飲中八仙》及《大曆十才子》隨記隨失,南澗牽衣問曰:"翁何健忘耶? 兒雖耳聞,已熟於心矣。"因歷數以對,翁大驚。及長,銳然尚友。古人朝負未出耕,稍暇,躬親杵臼井灶之事,及入夜方懸燈挾冊,琅琅聲不絕,四方來從以講解章旨爲第一義。廷藻,字文叔,合肥孝肅公拯之裔。於咸淳乙丑年九月三十日生。出《宋濂集》。

馬鈺從學於祖師。祖師青巾白袍,坐白龜於碧蓮上,祖師回身側臥,東南而去。九月三十日,鄉人雲集,鈺師抱琴作《歸山操》云:能無爲兮無不爲,能無知兮無不知。知此道兮誰不爲,爲此道兮誰復知。風蕭蕭兮木葉飛,聲嗷嗷兮鴈南飛。嗟人世兮日月催,老欲死兮猶貪癡。傷人世兮魂欲飛,嗟人世兮心欲摧。難可了兮人間非,指青山兮當早歸。青山夜兮明月輝,青山曉兮明月歸。饑餐霞兮渴飲溪,與世隔兮人不知。無乎知兮無乎爲,此心滅兮那復爲。天庭復有雙華飛,登三宮兮遊紫微。馬鈺初名從義,字宜甫。鈺字玄寶,更之也。號丹陽子,寧海人,從學祖師。出《史纂左編》。

詩

爲客無時了,悲秋向夕終。瘴餘夔子國,霜薄楚王宮。草敵虛嵐翠,花禁冷蕊紅。年年小搖落,不與故園同。杜工部九月三十日作。

卷十

十月〔一〕

楚應城陳垲升也甫編輯

邑人徐養量叔弘甫校刻

王珹元美甫

寇可教宅虛甫

弟陳垠博也甫全閲

十月建亥。亥，劾也，言陰氣劾殺萬物也。《合璧事類》

應鍾，亥之氣也，十月建焉。《周禮》

日在尾，昏危中，旦七星中。《禮記》

閉蟄而烝。亥月，昆蟲閉户，萬物皆成。《左傳》

招摇指亥①，爨松燧火。《淮南子》

北方之神顓頊乘坎執權司冬。漢魏相上書。

天根見而水涸。天根見而水涸，水涸而成梁，故《夏令》曰：“十月而成梁，不使民患涉也。”《國語》

孟冬行春令，則凍閉不密，地氣發泄，民多流亡；行夏令，則暴風數起，蟄虫復出；行秋、冬，則霜雪不時，土地侵削。《吕氏春秋》

---

① 亥，底本爲“玄”，據所引文獻和文意，“亥”字爲是，今改。

爲陽。《爾雅》

冬曰玄冬,亦曰玄英。梁元帝《纂要》

冬曰孟冬,亦曰上冬,曰陽月。梁元帝《纂》注:純陰用事,嫌於無陽,故曰陽月。

良月。十月也,就盈數也。《左傳》

景曰寒景,時曰寒辰,節曰嚴節。梁元帝《纂要》

天時和暖似春,謂之小春。《荊楚歲時記》

漢代以豚酒入靈女之廟,擊筑奏上弦曲,連臂踏地,歌《赤鳳來》,巫俗也。《搜神記》

爪哇國風俗:遊山,有山馬可乘跨,或乘軟兜。樂有橫笛、鼓板,亦能舞。《外夷傳》,亦出《一統志》。

邕管溪峒風俗:以是月挈取鵝之軟毛爲被以禦寒,故柳宗元《柳州峒岷》詩有“鵝毛禦臘縫山罽”之句。《山堂肆考》

日旁有黑氣如人形跪,手捧盤向日,盤中氣如人頭。憲宗元和二年十月

日晝昏,凡十日乃明。宋文帝元嘉四年十月。以上《通考》。

月暈左角。天興五年十月,月暈左角,太史令晁崇奏角虫將死,上慮牛疫,乃命諸軍解重焚車。牛果大疫,死者十八九。宮中所馭巨犢數百,同日斃於路側,首尾相屬,麋鹿亦多死。《後魏書·天文志》

紫雲如蓋,黃雲如龍鳳,青雲如竹木,名梢雲。祥符元年,封泰山十月。出《宋史》。

風曰寒風、勁風、嚴風、厲風、哀風、陰風。梁元帝《纂要》

霧赤爲兵,青爲殃。望氣經

雨謂之液雨,百蟲飲此藏蟄,俗呼爲藥水。《荊楚歲時記》

天雨土。紹興四年十月。《宋史》

天雨木冰。熙寧三年十月、八年正月、九年正月亦雨木冰。木冰者,冰土帶

木也。《五行志》

信州及邵武天雨黍，饒州、建寧天雨黑子，大如黍菽，衢州天雨黍，民取而食之。元至正辛卯年十月。《元史》，亦出《草木子》。

黄河是月水名復槽水。《水衡記》

吴十二年，楊林江水出火，可以燃物。《九江國志》

宋文帝元嘉二十五年，青州城南遠望，見地中如水，有影，謂之地鏡。《通考》

蚩尤塚每歲是月有氣如匹絳，自上屬下，號曰蚩尤旗。《皇覽·塚墓記》：塚在東郡壽張縣。

朱鳥門鳴，晝夜不絶。王莽天鳳三年十月，朱鳥門鳴。崔發等曰："虞帝闢四門，達四聰。鳴者，明當修先聖之禮，招四方之士也。"於是令群臣皆賀。所舉士行，從朱鳥門入而對策焉。出《通考》。

佛像是月動，夏人入寇，又動而州大火。熙寧二年十月，儂智高叛，佛像復動，知州錢師孟投其像於江中。出《宋史》。

遂陽鄉柱仆地，生枝如人形，身青黄色，面白，頭有鬚髮。漢哀帝建平三年十月，遂陽鄉在汝南西平縣。京房《易傳》曰："王德衰，下人將起，則有木生爲人狀。"出《通考》。

武義縣木根有"萬宋年歲"四字。政和三年十月。《宋史》

松樹變爲栢。長壽二年十月。《舊唐書》

鳳凰十一集杜陵。漢宣帝神爵四年

鳳凰集東海，遣使祠其處。漢昭帝始元三年

鳳凰五，高八九尺，毛羽五彩。是月集潁川郡，群鳥從之行列，蓋地數頃，留十七日乃去。漢光武建武十七年。以上《宋書·符瑞志》。

有獸入吴興，一角而麟趾。天祐二年。《吴越備史》

詩

江南孟冬天，荻穗軟如綿。緑絹芭蕉裂，黄金橘柚懸。謝良輔

《狀江南·十月》

虫聲已盡菊花乾,五老松陰向晚寒。對酒看山俱惜去,不知殘日下闌干。<small>朱慶餘《十月西亭晚宴》</small>

重裘暖帽寬氈履,小閣低窗深地爐。身穩心安眠未起,西京朝士得知無。<small>白居易《十月即事》</small>

南路蹉跎客未回,常嗟物候暗相催。四時不變江頭草,十月先開嶺上梅。<small>樊晃《十月南中感懷》</small>

今年十月温風起,湘水悠悠生白蘋。欲寄遠書還不敢,卻愁驚動故鄉人。<small>戴叔倫《十月寄京洛舊遊》</small>

寒江近户漫流聲,竹影臨窗亂月明。歸夢不知湖水闊,夜來還到洛陽城。<small>戎昱《十月寄湖南張郎中》</small>

荷盡已無擎雨蓋,菊殘猶有傲霜枝。一年好景君須記,正是橙黃橘綠時。

紅梨無葉庇花身,黃菊分香委路塵。歲晚蒼官纔自保,日高青女尚橫陳。<small>以上東坡十月作。</small>

何處初寒好,初寒郊廓城。垂紳多俊彦,列第盡公卿。裘馬過從盛,門闌洒掃清。誰家擁獸炭,盡日管絃聲。<small>司馬公十月作。</small>

玉壺銀箭稍難傾,缸花夜笑凝幽明。碎霜斜舞上羅幕,燭龍雨行照飛閣。珠帷怨臥不成眠,金鳳刺衣著體寒,長眉對月鬥彎環。<small>李賀《十月樂詞》</small>

孟冬寒風起,東壁正中昏。<small>謝靈運</small>

孟冬十月,北風裴徊。蟄鳥潛藏,熊羆窟棲。<small>魏武帝</small>

立冬

立冬,木殁,水相,火囚,金休。

霜降後十五日,斗指乾,爲立冬。冬者,終也,萬物皆收歛

也。《孝經緯》

立冬，房四度。《律歷志》

立冬、冬至，行北方黑道，曰北陸。《漢書》

律中應鍾，水始冰，地始凍。應者，應也。鍾者，動也。言萬物應陽而動，不藏也。《月令》

斗柄北指，而天下皆冬。《鶡冠子》

天氣上騰，地氣下降，閉塞而成冬。《禮》

陰雲出而黑。《易通卦驗》

立冬，北方廣莫風至。一名寒風。八方之風，應時而至。出《符瑞圖》。

以風鳴冬。《韓子》

仲尼問，剡子曰：丹鳥氏，司閉者也。立秋來，立冬去。《左傳》

立冬，不周風至，水始冰，薺麥生，雀入水爲蛤。《易通卦驗》

立冬，十月節。水始冰，水不冰，即陰之有貧。地始凍，地不凍，即灾咎之徵。野雉化爲蜃，不爲蜃，時多淫婦。《周書·時訓》

《春官宗伯》：以玄璜禮北方。立冬爲黑精之帝，故玄璜以象冬物之坏蟄。《周禮》

立冬先三日，太史謁於天子曰："某日立冬，盛德在水。"天子乃迎冬於北郊，可以築城郭，造宮室，穿寶窖，修困倉。《月令》

天子始裘。《月令》

立冬，乾主，風用事。人君當興邊兵，治城郭，行刑決罪。《京房易占》

立冬日日中，陽臺真人會集。《登真隱①訣》

立冬忌北風，主殃六畜。《曜仙月占》

---

① 隱，底本爲"要"，按該條爲《登真隱訣》中內容，今改。

　詩

日行北陸又冬時，江荻颼颼岸草衰。木落驚寒山露骨，池冰結凍水生皮。頻添獸炭供爐火，細切羊羔泛酒厄。莫道園林俱索寞，菊殘猶有傲霜枝。吳彥聲

十月嚴陰盛，霜氣下清臺。郭元振

北風飄飄天作惡，枯林已久葉可落。山谷

履此玄英感，茲陽月知盛。德之在水慨，窮陰之殺節。吳淑立冬賦

小雪

立冬後十五日，斗指亥，爲小雪。天地積陰，溫則爲雨，寒則爲雪。時言小者，寒未深而雪未大也。《孝經緯》

小雪爲中者，氣敘轉寒，雨變成雪，故以小雪爲中。《三禮義宗》

小雪之日，虹藏不見。後五日，天氣上騰，地氣下降，後五日，閉塞而成冬。"虹藏不見"，《禮記註》曰：陰陽氣交而爲虹，此時陰陽極乎辨，故虹伏。虹非有質而曰藏，亦言其氣之下伏耳。《月令》

小雪日，虹不收藏，婦不專一。《周書·時訓》

　詩

甲子徒推小雪天，刺桐猶綠槿花然。陽和長養無時歇，卻是炎洲雨露偏。張登《小雪日戲題》

時候頻過小雪天，江南寒色未多偏。楓汀尚憶逢人別，麥隴惟應欠雉眠。更擬結茅臨水次，偶因行藥到村前。詩言服藥後，行以宣導之。鄰翁意緒相安慰，多說明年是稔年。陸龜蒙《小雪後書事》

偉茲雪之霏霏，應玄冥而不失其期。賦象於虹藏之日，成形於冰凍之時。委地則微，庶表三冬之候；翻空雖小，那無六出之姿。當其寒氣初升，陰風始變。既淅淅於遙野，卻飄搖於廣甸。

邊城一望，龍山之净色猶晞；上苑再瞻，鳳闕之清光未遍。眇若毫端，輕飛可觀。細細而千巖送冷，飄飄而萬物迎寒，云云。林滋《小雪賦》

十月〔二〕

楚應城陳堦升也甫編輯

邑人徐養量叔弘甫校刻

王珹元美甫

寇可教宅虛甫

弟陳垠博也甫仝閱

一日

先天節。大中祥符五年閏十月一日，聖祖下降日爲先天節。出《宋朝會要》，亦出《事物紀原》。

玄宗御勤政樓，四科舉人問策外，更試詩賦各一道。天寶十三載，制舉試詩賦自此始。出《玉海》。

唐太宗詔令就京城閑坊，爲諸州朝集使造邸第三百餘所。梁州都督竇軌請入朝，唐太宗曰："君臣共事，情猶父子。外官久不入朝，情或疑懼，朕亦須數見之，問以人間風俗。"太宗又謂侍臣曰："古者諸侯入朝，待以客禮。漢家故事，爲諸州刺史郡守創立邸舍。"至貞觀十七年十月一日，下詔爲朝集使造邸第，太宗親觀焉。出《通考》。

宋太宗出飛白書一軸，賜宰臣李昉等，曰："朕退朝之暇，未嘗虛度光陰，觀書之外，留意於真、草，近又學飛白書，此雖非帝王事業，然不愈於遊畋聲樂乎？"昉等頓首謝。雍熙三年十月一日。《玉

海》

宋高宗是日登舟巡幸淮甸，駐蹕揚州。建炎元年十月一日。《宋史·禮志》

王荊公是日永昭陵奏告仁宗皇帝旦表：伏以月乘該閼，時御閉藏。歲回薄以將更，物盛多而可享。恭惟尊謚皇帝，德符穹昊，功濟黎元。方求大隗之居，遂兆成周之葬。光靈在望，感惻交懷。《臨川集》

宋朝舊規：十月朔一日賜翰林對衣紅錦袍。淳化二年是日，代以細花盤鵰錦袍，下丞相一等。《蘇續志》

峽人十月一日多以蒸裹爲節物，荊楚人多食焦糟，或作糖，故老杜是日詩曰：蒸裹如千室，焦糟萃一枓。《事文類聚》

都城士庶皆出城饗墓，禁中車馬朝陵，如寒節。《夢華錄》

十月一日拜墳，拜之，感霜露也。《程氏遺書》

京師沃酒炙臠肉於爐中，圍坐飲啗，謂之煖爐。《歲時雜記》

有司進煖爐炭，民間皆置酒作煖爐會。《夢華錄》

東女國風俗：每是日，令巫者齎酒肴詣山中，散糟麥空中，呼鳥，俄有鳥如雉，飛入巫者之懷，剖腹視之，有穀，來歲必登；若有霜雪，必有大災。俗名爲鳥山。人死則納肉於金瓶中埋之。《神異記》

道家以是日爲民歲臘：三萬六千神氣。其日可謝罪、祈求延年益壽。道家有五臘：正月一日爲天臘，五月五日爲地臘，七月七日爲道德臘，十月一日爲民歲臘，至十二月正臘日爲王侯臘。王侯臘：五帝校定生人處所、分野、降出。道經。

達磨祖師至金陵，武帝問曰："朕即位以來，造寺、寫經、度僧不可勝紀，有何功德?"祖曰："並無功德。"帝曰："何以無功德?"祖曰："此但小果，如影隨形，雖有非實。"帝曰："如何是真功德?"

祖曰："浄智妙圓,體自空寂,如是功德,不以世求。"菩提達磨大師者,
南天竺國香至王第三子也。達磨者,通大之義也。武帝遣使賷詔迎請,十月一日至金
陵。出《左編》。

崔希真是日雪遇老父於門,獻松花酒,老父曰："花酒無味。"
乃於懷中取丸藥置酒中,味極美,後問天師,師曰："此真人葛洪
第三子,其藥乃千歲松膠也。"《原化記》

東皇大帝生辰。道經

王長真人降現。

馬元約天師上昇。以上《翰墨大全》。

宜修成福齋。《攝生圖》

西天王降,犯之一年死。《三元延壽圖》

　　詩

有瘴非全歇,爲冬亦不難。夜郎溪日暖,白帝峽風寒。蒸裹
如千室,燋糟萃一樣。茲辰南國重,舊俗自相歡。工部夔州十月一
日作。

寒山十月旦,霜葉一時新。似燒非因火,如花不待春。連行
排絳帳,亂落剪紅巾。鮮駐藍舁看,風前唯兩人。白居易《十月一日和
杜録事題紅葉》

屋角羲蛾轉兩輪,今朝水帝又司辰。山家嘗稻知良月,野徑
尋梅見小春。一歲坐看除得盡,百年正與死爲鄰。誰能忍許無
窮事,閉閣開爐但飲醇。曾茶山《十月一日作》

十月一日天子來,青繩御路無塵埃。宮泉内裏湯各別,每箇
白玉芙蓉開。朝元閣向山上起,城繞青山龍暖水。夜開金殿看
星河,宮女知更明月裏。武皇得仙王母去,山鷄晝鳴宮中樹。温
泉決決出宮流,宮使年年修玉樓。禁兵除盡無射獵,日西麋鹿登

城頭。梨園弟子偷曲譜，頭白人間教歌舞。<small>王健《題溫泉宮》</small>

二日

侍讀真德秀進《大學衍義》，上曰有補治道。<small>宋理宗端平二年十月二日。出《會要》。</small>

宋仁宗慶曆三年，南蕃塗渤國遣使奉表貢佛金、骨、真珠、犀牛、頭象齒。<small>《玉海》</small>

禪師道廣瞑目而寂，異香盈室。<small>道廣禪師，郴州人。往衡州參超和尚，超獨重之，衆僧謂同來參禪，獨道廣得真諦，超對衆僧曳禪杖頓地二下，無有解者。是夕三更時，大開禪門，惟道廣一人至，超密將鐵筋畫灰盡傳訣旨，附衣鉢，即時潛奔。天寶元年大旱，郡守馮君雩祀無應，師曰："此旱魃肆霍。"竟詣滇武二水合流處，正坐水面，謂人曰："雨即至矣。"明年冬十月二日告寂，異香盈室。出《郴陽佛傳》。</small>

紫瓊真人降生。<small>饒州德興張君範，諱模。是月之二日生，後聞道，改名道心。出道書。</small>

下元周真君生。

張虛静天師生。<small>以上《翰墨大全》。</small>

詩

彷彿曾遊豈夢中，欣然雞犬識新豐。吏民驚怪坐何事，父老相攜迎此翁。蘇武豈知還漠北，管寧自欲老遼東。嶺南萬户皆春色，會有幽人客寓公。<small>東坡十月二日到惠州作。《禮記》："諸侯不臣寓公。"蓋言公爵而寄寓者也。</small>

三日

唐文宗太和九年，曲江新造紫雲樓彩霞亭，仇士良是日以百戲於銀臺門迎文宗。文宗好爲詩，誦杜甫《曲江行》云："江頭宮殿鎖千門，細柳新蒲爲誰綠。"天寶已前，曲江四岸皆有行宮臺殿，故爲樓殿以壯之。

宋仁宗賜致仕太子太傅杜衍襲衣、笏頭、金帶。皇祐二年十月三日。出《通典》。

宋高宗書《車攻詩》賜宰臣趙鼎等，又宣諭曰："朕觀《鴻鴈》《車攻》乃宣王中興之詩，當與卿等夙夜勉勵，修政事，攘夷狄。"鼎曰："陛下游戲翰墨之間，亦不忘恢復，臣等敢不自勉？"紹興五年十月三日。以上《玉海》。

宋太宗靈駕發引。至道三年，太宗崩於萬歲殿。《宋史·禮志》

蜀後主王衍幸秦州。後主衍有節度使王承休，以邪穢、笑狎見寵。一日，謂後主曰："秦州多出國色。"密願取秦州子女，教以歌舞伎樂，令畫工圖真及錄名氏以獻。後主擬十月三日幸秦州，布告中外，咸使聞知。由是中外切諫不從，母后泣而止之，以至絕食。出《太平廣記》。

戴洋善風角，妙解占候卜數。及祖約鎮譙城，謂約曰："十月三日必有賊到。"譙城主簿王振以洋爲妖言。約知有神術，而讓振。振後有罪被收，洋救之，曰："振不識風角，非有宿嫌。"約義之，即原振。至是日，石勒騎果到譙城。戴洋，字國流。年十二病死復蘇，說死時上蓬萊、崑崙等山，既而遣歸，逢一老父，謂之曰："汝後當得道。"及長，善風角占候。知十月三日賊到譙城，如其言，洋謂約曰："賊必向城父，可遣騎水南追之，步軍於水北斷要路，賊必敗。"約竟不追，賊乃掠城父婦女輜重而去。約將魯延求追賊，洋曰："不可。"約不從，使兄子智與延追之，賊僞棄婦女輜重走，智與延等爭物，賊還掩之，智延僅以身免，士卒皆死。出《晉書·戴洋傳》。

太子少保薛稷、雍州長史李晉、中書令崔湜、蕭至忠、岑義等，皆外飾忠鯁，內藏諂媚。脅肩屏氣，而舐痔折肢，阿附太平公主。是日，家破身戮。《僉載》

李吉甫薨。貞元，有袁隱居者，家於湘楚間，善陰陽占訣。時吉甫謫官，一日，隱居來謁吉甫。吉甫嘗聞其名，即延語與。吉甫命筭，隱居曰："公真宰相也！壽至九十三。"吉甫曰："吾之先未及七十者，何敢望九十三乎？"隱居曰："連筭舉數，乃九十三年。"其後，吉甫果相憲宗皇帝，節制江南，再入相而薨，年五十六，時元和九年十月三日也。計其歲月日,亦符九十三之數,豈非懸解之妙乎？出《宣室志》。

四海三元龍王奏水府,曰龍聚日。道經

四日

《帝系譜》曰:伏羲十月四日,人定生。《孝經河圖》云:伏羲在亥,得人定之時。伏羲人頭蛇身。按:堯始四時成歲,此曰伏羲十月四日,不知何據。

元順帝至正六年,中書省奏以十月四日皇帝親祀太廟,制曰:“可。”以太師、右丞相馬扎兒台爲亞獻官,樞密知院阿魯禿爲終獻官。《元史》

官軍與回紇夾擊,而賊大敗。郭子儀等與賊遇於新店,依山而陣。子儀等初戰不利,賊逐之下山。回紇自南山襲其背,於黃埃中發十餘矢。賊驚顧曰:“回紇至矣!”遂潰。官軍與回紇夾擊之,賊十月四日大敗。出《汾陽家傳》。

霞卿真人、湛然真人、妙然真人、蓬萊真人、水清真人、人喬真人、人想真人、晌水真人、瓊君真人、太清真人降現。《翰墨大全》

十月四日,勿責罰人,故刑官罷刑,大忌。《法天生意》

五日

唐高宗狩於陸渾,親御弧矢,獲兔、鹿,製冬狩詩。龍朔元年。《玉海》

蘇東坡久不得子由書,憂不去心,以《周易》筮之,得《渙》六三。宋哲宗祥符元年十月五日。出《長公外紀》。

宋人胡瑗葬於烏程。胡瑗先生在湖州,從學者去來常數百人,各以其經轉相傳授。東南之士莫不以仁義禮樂爲學。嘉祐元年,遷太子中允充、天章閣侍講。四年,卒於杭州,五年十月五日葬於烏程。胡瑗,字翼之。廬陵歐陽修作墓誌。出《宋文鑑》。

吳俗以十月五日爲五風生日。太湖漁者千餘家,盛陳牲醴饗並湖諸神祠祈,是日有風,則每五日風雨如期而至,終歲皆然,

可以揚帆取魚，謂之五風信。《天中記》

修三會齋，勿行譴責。《攝生圖》

六日

唐高宗十月五日狩於陸渾縣。是日至飛山頓，帝親御弧矢，獲四鹿及兔數十頭。龍朔元年。出《通考》。

唐玄宗幸花清池，詔高力士潛搜外宮，得弘農楊玄琰女於壽邸。上甚悦，册爲貴妃，《歌》曰：漢王重色思傾國，御宇十年求不得。楊家有女初長成，養在深閨人不識。天生麗質難自棄，一朝選在君王側。迴眸一笑百媚生，六宮粉黛無顏色。春寒賜浴花清池，温泉水滑洗凝脂。侍兒扶起嬌無力，始是新承恩澤時。雲鬢花顏金步搖，芙蓉帳暖度春宵。春宵苦短日高起，從此君王不早朝。唐開元中，四海無事。玄宗在位歲久，政無小大，委於丞相，深宮遊宴，以聲色自娛。宮女雖多，無悦目者。十月六日，幸花清池，詔高力士潛搜外宮，得弘農楊玄琰女於壽邸。出《長恨傳》。

宋仁宗是日靈駕發引，英宗以梓宮升龍輴。祖奠，與皇后步出宣德門，群臣辭於板橋。《宋史·禮志》：十月十五日，奉安梓宮。

宋仁宗遷座於永昭陵。仁宗崩於福寧殿，殯於殿之西階。十月六日，遷座於永昭陵。韓琦作哀册文，有"風雲慘鬱以生悲，臣妾涕號而思殉"云云。出《文鑑》。

拂菻貢方物。宋神宗元豐四年十月六日。拂菻，一名大秦，在西海北。唐開元獻獅子二。出《會要》。

天曹諸司五岳五帝注生籍日。道經，亦出《翰墨大全》。

詩

風高月暗水雲簀，淮陽夜發朝山陽。山陽曉霧如細雨，炯炯初日寒無光。雲收霧捲已亭五，有風北來寒欲僵。忽驚飛雹穿户牖，迅駛不復容遮防。市人顛沛百賈亂，疾雷一聲如頹墻。使君來呼晚置酒,坐定已復日照廊。恍疑所見皆夢寐,百種變怪旋消亡。共言蛟龍厭舊穴,魚鼈隨徙空陂塘。愚儒無知守章句,論說黑白推何詳。惟有主人言可用,天寒欲雪飲此觴。蘇東坡《十月六日記所見》

七日

宋太宗以是日爲乾明節,群臣上壽崇德殿,壽表云:乾元發祥,萬物資始。以聖繼聖,謂之大明。順合二義之稱,用表無彊之慶。興國二年十月七日。出《合璧事類》。

郭子儀誓師。唐代宗廣德二年十月七日,子儀誓師曰:"明日有寇,爾其備之。"及夜,出兵數萬陣於西門之外,廣布旗幟,如十萬軍。未曙,懷恩、吐蕃、回紇、吐渾等已陣於乾陵北,長二十里。懷恩等初謂無備,欲襲之。既見陣大駭,不敢戰,涉涇而退。初,軍中偶語,夜中出兵,與鬼鬥耳。及未曙,而寇至,軍中所以服子儀之先知也。出《汾陽家傳》。

八日

東漢安帝武庫火,燒兵器。元初四年二月乙亥朔日,有食之,在奎九度。史官不見,七郡以聞。奎主武庫兵。是年十月八日,武庫兵器火燒。出《通考》。

唐太宗。是日,山南獻木連理,交錯玲瓏,長孫無忌曰:"自頃嘉祥雜遝,陛下推而不居,遂令史官閣筆,無以示後。"因相率賀,帝曰:"瑞應之來,朕當苦心勞力以答天地,何煩致賀。"貞觀十六年十月八日

唐高宗顯慶三年,太常丞呂才奏:張華《博物志》《白雪》是天帝使素女鼓五十絃瑟曲名,調高和寡,自宋玉以來未有歌《白雪》者。

宋仁宗宴射太清樓,帝中的者四。景祐二年十月八日。以上《玉海》。

宋高宗崩。淳熙十四年十月八日崩,孝宗號慟擗踊,踰二日不進膳。尋諭宰

執王淮，欲不用易月之制，如晉武、魏孝文實行三年之喪，自不妨聽政。淮等奏：“《通鑑》載晉武帝雖有此意，後來只是宮中深衣、練冠。”帝曰：“當時群臣不能將順其美，司馬光所以譏之。後來武帝竟欲行之。”淮曰：“記得亦不能行。”帝曰：“自我作古何害？”淮曰：“御殿之時，人主衰絰，群臣吉服，可乎？”出《宋史·禮志》。

真如禪師無疾說偈曰：“昨夜三更，風雷忽作。雲散長空，前溪月落。”言訖告寂。宋哲宗紹聖二年十月八日告寂，禪師目睛齒爪不壞，弟子塔於京潭。出《楚通志》。

張廑舉進士，元和十三年，居長安昇道里街。是夜，廑在月下，忽異香滿院，俄聞履聲，見數青衣擁門而入，曰：“步月逐勝，不必遠遊，此院藤架可矣。”遂引少女七八人，容色奇絕，服飾華麗。廑走避堂中，垂簾望之，諸女徐行，直詣藤下。須臾，陳設床榻杯杓。又執樂者十人，執拍板者二人，左右侍立者十人。坐上一人曰：“不告主人而張樂，可乎？”命一青衣傳語曰：“姊妹步月，偶入貴院。”廑閉門，叩之不應。於是坐上一人命奏絲竹，音曲清亮。廑曰：“若非妖狐，必是鬼魅。”頃之盡還。廑潛取一盞，以衣繫之，及明解視，乃一白角盞，奇不可名。院中香氣，數日不歇。《續玄怪錄》

詩

良月八日夜未央，清都絳闕鸞鳳翔。《事文類聚》

九日

齊武帝永明八年十月朔，土霧竟天，濃厚勃勃如火煙，氣入人眼鼻，至是日辰時開除。《南齊書·五行志》

宋徽宗。是日，翰林承旨張康國撰《景鍾銘》，銘曰：皇帝踐位之五年，崇寧甲申，考協鍾律，保合、太和。云云。《通典》

靖康二年，宋欽宗到燕京見金主，是日，少帝復至燕京，與契

丹耶律延禧同拘管鳩翼府。《竊憤録》

修撰司馬光請寫《仁宗英宗實録》留本院。熙寧二年十月九日。出《會要》。

東坡云：嶺南氣候不常，菊花開時即重陽，涼天佳月即中秋。十月九日菊始開，乃與客作《重陽》，因次和陶《九月九日詩》，詩曰：今日我重九，誰謂秋冬交。黃花與我期，草中實後凋。香餘白露乾，色映青松高。《合璧事類》

斗星降日。東斗帝君。道經

　　詩

霜飆協律應佳辰，蕡莢堯階九葉新。《事文類聚》

十日

宋蒼梧王元徽四年，填星守太微宮。十月十日，占曰："有亡君之戒。"出《南齊書·天文志》。

唐文宗生於長慶宮。至太和七年，中書門下奏云：陛下馭三統之元，膺千年之運。當誕聖之日，爲河清之祥。夫四時成歲，百穀成實。必在首冬，用成神化。臣等請以十月十日爲慶成節，是日於宮中奉迎太皇太后與昆弟諸王，盛陳宴樂，群臣詣延英門奉觴上千萬歲壽，州府置宴一日。上悅從之。文宗，穆宗第二子。出《實録》。

宋徽宗五月五日生，以俗忌，因改作十月十日生。宰臣章惇等請立天寧節，表云：《詩》紀生民，《易》稱出震。時惟陽月，瑞集樞星。肇開震夙之祥，永御光華之旦。離明繼照，敷同四海之歡。天德出寧，請祝萬年之壽。出《合璧事類》。以俗忌，出《異聞集》。

謝石宣和間至京師，以拆字言人禍福，求見者但隨意書一字，即就其字離拆而言，無不奇中者。宋徽宗因書一"朝"字，令中貴人持往試之。石見字，以手加額曰："'朝'字離之爲十月十日字，非十月十日所生之天人，而誰書也？"一座盡驚，中貴馳奏。徽宗召石至後苑，令左右及宮嬪書字示之，皆據字論說禍福，俱有精理。緣此四方求見者，其門如市。有朝士，其室懷妊過月，手書一"也"字，令其夫持問之。石詳視字，謂朝士曰："此閣中所書否？"曰："何以言之？"石曰："謂語助者，哉、焉、乎、也，因知是公內助所書。尊閣盛年三十一否？"曰："是也。""以'也'字上爲'三十'，下爲'一'字也。又尊閣父母兄弟，近身親人，皆無一人存者。以'也'字著'人'則是'他'字，今獨見'也'字而不見'人'故也。又尊閣其家物產亦當蕩盡否？以'也'著'土'則爲'地'字，今又不見'土'也。"曰："誠如所言。"朝士即謂之曰："此皆非所問者。但賤室以懷妊過月，方竊憂之，所以問耳。"石曰："是必十三箇月也。以'也'字中有'十'字，並兩傍二笠，下一畫，爲十三也。"石熟視朝士，曰："有一事似涉奇怪。"固欲不言，朝士固請其說，石曰："'也'字著'虫'爲'蛇'字，今尊閣所妊，殆蛇妖也。然不見蟲蠱，則不能爲害。以藥下驗之，無苦也。"朝士大異其說，固請至家，以藥投之，果數百小蛇。都人益共神之。出《天中記》。

顯祖文宣皇帝諱洋，字子進，神武第二子。帝登阼，改年爲天保。士有深識者曰："'天保'之字，爲一大人只十，帝其不過十乎？"又先是[①]謠曰："馬子入石室，三千六百日。"帝以午年生，故曰"馬子"。三臺，石季龍舊居，故曰"石室"。三千六百日，十年也。又帝曾問太山道士曰："吾得幾年爲天子？"答曰："得三十年。"道士出，帝謂李后曰："十年十月十日，得非三十也？吾甚畏之，過此無慮。人生有死，何得致惜，但憐正道尚幼，人將奪之耳。"帝及期而崩。《北史·齊本紀》

唐太宗幸洛陽宮。貞觀十六年。《太宗本紀》

晉高祖葬於顯陵壽安縣。

梁太祖葬於宣陵洛京伊闕縣。以上《通考》。

---

① "先是"二字，底本爲"洗"，據《北史·齊本紀》，此處爲"先是"，今改。

蘇子瞻是夜解衣欲睡，月色入户，欣然起行。念無與樂者，遂至承天寺訪張懷民，相與步於中庭。庭前積水空明，水中藻、荇交横，蓋竹栢影也。友人曰："何夜無月？何處無竹栢？但少閒人如吾兩人耳。"<small>神宗元豐六年十月十日。出《臥游録》。</small>

欽緒與妖人李廣弘謀反。廣弘始爲浮屠，妄曰："我嘗見岳瀆神，當作天子。"又妄曰："神戒我十月十日約欽緒夜擊鼓，譟凌霄門，焚飛龍廄。"神策將魏循以神策兵十月十日迎廣弘，禽之。廣弘臨刑，色自如。<small>《唐書·列傳》</small>

　詩

氣轉小春才十日，紫府名仙方降謫。<small>古風。《事文類聚》</small>

十一日

宋太祖校獵近郊。<small>乾德六年。《玉海》</small>

宋真宗召近臣於玉宸殿觀刘小香占城稻，賜宴安福殿，上作七言詩，從臣皆賀。<small>天禧二年。《玉海》</small>

李愬擒吳元濟。<small>十月十一日，節度使李愬襲破懸瓠城，擒吳元濟。裴度先遣宣慰副使馬總入城安撫。裴度當元和、長慶間，亂臣賊子憚之威稜。有奉使絕域者，四夷君長必問度之年齒幾何，狀貌孰似，天子用否？其畏服如此。出《舊唐書》。</small>

女仙謝自然有仙來召，即乘麒麟昇天。初服天衣，以舊著衣留繩床上，仍下降著舊衣，置天衣於鶴背將去。云去時乘麟，來時乘鶴。<small>十月十一日。出《集仙記》。</small>

十月十一日，黍臛，俗謂之秦歲首。未詳黍臛之義。<small>《荊楚歲時記》</small>

　詩

新冬十葉各添一，良辰喜是翁生日。<small>古風。《事文類聚》</small>

十二日

宋仁宗廟中行禮。月色皎然，有黃雲捧月。_{嘉祐四年}

宋神宗。熙河奏捷，紫宸殿稱賀，上解所服白玉帶賜宰臣王安石。_{熙寧六年十月十二日。出《通典》。}

蘇東坡入翰林知制誥。_{元祐元年。出《宋學士集》。}

蘇東坡遊惠州東北二十里之白水山佛迹岩，浴於湯池。_{紹聖元年十月十二日，循山而東，有懸水百仞，八九折，折處輒爲潭。水涯有巨人迹數十，所謂佛迹也。出《長公外紀》。據《臥遊録》，紹聖二年三月四日復遊。}

宋景濂與祖同以是日生。_{濂生於元武宗至大庚戌年，六歲入小學，其師包文叔授以李瀚《蒙求》，一日而盡，自後日記千餘言，九歲即能詩。出《小傳》。}

汝南屈雍妻王氏①生男，從腹下而出，其母自若，無他異痛。_{黃初五年。出《魏志》。}

詩

何人守蓬萊，夜半失左股。浮山若鵬蹲，忽展垂天羽。根珠互連絡，崖嶠爭吞吐。神工自爐韛，融液相綴補。至今餘隙鏬，流出千斛乳。方其欲合時，天匠麾月斧。帝觴分餘瀝，山骨醉後土。峰巒尚開闔，澗谷猶呼舞。海風吹未凝，古佛來布武。當時汪罔氏，投足不蓋梅。_{汪罔氏即防風氏也。}青蓮雖不見，千古落花雨。雙溪匯九折，萬馬騰一鼓。奔雷濺玉雪，潭洞開水府。潛鱗有饑蛟，掉尾取渴虎。我來方醉後，濯足聊戲侮。回風卷飛雹，掠面過磶弩。山靈莫惡劇，微命安足睹。此山吾欲老，慎勿厭求取。溪流變春酒，與我相賓主。當連青竹竿，下灌黃精圃。_{東坡十月十二日遊白水山佛迹巖作。}

---

① 氏，底本無此字，據所引文獻及文意補入。

元符庚辰歲，孟冬十二日。壬子丞太宗，碌碌奉朝籍。聖主訪落初，聽言勞日昃。諫路員有闕，求人恐不及。誰謂方遴選，邂逅首疏逖。詔旨忽中授，聞命旦夕惕。不是憂不合，愛君憂失職。既憂亦復喜，不是貪祿秩。平生慕古人，素願或可畢。精神倍疏瀹，激昂登文石。青雲開九天，清光親咫尺。每見情益交，肝膽盡剖析。敬承丁寧訓，重許以忠直。自喜千載遇，奮身違他恤。志欲收主威，力先排巨室。切齒憤欽永，刻意望夔稷。不數千羊皮，豈讓一狐腋。勤勤履霜戒，不復慮不密。間夜欲自勞，百疏意何益。哀哉愛君心，不能當衆嫉。投湘爲獨醒，得罪因懷璧。云云。宋哲宗元符二年十月十二日，任伯雨《述懷》詩。出《宋文鑑》。

十三日

唐代宗生於東都上陽宮之別殿，玄宗幸汝州之溫湯，有望氣者云，宮中有天子氣，玄宗即日還宮，是夜帝降誕，獨孤及表置天興節。其日，慶雲見。常袞賀表曰：十月良月，遠膺盈數之期；後天奉天，近和下元之曆。從風蕭索，抱日縈迴，色涵流渚之虹，影雜繞樞之電。肅宗吳皇后坐父事沒入掖庭，玄宗幸忠王邸，見王服御蕭然，傍無媵侍，命高力士選掖庭宮人以賜之，而吳后在籍中。頃之，后侍寢，厭不寤，吟呼若有痛，氣不屬者。肅宗呼之不解，秉燭視之，良久方寤。肅宗問之，后手掩其左脅曰："妾夢有神人長丈餘，操劍謂妾曰：'帝命與汝作子。'自左脅以劍決而入腹，痛殆不可忍，及今未之已也。"肅宗驗之於燭下，有若綖而赤者存焉，遂生代宗。以開元十四年十月十三日生。出《柳氏舊聞》。

史洪肇與楊頒、王章等入朝，坐廣政殿東廡，甲士數十人自內出，擒洪肇、頒、章斬之，并族其三家。乾祐三年。洪肇，字元化。李業等乘間譖之，以謂洪肇威震人主，不降必爲亂，隱帝頗欲除之。由是與業等密謀禁中。十月十三日擒洪肇，斬頒、章。出《五代史》。

蘇東坡惠州到任。宋哲宗元祐二年十月十三日到任，寓居嘉祐寺。是時，侍妾朝雲隨之。出《長公外紀》。

程頤母侯氏生。母善詩，有夜聞鳴鴈，題曰："何處驚飛起，離離過草堂。早是愁無寐，忽聞意轉傷。良人沙塞外，羇妾守空房。欲寄迴文信，誰能付與將。"夫人弟可，世稱名儒，才自謂不如夫人。卒於皇祐四年，生於景德元年十月十三日，享年四十九，追封上谷郡君。出《宋文鑑》。

南斗星降日。道經

詩

當年飛下蕊宮仙，良月平分兩日前。萱草忘憂方半百，蟠桃未熟待三千。慶女人。出《事文類聚》。

君不見西漢元光元封間，河決瓠子二十年。鉅野東傾淮泗滿，楚人恣食黃河鱣。萬里沙回封禪罷，初遣越巫沉白馬。河公未許人力窮，薪芻萬計隨流下。吾君仁聖如帝堯，百神受職河神驕。帝遣風師下約束，北流夜起澶州橋。東風吹凍收微淥，神功不用淇園竹。楚人種麥滿河淤，仰看浮槎棲古屋。熙寧十年，河決澶淵，注鉅野，入淮泗。自澶、魏以北皆絕流，而齊、楚大被其害。至十月十三日，澶州大風終日，而河流一枝已復故道。東坡喜而作《河復》歌。

十四日

唐懿宗生，以其日爲延慶節。唐宣宗長子，太和七年十月十四日生於藩邸。《天中記》

宋高宗次泗州。建炎元年十月十四日至二十七日，揚州駐蹕。出《通考》。

龜茲國風俗，每是日作樂至歲窮始罷。《酉陽雜俎》

取枸杞煎湯沐浴，令人光澤不病。《雲笈七籤》

海蟾帝君降生。帝君姓劉，名操，字宗成，而海蟾子其號也，改名玄英。仕遼爲宰相，遇純陽，即解相印。是日誕生。出道書。

馬練師乘青騾昇仙。《集仙錄》

詩

西狩觀周俗，南山歷漢宮。薦鮮知路近，省斂覺年豐。陰谷含神爨，湯泉養聖功。益齡仙井合，愈疾醴源通。不重鳴岐鳳，誰矜陳寶雄。願將無限澤，霑沐衆心同。唐玄宗十月十四日幸鳳泉湯作

周狩聞岐禮，秦都辨鳳名。獻禽天子孝，存老聖皇情。溫潤宜冬幸，遊畋樂歲成。湯雲出水殿，煖氣入山营。坎意無私劫，乾心稱物平。帝歌流樂府，谿谷也增榮。張說《和玄宗幸鳳泉湯》①

翠栢不知秋，空庭失搖落。幽人得佳蔭，露坐方獨酌。月華稍澄穆，露氣尤清薄。小兒亦何知，相與翁正樂。銅爐燒栢子，石鼎煮山藥。一盃賞月露，萬象紛酬酢。此生獨何幸，風纜欣初泊。誓逃顏蹠網，行赴松喬約。莫嫌風有待，謾欲戲寥廓。泠然心境空，髣髴來笙鶴。東坡《十月四日以病在告獨酌》

鎔鈆煮白石，作玉真自欺。琢削爲酒杯，規模定州瓷。荷心雖淺狹，鏡面良瀰瀰。持此壽佳客，到此不容辭。曹侯天下平，定國豈其師。一飲至數石，溫克頗似之。風流越王孫，詩酒屢出奇。喜我有此客，玉杯不徒施。請君詰歐陽，問疾來何遲。呼兒掃月榭，扶病及良時。東坡《十月十四日獨酌試樂玉滑盞，有懷諸君子。明日望夜，月庭佳景不可失，作詩招之》

十五日

大中祥符元年是日，詔封泰山上通泉廟爲靈泒侯，亭亭山爲廣禪侯，嶧山神爲靈巖侯。祥符二年是日，詔泰山天齊王加號仁聖天齊王。祥符七年是日封泰山三郎威雄將軍爲炳靈公。據《五

---

① 該詩現題爲《奉和聖製幸鳳湯泉應制》。

代會要》，後唐①長興四年封泰山三郎爲威雄大將軍，上不豫泰山僧進藥小康，僧請封之。據《宋朝會要》廟在兗州泰山下，即泰山神三郎也。

唐玄宗年七歲是日車騎至朝堂，金吾將軍武懿宗忌上嚴整，訶排儀仗，因欲折之。上叱之曰：“吾家朝堂，於汝何事？敢迫吾騎從！”則天聞而特加寵異之。《唐書》

唐武宗臨朝，謂宰相曰：“雄眞良將！”會昌三年，石雄代引兵踰烏嶺，破賊五寨，殺獲數千，得雄捷書，甚喜。十月十五日臨朝，云云。出《伐叛記》。

宋太宗夜御東華門。三元不禁夜。是夜爲下元。出《山堂肆考》。

金主章宗命給米諸寺，自十月十五日至次年正月十五日作糜以食貧民。明昌四年。《金史》

宋胡翼之葬於烏程。胡瑗先生，字翼之。其在湖州弟子數百人，各以其經轉相傳授，莫不以仁義禮樂爲學。先生初以布衣見天子論樂，拜秘書省校書郎。嘉祐元年，遷太子中允、天章閣侍講。東歸之日，太學諸生與朝廷賢士大夫送之，路人嗟嘆以爲榮。卒於杭州，享年六十七。十月五日葬於烏程。出《墓表》。

宋韓琦五代祖葬。祖諱義賓。以博學高節不仕，王紹鼎雅知其名，屢薦補節度副記室事。以龍紀元年十月十五日附葬於先塋。出《五代祖塋記》。

杜牧之。太和五年十月望，半夜時，舍外有疾呼傳緘者，牧之曰：“必有異，亟取火來！”及發之，果集賢學士沈公書一道，曰：“亡友李賀且死，以其文求序。”牧之作《李賀集序》云，亦出《合璧事類》。

東坡《後赤壁賦》曰：十月之望，步自雪堂，將歸於臨皋。二客從予過黃泥之坂。霜露既降，木葉盡脫，人影在地，仰見明月，顧而樂之，行歌相答。予乃攝衣而上，履巉巖，披蒙茸，踞虎豹，登虬龍，攀栖鶻之危巢，俯馮夷之幽宮。蓋二客不能從焉。《合璧事類》

---

① 唐，底本爲“堂”，今改。

焉耆國王始出遊，至歲盡止。焉耆國東高昌，西龜茲，南尉犁，北烏孫。俗尚娛遨。七月七日祀生祖，十月十五日王出遊。出《唐書》。

高句麗國東有穴，號隧神，每以是日祭之，禮義甚盛，王與妃嬪登樓，大張樂宴飲。高句麗，其先出夫餘。王嘗得河伯女，因閉於室內，爲日所照，引身避之，日影又逐，既而有孕，生一卵。夫餘王棄之與犬豕，皆不食；棄於路，牛馬避之，獨衆鳥以毛茹之。王剖之不能破，還其母，母以物裹置煖處，有一男破而出。及長，字之曰朱蒙。夫餘之臣以朱蒙非人所生，欲謀殺之，其母告朱蒙，朱蒙東南走。中道遇大水，欲濟無梁，追者甚衆，朱蒙告水曰：“我是日子，河伯外孫。”於是魚鱉成橋，朱蒙得渡。至紇升骨城居焉，號曰高句麗，因以高爲氏。出《四裔考》。

太平興國五年，下元，京城始張燈。張燈，七月中元亦然，如正月上元之夕，至淳熙元年始罷。《容齋隨筆》，亦出《天中記》。

戚夫人入靈女廟，以豚黍樂神，吹笛擊筑，歌《上靈》之曲。既而相與連臂，踏地爲節，歌《赤鳳來》。《西京雜記》

下元日，九江水帝、十二河源溪谷大神與暘谷神王、水府靈官校定生人罪福。

下元日，三品解厄水官主錄，百司檢察人間善惡，上詣天闕進呈。以上出《正一旨要》，亦出《山堂肆考》。

下元節，俗傳水官解厄之辰，相效持齋誦經。《宣府鎮志》

鍾離飛昇。

衡嶽阿真人上昇。以上《集仙錄》。

詩

小陽春動嚴風冽，寒桃爛熳如錦纈。天上人間樂事同，姮娥亦愛好時節。直待盈盈到三五，雲頭放出團圓月。此時天降玉麒麟，不數當年珠樹列。《事文類聚》

廬阜東北際，岩嶢五峰尊。中巖窮林繞，青天白雲屯。郡閣有佳眺，徙倚空朝昏。今晨幸休假，發軔北郭門。牽蘿出林端，躡後躋雲根。高尋卻深宦,小憩欣潺湲。古殿宿寒靄,新甍麗朝暾。扶藜陟東岡,夙昔規層軒。卻倚千尋峭,前窺百泉奔。長風捲浮埃,江湖渺相吞。結架雖未諧,雄瑰已難論。同來俱勝流,晤語仍王孫。已踐支許諾,不慚夙尚魂。賦詩紀茲日,歲晚期相敦。《下元節假行視陂塘,因與賓友攜兒甥出郭登山,歸賦詩呈郡中諸寮友》朱文公作

十六日

唐玄宗幸汝州廣成湯。開元十四年十月十六日。《玉海》

宋太宗宴宰相、親王以下及契丹使、高麗使、諸州進奉使於崇德殿,以乾明節罷大宴故也。是後,宴外國使爲常。其君長來朝,先遣使迎於候館。興國三年。出《宋史·禮志》。

宋孝宗幸茅灘大閱。上親御甲冑,指授方略。戈甲耀日,旌旗蔽天,六師懽呼,犒費有加焉。乾道四年。出《經武要略》。

荆湖南北風俗以爲盤古氏生日,以候月之陰陽。昔古傳盤古左手爲東嶽,右手爲西嶽,腹爲中嶽,首爲南嶽,足爲北嶽。盤古氏,神靈一日九變,蓋元混之初,陶融造化之主也。《真源賦》謂元始應世,萬八十年爲一甲子。出《路史》。

東華帝君升仙。帝君王姓,玄甫其名也。得老子之道,隱崑崙、五臺。是日,上紫府洞天,自稱少陽帝君,後於終南山凝陽洞授道鍾離先生。出道書。

詩

青女嫦娥作下元,昨宵蟾桂十分圓。手持太乙長生籙,來壽方壺不老仙。《事文類聚》

一暑一寒,有明有晦。神道無跡,天工罕代。乃置挈壺,是惟熙載。氣均衡石,晷正權概。世道交喪,禮術銷亡。遽遷水火,爭倒衣裳。擊刁舛次,叢木乖方。爰究爰度,時惟我皇。方壺方次,圓流内襄。洪殺殊等,高卑異級。靈虯承注,陰蟲吐噏。

倏往倏來，鬼出神入。微若抽繭，逝如激電。耳不輟音，眼無留眄。銅史司刻，金徒抱箭。履薄非兢，臨深罔戰。授受靡愆，登降弗爽。唯精唯一，可法可象。月不知來，日無藏往。分以符契，至猶影響。合昏暮卷，蕡莢晨生。尚辨天意，猶測地情。況我神造，通幽洞靈。配皇等極，爲世作程。陸倕天監六年十月十六日作《新漏刻銘》進御。先以舊漏乖舛，乃敕治之。

十七日

宋太宗。晉天福四年，生母杜氏夢神人捧日以授，已而有娠，遂生帝於浚儀官舍。是夜，赤光上騰如火，閭巷聞有異香。太平興國二年，宰臣上表請以是日爲乾明節，淳化元年改爲壽寧節。太宗神功聖德文武皇帝，諱炅，初名匡義，改賜光義。帝幼不與他兒戲，皆畏服。出《天中記》。據《合璧事類》，太宗十月七日生。兩日俱載。

宋仁宗獵於楊村，上親射鹿及雉兔，遣使薦太廟。既而召父老臨問，賜飲食、茶綵而退。宰臣昌期等奏："陛下順時畋獵登廟，俎以昭孝，閱軍實以講武，飲耆年以養老，賜田夫以勸農，一出而四美具，望宣什史館。"從之。慶曆五年。出《稽古錄》。

元順帝親祀昊天上帝於圓丘，以太祖皇帝配享，右丞相脫脫爲亞獻官，太尉、樞密知院阿魯禿爲終獻官。至正三年。《元史》

東萊呂成公官秘書，至淳熙七年是日，陞爲著作郎。出《宋學士集》。

蘇軾是日上疏曰：臣近以左臂不仁，兩目昏暗，有失儀曠職之憂，堅乞一郡。伏蒙聖慈降詔不允，遣使存問，賜告養疾，恩禮之重，萬死莫酬。云云。《事文類聚》

十八日

唐懿宗十四年是日，疾甚，制曰：朕守大器之重，居兆人之上，日慎一日，如履如臨。旰昃勞懷，寢興思理，涉道猶淺，導化未孚。實有慮於闕政，且無暇於怡神。竟未少瘳，日加寢劇。謀於卿士，思闡鴻猷。皇儲第五男晉王儇，孝敬溫恭，寬和博厚。俾崇邦本，允叶人心。即日，懿宗崩。儇登皇帝位，即僖宗也。《唐書》

宋真宗後苑觀滑州所獻白鹿，因作賦，賦曰：瞻彼中林，震於珍物。牲牲於野，標一角以爲奇。濯濯其儀，閱千齡而成白。宛如雍時之符，來伏文王之囿，云云。天禧三年。《玉海》

五百羅漢會經日。藏經

十九日

宋太祖將議巡幸，遣王仁珪、李仁祚、焦繼勳同修洛陽宮室。開寶八年十月十九日，遣王仁珪等同修。明年，帝至洛陽，覩其壯麗，仁珪等並進秩。出《通略》。

馬韶謂程德玄曰："明日乃晉王利見之辰。"德玄惶駭。馬韶，趙州平棘人，習天文三式。開寶中，太宗以晉王尹京，申嚴私習天文之禁，韶素與太守親吏程德玄善，德玄每戒韶不令及門。九年十月十九日，既夕，韶忽造，德玄恐甚，詰其所以來，韶曰："明日乃晉王利見之辰。"德玄惶駭，止韶一室，遽入白太宗。太宗命德玄以人防守之，將聞於太祖。及詰旦，太宗入謁，果受遺踐祚。韶以故獲免。踰月，起家。太平興國三年，擢太僕寺丞。出《宋史》。

宋寧宗生，爲天祐節，尋改爲瑞慶節。出《宋史》。

盧仙降於女仙謝自然之庭，自辰至未方去。降時，鸞鶴千萬，眾仙畢集，或乘麒麟，或鸞或龍。貞元十年十月十九日。《集仙記》

詩

姑蘇臺上春光泄，菊老寒輕香未歇。人言太守是龔黃，天爲
吾君生稷契。<small>出《事文類聚》。</small>

昔有佳人公孫氏，一舞劍器動四方。觀者如山色沮喪，天地
爲之久低昂。燿如羿射九日落，矯如群帝驂龍翔。來如雷霆收
震怒，罷如江海凝清光。絳脣珠袖兩寂寞，晚有弟子傳芬芳。臨
潁美人在白帝，妙舞此曲神揚揚。與余問答既有以，感時撫事憎
惋傷。先帝侍女八千人，公孫劍器初第一。五十年間似反掌，風
塵澒洞昏王室。梨園弟子散如煙，女樂餘安映寒日。金粟堆南
木已拱，瞿唐石城草蕭瑟。玳筵急管曲復終，樂極哀來月東出。
老夫不知其所往，足繭荒山轉愁疾。<small>杜工部。大曆二年十月十九日，夔州
別駕元特宅見臨潁李十二娘舞劍器，壯其蔚跂，問其所師，曰："余公孫九娘弟子也。"
因作《劍器行》。</small>

皇祐辛卯冬，十月十九日。御史唐子方，危言初造膝。曰朝
有巨姦，臣介所憤嫉。願條一二事，臣職敢妄率。宰相文彥博，
邪行世莫匹。曩時守城都，委曲媚貴嬪。銀璫插左貂，窮臘使馳
驛。邦媛將夸侈，中金齎十鎰。爲我寄使君，奇文織纖密。遂煩
西蜀巧，日夜急鞭扶。紅經緯金縷，排科鬥八七。比比雙蓮花，
篝燈戴星出。幾日成一端，持行如鬼疾。云云。<small>梅聖俞《書竇詩》</small>

二十日

東漢郎顗陽嘉年謂順帝曰：十月二十日，太白與歲星合於
房、心。太白在北，歲星在南，相離數寸，光芒交接。房、心者，天
帝明堂布政之宮。今太白從之，交合明堂，金木相賊，而反同合，
此以陰陵陽，臣下專權之異也。<small>郎顗，字雅光。父宗，善風角。顗專父業，晝
研精義，夜占象度。出《史纂左編》。</small>

慶元二年是夜，三更後月出，時臨安、嘉興兩郡人未寢者，皆見其團圓如望夕。宋寧宗慶元二年十月二十日，太史奏爲上瑞，其地當十歲大稔。其冬不雪，明春無雨，民極以爲憂，下詔惻怛懇祈，中夏雨足，果大稔。出《夷堅志》。

宋太祖崩，遺詔：“以日易月，皇帝三日而聽政。”開寶九年十月二十崩。皇帝即太宗。

仁宗太皇太后崩於慶壽宮。神宗元豐二年

參知政事竇偁卒，宋太宗親幸其第，臨喪痛哭，設奠還宮。興國七年十月二十日卒。以上《宋史·禮志》。

呂仲實忠肅公東歸。忠肅公初爲集賢學士，因議錢幣與丞相脫脫不合，於元至正庚寅十月二十日翩然東歸。公甞師蕭貞敏公，傳道德性命之學，真知實踐，故立朝大節，極有可法。出《宋學士集》。

蘇東坡作修《丹贊》[1]，信筆直書，不加點竄，殆是天成，非以意造。云：“飲食之精，草木之華。集我丹田，我丹所家。我丹伊何？鉛汞丹砂。客主相守，如巢養鵶。培以戊己，耕以赤蛇。化以丙丁，滋以河車。乃根乃株，乃實乃華。晝煉於日，赫然丹霞。夜浴於月，皓然素葩。金丹自成，曰思無邪。”宋哲宗紹聖元年十月二十日作《贊》。出《長公外紀》。

三十代天師張繼先生於蒙谷庵。繼先，字嘉聞，號翛然子，宋元祐七年十月二十日生。五歲不言，一日聞雞鳴，忽笑，賦詩曰：“靈雞有五德，冠距不離身，五更張大口，喚醒夢中人。”宋徽宗崇寧三年，召見，上曰：“卿居龍虎，曾見龍虎否？”對曰：“居山，虎則常見，今日方睹龍顏。”上悦。上問以修丹之術若何，對曰：“此野人事也，非人主所宜嗜。陛下清净無爲，同符堯舜足矣。”出《史纂左編》。

詩

喜見江梅漏小春，飛來五葉砌邊蕡。和熏愛日如遲日，光動

---

[1] 即《思無邪丹贊》。

文星映壽星。《事文類聚》

孟冬寒氣至,北風何慘慄。愁多知夜長,仰觀衆星列。三五明月滿,四五蟾兔缺。客從遠方來,遺我一書札。上言長相思,下言久離別。置書懷袖中,三歲字不滅。一心抱區區,懼君不識察。古樂府。十月二十日作。

二十一日

大明節。梁太祖十月二十一日。出《玉海》。

宋太祖校獵於近郊。建隆四年。《宋史》

宋真宗御集英殿爲飲福宴。真宗祥符年命樞密副使張昇望告昊天上帝,皇帝服通天冠、絳紗袍,執圭乘輿,至大慶殿門外降輿,乘大輦至天興殿,薦享畢,乘大輦還宮,更服靴袍,御紫宸殿,群臣百官稱賀,大赦。至二十一日詣諸觀寺,行恭謝禮,御集英殿爲飲福宴。

宋神宗葬於永裕陵。元豐八年。以上《宋史·禮志》。

李勣平高麗還。唐高宗乾封元年十月二十一日還。出《册府元龜》。

巢谷昇仙。巢谷,字元修,與二蘇同鄉,年一百一十七歲。瞳子碧光炯然,以十月二十一日遍告邑中,閉户而去。出《夷堅志》。

詩

誰把璿璣運花工,參旗又掛玉梅東。三三律琯聲餘亥,九九元經赴起中。《事文類聚》

二十二日

文宗開成三年,是夜彗星,長三丈五尺。十月十九日夜,彗星見,長二丈餘。二十日夜,長二丈五尺。二十一日夜,長三丈。至二十二日夜,長三丈五尺。出《唐書》。

宋孝宗,太祖七世孫也。父秀王,母張氏夢府君,擁一赤羊來遺之,曰:"以此爲識。"已而有娠,以建炎元年是日生於秀州青杉聞之官舍,紅光滿室,如日正中。紹興三十二年受禪,以生日爲會慶節。吳芾表云:祐格高穹,方啓明昌之運。慶鍾良月,聿逢震夙之期。_{秀州外醫張浩云:少爲德清閘官,一日過嘉興,忽睹丞廳赤光昭天,疑爲回祿,亟入視之,乃趙縣丞室中適兑娠。是誕育孝宗也。出《史事實》。}

陳摶,字圖南,號扶搖子,亳州真源縣人也。是日,化形於蓮花峰下張超谷中。_{出《史纂左編》。據《翰墨大全》七月二十二,《七修類稿》七月二十九,《西岳志》七月三十。摶與老子同鄉里,生而不能言,至四五歲戲渦水之濱,有青衣媪召置懷中乳之,自是始能言,聰悟過人。及長,習經史一覽無遺。先生曰:"吾向所學,足以記姓名而已,吾棄此,遊泰山之巔,長松之下,與安期、黃石輩論出世法,合不死藥,安可與世俗輩脂韋汩没,出入生死輪迴間?"乃盡棄家業,惟攜一石鐺而去。至端拱元年十月二十二日化形。}

二十三日

唐文宗以新授同州刺史白居易爲太子少傅分司,以汝州刺史劉禹錫爲同州刺史。_{太和九年十月二十三日。《玉海》}

宋真宗崩,仁宗即位。是日,祔帝於太廟第七室。_{乾興元年。《宋史·禮志》}

翰林學士趙槩上所著書,宋仁宗以爲四門助教。_{嘉祐元年十月二十三日。出《玉海》。}

豐樂里開業寺是日有神人足跡甚長,自寺門外至佛殿。先是,有客宿於寺,夢一人長二丈餘,披金甲立於寺門外。俄而,以手開其門,俛而入寺,行至佛殿,顧望久之,客驚而寤。及曉,視其門,已開矣。即以夢告於寺僧,共見神人之跡。寺僧告於京兆,京兆以聞,肅宗命中使驗之,如其言。_{至德二年。《宣室志》}

詩

風吹仙夢到江南,長記初冬二十三。道入胡山重敞閣,堂登眉壽半垂簾。_{《事文類聚》}

二十四日

唐玄宗大蒐於鳳泉湯。開元三年十月二十四日。《玉海》

宋真宗祥符五年，詔以十月二十四日聖祖降延恩殿日爲降聖節。唐會昌元年詔以聖祖降改爲降聖節，則宋朝用唐遺也。出《事物紀原》。

宋仁宗宴近臣於太清樓，餞翰林學士孫奭知兗州。天聖九年。《玉海》

詩

氣候隨時應，初寒雪已盈。乾坤一色白，山水萬重清。是處人煙合，無窮鳥雀驚。忻然不成下，連把玉罍傾。伊川《十月二十四日早始見雪，登白雲臺閑望，道走書呈堯夫先生》。① 出《擊壤集》。

壬子初逢雪，未多仍卻晴。人間都變白，林下不勝清。寒士痛遭恐，窮民惡著驚。盃觴限新法，何故便能傾。伊川《奉和十月二十四日初見雪呈相國元老》。出《擊壤集》。

潮陽南去倍長沙，戀闕那堪又憶家。心訝愁來惟貯火，眼知別後自添花。商顏暮雪逢人少，鄧鄙春泥見驛賒。早晚王師收海嶽，普將雷雨發萌芽。韓昌黎元和十四年三月至潮州，十月二十四日以憲宗加號，量移袁州刺史，聞命即日上道，未能攜家，故有此詩。

二十五日

宋徽宗以是日爲天符節。政和二年。《宋史》

董文忠雞鳴將入朝，忽病仆，帝遣中使持藥投救不及，遂卒，甚悼惜之，謚忠貞。文忠，字彥誠。王鶚嘗言詩，因問文忠能之乎，文忠曰："吾少讀書，惟知入則孝於親，出則忠於君。詩非所學也。"元世祖即位，置符寶局，以文忠爲郎，居益近密，嘗呼董八，蓋董俊之第八子也。十月二十五日入朝，病卒。出《元史》。

---

① 此詩作者現題爲富弼。

老君過關度尹真人日。《昇仙記》，亦出《翰墨大全》。

貞元十年，是日，有大鳥集長安，形類鸞，而毛彩異之，名曰天雀，曰神雀降則國家嘗有大福。遍身毛孔中血出沾衣，作道陂山水橫紋，洗之轉覺分明，向日視之色似金，手觸之如金聲。《太平廣記》

　　　詩

新甲下元後，先庚大雪前。九天元降聖，同日更生賢。《事文類聚》

沔彼流水兮，清且漣漪；度水爲梁兮，斯焉在斯。成金橋之巨麗，得鐵鎖之宏規。當其受以全模，觀其曲面，經始也則大火朝流，成功焉乃天根夕見。彰於聖德，發於謳歌。千人唱，萬人和。丹膴蜿蜒，倚晴空之蟖[1]蝀；瑰材櫛比，超渡海之鼀黽。人且告符，功惟用壯。非塡鵲之可比，法牽牛而爲狀。鶴鳴陰處，[2]鴈覆晴川。異東明擊水而徒步，《三國志·大餘國傳》注云：東明走，以弓擊水，魚鼈浮爲橋。非秦帝驅山而著鞭，惟彼童謠兮言猶在耳，大人應運兮奉天而起，乘彼橋以徑度，按周道以如砥，於是提三尺，乘六龍，懷萬邦，入九重。金橋在上黨南二里，常有童謠云：“聖人執節渡金橋。”景龍三年十月二十五日，帝經此橋之京，潘炎作《金橋賦》。

二十六日

宋真宗祥符五年，禮儀院請改文子爲通元真人。唐天寶元年，李林甫奏文子號通玄真人，庚桑子號洞靈真人，至宋祥符十月二十六日，改爲通元。出《事物紀原》。

宋真宗詔大官進蔬食，宰臣請御常膳。祥符三年。《玉海》

---

① 蟖，底本爲“蝝”，誤，據所引文獻改。
② “鶴鳴陰處”，底本爲“鶴鳴處於”，誤，據所引文獻改。

蘇東坡在杭州與晦老、全翁、元之、敦夫遊南屏寺。宋哲宗元祐五年十月二十六日至十二月，又遊小靈隱，聽林道人彈琴。是時坡年五十五。出《長公外紀》。

詩

後夜龍作雲，天明雨填渠。夢回聞剝啄，誰呼趙陳予。元祐六年，潁州久旱，蘇東坡聞潁上有張龍公神祠靈異，乃齋戒，遣男迨與州學教授陳履常往禱之。迨亦頗信道教，沐浴齋居而往。明日，當以龍骨至，天色少變。十月二十六日，景貺、履常、二歐陽作詩有"後夜龍作雲"云云，景貺拊掌曰："句法甚新，前此未有。"季默曰："有之。長官清客吏請客，目曰'主簿、少府、我'，即此語也。"相與笑語。至三更歸時，星斗燦然，就枕未幾，而雨已鳴簷矣。至朔旦日，作五人復會於郡齋。嘆龍公之盛德，嘉詩語之不謬。季默欲書以爲異日一笑，景貺出迨詩云："吾儕歸臥髀骨裂，會友攜壺勞行役。"東坡笑曰："是兒也，好勇過我。"

二十七日

宋太祖乾德六年，是日，和峴言："漢獲天馬、赤鴈、神龜、白麟之瑞，並爲郊歌。國朝合州進瑞木成文，馴象從南方自至，秦州獲白鳥，黃州獲白雀，並合播在管絃，薦於郊廟。"詔峴作瑞文、馴象、玉鳥、皓雀四瑞樂章，以備登歌。《玉海》

胡馬當來飲淮水。戴洋，字國流，妙解占候小數。吳末爲臺吏，知吳將亡，托病不仕。祖約府內地忽赤如血，洋曰："按《河圖徵示》：'地赤如升血，當有下犯上。'恐十月二十七日胡馬當來飲淮水。"至期，石勒騎大至攻城。其日西南，兵火俱發，約大懼。會風迴，賊退。時傳言勒遣騎向壽陽，約曰："必無此事。"尋而傳言果妄。《晉書·戴洋傳》

紫微北極大帝下降。道經

二十八日

唐代宗詔追諸道兵屯西郊。代宗大曆八年，吐蕃寇邠州，郭子儀遣朔方兵馬使渾瑊戰於宜祿，官軍大敗。馬璘出兵擊之，又敗。璘遣軍研吐蕃營，破之。

十月二十八日,代宗詔追諸道兵屯西郊,吐蕃始退。宜禄,地名。出《唐曆》。

宋真宗召輔臣至苑中山亭觀太宗聖製、四部群書,又至玉宸殿作五言詩,王旦等皆賦。祥符四年。《玉海》

樞密使王欽若上纂集《聖祖事迹》十二卷,以《先天紀》爲名。祥符八年。《玉海》

二十九日

宋真宗詔皇太子、宗室、近臣、諸帥赴玉宸殿翠芳亭觀稻,賜宴,仍以稻分賜之。景德四年。《宋史·禮志》

長沙王思規爲海鹽令,是日卒。先,忽見一吏,問此誰,吏答曰:召海鹽令爲主簿,因出板置床前。吏又曰:期限尚遠,在十月二十九日。若不信我,到七月望日中時視天上,當有所見。思規敕家人至期看天,聞有雷聲,空中見人垂旌羅列,如送葬狀。後思規卒,二十九日也。《甄異録》

三十日

漢高帝三年十月甲戌晦,日有食之,在斗二十度,燕地也。後二年,燕王臧荼反,誅,立盧綰爲燕王。

東漢明帝永平八年十月壬寅晦,日有食之,既,在斗十一度。斗,吳也。廣陵於天文屬吳。後二年,廣陵王荊坐謀反自殺。以上《文獻通考》。

唐高祖武德三年,是夜,有流星墜於東都城内,殷殷有聲,高祖謂侍臣曰:"此何祥也?"起居令令狐德棻曰:"昔司馬懿伐遼,有流星墜於遼東梁水上,尋而公孫淵敗走,晉軍追之,至其星處斬之。此王世充滅亡之兆也。"《唐書·天文志》

詔象州澄海指揮名曰忠敢。宋真宗景德四年十月三十日,詔象州澄海指揮名曰忠敢,以城守之功也。大中祥符九年,詔廣南東西、荆湖南路選兵,合澄海,名曰忠敢，分三指揮，以備蠻寇。出《事物紀原》。

　　張憬藏謂蔣儼曰：公十月三十日午時卒。儼後如其言。憬藏，許川長杜人。少工相術，與袁天綱齊名。太子詹事蔣儼年少時，嘗遇憬藏，因問祿命，憬藏曰：“公從今二年，當得東宮掌兵之官，秩未終而免職。免職之後，厄在三尺土下，又經六年，據此合是死徵。然後當享富貴，名位俱盛。年至六十一，爲蒲州刺史，十月三十日午時祿絶。”嘗奉使高麗，被莫辭支囚於地窖中，經六年，然後得歸。及在蒲州，年六十一矣。至開元五年十月三十日，召妻子與之告別，自云當列。出《考異》。

卷十一

十一月〔一〕

楚應城陳塏升也甫編輯

邑人徐養量叔弘甫校刻

周治隆龐父甫

何呈瑞穆之甫

陳時育茂之甫

孫陳道統繼之甫全閱

　　十一月建子。子,孳也,言陽氣至此更孳生也。《合璧事類》

　　黃鍾,子之氣也。十一月建焉。《周禮》

　　日在斗,昏東璧中,旦軫中。《禮記》

　　仲冬,日出於辰,入於申。《尚書考靈曜》

　　日月會於星紀,而斗建子之辰。《月令》

　　招搖指子。《淮南子》

　　天以爲正,周以爲春。《後‧陳寵傳》

　　仲冬行春令,則蟲敗民疾;行夏令,則霧冥雷發;行秋令,則
國有大兵。《吕氏春秋》

　　爲辜。《爾雅》

月曰暢月。氐人空閒無所事作，故曰暢月。《月令》

晉魏間，宮中以紅線量日影，冬至後，日添長一線。《歲時記》

唐宮中以女功揆日之長短，冬至後比常日增一線。《文昌雜錄》

天裂於天漢之旁。順帝至正己丑年。《元史》

夜日出，高三丈，中有赤青珥。晉元帝大興元年，詔曰：天災譴誡，所以彰朕之不德。群公卿士各上封事，具陳得失，無所諱。出《晉書》。

日食，星晝見。宋文帝元嘉五年十一月

壽星臨帝座。康節云：嘉祐八年冬十一月，京師有道人卜於市，貌古不與常類。飲酒無算，未嘗覺醉，人異之。近侍達帝引見，賜酒一石，飲及七斗。次日，司天臺奏壽星臨帝座。仁宗時，天下熙熙，無物不春，宜壽星遊戲人間。

河陰有赤雪二頃。晉武帝太康七年十一月，赤雪。後帝崩，王宮遂亂。出《宋書》。

大雪盈三尺不止。天地晦冥，或雪未下時，陰雲中有雪絲長數寸墜地。欽宗靖康元年閏十一月。《宋史·五行志》

紛霧如雪。大曆二年十一月。《舊唐書》

昏霧四塞，經三日乃止。景龍三年十一月。占曰："霧連日不解，其國昏亂。"《白孔六帖》

陰霧疑凍封樹木不解。永徽二年十一月，劉向以爲木少陽，貴臣象。此人將有害，則陰氣脅木先寒，故得雨而冰也。亦謂之樹介。介者，兵象也。《五行志》

秦州神亭治北霧開如日初耀，中有白鹿、白狼見。調露元年十一月。《白孔六帖》

永安村大風雪，夜半若數千人行聲，語笑歌哭，雜擾，凝寒陰黑，咫尺莫辨。及旦，有人、馬、鳥、獸蹄迹，流血污染十餘里，入山乃絕。紹興二十年十一月。永安村在建昌軍新城縣。《五行志》

大風雷雨，居民瓦屋皆動。咸淳四年閏十一月。《宋史》

雨雹殺人，大者方圓二尺。高祖承明二年十一月。《魏書》

雨火，有聲如鼓。威烈王三年十一月，晉有火下於北方。《通考》

雨土。元豐二年十一月五年亦雨土。《宋史》

行都雨木。紹興五年十一月，與唐貞元陳留雨木同占。吏部侍郎彭龜年上疏，論韓侂冑擅朝誤國。《宋史》

地生毛。紹熙四年十一月。《宋史》

黃河是月水名蹙凌水。《水衡記》

洛陽宮西宜秋里忽地生石，高三尺，如香爐形。武帝太康十年十一月，地生石。明年，宮車宴駕。《晉書》

京都地震，從東南隱隱有聲，屋瓦皆搖。魏明帝青龍二年十一月。《宋書》

吳郡婁縣地中有犬子聲，掘之，得雌雄各一。還置窟中，覆以磨石，經宿，失所在。惠帝元康三年十一月，此天戒若曰：帝既衰弱，藩王相譖，故有大禍。後元帝太興四年，廬江灊縣何旭家地中亦有犬子聲，掘之，得一母犬，青色，狀甚羸瘦，走入草中，不知所在。視其處，有二犬子，一雌一雄。其後旭里中爲蠻所沒。出《晉書》。

許州開元觀老君像自動。乾德五年十一月，知州宋偓以聞。《宋史》

高祖與沙門道登幸侍中省，見鬼衣黃褶褲，帝以爲人，叱之而退。太和十六年十一月。《紀異錄》

金主宣宗宮中有狐狼，鬼夜哭於輦路，烏鵲夜驚，飛鳴蔽天。至十二月宣宗崩。出《金史》。

枹罕羌妓產一龍子，色似錦文，常就母乳，遙見神光，少得就視。晉愍帝建興二年十一月。此亦皇之不建，於是帝竟淪沒。出《宋書》。

襄州民劉士家生木，有文如魚龍鳳鶴之狀。太平興國六年十一月。《五行志》

成都栗樹結實，食之如李。長慶三年十一月。《五行志》

鳳凰見濟陰己氏。漢桓帝元嘉元年十一月。《宋書·符瑞志》

烏鵲巢帝帳幄，驅不能止。大業十三年十一月，隋煬帝尋逢殺。《通考》

洛州貓鼠同處。唐高宗龍朔元年十一月。《五行志》

乾陵赤兔見。永泰二年十一月。《五行志》

汾州有青龍、白龍見。白龍吐物空中，有光如火至地，陷入地二尺，掘之得玄金。唐太宗真觀二十年十一月。《玉海》

詩

江南仲冬天，紫蔗節如鞭。海將鹽作雪，山用火耕田。呂渭《狀江南·十一月》

素手抽針冷，那堪把剪刀。明朝驛使發，一夜絮征袍。李白

浩汗霜風刮天地，溫泉火井無生意。澤國龍蛇凍不伸，南山瘦栢消殘翠。岑參冬十一月夜作。

不用裁爲鳴鳳管，不須截作釣魚竿。千花百草凋零後，留向紛紛雪裏看。白居易《題窗行》

四郊飛雪暗雲端，惟此宮中落便乾。綠樹碧簾相掩映，無人知道外邊寒。吳融《華清宮》

風惡波狂身似閒，滿頭風雪背青山。相逢略問家何在，回指蘆花滿舍間。僧貫休《題漁者》

天津橋下冰初結，洛陽陌上行人絕。榆柳蕭疏樓閣間，月明直見嵩山雪。孟郊《洛橋晚雪》

雪天留飲故情歡，銀燭金爐夜不寒。欲問吳江別來意，青山明月夢中看。王昌齡《李倉曹宅夜飲》

十里黃雲白日曛，北風吹鴈雪紛紛。莫愁前路無知己，天下誰人不識君。高適《別董大》

夫戍蕭關妾在吳，西風吹妾妾憂夫。一行書信千行淚，寒到君邊衣到無。王駕《古意》

宮城團迴凜嚴光，白天碎碎墮瓊芳。摑鍾高歡十日酒，卻天凝寒作君壽。御溝泉合如環素，火井溫泉在何處。李賀《樂詞》

雪花無有蒂，冰鏡不安臺。梁帝十一月詩。後侯景之亂，人以為讖。謂無蒂是無帝，不安臺，臺城不安也。

況復歲雲暮，凜凜冰霜辰。韋應物

漁舟上急水，獵火著高林。杜甫

大雪

小雪後十五日，斗指壬，為大雪，言積陰為雪，至此栗烈而大也。《孝經緯》

大雪，十一月節，月之初氣也，言大陰之氣以大水凝為雪，故曰大雪。《曆義疏》

陰雨出而分。

大雪，魚負冰。鄭玄曰：魚上近冰也。以上《易通卦驗》。

大雪日，鶡鳥不鳴。後五日，虎始交；後五日，荔挺出。《月令》

大雪日，鶡鳥猶鳴者，國有訛言。虎不交，將帥不和。荔挺不出，卿士專權。《周書·時訓》

大雪後，君子處必掩身無躁，事欲靜，以待陰陽之所定。順時氣也。《月令》

詩

薄暮雪雲低，清宵意慘悽。方聽飄牖急，已報與堦齊。疏箔穿飛蝶，空庭聚戲倪。新晴思訪客，愁絕滿城泥。陸放翁《大雪詩》

冬至

冬至，木胎，水旺，火死，金廢。言木孕於水之中也。

大雪後十五日，斗指子，為冬至。陰極而陽始至，日南至，漸長至也。《孝經緯》

斗指子爲冬至,有三義:一曰陰極之至,二曰陽氣始至,三曰日行南至,故謂之至。《孝經説》

冬至之爲極者有三意焉:晝漏極短,去極極遠,晷影極長。極者,至而極還之辭也。《月令章句》

日短星昴,以正仲冬。《尚書》孔安國註曰:日短,冬至日也。星昴,西方白虎七宿之昴宿並見,以正冬之三節也。

地皇氏以十一月爲冬至。出《通曆》,《高氏小史》亦云。

冬至,德氣爲土,土色黃,故曰黃鍾。《晉志》

冬至,黃鍾之音調,君道得。《禮儀志》

陽氣漸萌於黃鍾之宮。楊子

冬至子之半。邵子

冬至成天文。《易通卦驗》鄭玄註曰:天文,謂三光運行而照天下。

調律者,度竹爲管,蘆莩爲灰,列之九閉之中,漠然無動,寂然無聲,纖塵不形,冬至夜半,黃鍾以應。《太玄經》

陽氣爲火,火勝,故冬至燥。《淮南子》

冬至,日在牽牛,景長一丈三尺。夏至,日在東井,景長尺有五寸。《周禮》

冬至之日,日出辰、入申,晝行地上百四十六度强,夜行地下二百一十九度少弱。《天文録》

冬至日行遠道,周四極,命之曰玄明天。《吕氏春秋》

日冬至則斗北中繩,陰氣極,陽氣萌,故曰冬至爲德。

冬至,日在駿狼之山。以上《淮南子》。

日之行天,至於巽維東南角,極之於此,故曰冬至。《歷義疏》

赤土國,直崖州南度海,經鷄籠島。冬至之日影在北,夏至之日影在南,開户皆向北。《洽聞記》

冬至三光微。《周髀》云。

冬至，五星如連珠。武帝元封元年十一月甲子朔，冬至，五星如連珠。出《漢史》。

冬至後，月養魄於廣寒之宮。《十洲記》

陽雲出，箕如樹木之狀。《易通卦驗》

冬至，東北方融風至。一名炎風。《符瑞圖》

黃帝得寶鼎神策，是歲己酉朔日冬至，得天地之紀，終而復始。《史記》

僖公五年，辛亥朔，日南至。公既視朔，遂登觀臺以望而書，禮也。凡分、至、啓、閉，必書雲物，爲備故也。《左傳》

冬至之日，蚯蚓結。後五日，麋角解。後五日，水泉動。《月令》

冬至之日，蚯蚓不結，君政不行。鹿角不解，兵不藏。水泉不動，陰不成傷。《周書·時訓》

孤竹之管，雲和之琴瑟，冬至日，於地上圓丘奏之。《春官·大司樂》

冬至之日，北宮御女衣黑采，擊磬石。《淮南子》

冬至廣莫風至，誅有罪，斷大刑。《易通卦驗》

冬至始，人主致八能之士，或調黃鍾，或調六律，或調五行，或調律曆，或調陰陽，或調正德。《易通卦驗》鄭玄註曰：致八能之士者，言選於人衆之中，取習曉者，使之調爲諧，調和之意也。

冬至始，人主於群臣左右從樂五日，天下之衆，亦家家從樂五日，以迎日至之禮。鄭玄註曰：從者，就也。冬至君臣俱就大司樂之宮，臨其肆樂，祭天圓五之樂，祭莫大於此。

冬至之日，薦黍糕。先薦玄冥，以及祖禰。其進酒餚，及謁賀君師耆老，一如正日。崔寔《月令》

冬至前後，君子安身静休，百官絶事不聽政，擇吉辰而後省事。聽事之日，百官皆衣絳。《續漢書·禮儀志》

魏晉冬至日，受萬國及百寮稱賀，因小會，其儀亞於歲朝，故曰亞歲。沈約《宋書》

冬至日立仗，百官皆備珂傘，列燭有至五六百炬，謂之火城。宰相火城將至，則衆火皆撲滅以避宰相。出《國史補》。元日亦然。

上御含元殿受朝，太史奏曰："朔日至，曆數之先，嘉辰之會。按《樂計圖徵》曰：'朔日冬至，聖主厚祚。'又按《春秋感精符》曰：'冬至陰雲迎日者，來歲大美。'此並聖德光被，上感天心，請付有司，以彰嘉瑞。"從之。《唐玄宗實録》

宋仁宗天聖六年十一月，出秘閣校理范仲淹通判河中，時癸亥，日南至。冬至也。帝率百官朝皇太后於會寧殿，仲淹疏曰："奉親於内，自有家人禮，與百官同列，北面而朝，可乎？"《全編》

宋哲宗冬至日，賜御筵於吕公著私第，且賜酒果燭，且傳宣繼燭。元祐四年。《合璧事類》

開元二年冬至，交阯國進犀一株，色黄如金。使者請以金盤置於殿中，温然有煖氣。問其故，使者對曰："此辟寒犀也。"

冬至日大雪，忽霽，因寒所結溜皆爲冰條。妃子使侍兒敲下二條玩之。明皇問妃子曰："所玩何物耶？"妃子笑而答曰："妾所玩者，冰筋也。"明皇謂左右曰："妃子聰慧可愛。"以上《天寶遺事》。

梁傅岐爲始新令。有囚當死，會冬至，岐乃放其還家，曹吏固爭曰："古者有此，今不可行。"岐曰："某若負信，縣令當坐。"竟如期而反。太守深相嘆異，遽以狀聞。《南史》

梁席闡出爲東陽太守，在郡有能名。冬至悉放獄中囚，依期而至。《梁書》

傅賢，字仲舒，遷廷尉。每冬至斷獄，遲迴流涕。《後漢書》

周嵩母李氏嘗冬至飲酒，舉觴賜三子曰："吾本渡江，託足無所，不謂爾等並貴，列吾目前，吾復何憂！"嵩起曰："恐不如尊旨。伯仁志大而才短，重名而識暗，好乘人之弊，此非自全之道。嵩性抗直，亦不容於世。唯阿奴碌碌，當在阿母目下耳。"阿奴，謨小字也。後果如其言。《晉書》

庫狄伏連冬至之日親表稱賀，其妻爲設豆餅，伏連問："此豆何因而得？"妻對曰："於馬豆分減。"伏連大怒。《齊書》

龐籍帥延安日，冬至夜恍惚間見天象成文，云：龐籍後十年作相，當以仁佐天下。駐視久之方滅，後十年果爲相。《曲洧舊聞》

冬至獻履，所以迎福踐長。曹植云。

近古，婦人常以冬至日上履襪於舅姑，踐長至之義也。後魏崔浩《女儀》云。

冬至先後各五日，買白犬養之，以供祖禰。崔寔《月令》

冬至日鑽燧改火，可去瘟疫。《續漢書·禮儀志》

冬至陽氣歸內，腹中熱，物入胃易消化。南陽張平子《養生集要》

共工氏子不才，以冬至日死，爲疫鬼，畏赤小豆，是日以赤小豆煮粥禳之。《四時纂要》

詩

獻壽人皆慶，南山復北堂。從今千萬日，此日又初長。姚合《和李合人冬至日》

景移風度改，日至晷遷換。眇眇負霜鶴，皎皎帶雲鴈。鮑照

冬至至後日初長，遠在劍南思洛陽。青袍白馬有何意，金谷銅駝非故鄉。工部

日近山紅煖氣新，一陽先入御溝春。聞閒立馬重來此，沐浴

明年稱意身。<small>王建《冬至後招于秀才》</small>

清齋獨向丘園拜，盛服想君興慶朝。明日一陽生百福，不辭相望阻寒宵。<small>權德興《冬至宿齋時郡臣南内朝謁因寄》</small>

十一月中長至夜，三千里外遠行人。若爲獨宿楊梅館，冷枕單床一病身。<small>白居易《冬至宿楊梅館》</small>

至日觀書不幾行，梅梢橫月欲昏黃。漢宮紅影無人見，未必能添一線長。<small>方巨山</small>

井底微陽回未回，蕭蕭寒雨濕孤荄。何人更似蘇夫子，不是花時獨肯來。<small>東坡《冬至日遊吉祥寺》</small>

新陽氣候未全佳，尚縱寒威壓歲華。賴有椒觴供卯酒，不妨和雪看梅花。<small>韓子蒼</small>

何者謂之幾，天根理極微。今年初盡處，明日未來時。此際易得意，其間難下辭。人能知此意，何事不能知。<small>邵雍冬至作</small>

天宮初動磬，緹室已飛灰。暮風吹竹起，陽雲覆石來。析冰開荔色，除雪出蘭栽。慚無宋玉辨，濫次楚王臺。<small>蕭愨</small>

靈象將數迴，四氣憑時散。陰律鼓微陽，太明將起旦。感興時未多，心隨遊化難。式宴集中堂，嘉賓盈朝館。<small>陳薪塗妻李氏冬至作</small>

天時人事日相催，冬至陽生春又來。刺繡五紋添弱線，吹葭六琯動浮灰。岸容待臘將舒柳，山意衝寒欲放梅。雲物不殊鄉國異，教兒且覆掌中杯。<small>工部《小至詩》。陽爲大，陰爲小。冬至陰極，故曰小至。</small>

年年至日常爲客，忽忽窮愁泥殺人。江上形容吾獨老，天涯風俗自相親。杖藜雪後臨丹壑，鳴玉朝來散紫宸。心折此時無一寸，路迷何處見三秦。<small>工部《冬至詩》</small>

愆陽值歲晏，忽復層陰結。一雨散霏微，千林共騷屑。端居遺簿領，遠意懷幽潔。曠慮守微痾，殊方感新節。豈伊田廬念，丘壟摧心折。還登東嶺岡，瞻竚何由歇。朱文公冬至陰雨作

十一月〔二〕

楚應城陳堦升也甫編輯
邑人徐養量叔弘甫校刻
周治隆龐父甫
何呈瑞穆之甫
陳時育茂之甫
孫陳道統繼之甫仝閱

一日

周建子，以十一月朔為歲首。

義熙元年至元熙元年，皆是日日蝕，蝕從上始，占曰：臣民失君之象。晉安帝義熙元年、恭帝元熙元年。沈約《宋書》

武帝元封元年十一月甲子朔一日冬至，五星如連珠。《漢史》

晉惠帝永康元年十一月戊午朔旦，大風從西北來，折木飛石。後趙王倫篡位。

十有一月朔巡狩，至於北嶽。《書》

唐高宗幸東都。上元元年。《玉海》

唐僖宗皇帝晏駕。光啟十一月一日晏駕，昭宗即位。《耆舊傳》

宋真宗封泰山，以是日幸曲阜，備禮謁先聖廟。內外設黃麾

仗，孔氏宗屬並陪位。帝服靴袍，行獻禮。又幸叔梁紇堂，命官分奠七十二弟子、先儒泊叔梁紇、顏氏。初，有司定議肅揖，帝特展拜，以表嚴師崇儒之意。復幸孔林，以樹擁道，降輿乘馬，至文宣王墓，設奠再拜。祥符元年追諡曰玄聖文宣王，祭以大牢，修飾祠宇。乃追封叔梁紇爲齊國公，顏氏魯國夫人，伯魚母開官氏鄆國夫人。出《宋史·禮志》。

宋太宗詔百官次對。淳化二年十一月一日。出《六典》。

元和元年是日，斬劉闢西川之亂。十二年是日，斬吳元濟淮西之亂。十三年是日，斬李錡浙西之亂。憲宗誅三賊皆同月同日，自古未有。憲宗御興安門受淮西之俘。以吳元濟斬於獨柳樹，妻沈氏沒於掖庭，弟二人、子三人亦誅之。出《卓異記》。

柳泌是日言於唐憲宗曰：“天台山神仙所聚，多靈藥，雖知之，力不能致。誠得爲彼長吏，庶幾可求。”上信之。台州因天台得名。《舊唐書》

波斯國人庶以上各相命詔，設會作樂。七月七日亦然。出《北史》。

奉印肅禪師於塔。印肅，號普菴，袁州之宜春人也。書偈畢，跏趺而逝。冬十一月一日，奉金身於塔。弟子應世書請臨江良齋謝公諤銘其塔。出《禪林集》。

僧智興鳴鍾聲振地獄。唐京師大莊嚴寺僧智興，洺州人也。勵行堅白，誦經持律不輟昏曉。至大業五年仲冬，次當直殿鳴鍾。其寺僧三果者，有兄從煬帝南幸江都，中路身亡。驟無訃也，通夢於妻曰：“吾行至彭城，不幸身死，無善行，今墜地獄，備經五苦。賴今十一月一日，僧智興鳴鍾發響，聲振地獄，同受苦者，一時解脫，今生樂處。思報其恩，汝可具絹十疋謝之。”妻驚而寤，白其事，人無信者。後凶訃至，與夢符，如數以絹詣寺謝之，寺衆咸問智興：“何緣鳴鍾，乃感斯應？”智興曰：“余聞闍膩吒王受苦，聞鍾得脫。”出《高僧傳》。

葛仙翁受太上三天金簡策書。

王洪軌真人昇仙。以上《翰墨大全》。

詩

微霰霏霏點玉堂，詞頭夜半攬衣忙。分光御燭星辰爛，拜賜宮壺雨露香。醉眼有花書字大，老人無睡漏聲長。何時卻逐桑榆暖，社酒寒燈樂未央。蘇子瞻《直玉堂十一月一日鎖院，苦寒，詔賜宮燭法酒》

窗前暗響鳴枯葉，龍公試手初行雪。映空先集疑有無，作態斜飛正愁絕。衆賓起舞風竹亂，老守先醉霜松折。恨無翠袖點橫斜，秖有微燈照明滅。歸來尚喜更鼓永，晨起不待鈴索掣。未嫌長夜作衣稜，卻怕初陽生眼纈。欲浮太白追飲賞，幸有回飆驚落屑。模糊檜頂獨多時，歷亂瓦溝裁一瞥。汝南先賢有故事，醉翁詩話誰續説。當時號令君聽取，白戰不許持寸鐵。東坡元祐六年十一月一日禱雨張龍公，得小雪，與客會飲聚星堂。忽憶歐陽文忠公作守時，雪中約客賦詩，故作之。

二日

梁太祖南郊。開平三年

後周世宗葬於慶陵。慶陵在鄭州管城縣。以上《通考》。

宋仁宗遣內侍就輔臣第賜飛白書各一軸，張士遜等入朝奏曰：“陛下萬幾之煩，翰墨不倦，神筆奇奧，曠古未有。”上曰：“朕聽政之暇，無所用心，以此自娛耳。”寶元二年十一月二日。《玉海》

敕叔梁紇追封齊國公，顔氏追封魯國太夫人。宋真宗祥符元年十一月二日敕。出《宋朝會要》。

宋程端厚獻聖德詩。高宗紹興十一年十一月二日獻。出《會要》。

元人白珽葬錢塘縣棲霞山。字廷玉。天曆元年九月卒，是年十一月初二日葬。其子遵治命題曰：西湖詩人白君之墓。先生初出剌得宜，文化大行，後謝事養疴海陵，遠近擔簦相從者，殆無虛日。與韻朋勝友曳杖游衍，銜杯賦詩。所居西湖有泉自天竺來，及門而匯，曰湛淵，因以自號。出《宋濂集》。

僧請梁武帝於寺發《般若經》，二塔俱發光。武帝初到寺，以金鉢水泛舍利，鉢内放光。武帝遣皇太子、王侯、朝貴等迎舍利供養。其日，風景明和，觀者數萬人，其所設金銀供具等物，并留寺供養，施錢一萬爲寺基業。至十一月初二日，寺僧又請武帝於寺發《般若經》，二塔俱放光。出《梁書》。

滿頭花生。韓侂冑愛姬三夫人號滿頭花，十一月初二日生。出《史纂左編》。

詩

陽萌兩日壽星光，天祐生賢侍玉皇。上世勳庸滿鍾鼎，後昆風骨總侯王。《事文類聚》

三日

宋徽宗南郊。大觀四年。出《通考》。

宋徽宗加神宗、哲宗徽號。皇帝御大寶殿，奉神宗册寶授太師、魯國公蔡京，載以玉輅，奉哲宗册寶授少師、太宰何執中，載以金輅，並詣太廟幄殿奉安。政和三年十一月三日至四日，皇帝詣景靈宮行禮，赴太廟宿齋。五日，服衮冕，恭上神宗哲宗册寶於本室。出《宋史·禮志》。

蘇軾奏曰：臣伏見熙寧以來，高麗人屢入朝貢，至元豐之末，十六七年間，館待賜予之費，不可勝數。兩浙、淮南、京東三路築城造船，建立亭館，調發農工，侵漁商賈，公私告病。朝廷無絲毫之益，夷虜獲不貲之利。宋哲宗元祐四年十一月三日奏。出《文編》。

杜希全與朱泚戰於漠谷，官軍不利。自是泚益驕大。出《史纂左編》。

侂冑早朝，筠復白其事。侂冑十一月二日酣飲至五鼓。其夕，周筠以覆帖告變。時侂冑已被酒，視之曰："這漢胡說。"於燭上焚之。初三日，將早朝，筠復白其事，侂冑叱之曰："誰敢？誰敢？"遂升車而去。甫至六部橋，忽有聲喏於道傍者，問爲何人，曰："夏震。"時震領兵三百俟於此，復問："何故？"曰："有旨，太師罷平章事。"語未畢，健卒百餘人擁其輿以出，至玉津園夾牆内，槌殺之。出《左編》。

楊正見昇仙。正見者，眉州通義縣民楊寵女也，聘同郡王生。一日，舅姑會賓客，市魚使正見膾之。正見憐魚尚活不忍烹，至日昃而盤饌未備，舅姑責之，正見懼，竄於鄰里，行數十里，花木異於人世。又至一山舍，有女冠在焉，正見以其故白之，女冠曰："子有好生之心。"因留宿。使正見汲泉。汲泉處有一嬰兒，潔白，見人且喜且笑。正見抱之而歸，漸近家，兒已殭矣，視之若草木之根，重數斤。女冠見而識之，乃茯苓也，命潔甑蒸之。會山中糧盡，女冠出山求糧，忽風雨不能歸，正見饑甚，聞甑中香，竊食之，女冠歸嘆曰："神仙自有定分。吾不爲風雨所阻，汝豈能食此靈藥耶?"自是正見光彩射人，常有群仙降其室，後白日昇天，時開元二十一年十一月三日也。昇仙處，即邛州滿江縣。出《集仙錄》。

太上大道君登玉霄琳房，四盼天下。_{道經}

四日

漢安帝。京師地動，其日戊辰，三者皆土位，在中宮。_{戊干辰支，皆土也。並地動，故言三者。}楊震上疏曰：臣蒙恩備台輔，不能奉宣政化，調和陰陽，令十一月四日京師地動。地者陰精，當安靜承陽，而今搖動者，陰道盛也。此中臣、近官持權用事之象。望陛下奮乾剛之斷，棄驕奢之臣，以承皇天之戒。_{震前後所言轉切，而樊豐等皆側目憤怨，以其名儒，未敢加害。會河間男子趙騰上書指陳得失，帝怒，震上疏救之。楊震，字伯起，弘農華陰人。博覽，無不窮究。出《楊震傳》。}

唐高祖詔皇族子弟、功臣子弟於秘書外省別立小學。_{武德元年十一月四日詔。《玉海》}

唐高宗狩於華山之曲武原。_{上元元年。《玉海》}

宋仁宗以新製《風角集占》三卷賜輔臣。其風角，謂候四方隅之風，以占吉凶。_{康定元年。出《備邊要覽》。}

耶律楚材善律曆術數。帝是日出獵，楚材以太乙數推之，亟言其不可，左右皆曰："不騎射，無以爲樂。"帝即日出獵，崩於行在所。_{《元史》}

五日

宋神宗是日冬至祀昊天上帝於圜丘，以太祖配。帝服靴袍，

乘輦至大次。有司請行禮。_{元豐七年}

宋真宗賜輔臣《玉清昭應宮甘露歌》,其《歌》曰:名神漿,稱天酒,考祥圖兮嘉應之首;降仁壽,零未央,觀舊史兮太寧之祥。_{祥符九年}

宋孝宗御書御製《用人論》賜宰臣陳俊卿等,略云:邪佞亂真,比比皆是;知人則哲,帝王所難。哲王用人,廣獨智以照臨,稽衆論而遴選。擇不厭精,任不厭久。_{乾道五年}

江南李煜、吳越錢俶各遣子弟來朝。太祖是日宴於崇德殿。_{開寶四年。以上《玉海》。}

唐丞相王涯有鄭注之禍。_{丞相王涯太和九年掌邦賦,其子仲翔嘗一日避暑於山亭,忽見家童數十皆無手①並來仲翔,方食頃之不見。仲翔驚,即白於涯,涯不聽。是歲冬十一月五日,果有鄭注之禍。出《宣室志》。}

詩

樓頭禁鼓試初搥,催草江淮督使麻。落紙一簾風雨疾,不知斜墨陣翻鴉。_{《十一月五日鎖學士院》洪邁夔作}

臥聞落葉疑飄雨,起對空庭蓋卷風。政自摧頹同病鶴,況堪吟諷類寒虫。忽思有客渾如我,卻念題詩不似公。已分齏鹽終白首,可因霜雪媿青銅。_{趙昌父《十一月五日晨起書呈葉德璋司法》}

六日

晉康帝。是日,彗星見亢,長七尺,白色。占曰:"亢爲朝廷,主兵喪。"二年,康帝崩。_{建元元年。《天文志》}

齊武帝。是月,土霧竟天,濃厚,至是日未時小開。其霧濃密,如火煙,辛滲入人眼鼻。_{《南齊書·五行志》}

---

① 手,《唐會要》爲"首"。

宋徽宗以爲天應節。宋徽宗政和三年十一月六日，祀昊天上帝於圜丘。太師蔡京奏："天神降格，實爲大慶，乞付史館。"帝出手詔，播告天下。御製《天真示現記》，尋以天神降日爲天應節。出《宋史·禮志》。

宦官劉季述等外結藩侯，以爲黨援。是日，季述矯詔以皇太子監國，遂廢昭宗。居東內，奪傳國寶授太子。昭宗以何皇后宮嬪數人隨行，幽於東宮。季述手持銀撾，於上前以撾畫地數上罪狀，令李師虔以兵圍之，鎔錫錮其局鐍。時方凝冽，嬪御無被，哭聲聞於外。唐時宦官劉季述、王奉先爲兩軍中尉，出徐彥若鎮南海。崔徹秉政而排擯宦官，季述等外結藩侯。十一月六日，季述矯詔，遂廢昭宗於東宮，穴墻通食者兩月。後崔徹等謀，誅季述，復迎昭宗即位，改元天復元年。出《舊唐書》。

宋仁宗天安殿恭謝天地，次太廟。明道元年十月，修宮室成，詔十一月六日恭謝天地。出《禮志》。

宋仁宗以皇太子生，宴輔臣宗室於太清樓，讀《三朝寶訓》，賜御詩。寶元二年。《玉海》

惟儼禪師告寂。惟儼禪師澧州藥山僧。年七十，依潮陽西山慧照禪師出家，後從馬祖得道。師一夜登山經行，忽雲開見月，大笑一聲，應澧陽東九十里許，居民盡謂東家，明晨迭相推問。太和八年十一月六日，乃告寂，塔於院東隅。唐文宗謚弘道大師，塔曰化城。出《楚通志》。

七日

唐德宗親饗廟。貞元六年。《通考》

唐憲宗是日以山人柳泌爲台州刺史，令入天台山採藥。元和十三年，諫官論之，不納。

宋太祖幸鎮寧軍節度使張令鐸第視疾。開寶二年。以上《玉海》。

善會禪師召門徒曰："吾與衆僧話道累歲，佛法深旨，各應自知。吾今幻質，時盡即去。汝等善保護，如吾在日。"言訖，奄然而逝。善會禪師，澧州夾山僧。幼歲出家，後得道，從者甚衆，謂門徒曰："勞持生死法，唯向佛邊求。目前迷正理，撥火覓浮漚。"唐中和元年十一月七日，召門徒，言訖告寂。出《楚通志》。

道寧禪師酉時跏趺而逝。道寧禪師，潭州開福寺僧。壯爲道人，於崇果寺執浴。一日將濯足，偶誦《金剛經》，至"於能生信心，以此爲實"句，遂忘所知，忽垂足沸湯中。後祝髮蔣山，依雪竇老良禪師。至徽宗政和三年十一月示寂，舍利五色，歸藏於塔。出《禪宗志》。

詩

慶陽來七日，和氣漸舒徐。敬爲圖南祝，一瓣問興居。《事文類聚》

八日

唐德宗詔：有事於南郊太廟，從官吏將士等一切並令自備食物。貞元六年十一月八日詔。《玉海》

唐中宗、宋高宗親饗廟。中宗神龍元年、高宗紹興十三年。出《通考》。

宋真宗修尚書省，龍圖學士陳堯咨總其事。天禧四年十一月八日。出《會要》。

宋高宗是日修太后殿，親書慈寧之殿。紹興九年。《玉海》

唐柳宗元卒。元和十四年十一月八日卒，年四十七。韓子爲作《墓誌銘》，極稱其以柳易播之事，爲篤於交道。且言子厚斥不久，窮不極，雖有出於人，其文學詞章必不能自力，以致必傳於後，如今，無疑也。雖使子厚得所願，爲將相於一時，以彼易此，孰得孰失，必有能辨之者。

王洪臨真人昇仙。《列仙傳》

詩

奔走人間無已時，夜窗喜對出塵姿。移燈看影憐渠瘦，掩戶留香笑我癡。冷艷照杯欺麴糵，孤標逼硯結冰澌。本來難入繁華社，莫向春風怨不知。陸放翁《十一月初八日夜燈下對梅獨酌累日勞甚自慰》

鶴飛去兮西山之缺,高翔而下覽兮擇所適。翻然歙翼,宛將集兮,忽何所見,矯然而復擊。獨終日於澗谷之間兮,啄蒼苔而履白石。鶴歸來兮,東山之陰。其下有人兮,黃冠草屨,葛衣而鼓琴。躬耕而食兮,其餘以汝飽。歸來歸來兮,西山不可以久留。東坡元豐元年十一月初八日作《放鶴招鶴歌》①

九日

唐德宗親饗廟。貞元九年。《通考》

梁武帝詔:大通七年十一月九日以前,在民間,無問多少,凡所未入者,皆赦除之。詔曰:用天之道,分地之利,蓋先聖之格訓也。凡是桑田廢宅,公創之外,悉分給貧民。出《梁書》。

宋太宗詔曰:國家先定車服制度,聞士庶尚有奢侈,於是鞍轡、服帶、襆頭、巾子並爲條制,復禁泥金、真珠服飾。端拱二年十一月九日詔

宋高宗建閣藏聖製,詔曰:載稽帝世之隆,無若堯章之煥。揭名層宇,列職清箱,置學士侍制直閣。淳熙十五年十一月九日建閣。以上《玉海》。

宋孝宗郊祀,改元淳熙。乾道九年十一月九日。出《宋史》。

東坡是夜夢與人論神仙道術,因作一詩八句,覺後錄呈子由弟。前四句:"析塵妙質本來空,更積微陽一線功。照夜一燈常耿耿,閉門千息自濛濛。"後四句不甚明,補成之:"養成丹竈無煙火,點盡人間有暈銅。寄語山神停伎倆,不聞不見我何窮。"

丘處機葬。處機至元六年贈長春演道主教真人,十一月九日大葬。四方哀慟,如喪其親。出《左編》。

---

① 現題爲《放鶴亭記》。

東斗、南斗下降。道經

詩

九日驅馳一日閒，尋君不遇又空還。怪來詩思清人骨，門對寒流雪滿山。韋應物《十一月九日訪隱不遇》①

十日

唐高祖講武於同官縣。武德八年十一月十日講武，虞世基《講武賦》曰：上林從幸，相如頌德，長楊校獵，子雲爲賦。選羽林於七郡，詔蹙張於五營。命司馬以示法，帥掌固而清甸。導甸始以前驅，伏鈎陳而後殿。云云。出《會要》。

唐玄宗開元十二年，群臣屢上表請封禪，以十三年十一月十日有事於泰山。張説首建封禪之議，而源乾曜不欲爲之，由是與説不平。

翰林侍講學士孫奭知兖州。帝是日作七言詩寵其行，詔近臣皆賦。宋仁宗天聖元年。以上《玉海》。

仙女蕚緑華於晉穆帝昇平三年是日下降於羊權家，自云南山人，又云“我本姓楊”，又云是九疑山中得道羅郁也。贈權詩一篇，火澣布一條，金、玉條脱各一枚，謂權曰：“慎勿泄我下降之事，泄之則彼此獲罪。”言畢，化形而去。今在廂東山中。《真誥》

神霄玉清王誕日。《翰墨大全》

詩

月琯循環届仲冬，蓂生十葉氣葱葱。梅花香裏開華宴，拍酒尊前拜壽翁。《事文類聚》

古渡風沙卷夕霏，小江煙浪皺春漪。天於麥隴猶慳雪，人向梅梢大欠詩。頓轡青驪飛脱兔，離弦白羽嘯寒鷗。牙門列校俱

---

① 該詩今題爲《休假日訪王侍御不遇》。

慓銳，橄與河邊禿髮知。曾茶山淳熙十四年十一月初十日海雲回，接騎城北，時吐蕃出没大渡河水上。范石湖。

十一日

後晉高祖。霜露著草木皆爲冰。天福十二年十一月旦，日天大昏霧，木有水。至十一日，霜露皆爲冰。時魏府杜重威叛，討降之。至來年正月二十七日，高祖崩。出《通考》。

唐高宗於陽城周公測景所得土圭，長丈二尺七寸。調露元年

唐玄宗以貢舉人謁先師。開元七年。以上《玉海》。

宋太祖幸封禪寺觀新鍾。開寶三年。《通典》

高袞上《二都賦》。宋高宗建炎十五年。《玉海》

天倉開日，宜入山修道，修啓福齋。仙經

詩

禮聖來群彥，觀光在此時。聞歌音乍遠，合樂和還遲。調朗能偕竹，聲微又契絲。輕冷流簨簴，繚繞動縷緌。九變將隨節，三終必盡儀。國風由是正，王化自雍熙。《唐玄宗十一月十一日，以貢舉人謁先師聞雅樂》，呂炅作。

藹藹觀光士，來同鵷鷺群。鞠躬遺像在，稽首雅歌聞。度曲飄清漢，餘音遏曉雲。兩楹淒已合，九仞杳難分。斷續同清吹，洪纖入紫氛。長言聽已罷，千載仰斯文。題同前，王起作。

十二日

宋真宗命學士宋諤祭河瀆。祥符元年。《玉海》

宋英宗命韓琦判永興，兼陝府西路經略安撫使，手札趣令治裝。治平四年。《玉海》

宋哲宗詔禮部立詩賦式取士。元祐二年。《玉海》

智雨禪師寂滅。宋太宗至道三年十一月十二日告寂，壽八十一，漣水人，傳

法於仁辯長老。出《楚通志》。

女仙謝自然上昇。《翰墨大全》

十三日

唐中宗。是日冬至，祀圜丘於南郊。中宗景龍三年十一月十三日乙丑冬至，陰陽人盧雅、侯藝等請奏促冬至就十二日甲子以爲吉會。右臺侍御史唐紹奏曰："禮所以冬至祀圜丘於南郊，夏至祭方澤於北郊者，以其日行躔次，極於南北際也。日北極當晷度循半，日南極當晷度環周。是日一陽爻生，爲天地交際之始，故《易》曰：'復，見天地之心乎！'即冬至卦象也。一歲之内，吉莫大焉。甲子但爲六甲之始，一年之内，隔月常運，既非大會，晷運未周，唯總六甲之辰，助四時而成歲。今欲避環周以取甲子，是背大吉而就小吉也。"太史令傅孝忠奏曰："南陸北陸並日校一分，若用十二日甲子，即欠一分。未南極，即不得爲至。"上曰："俗諺云'冬至長於歲'，亦不可改。"竟依紹議，以十三日乙丑祀圜丘。出《通考》。

宋高宗。是日，太史令胡平言，車駕至青城，陰霧收斂，登壇至禮畢，天氣澄肅，星月明瑩，回鑾肆赦有彩雲之瑞，乞宣付史館，從之。上因是親製喜霽詩，宰輔從臣皆和以進。紹興十九年。《玉海》

太常少卿段成式與温庭筠友善，成式六月卒。是日冬至，大雪，忽有扣門者，僕夫視之，乃隔扉授一竹筒，云："段少卿送書來。"庭筠初以爲誤，發護書，上無字，開之，乃成式手札也。庭筠大驚，乃焚香再拜而讀，辭曰：慟發幽門，哀歸短數，云云。温、段二子皆傳其事。出《太平廣記》。

朱橘立化。朱橘，號翠陽，居淮西安慶之望江。六歲而怙恃俱失，及長，喜閲道釋之書，乃厭薄名利，欽慕修煉。所至名山勝地，必欲登覽，意在得師以證入道。橘後爲寇所撓，入閩至惠州之博羅縣，有鄉人陳六者留之。是時，道成矣。忽謂鄉人陳六曰："吾將去矣，汝盍爲我圖之。"橘乃坐化於旅館中。陳乃與館主謀之，扛抬橘於門首，殯埋之乃復甦，又謂陳六曰："吾今當立化於縣衙前。"陳從其言。化後用泥塑之，駭而聚觀者千餘人。忽博羅狼吏醉呼而前曰："汝假爲坐化，又復假爲立化。"遂執凳鞭之,惟見堆泥墮地而已。衆人方知橘示神變而尸解,時宋理宗宋淳祐二年十一月十三日也。出《史纂左編》。

海空智藏天尊降日。道經

十四日

詔河瀆進號爲順聖靈源公。宋真宗大中祥符元年十一月十四日,詔河瀆進號。至仁宗康定二年,詔封四瀆皆爲王。按《唐會要》,天寶六載封河爲靈源公,濟爲清源公,江爲廣源公,淮爲長源公。又按三代,命五嶽視三公,四瀆視諸侯。

唐高宗。是日,雨木冰。儀鳳三年。《五行志》

唐懿宗生於藩邸。懿宗生於太和七年十一月十四,宣宗長子,母曰元昭皇太后晁氏。帝即位,年二十七。姿貌雄麗,有異稠人。藩邸時疾,郭叔妃侍醫藥,見黃龍出入於臥內。妃以異告,帝曰:“慎勿復言。”又嘗大雪數尺,而帝寢室之外獨無人,皆異之。出《舊唐書》。

宋真宗次澶州,宴從臣父老於駐蹕延禧殿。祥符元年。《玉海》

十五日

孝武帝。是日,太白、填星合於危。占曰:“天子失土。”孝建六年。《南齊書·天文志》

宋太祖親饗廟。乾德元年

宋太宗南郊。太平興國三年。以上《通考》。

孟子卒。孟子卒於赧王二十六年正月十五日,即今之十一月十五日也,壽八十四。出《孟譜》。

建安十二年,是夜,月色皎潔,長江一帶如橫素練。曹操置酒於舟中,顧夏口、樊山等處,曰:“吾自起兵以來,澄清四海,所未得者江南也。吾得此,可以富國強兵。今有百萬雄師,何患功業不成?”於是命左右行酒,至夜半乃止。《三國志》

東坡是日有“菊花開時即重陽”之語,故記其在海南藝菊花九畹,以十一月望日與客泛酒作重九云。出《容齋續筆》,又《長公外紀》

云：東坡在儋州，有移永州之命。李公弼、林子中自番禺追餞，至清遠峽，同遊廣陵寺。至十一月十五日，東坡舟行。時東坡年六十五。

占城國風俗，以是日爲冬至，人皆相賀，州縣以土産物帛獻其王。占城國在中國之西南，其俗與大食國相類。無絲繭，以白氎布纏其胸，垂至於足，衣衫窄袖。撮髮爲髻。市無繦錢，止用金銀。其王惱後髽髻，散披古貝衣，帶金花冠，七寶裝纓絡爲飾，股脛皆露，躡革履，無襪。婦人亦腦後撮髻，其服及拜揖與男子同。王每午坐禪椅，官屬謁見膜拜一而止，白事畢，復膜拜一而退。出《通考》。

詩

東林氣微白，寒鳥高高翔。吾亦別茲去，北山歸草堂。仲冬正三五，日月遥相望。蕭蕭過穎上，朧朧辨少陽。春冰生積雪，野火出枯桑。獨往路難盡，窮陰人易傷。傷此無依客，如何度雪霜。崔曙《十一月十五日早發交崖山還太室》

十六日

宋太祖乾德元年，禮儀使陶穀十一月十六日行南郊禮。上是日服袞冕，執圭合，祭天地於圜丘。以皇弟開封尹光義爲亞獻，興元尹光美爲終獻。將升壇，有司具黃褥爲道，上曰："朕潔誠事，不必如此。"命徹之。還宫，將駕金輅，顧左右曰："於典故可乘輦否？"對以無害，乃乘輦。以南郊禮成，大宴廣政殿，號曰飲福。自是爲例。出《通考》。

唐玄宗。是日，以周武王、漢高祖於京城内同①置一廟，并置官吏。出《通考》。

肅宗。是日，有女尼真如忽見二皂衣，引至一所，見天帝，出寶授真如曰："汝往令刺史崔侁進達於天子。"肅宗寢疾方甚，視

---

① 同，《唐會要》爲"各"。

寶，召代宗謂曰："今上天賜寶祚汝，宜寶受之。"代宗即日以寶應紀年。《唐書》

天僖年，宋真宗考選一百四人，以郭稹第一。是日，宣翰林學士錢惟演、盛度，樞密直學士王晦叔，龍圖閣待制李虛己、李行簡，覆考舉人，有訟不平者。及奏名，郭稹依舊，其餘覆落。出《容齋四筆》。

彭思永以疾終。彭思永，字季長。上書告老，遷戶部侍郎致仕。熙寧三年十一月十六日卒，年七十有一。任官四十五年，精於吏治。事業磊落，然德性之美，心術之淳，世尤尊之。出《行狀》。

天竺國是日爲冬至，則麥秀。《西域志》，亦出《天中記》。

十七日

唐太宗詔罪人無得鞭背，又詔死刑皆三覆奏。貞觀四年一月十七日詔。太宗嘗覽《明堂針灸圖》，見人之五臟皆連背。出《刑法志》。

王仲舒卒。唐穆宗長慶三年十一月十七日卒，年六十二。天子爲之罷朝，贈左散騎常侍。遠近相吊。曾爲拾遺，朝退，天子謂宰相曰："第幾人非王某耶?"是日方與陽城更疏論裴延齡詐妄，士大夫重之。仲舒，字弘中。出《誌銘》。

蘇轍妻德陽邵夫人史氏生。出《蘇氏譜》。

啓福之辰。

天帝遊東井。

西斗降。以上道經。

十八日

宋神宗有事於南郊。熙寧元年十一月十八日，有事於南郊。御札有"卜天正之辰，修郊見之禮。方且進祈茂祉，以大芘黎元；昭格至精，以終圖熙事"，云云。出《宋文鑑》。

宋仁宗改元寶元。景祐五年。《玉海》

宋真宗因雪宴近臣於崇文院。帝作瑞雪五言詩，令館閣即席和進。<small>景德四年。《玉海》</small>

西方妙善彌陀佛生。<small>藏經</small>

十九日

侯景以是日僭位。<small>大寶二年至明年三月十九，棄城逃竄。出《北齊書》。</small>

晉安王子勛是日戒嚴，戎服出廳事，集僚佐，使潘欣之口宣旨曰："少主昏狂悖戾，並是諸君所見聞。顧命重臣，悉皆誅戮。驅逼王公，幽辱太后。不逞之徒，共成其釁。京師諸王並見囚逼，委厄虎口，思奮莫因。身義兼家國，豈可坐視橫流！今便欲舉九江之衆，馳檄近遠，以謀王室。於諸君何如？"四座未答，錄事參軍陶亮曰："少主昏狂，醜毒已積。伊、霍行之於古，殿下當之於今。鄖州士子，世習忠節，況屬千載之會，請效死前驅。"<small>鄧琬，字元琬，豫章南昌人也。宋廢帝狂悖無道，乃遣使賚藥賜晉安王子勛死。使至，子勛帥潘欣之等馳以告琬，涕泣請計。琬曰："身南土寒士，蒙先帝殊恩，以愛子見託，豈得惜門户百口，當以死報。幼主昏暴，社稷危殆，雖曰天子，事猶獨夫。今便指率文武，直造京邑，與群公卿士，廢昏立明。"景和元年十一月十九日，子勛即日戒嚴，戎服出廳事，集僚佐，使潘欣之口宣旨云云。出《宋書》。</small>

神宗幸尚書省，顧執政曰："新省弘壯，與官制相稱。"次至僕射廳。<small>元豐六年。《玉海》</small>

程明道祭富韓公。<small>元豐六年十一月十九日，遣外甥張敷祭太尉文忠公，文有"我公道行乎重熙累洽之運，而身享乎尊富安榮之完。勳業揭乎日月，聞望塞乎天淵"云云。出《明道集》。</small>

廉希憲卒。<small>至元十七年十一月十九日卒，年五十，追封魏國公，謚文正。希憲，字善甫，布魯海牙子也。世祖爲皇帝，希憲年十九，得入侍，見其容止議論，恩寵殊絕。希憲篤好經史，手不釋卷。一日，方讀《孟子》，聞召，急懷以進。世祖問其說，以性善、義利、仁暴之旨爲對，世祖嘉之，目曰廉孟子，由是知名。後至元元年，丁母憂，勺</small>

水不入口者三日，慟則嘔血，廬於墓傍。宰臣以憂制未定，欲極力起之。奪情起服，希憲雖不敢違旨，然出則素服從事，入必縗絰。及喪父，亦如之。出《史纂左編》。

粘罕元帥圍京城。宋欽宗靖康元年二月二日，金人圍汴城。三月三日，金人北去，至十一月十九日，粘罕元帥再圍京城。出《七修類稿》。

日光天子生。

諸天、華嚴菩薩及文殊佛出世。以上佛書。

北陰聖母元君下降。道經

詩

連日寒殊甚，衰年無一能。硯呵磨墨凍，瓶曬插花冰。浮世無根絮，餘生有髮僧。蘇門如可即，端合事孫登。趙賓暘《次韻方萬里寒甚送酒》。時戊寅十一月十九日。

不飲胡爲醉兀兀，此心已逐歸鞍發。歸人猶自念庭闈，今我何以慰寂寞。登高回首坡隴隔，惟見烏帽出復没。苦寒念爾衣裘薄，獨騎瘦馬踏殘月。路人行歌居人樂，僮僕怪我苦悽惻。亦知人生要有別，但恐歲月去飄忽。寒燈相對記疇昔，夜雨何時聽蕭瑟。君知此意不可忘，慎勿苦愛高官職。東坡《十一月十九日與子由別於鄭州西門之外，馬上賦此寄之》

從知崧岳儲神日，正在文殊出世時。《事文類聚》

二十日

宋仁宗改元慶曆。康定二年。《玉海》

宋仁宗南郊。慶曆元年

宋太宗親饗廟。雍熙元年。以上《通考》。

宋真宗御龍圖閣，詔近臣觀太宗草、行、飛白、篆、籀、八分書及畫。咸平四年。《玉海》

孔明沐浴散髮登壇。祭風壇名七星壇，建於南屏山後，有詩曰：諸葛身亡千載後,再無人上七星壇。出《三國志》。

金主章宗崩。泰和八年。出《金史》。

王志都有知己者早亡,一日現形謂志都曰:“吾念卿無婦,欲爲卿得婦,送至卿家,十一月二十日,可掃除庭戶,設床席待之。”志都如其言。至是日,天忽大風,白日昏黑,見床上有一婦,自稱莊嚴,内外驚怖,無敢近者,惟志都知之。須臾,婦起而坐,志都曰:“汝是誰?”婦曰:“我河南人,父爲清河太守。不知何由至此。”志都具語其意,婦曰:“君之知己令我爲君妻。”遂成夫婦。志都往詣婦家,大喜,亦以爲天相與也。後生一男,爲南郡太守。出《太平廣記》。

詩

匝路亭亭艷,非時裛裛香。素娥唯與月,青女不饒霜。贈遠虛盈手,傷離適斷腸。爲誰成早秀,不待作年芳。李義山《十一月二十日至扶風見梅花》

二十一日

唐玄宗祀后土於脽上,其文曰:“恭惟坤元,道昭品物,廣大茂育,暢於生成,庶憑休和,惠及黎獻。博厚之位,粵在汾陰,肅恭時巡,用昭舊典。敬以琮幣犧牲,粢盛庶品,備茲瘞禮式展。”禮畢,令所司刊石於祠所。玄宗欲幸太原,中書令蕭嵩上言云:“陛下開元十一年,親祀后土,爲蒼生祈穀,自是神明昭祐,累年豐登。有祈必報,且漢武親祀脽上,前後數次。伏請准舊事,至后土行報賽之禮。”上從之。至十一月二十一日,祀后土於脽上。出《通考》。

宋太宗有事於南郊。太宗即位之八年,泰山父老千餘人詣闕,請東封。帝謙讓未遑,厚賜以遣之。明年,宰臣宋琪率文武官、僧道者上表以請,乃詔以十一月二十一日有事於泰山,命翰林學士扈蒙等詳定儀注。既而乾元、文明殿災,詔停封禪,而以十一月二十一日有事於南郊。出《宋史·禮志》。

帝御紫宸,韓約奏曰:“金吾左仗院石榴樹夜來有甘露。”乃蹈舞再拜。宰相百官相次稱賀。李訓奏曰："甘露降祥，俯在宮禁。陛下宜親幸左仗觀之。"上乘軟輿出紫宸門，由含元殿東階昇殿。上令宰相兩省官先往視之，既還，曰："臣等恐非真甘露，不敢輕言。言出，四方必稱賀。"上曰："韓約妄耶？"李訓，肅宗時宰相，揆之族孫也，始名仲言。進士擢第。形貌魁梧，神情麗落，辭敏智捷，善揣人意。後爲禮部侍郎、同平章事，賜金紫。太和九年十一月二十一日，帝御紫宸。出《舊唐書》。

唐高宗講武溵水之南，行三驅禮，設次於尚書臺以觀之。許州長史封道弘奏：臺本漢南郡太守馬融講《尚書》於此，因以爲名。今陛下親降此臺以觀教習，請改爲講武臺。從之。顯慶二年。出《會要》。

宋真宗召近臣至太清樓觀太宗御書，賜宴樓下，上作《太清樓閣書歌》二首。天禧二年

宋太宗改元雍熙。興國九年。以上《玉海》。

宋神宗舍人院試劉蒙等二十一人出身。熙寧三年十一月二十一日。出《會要》。

後漢隱帝崩。葬潁陵，在許州陽翟縣。出《通考》。

周茂叔窆於德化縣德化鄉，潘興嗣爲之銘曰：人之不然，我獨然之。義貫於中，貴於自期。謔謔日甚，風俗之偷，乃如伊人，吾復何求。志固在我，壽則有命。道之不行，斯謂之病。茂叔於神宗熙寧六年卒於九江郡之私第，享年五十七。至十一月二十一日窆於德化鄉。出《宋文鑑》。

二十二日

天雨木冰，凝寒凍冽。唐玄宗開元二十九年十一月二十二日，寧王見而嘆曰："諺云樹稼遠官怕，必有大臣當之。"後王薨。出《五行志》。

宋太祖召陳摶問享國長短。太祖即位，十一月二十二日召陳摶問享國

長短，曰："今年是庚甲麼？"睡而不答。曰睡到五更醒，方問此事，回首舉杖畫地作"又""木"字訖，投杖而睡。太祖命筮之，得離之明夷，搏用杖畫灰作兩卦象，太祖曰："朕壽幾何？"搏拜曰："萬歲，陛下終於火日之下。離爲火日，陛下之子孫盡矣。"出《陳搏傳》。

侯景立蕭正德爲帝。十一月二十二日，景立蕭正德爲帝。即僞位，景自爲相國天柱將軍。正德以女妻之。景，魏之懷朔鎮人也。出《侯景傳》。

栢梁烖。徐廣曰：十一月二十二日也。出《史記》。

二十三日

宋真宗召近臣觀書於龍圖閣，楊億、吕夷簡與。上作詩五章，分賜王旦等。祥符九年

宋徽宗改元崇寧。靖國元年。以上《玉海》。

秦王平薛仁杲，凱旋，獻俘太廟。唐高祖武德元年十一月二十三日。出《會要》。

三十代天師張繼先索筆作頌曰："一面青銅鏡，數重蒼玉山。恍然夜船發，移跡洞天間。寶殿香雲合，無人萬象閒。西山一紅日，煙雨落潺潺。"書終而化。繼先，字嘉聞，號翛然子，生於宋元祐七年。五歲不言，一日聞雞鳴，忽笑，賦詩曰："靈雞有五德，冠距不離身，五更張大口，喚醒夢中人。"後寓天慶觀，欽宗靖康丙午年十一月二十三日作頌而化。金人犯汴京，師亦以是陷。出《史纂左編》。

斷崖禪師生。生於宋理宗景定癸亥年十一月二十三日。斷崖禪師俗姓楊氏，父大宥，母張氏，生師於湖州德清縣。能食不茹葷酒。六歲始言，但從其母誦《法華經》，於人世事懵然無所知。姿貌巍然，志若有所待。有禪者過，誦高峰上堂語曰："欲窮千里目，更上一層樓。"師忽言此大善，曰："識必能爲人拔釘去楔，再能與我往見之乎？"母驚異之。出《史纂左編》。

南斗生辰。

南斗六司星君奏長生錄。以上道經。

二十四日

宋太祖南郊。<small>開寶元年，又建隆四年十一月二十四日，改元乾德。皆出《通考》。</small>

夏王趙德明薨。宋仁宗乘輿至幕殿，服素服。太常博士引太常卿當御座前跪奏，請皇帝爲夏王趙德明薨舉哀。<small>《宋史·禮志》</small>

宋孝宗幸白石大閱。時大陰曀，迨出郊，風日開霽。諸軍懽騰，觀者山峙。皇帝登壇，舉黃旗，諸軍皆拜。舉紅旗，向臺合圍。賚將士有差。<small>乾道二年。《宋史》。</small>

吳直方生。<small>直方，字行可，生於宋恭帝德祐乙亥年十一月二十四日。行可自幼有大志。至元末，廟堂用事者頗擅威福，上與大臣謀罷其政柄，行可實協贊之，上念其功，召至便殿，賜以黃金繫帶，超拜集賢直學士。會脫脫入相中書，國有大政多咨行可，行可每引古義告之，言無不聽，民被其澤。行可致仕，遂以集賢大學士、榮禄大夫食俸賜終身，又賜田一千九百餘畝。尋謝不受。出《宋濂集》。</small>

誠敬夫人廟每歲以是日祭之。<small>誠敬夫人廟，在高州府電白縣，各州縣俱有行祠。夫人洗氏，京涼人，陳高州太守馮寶妻。隋初平陳，嶺南共推洗氏爲主，保境拒守，既而降隋。厥後高州刺史李遷仕及番禺夷王仲宣等反，夫人又皆討平之。累封譙國夫人，卒謚誠敬。宋蘇軾詩："馮洗古烈婦，翁媼國於茲。策勳梁武後，開府隋文時。三世更險易，一心無磷淄。錦纚平積亂，犀渠破餘疑。"歲以十一月二十四日祭之。出《廣東志》。</small>

南斗星降。<small>道經</small>

詩

玉樓春信梅傳早，三八芳辰陽復後。<small>《事文類聚》</small>

二十五日

唐刑部尚書顏真卿獻《韻海鏡源》，詔付集賢院。<small>代宗大曆十二年十一月二十五日。《韻海》三百六十卷。出《會要》。</small>

唐憲宗以中書舍人裴度爲御史中丞。<small>元和九年。《玉海》</small>

宋仁宗天聖二年，加上真宗謚曰文明武定章聖元孝皇帝，又慶曆七年，加上真宗謚曰膺符稽古成功讓德文明武定章聖元孝皇帝。天聖二年、慶曆七年，皆十一月二十五日。出《宋史·禮志》。

宋高宗詔曰：國家遭金人侵逼，何時休息？朕取十一月二十五日移蹕，前去浙江，爲迎敵計。惟我將士人民，念國家涵養之恩，二聖拘縶之辱，悼殺戮焚慘之禍，與其束手待斃，曷若並計合謀，同心戮力，奮勵而前，以存國家！金人侵逼，高宗爲退避之謀。自南京移淮甸，自淮甸移建康而會稽，播遷之遠，極於海隅。遣使哀祈，無不曲盡。累年卑屈，卒未見從。建炎三年詔。出《宋史》

宋孝宗書白居易《七德舞》賜翰林學士周必大。淳熙元年。《玉海》

元人宋本卒。宋本，字誠夫，大都人。自幼穎拔異群兒，既成童，聚經史窮日夜讀之，句探字索，必貫通乃已。善爲古文詞。元順宗元統元年十一月二十五日卒，年五十四。自承務郎十轉至太中大夫。本性高抗不屈，持論堅正，制行純白，不可干以私，又篤朋友之義，堅若金石，人有片善，稱道不少置，尤以植立斯文自任。出《元史·宋本傳》。

北斗星降。道經

掠剩大夫降，犯之短命。《三元延壽書》

　詩

平分冬氣恰經旬，天應新陽產異人。《事文類聚》

二十六日

宋太祖南郊。乾德元年。出《通考》。

宋太祖校獵於近郊。建隆二年。出《玉海》。

宋欽宗靖康元年，京城陷，金人入城。是日，粘罕遣使入城，求兩宮幸虜營議和割地事。《七修類考》

宋人孫侔卒。孫侔，字少述，世吳興人。侔方四歲，從其母胡氏家楊州，母親教之。侔雖幼，已惕然能自傷其孤，悲泣力學，七歲能屬文。既長，讀書精識玄解，能得聖人深意，多所論譔。慶曆、皇祐間，與臨川王安石、南豐曾鞏知名於江淮間。安石謂："淮之南有賢人焉。"天章閣待制王鼎以女妻之。侔自奉儉約，家人化之，闔門雍雍如也。元豐三年，除通直，即致仕，七年十一月二十六日卒。太常博士贊曰：獨貧而足，獨窮而樂，云云。林希作《傳》。出《宋文鑑》。

朱橘生。朱橘號重陽，居淮西安慶之望江。橘之生也，母嚴氏夢吞一星，光大如斗。已有娠十五月，母常憂焉。一日遇道人於門首，手持一物如橘，謂其母曰："食此，子生矣。"母喜而受之，請問名氏，道人乃出袖中一扇示之，上有"鞠君子"三字，曰："吾姓名也。"言訖，遂失所。移時而橘誕，時十一月二十六日也。父異之，因名曰橘。及六歲，而怙恃俱失。喜閱道釋之書，後因臨池顧影，倏然驚悟，乃厭薄名利，欽慕修煉。過惠州博羅，一日，市中遇一道人，手握一橘，狀若風狂，且行歌而笑吟曰："橘橘橘，無人識，惟有姓朱人，方知是端的。"衆皆駭之，莫曉其意，獨橘有所感，隨之郊外無人之境，乃拜而問曰："真人非鞠君子乎?"道人驚曰："子何人也?"橘以姓名告，乃悟昔時之事。後橘尸解於宋理宗淳祐二年十一月十三日。出《史纂左編》。

妙果天尊降現。道經

詩

春風嶺上淮南村，昔年梅花曾斷魂。豈知流落復相見，蠻風蜑雨愁黃昏。長條半落荔枝浦，臥樹獨秀桄榔園。豈惟幽光留夜色，直恐冷艷排冬溫。松風亭下荆棘裏，兩株玉蕊明朝暾。海南仙雲嬌墮砌，月下縞衣來扣門。酒醒夢覺起繞樹，妙意有在終無言。先生獨飲勿嘆息，幸有落月窺清樽。

羅浮山下梅花村，玉雪爲骨冰爲魂。紛紛初疑月掛樹，耿耿獨與參橫昏。先生索居江海上，悄如病鶴栖荒園。天香國艷肯相顧，知我酒熟詩清溫。蓬萊宮中花鳥使，綠衣倒掛扶桑暾。抱叢窺我方醉臥，故遣啄木先敲門。麻姑遇君急洒掃，鳥能歌舞花能言。酒醒人散山寂寂，惟有落蕊粘空樽。《松風亭下梅花盛開》。東坡十一月二十六日作。

二十七日

後漢高祖葬於睿陵。十一月二十七日葬，陵在洛京都城縣。出《通考》。

宋真宗方就寢，見神人星冠、絳衣。真宗謂輔臣曰："朕去年十一月二十七日夜將半，方就寢，忽室中光曜，見神人星冠、絳衣，告曰：'來月三日，宜於正殿建黃籙道場，降天書《大中祥符》三篇。'朕竦然起對，頃之無見，命筆識之。後齋戒於朝元殿，建道場以佇神貺。適皇城司奏，左承天門屋南角有黃帛曳鴟尾上，帛長二丈許，緘物如書卷，纏以青縷三道，封處有字隱隱，蓋神人所謂天降之書也。"王旦等皆再拜稱賀。帝即步至承天門，瞻望再拜，遣二内臣升屋，捧之下。旦跪捧而進，帝再拜受之。帛上有文，其書黃字三幅，詞内①《書·洪範》、老子《道德經》等語。出《宋史》。

宋光宗感疾。紹興二年十一月二十七日，親郊於圜壇。爲值雨，望祭殿行禮。風雨大至，上震懼，始感疾。出《通考》。

林獨秀進《孝經解》，賜束帛。宋高宗紹興十一年十一月二十七日。出《會要》。

曹彬等擒李煜。昇州行營擒李煜，露布曰："曹彬等於十一月二十七日齊驅戰士，直取孤城。姦臣無漏於網中，李煜生擒於麾下。千里之氛霾頓息，萬家之生聚尋安。其在城官吏、僧道、軍人、百姓等久在偏方，困於虐政，喜逢盪定，皆遂舒蘇。望天朝而無不涕洟，樂皇花而惟皆鼓舞。有以見穹旻助順，海嶽知歸。當聖明臨御之期，是文軌混同之日。卷甲而兵鋒永戢，垂衣而帝祚無窮。臣等俱乏將材，謬司戎律。遙稟一人之睿略，幸成九伐之微勞。其江南國主李煜并僞署臣僚已下若干人，既就生擒，合將獻捷。"出《宋文鑑》。

謝靈運生。靈運爲永嘉太守。郡有名山水，肆意遨遊。理人聽訟，不復關懷。詩畫兼絕，文帝稱爲二寶。出《事文類聚》。

張詠㲹於陳州。詠，字復之。稟尊嚴之氣，凝隱正之量。兒時即覽群書，後知陳州。以大中祥符八年卒。宋真宗聞訃震嗟，追贈尚書左僕射。十一月二十七日㲹於陳州宛丘縣。宋祁作《行狀》。出《宋文鑑》。

---

① 内，《宋史》爲"類"。

劉玄英化鶴沖天。玄英，號海蟾子。初名操，後得道，改稱焉。燕地廣陵人也。以明經擢第，仕①燕王劉守光爲相。素喜性命之說，崇黃老之教。一日，忽有道人來謁，海蟾乃邀坐堂上，道人自稱正陽子，向海蟾演清靜無爲之宗，金液還丹之要。既竟，乃索鷄卵十枚，金錢十文，以一文置之几上，累十卵於錢，若浮圖狀。海蟾驚異之，嘆曰："危哉！"道人曰："人居榮祿之場，履憂患之地，其危有甚於此者。"海蟾因此大悟，解印辭朝，易服從道。有詩云："抛離火宅三千指，屏去門兵十萬家。"紀當時之實也。後丹成尸解，有白氣自頂門出，化爲鶴飛而沖天。其上昇日，十一月二十七日也。出《左編》。

印肅禪師生。印肅，號普菴，袁州宜春人，生於鄉之太平里。初師未生時，鄰夜有望其室者，祥光燭天，遠近相愕。已而蓮生道周，或現阡陌，衆愈異之。及師生，五相豐潤，即善世言。時宋徽宗政和五年十一月二十七日也。師夢一僧點其胸曰："汝他日當自省。"既悟白母，黃氏視點紅瑩，大似世之櫻珠。出《左編》。

二十八日

唐太宗誕皇孫，宴官寮於弘教閣。貞觀十七年。《玉海》

裴度自蔡州入朝。度貞元五年擒吳元濟，蔡人大悅，乃約法：唯盜賊、鬥殺外，餘盡除之。於是蔡之遺黎始知有生人之樂。十一月二十八日，度自蔡州入朝，留副使馬總爲彰義軍。初，度入蔡州，或譖度没入元濟婦女珍寶，上疑之，欲盡誅元濟舊將，封二劍以授梁守謙，使往蔡州。度路遇守謙，乃復與守謙入蔡州，量罪加刑，不盡如詔。出《唐書》。

元人朱震亨生。震亨，字彥修，號丹谿。從許文懿公講學於東陽八華山中，聞天命人心之秘，恍然有悟。見有誇多鬥靡者，輒語之曰："聖賢一言，終身行之不盡，奚以多爲？"及自爲文章，以理爲宗。居室垣墉，教尚儉朴。服御惟大布寬衣，僅取蔽體。藜羹糗飯，安若八珍。豪家以水陸之羞交錯席上者，正襟默坐，未嘗下箸。惟欲聞人之善，隨聞隨録。生於至元辛巳十一月二十八日，卒於至正戊戌年。所居丹谿，學者尊之而不敢字，故因地稱之曰丹谿先生。出《宋濂集》。

---

① 仕，底本無此字，《史纂左編》及《歷世真仙體道通鑑》卷四十九均有"仕"字，今據文意和所引文獻改。

勇悟真人上昇。《翰墨大全》

二十九日

宋真宗詔加嶽后號：東嶽淑明后，南嶽景明后，西嶽肅明后，北嶽清明后，中嶽正明后。大中祥符四年。《宋朝會要》，亦出《事物紀原》。

阮田夫、李道兒等殞廢帝於後堂。太宗明皇帝，諱彧，字休炳，小字榮期，文帝第十一子也。廢帝景和末，上入朝，被留停都。廢帝誅害宰輔，殺戮大臣，恒慮有圖之者，疑畏諸父，並拘之，收上付廷尉一宿。上先與腹心阮田夫、李道兒等密共合謀。於時①廢帝左右常慮禍及，人人有異志，惟有將軍宋越、譚金、童太一等數人爲之腹心，故莫敢動。是夕，越等並外宿，田夫、道兒等殞廢帝於後堂，十一月二十九日也。事定，上未知所爲。建安王体仁便稱臣奉引升西堂，登御座，召見諸大臣。於時事起倉卒，上失履，跣。出《宋書·明帝本紀》。

詩

春江綠漲蒲萄醅，武昌官柳知誰栽。憶從樊口載春酒，步上西山尋野梅。西山一上十五里，風駕兩腋飛崔嵬。同遊困臥九曲嶺，褰衣獨到吳王臺。中原北望在何許，但見落日低黃埃。歸來解劍亭前路，蒼崖半入雲濤堆。浪翁醉處今尚在，石臼杯飲無樽罍。爾來古意誰復嗣，公有妙語留山隈。至今好事除草棘，常恐野火燒蒼苔。當時相望不可見，玉堂正對金鑾開。豈知白首同夜直，臥看椽燭高花摧。江邊曉夢忽驚斷，銅環玉鎖鳴春雷。山人悵空猿鶴怨，江湖水生鴻鴈來。請公作詩寄父老，往和萬壑松風哀。東坡十一月二十九日作

三十日

東漢明帝。日食。永平十八年十一月甲辰晦，日有食之，在斗二十一度。

---

① 時，底本爲"是"，今據《宋書·明帝本紀》及文意改。下文"於時事起倉卒"中"時"與此同。

是時明帝既崩，馬太后制爵禄，故陽不勝。出《通考》。

漢文帝二年，日食。詔舉賢良、方正、能直言極諫者，潁陰侯騎賈山上書言："陛下使天下舉賢良方正之士，天下之士莫不精白以承休德，乃直與之馳驅射獵，一日再三出。臣恐朝廷之廢弛，百官之墮於事也。"上嘉納其言。出《山堂肆考》，亦出《纂記淵海》。

潼關是夜暴風，山如吼雷，河噴石鳴，群鳥亂飛，潼關傾側。唐懿宗咸通六年。出《五行志》。

宋欽宗靖康元年，手札趣張叔夜入衛，與金兵戰。是日至都，帝御南薰門見之，軍容甚整。入對，言賊鋒方銳，願如唐明皇之避禄山，暫詣襄陽。帝登城，叔夜陳兵玉津園，鎧甲光明，拜舞城下，帝益喜。叔夜，字稽仲。後與金人大戰，帝遣使賞蠟書，以褒寵叔夜。出《宋史·列傳》。

詩

天工未放三陽生，留得堦前一葉黃。《事文類聚》

卷十二

十二月〔一〕

楚應城陳楷升也甫編輯

邑人徐養量叔弘甫校刻

饒可久無缺甫

周光曙棥將甫

弟陳埏清也甫仝閱

十二月建丑。丑，紐也，言終始之際，故以紐結名也。《合璧事類》

大呂，丑之氣也，十二月建焉。《周禮》

日在婺女，昏婁中，旦氐中。《禮記》

夏曰嘉平，殷曰清祀，周曰大蜡，漢改爲臘。《風俗通》

星迴歲終，陰陽已交。《前漢書》

地以爲正，商以爲春。《後·陳寵傳》

季冬行春令，則胎夭多傷，國多逆氣。行夏令，則冰消雪無，春來多疫。行秋令，則白露降，四民災。《呂氏春秋》

爲塗。《爾雅》

曰季冬，亦曰暮冬。梁元帝《纂要》

小歲。魏舊制：群臣季冬朝賀，服褲褶行事，謂之小歲。詔罷之。出《通鑑》。

卒歲。《白孔六帖》

月歸。《淮南子》曰：天圓地方，道在中央。日爲德，月爲刑。月歸而萬物死，日至而萬物生。注云：月歸，謂十二月盡也。日至，謂得春夏之日至。

村民臘日擊細腰鼓而宴，戴胡頭，及作金剛刀以逐疫，諺曰：臘鼓鳴，春草生。《荆楚歲時記》

歲暮臘埋圓石於宅隅，雜以桃核七枚，則無鬼疫。《淮南萬畢術》

蜀風俗，每歲冬春之交，於兩渠中可以流觴，官吏士庶宴賞。有篆水在廣安州江中，灘石縱橫，湍流奔急，呼爲三十六灘。其間有兩渠，冬春之交宴賞。出《順慶府志》。

天西北裂，有光如火。梁武帝太清三年

天開，自西北至東南，其內有青黃雜色，隆隆若雷聲。陳後主至德元年夜。以上《南史》。

日有影，如三日狀。占在危宿，幽州之野。真宗景德元年，時契丹舉兵壓境。出《宋史》。

濃霜著屋瓦，皆成百花之狀。天聖中，青州。《筆談》

雷雨雹，大如馬頭。武帝元封三年。《漢紀》

天雨黑水，盈川。淳熙十一年戊午夜，畿縣新城深浦。《通考》

天雨黃土。治平元年。《宋史》

河東天雨肉。愍帝建興元年，後劉石擁兵，帝竟没，遇害。墨子曰：殷紂滅年，天雨肉。《晉書》

冰有文如畫，佳卉茂木，華葉相敷，變態奇出，春暄乃止。紹興七年十二月，時張宗元出撫淮西軍，寓建康，槃冰有文。出《宋史》。

黄河是月水名蹙淩水。《水衡記》、《典》十一月同。

樂平縣河衝里田隴數十百頃，田中水類爲物所吸，聚爲一直行，高平地數尺，不假隄防而水自行。里南程氏家井水溢，亦高數尺，夭矯如長虹，聲如雷，穿墻毀樓。二水鬥於杉墩，且前且卻，約十刻乃解，各復故。高宗紹興十四年閏十二月。《宋史·五行志》

滄州地震，湧出沙泥、船板、胡桃、螺蚌之屬。熙寧元年。《宋史》

石泉軍地震三日，有聲如雷，屋瓦皆落，時綿竹有冤獄。乾道四年。《宋史》

有赤物隕於太極殿前，初下，鍾皆鳴，俄而國亡。陳後主至德二年。《南史》

柩有聲如牛。僖公三十二年十二月，晉文公卒，殯於曲沃，出絳，柩有聲如牛。劉向以爲近鼓妖也。喪，凶事；聲牛，怒象也。如將有急怒之謀，以生兵革之禍。時秦穆公遣兵襲鄭，晉要之崤厄以敗其師，晉不惟舊，而聽虐謀，結怨强國，四被秦寇，禍流數世凶惡之效也。出《左傳》。

澧州獻瑞木，有文曰“太平之道”。慶曆三年

元氏縣王寔屋柱槐木再生枝葉，高四十餘丈。政和四年。以上《宋史·五行志》。

群鳥夜集於太行山上。《五行志》，亦出《白孔六帖》。

鳳凰見上黨高都，是月又見河南山陽。晉武帝泰始元年

鳳凰集上林。漢宣帝神爵四年。以上《宋書·符瑞志》。

陝州有雉二首向背而連頸者，棲集倉廡，群雉數百來鬥殺之。光啓元年。《唐·五行志》

白象見零陵，又見安成。文帝元嘉二年。《宋書·符瑞志》

二龍戲於館門之外。太宗生於武功之別館。時有二龍戲於館門之外，三日而去。《舊唐書》

詩

江南季冬天，紅蟹大如鯿。湖水龍爲鏡，鑪峰氣作煙。丘丹《狀江南·十二月》

芝蘭種不榮，荊棘剪不去。二者無奈何，徘徊歲將暮。邵子

《吟》

亂飄僧舍茶煙濕，密灑歌樓酒力微。江上晚來堪畫處，漁人披得一蓑歸。鄭谷《雪中偶題》

風卷長空暮雪晴，江煙先洗柳條輕。簷前數片無人掃，又得書窗一夜明。戎昱《霽雪》

寒花帶雪滿山腰，著柳冰珠滿碧條。天色漸明回一望，玉塵隨馬渡藍橋。元禛《西歸》

簾外寒江千里色，林中尊酒七人期。寧知臘日龍沙會，卻勝重陽落帽時。權德輿《臘日龍沙會》

宴宿春闈歲欲除，嚴風密雪絕雙魚。思君獨步西垣裡，日日含香草詔書。權德輿《貢院對雪寄崔閣老》

落雪臨風不厭看，更多還恐蔽林巒。愁人正在書窗下，一片飛來一片寒。僧清江《微雪》

新陽氣候未全佳，尚縱寒威壓歲華。賴有椒觴供卯酒，不妨和雪看梅花。韓子蒼①

起來呵手畫雙鴉，醉臉輕勻襯眼霞。真態生香誰畫得，玉釵纖手嗅梅花。東坡

日腳淡光紅灑灑，薄霜不銷桂枝下。衣稀和氣排冬嚴，已就長日辭長夜。李賀《樂詞》

金吾除夜進儺名，畫褲朱衣四隊行。院院燒燈如白日，沉香火裏坐吹笙。王建《宮詞》

閏曆先春破臘寒，綵花金勝寵千官。冰從太液池邊動，柳向靈和殿裏看。瑞氣因風飄禁仗，暖暉依日上仙盤。須知聖運隨

---

① 該詩作者今題爲宋代韓絳（1012—1088），字子華。韓子蒼，爲韓駒（1080—1135）字。

生殖，萬國年年共此懽。宋郊《閏十二月望日禁中作》

日躔星紀，大呂司辰。玄象改次，庶衆更新。歲事告成，八蜡報勤。裴秀

小寒

冬至後十五日，斗指癸，爲小寒。陽極陰生乃爲寒，今月初寒尚少也。《孝經緯》

小寒爲節者，亦形於大寒，故謂之小，言時寒氣猶未極也。《詩含神霧》

小寒，月之初氣也。陰氣未極，故曰小寒。《曆義疏》

合凍，蒼陽雲出氐。《易通卦驗》

小寒日鴈北鄉。後五日，鵲始巢。後五日，野雞始雊。《月令》

小寒鴈北鄉，鴈不北鄉，即臣不懷君。鵲始巢，鵲不巢，即邊方不寧。又曰一國不寧。野雞始雊，野雞不雊，即國乃大水。《周書·時訓》

將帥講武，習射御、角力。備田獵也。

乃教田獵，以習武戎，班馬政。乃禡百神於南郊，爲來年祈福於天宗。天宗，日月星辰之屬。以上《月令》。

大寒

小寒後十五日，斗指丑，爲大寒，至此栗烈極也。《孝經緯》

大寒在冬至後，二氣積寒而未温也。《天文錄》

大寒者，上形於小寒，故謂之大。十一月一陽爻初起，至此始徹。陰氣出地方盡，寒氣併在上，寒氣之逆極，故謂大寒。《詩含神霧》

大寒，月之中氣，言十二月已半，陰氣大極，故曰大寒。《曆義疏》

冬至陽始起，反大寒何也？陰氣推而上，故大寒。《白虎通》

降雪，黑陽雲出心。《易通卦驗》

大寒日，雞始乳，中氣也。後五日，鷙鳥厲疾。後五日，水澤腹堅。陳氏曰：冰之初凝水面而已，至此則徹上下皆凝，故云。腹堅，腹猶內也。《月令》

大寒，雞始乳，雞不乳，即淫婦亂男。鷙鳥厲疾，鳥不厲疾，即國不除奸。水澤腹堅，不腹堅，即言無所從。《周書·時訓》

立土牛六頭於國郡縣城外丑地，送大寒。《曆志》

始漁。天子親往，嘗魚，先薦寢廟。

冰方盛，命取而藏之。

飭國典，論時令，以待來歲之宜。正月，懸法象魏，故於此與公卿先飭之。以上《月令》。

十二月〔二〕

楚應城陳堦升也甫編輯
邑人徐養量叔弘甫校刻
饒可久無缺甫
周光曙椘將甫
弟陳埏也甫仝閱

一日

殷建丑，以十二月朔爲歲。殷天裂西南。順帝至正己酉年。《元史》

填星熒惑辰星合於南斗。宋孝武帝孝建三年，占曰："改立王公。"出《南齊書·天文志》。

太甲惟三祀十有二月朔，以冕服奉嗣王歸於亳。出《書》。

德宗貶中書侍郎、平章事陸贄爲太子賓客。貞元十年。後又貶爲中州別駕。出《舊唐書》。

宋太宗大雨雪喜御玉華殿，詔宰臣及近臣謂曰："春夏以來未嘗飲酒，今得此嘉雪，思與卿等同醉。"又出御製《雪詩》，令侍臣屬和。雍熙二年。《玉海》

眉州布衣蘇洵是日上書曰：翰林學士歐陽修奏臣所著《權書》《衡論》《機策》二十二篇，乞賜甄錄。陛下過聽，召臣赴闕。臣本田野匹夫，名姓不登於州閭，今一旦卒然被召，臣不幸有負薪之疾，不能奔走道路，以副陛下搜揚之心。憂惶負罪，無所容處。宋仁宗嘉祐三年。出《文編》。

遣中使帥僧衆迎佛指骨。憲宗元和十三年，功德使上言："鳳翔法門寺塔有佛指骨，相傳三十年一開，開則歲豐人安。來歲應開，請迎之。"至十二月一日，上遣中使帥僧衆迎之。出《舊唐書》。

婆斯國，人庶以上，各相命召，設會作樂，以極懽娛。婆斯國，百姓女年十歲以上有姿貌者，王收養之，有功勛人，即以分賜。死者，多棄屍於山，以喪葬之事，號爲不净。以六月爲歲首，至十二月一日，人庶以上，設會作樂云云。出《北史》。

洛那國，人庶以上，各相命召，設會作樂，以極懽娛。洛那國，故大宛國也。設會作樂，七月七日亦然。出《魏書》。

于闐國俗，以是日肆筵設席，拍手撥胡琴唱歌。出《通考》。

淮陽郡以是日種穀。淮陽郡西北接南陽縣，有溫泉，其下流百里，恒資以灌溉。每十一月一日種穀，至明年三月新穀便登。重種，一年三熟。出盛弘之《荆州記》。

八仙聚會蓬萊日。《集仙録》

詩

今朝臘月春意動,雲安縣前江可憐。一聲何處送書鴈,百丈誰家上瀨船。未將梅蕊驚愁眼,更取椒花媚遠天。明光起草人所羨,肺病幾時朝日邊。

寒輕市上山煙碧,日滿樓前江霧黃。負鹽出井此溪女,打鼓發船何郡郎。新亭舉目風景切,茂陵著書消渴長。春花不愁不爛熳,楚客唯聽棹相將。

即看燕子入山扉,豈有黃鸝歷翠微。短短桃花臨水岸,輕輕柳絮點人衣。春來準擬開懷久,老去親知見面稀。他日一杯難強進,重嗟筋力故山違。工部十二月初一日作。

首路栗亭西,尚想鳳凰村。季冬攜童稚,辛苦赴蜀門。南登木皮嶺,艱險不易論。汗流被我體,祈寒為之暄。遠岫爭輔佐,千巖自崩奔。始知五嶽外,別有他山尊。仰干塞大明,俯入裂厚坤。再聞虎豹鬥,屢蹴風水昏。高有廢閣道,摧折如短轅。下有冬青林,石上走長根。西崖特秀發,煥若靈芝繁。潤聚金碧氣,清無沙土痕。憶觀崑崙圖,目繫玄圃存。對此欲何適,默傷垂老魂。十二月一日,工部自隴右赴劍南,過木皮嶺作。

二日

混元皇帝降於朝元閣。唐玄宗天寶七載十二月二日降於朝元閣,改爲降聖閣。出《會要》。

宋真宗生,以爲承天節。初乾德五年,五星如連珠聚於奎,當魯分,從鎮星,辰見東方,占曰:"有德受慶,大人奄有四方,子孫蕃昌。"明年,元德皇后李氏夢以裙承日,有娠,十二月二日生真宗於開封第。赤光照室,左足指有文成"天"字。至道三年即位,以生日爲承天節。群臣上壽於崇德殿,晏殊作《承天節述聖賦》,楊億作《承天節頌》。出《天中記》。

竇參薨。參,字時中,父審言。參習法令,通政術,性矜嚴强直。加檢校司徒,兼中書令，諸使、副元帥。貞元十五年十二月二日，薨於鎮。廢朝五日，群臣於延英奉慰。詔贈太師，謚曰忠武。出《舊唐書》。

　　東坡與歐陽叔弼、季默夜坐。哲宗元祐六年十二月二日夜坐，記《道人問真說》，時東坡年五十六。出《長公外紀》。

　　好道者登山。左慈聞江東有勾曲山，齋戒三月而登山，乃得其門，入洞虛造陰宮，三茅君授以神芝三種。故好道者欲求神仙，宜先齋戒，俟十二月二日登山。茅君即授以要道，得入洞門。三月十八日亦然。出《茅君傳》。

　　列子遊勾曲山。太極真人、東海青童等。出《翰墨大全》。

　　詩

　　長淮久無風，放意弄清快。今朝雪浪滿，始覺平野隘。兩山控吾前，吞吐久不嗄。孤舟繫桑本，終夜舞澎湃。舟人更傳呼，弱纜恃菅蒯。平生傲憂患，久已恬百怪。鬼神欺吾窮，戲我留一噫。瓶中尚有酒，信命誰能戒。東坡十二月二日作。莊子云"大塊噫氣，其名爲風"，則今以"噫"言風矣。

　　# 三日

　　唐德宗賜文武官綾袍。貞元八年。《玉海》

　　元憲宗桓肅皇帝生。諱蒙哥，睿宗拖雷之長子也。十二月三日生，時有黃忽答部知天象者，言帝後必大貴，故以蒙哥爲名。蒙哥，華言長星也。出《元史》。

　　周瑜聚衆將曰："吾非不欲盡忠報國，奈天命絶何？汝等善事吳侯，共成大事。"言畢而亡。建安十五年十二月三日卒，壽三十六。出《三國志》。

　　遣使祭貞石。肅宗上元十七年八月四日，原州昌松縣瀉池谷有石，青質白文成字曰："太平天子五王六王七王十鳳毛才子及七佛八菩薩"等語，原州奏聞上。十二月初三日，遣使祭之，曰：天有成命，表瑞貞石。文字昭然，曆數淮永。出《五行志》。

　　陸九淵命掃灑焚香。宋陸九淵，字子靜。究心典籍，見於躬行。十二月三日有疾，接見屬僚，與論政理如平時。宴息靜室，命掃灑焚香。新衣幅巾端坐，家人進藥,卻之不復言,後數日卒。出《左編》。

北斗北極降。道經

詩

久客見華髮,孤櫂桐廬歸。新月無朗照,落日有餘輝。漁浦風水急,龍山煙火微。特驚沙上鴈,一一背南飛。潘閬歲暮初三日自桐廬歸錢塘晚泊漁浦作。

窮冬月末兩三日,半百年過六七時。龍尾趁朝無氣力,牛頭參道有心期。榮華物外終須悟,老病傍人豈得知。猶被妻兒教漸退,莫求致仕且分司。

惟生一女纔十二,抵欠三年未六旬。婚嫁累輕何怕老,饑寒心慣不憂貧。紫泥丹筆皆經手,赤紱金章盡到身。更擬踟躕覓何事,不歸嵩洛作閒人。白樂天《戊申十二月三日詠懷》

四日

唐高宗崩。崩於弘道元年十二月四日,葬乾陵,在京兆府奉天縣界。出《通考》。

宋真宗命石保吉賜契丹使宴,射於玉津園。景德元年十二月四日賜宴。自後使至賜宴,此其始也。出《事物紀原》。

黃巢陷京師。廣明元年,先黃巢攻潼關,官軍大潰,燔掠西市。唐僖宗夜自開遠門出,趨駱谷。十二月四日,賊至昭應,陷京師矣。時巢衆累時爲盜,行伍不勝其富,遇窮民於路,而慰曉之曰:"黃王爲生靈,不似汝家不惜汝輩,但各安家業。"賊衆競投物遺人。出《舊唐書》。

衡山道士彌明舊與劉師服進士相識,是夜抵其居,宿。有校書郎侯喜能詩,夜與劉說詩,彌明在其側,貌極醜,白鬚黑面,長頸結喉,又作楚語,喜視之,若無人。彌明忽軒衣張眉,指鑪中石鼎謂喜曰:"子雲能詩,能與我賦此乎?"即援筆題其首曰:"巧匠琢山骨,剗中事煎烹。"喜綴之曰:"外苞乾蘚文,中有潛浪驚。"彌

明啞然笑曰："子詩如是而已乎?"乃坐而高吟曰："龍頭縮菌蠢，
豕腹脹彭亨。"旨在譏喜也。侯、劉相顧慚駭，曰："尊師非常人
也，某等願爲弟子。"彌明曰："何當出灰池，無許離缾甖。謬居鼎
鼐間，長使水火争。形模婦女笑，度量兒童輕。徒爾堅貞性，不
過升合盛。寧依暖熱輩，不與寒涼并。忽羅翻溢怒，實負任使
誠。陋質荷斟酌，狹裏愧提擎。豈能煮仙藥，但未污羊羹。區區
徒自效，瑣瑣安足呈。難比俎豆用，不爲手所撜。願君勿嘲笑，
此物方施行。"吟畢，即袖手竦肩，倚北墻坐，謂二子曰："吾閉口
矣。"二子大懼，皆起立床下再拜，而彌明鼻息如雷鳴。頃之，彌
明不見，二子驚惋自責，若有失者。《仙傳拾遺》，亦出韓愈《序》。

九壘土皇君上詣答和天，奏九地得仙人名。道經

五日

唐代宗以諸州府學博士改爲文學，品秩同參軍。大曆十四年十
二月五日。漢郡國皆有文學掾，則文學，漢官也。蕭宗時，顏真卿曰："文學，蓋復漢舊
號也。"出《事物紀原》。

宋真宗宴尚書省五品、諸軍都指揮使以上、契丹使於崇德
殿，不舉樂，以明德太后喪制故也。景德二年，時契丹初來賀承天節，擇膳
夫五人賞本國異味，就尚食局造食，詔賜膳夫衣服、銀帶、器帛。

宋高宗謂輔臣曰:孔子作經，經之祖；左氏作傳，史之祖。紹
興六年。以上《玉海》。

詩

八年十二月，五日雪紛紛。白樂天

六日

唐莊宗與皇后如張全義第，全義大陳貢獻，酒酣，皇后奏稱:
"妾幼失父母，見老者輒思之，請父事全義。"帝許之。全義惶恐

固辭，再三彊之，竟受皇后拜，復貢獻謝恩。同光二年十二月六日，後命翰林學士趙鳳草書謝全義，鳳密奏："自古無天下之母拜人臣爲父者。"帝嘉其直，然卒行之。自是后與全義日遣使往來，問遺不絶。出《後唐紀》。

宋人田述古卒。述古，字明之。以哲宗元符三年十二月六日卒，享年七十。蚤孤，遊學京師。甫冠，補太學生。事安定胡先生爲弟子，勤學好問。以鄉薦不中第，嘆曰："得失命也。"乃慨然發憤隱居講誦二十餘年不復出。哲宗嗣位，搜訪遺逸，除襄州司法參軍，述古曰："老矣！不任爲吏。"出《宋文鑑》。

天倉開，宜入山修道。《内景經》

詩

薄晚蓬山下直餘，笑看六出點衣裾。絮飛簾外無縈絆，花落塔前不掃除。松鬣垂身全類我，竹頭搶地最憐渠。短檠便可捐墙角，剩有窗光映讀書。曾茶山十二月六日大雪作。

七日

宋哲宗生於宮中，赤光照室。及即位，群臣請以十二月七日爲興龍節，表云：夢日儲祥，預席有開之慶。奉符踐祚，適丁利見之期。上批答曰：赤斷錫符，獲成洪緒。冬成肅物，用紀誕辰。卿等對揚甲觀之祥，願上興龍之節，既以申盛禮於兩宮，亦以同懽心於萬國。哲宗，諱煦，神宗第六子。母曰欽聖皇后朱氏，熙寧九年哲宗生。出《合璧事類》。

歐陽永叔、王原叔二翰林，韓子華、吴長文二舍人是日同過司馬君實舊廬，值出不及見君實，於是作詩，詩曰：枯竹爲門扉，不可容車騎。況如鄭廣文，無氈藉賓位。窮冬月破七，貴客聯玉轡。傳騶蕭里間，下榻呼童稚。問我何所往，共留墙上字。兒愚不知誰，金章言照地。既居卿大夫，恨莫親尋簣。星躔回已高，麟距寧復致。戢戢鄰巷居，相見竊自喟。豈料瘦老翁，能令賢達至。昔時蓬蒿徑，安有此盛事。十二月七日同過。出《事文類聚》。

勃泥國以是日爲歲節。以十二月七日爲歲節。地熱，多風雨，國人宴會，鳴鼓、吹笛、擊鈸、歌舞爲樂。無器皿，以竹編貝多葉爲器盛食，食訖棄之。王所居室，覆以貝多葉，民舍覆以草。其地無麥，有麻稻。無鹽，用吉貝花織成布。飲椰子酒。出《宋史·外國傳》。

不宜水陸遠行，凶。《遵生八箋》

夜犯掠剩大夫降惡病死。《三元延壽圖》

詩

天風淅淅飛玉沙，詔恩歸沐休早衙。遥知清虛堂裏雪，正似蒼蔔林中花。出門自笑無所詣，呼酒持勸惟君家。踏冰淩兢戰疲馬，扣門剥啄驚寒鴉。羨君五字入詩律，欲與六出争天葩。頭風已倩檄手愈，背癢恰得仙爪爬。銀餅瀉油浮蟻酒，紫碗鋪栗盤龍茶。幅巾起作鴟鵒舞，疊鼓誰摻漁陽撾。九衢燈火雜夢寐，十年聚散空咨嗟。明朝握手殿門外，共看銀闕暾朝霞。十二月七日興龍節侍宴前一日，微雪，東坡與子由同訪王定國。小飲清虛堂，定國出詩皆佳，子由又言昔與孫巨源同過定國，感念存歿悲嘆久之。夜歸各賦一篇以示定國。

八日

唐德宗臘八日畋於苑中，止其多殺，行二驅之禮。貞元十一年。《通考》

唐敬宗獵還宮，與中官劉克明、田務成、許文端打毬，軍將蘇佐明、王嘉憲、石定寬等二十八人飲酒。帝方酣，入室更衣，殿上燭忽滅，克明等同謀害帝，即時殂於室內，時年十八。寶曆二年十二月八日。《舊唐書》

宋哲宗本七日生，爲興龍節，群臣復請以八日爲興龍節。不以先一日者，以避僖祖忌，故後一日。《天中記》

宋太宗因數年以來冬無雪，至是日，雪深尺餘，上喜，賜近臣宴於中書，詔令盡醉。上賦詩，親以八分書，遣中使就宴所賜之。
淳化二年。出《玉海》。

宋太祖謚孔子曰至聖。建隆五年十二月八日。出《會要》。

民間用各色米、豆、果實合而煮之，謂之臘八粥，無不食者。
《宣撫鎮志》

東京作浴佛會，以諸果品煮粥，謂之臘八粥。出《風土記》。據《山堂肆考》，南方專用臘月八日浴佛。宋朝東京十二月初八日，都城諸大寺作浴佛會，並造七寶五味粥，謂之臘八粥。

佛臘月八日降伏六師，投佛請死。投佛請死，言佛以法水洗我心垢，則設浴之事，西域舊俗，亦今臘月灌佛之始。出《俗緣記》，亦出《事物紀原》。

沐浴轉除罪障。《荊楚歲時記》

八日佛道成。據經，佛初成道於泥蓮池，故北人以是日灌木佛像。《歲時雜記》：“僧家以乳蕈、胡桃、百合等造七寶粥，亦謂之鹹粥，供佛及僧道檀越。”《天中記》

佛圖澄卒。澄姓白氏，西域人。身八尺，姿甚美。少出家，晉永嘉四年適洛陽。念神咒使鬼神，見千里外事如面，又聽鈴音知一切興亡休咎事，不爽。至穆帝永和四年十二月初八日，卒。石虎殮澄，以杖、缽內之棺中，窆於臨漳西紫陌之地。澄死之日，有見於流沙。虎疑其不死，開棺視之，惟杖缽存空棺中。澄左脅乳旁有一孔，約大四寸，通徹腹內，時以絮塞之，夜欲讀書，輒拔出其絮，則一室瀾明。又齋日至水邊，引腸滌之，已而復納於中。後謂弟子法祚曰：“戊申禍亂將萌，己酉石氏當滅。吾及未亂，當先化矣。”石氏即石勒。出《高僧傳》。

詩

臘月風和意已春，時因散策過吾鄰。草煙漠漠柴門裏，斗跡重重野水濱。多病所須惟藥物，差科未動是閒人。今朝佛粥更相餽，更覺江村節物新。陸放翁十二月八日步至西村作。

石壁開金像，香山繞鐵圍。下生彌勒見，迴向一心歸。松竹禪庭古，樓臺世界稀。夕嵐增氣色，餘照發光輝。講席邀談柄，泉堂施浴衣。願承功德水，從此濯塵機。孟浩然十二月八日於剡縣石城寺作。

九日

唐高祖幸涇陽之華池校獵。武德五年十二月九日校獵，謂群臣四：“今日畋，樂乎？”蘇世長進曰：“不滿十旬，未爲樂也。”出《通典》。

唐高祖以武功宮改爲慶善宮。武德六年十二月九日，改爲慶善。至貞觀六年九月，太宗幸慶善宮，宴從臣於渭濱，上賦詩云：指麾八荒定，懷柔萬國夷。單于陪武帳，日逐衛文楣。端扆朝四岳，無爲任百司。共樂還譙宴，歡此大風詩。云云。出《會要》。

宋太宗大雪詔近臣及中書，令各賦詩，上製《瑞雪歌》賜之。端拱二年。《玉海》

宋英宗召輔臣觀御篆孝嚴殿額於迎陽門，遂御延和殿賜茶。治平元年。《玉海》

僧神光大雨雪堅立不動。菩提達磨祖師者，南天竺國香王第三子也。有僧神光者，十二月九日夜大雨雪，堅立不動，遲明積雪過膝，祖師曰：“汝久立雪，何事？”光悲淚曰：“惟願慈悲開甘露門，廣度庸品。”祖師曰：“豈可以小德小智，輕心慢心，欲冀真乘？”光聞至教，乃以利刀自斷左臂，置於祖師前。祖師曰：“諸佛最初求道，爲法忘刑。”出《史纂左編》。

詩

掛帆望煙渚，整棹別津亭。風水已云便，我行安得停？離樽枉群賢，濁醪愧先傾。談笑不知遠，但覺江流清。獵獵甘蔗洲，茫茫白沙汀。斯須復回首，秖有遥山青。野色一似暝，月光晶孤明。中流漾華目，極浦涵疏星。酒酣客散歸，茫然獨宵征。起視天宇闊，此身一浮萍。難追五湖遊，未願三閭醒。且詠招隱作，孤舟轉泠湋。朱文公十二月九日與諸賢同舟，乘風頃刻千里，江空月明，飲酒甚樂,分韻得"星"字。

十日

宋太祖出元化門校獵。<small>建隆二年。出《玉海》。</small>

程全進《孝經解》,命爲大學職事。<small>宋高宗紹興十年十二月十日。出《玉海》。</small>

夏侯威得疾。<small>朱建平,沛國人也。善相術,效驗非一。相夏侯威曰:"君四十九位爲州牧,而當有厄。"後夏侯威爲兗州刺史,年四十九,十二月初十日得疾,念建平之言,自分必死。後三十日,病差,設酒以待賓曰:"明日年便五十,或不死也。"威罷客之後,夜半卒。出《三國志·魏書》。</small>

萼緑華仙人降現。<small>《翰墨大全》</small>

詩

十莢堯蓂開翠羽,一番潘貌蒸紅頰。<small>《事文類聚》</small>

十一日

宋真宗是日親饗廟,將祀汾陰。<small>祥符三年。《通考》</small>

宋高宗是日諭輔臣曰:劉光世喜書,前日來乞朕所臨《蘭亭敘》,亦以一本賜之。因論書法甚詳,及法帖,曰其間甚有可議。如古帝王帖中,有漢章帝《千文》,《千文》是梁周興嗣所作,何緣章帝書之?舉此一事,其它可知,豈不誤後學者。<small>《玉海》。紹興七年。</small>

田布會諸將復議興師。<small>田布,弘正第三子。始,弘正爲田季安神將,鎮臨清,布年尚幼,知季安身世必危,密白其父帥其所鎮之衆歸朝,弘正甚奇之。後弘正移鎮成德軍,以布爲河陽三城懷節度使,父子俱擁節旄,同日拜命。布以衛軍三萬餘討賊,結壘於南宮縣之南。時史憲誠陰有異志,而衛軍驕侈,怯於格戰,又屬雪寒,糧餉不給,以此愈無鬥志,憲誠從而間之。布還魏州,十二月十一日,會諸將復議興師,而將卒益倨,布以憲誠離間,度衆終不爲用,即日密表陳軍情,略曰:"臣觀衆意,終負國恩,臣既無功,不敢忘死。"出《舊唐書》。</small>

張洵卒。<small>朝奉郎、尚書司封員外郎張洵,以皇祐二年十二月十一日卒,王荆公</small>

爲之誌銘曰：有嘉張君，質静寬徐。進非所好，人用稱譽。視利在前，蹲循弗趨。退施一州，用智之餘。嘻其葬矣，次有銘書。出《臨川集》。

詩

隆寒徂季月，初沐履浹辰。《事文類聚》

十二日

穆宗。入海日，故是日忌離家。讓國皇帝，穆宗親兄，不爲太后所愛，故穆越次，向讓皇不肯臣穆宗，遂造舡入海，不知其處。入海時，留語四句刻於玉碑上，云："小山壓大山，大山全無氣。羞見本邦人，將身投化外。"國人以十二月十二日入海也，故是日忌離家。① 出《白孔六帖》。

安禄山爲河北、河東採訪使，舉范陽之兵詣闕，陷東都。禄山十二月十二日陷東都。顔杲卿忠誠感發，恐危宗社。時從弟真卿爲平原太守，初聞禄山逆謀，陰養死士，爲拒賊之計。至是告杲卿，相與起義兵，掎角斷賊歸路。出《舊唐書》。

鶹鶛起。鶹鶛正月飛，後巢中不復起。十二月十二日起，南人設網取之。出《酉陽雜俎》。

玉晨大道君登玉霄琳房四顧天下，太素三元君朝真，謂之百福日。道經

十三日

唐代宗生於上陽宮。代宗，肅宗長子，開元十四年十二月十三日生於東都上陽宮。初名俶，年十五封廣平王。玄宗諸孫百餘，上爲嫡皇孫。宇量弘深，寬而能斷，喜懼不行於色。仁孝温恭，動必由禮。幼而好學，尤專《禮》《易》，玄宗鍾愛之。《舊唐書》

宋真宗命喬希顔等巡鋪。太宗雍熙二年詔貢士禮部引試，分差官廊下

---

① 該史實爲遼被追諡爲讓國皇帝的耶律倍，因崇漢被逼讓位耶律德光，即遼太宗，耶律倍在海邊留詩後渡海投奔後唐。遼穆宗爲耶律德光的長子耶律璟，故此處穆宗應爲太宗。

巡鋪，勿容私相教授。至真宗景德四年十二月十三日，命希顔等巡鋪。自此巡鋪遂爲定制。出《宋朝會要》。

宋高宗。是日，施諤上《行都賦》。建炎十七年。出《玉海》。

安德王延宗受敕守并州。延宗，幼爲文宣所養，年十二，置腹上令溺己臍中，抱之曰："可憐，止有此一箇。"問欲作何王，對曰："欲作衝天王。"文宣問楊愔，愔曰："天下無此郡名，願使於安德。"於是封安德焉。後延宗敗前，在鄴廳事見兩日相連置。以十二月十三日晡時受敕守并州，明日建尊號，不間日而被圍，經宿至食時而敗。年號德昌，好事者言其得二日云。出《北齊書》。

黃巢以是日僭位，國號大齊，年稱金統，仍御樓宣赦，且陳符命曰："唐帝知朕起義，改元廣明，以文字言之，唐已無天分矣。'唐'去'丑''口'而安'黃'，天意令黃在唐下，乃黃家日月也。土德在金，予以金王，宜改年爲金統。"巢賊十二月十三日僭位。巢，曹州冤句人，本以販鹽爲事，乾符中，歲荒爲盜。《舊唐書》

唐時戴可師是日圍賊於都梁山下，賊已就降，而可師自恃兵强，不爲備，賊將王弘立者將兵數萬人，捷徑赴救，奔突而前，官軍潰亂，遂爲所敗，可師並監使、將校已下咸沒於陣。出《紀亂》。

天帝遊東井。

天元太乙朝元。以上道經。

十四日

宋真宗召近臣至龍圖閣閱書，又幸資政殿，作詩，命即席皆賦。祥符五年。《玉海》

海陵嫡母徒單氏生。徒單氏，宗幹之正室也。徒單無子，次室李氏生長子鄭王充，次室大氏生三子，長即海陵也。徒單氏遇下有恩，大氏事之甚謹，相得懽甚。天德四年，海陵遷中都，獨留徒單於上京。徒單嘗憂懼，每中使至，必易衣以俟命。大氏在中都嘗思念徒單，謂海陵曰："永壽宮待吾母子甚厚，慎勿忘也。"十二月十四日生，海陵使祕書監往上京上壽。後大氏病篤，恨不得一見，臨終，謂海陵曰："汝以我之故,不令永壽宮偕來中都。我死,必迎致之,事永壽宮當如事我。"出《金史》。

詩

南溪得雪真無價,走馬來看及未消。獨自披榛尋履跡,最先犯曉過朱橋。誰憐破屋眠無處,坐覺村饑語不囂。惟有暮鴉知客意,驚飛千片落寒條。東坡《十二月十四日夜微雪往南溪小酌》

十五日

隋煬帝。是夜通漢鎮北有赤氣。袁充,字德符。性好道術,頗解占候。隋煬帝大業六年,遷內史舍人。從征遼東,拜朝請大夫、秘書少監。其後天下亂,盜賊並起,帝不自安,充以天文上表曰:去年十一月二十日夜,有流星赤如火,從東北向西南,落賊帥盧明月營,破其撞車。至十二月十五日夜,通漢鎮北有赤氣,突厥將亡之應也。帝大悅。帝每欲征討,充皆預知之。出《隋書》。

王文殊思父,北望長悲。文殊,字令章,吳興故鄣人。父入魏,文殊思慕泣血,終身蔬食,不衣帛,服麻縕而已。吳興太守謝①聘爲功曹,不就。每於十二月十五日,未嘗不北望長悲,如此三十餘年。後太守孔琇之表其行,改所居爲孝行里。出《齊書》。

占城國風俗,城外縛木爲塔,王及人民以衣物香藥置塔上焚之以祭天。占城國在中國之西南,風俗以十二月十五日祭天。人有疾病,旋采生藥服食。地不產茶,亦不知醞釀之法,止飲椰子酒,食檳榔。刑禁亦設枷鎖,小過以四人拽伏於地,藤杖鞭之,二人左右更互棰扑。出《宋史·外國傳》。

張繼先入見徽宗,徽宗曰:"澥池水溢,民罹其害,故召卿治之。"命下即書鐵符,令弟子祝永祐同中官投澥池。頃雷雨晝瞑,有蛟蜃死於水上。繼先,字嘉聞,號翛然子,此三十代天師也。宋徽宗崇寧二年,澥州奏鹽池水溢,上以問道士徐神翁,對曰:"蛟蜃爲害,宜宣張天師。"命有司聘之。十二月十五日,天師入見,即書鐵符投澥池,後奏鹽課復常。出《史纂左編》。

---

① 謝指謝瀹。

西斗星降。道經

詩

閏曆先春破臘寒，綵花金勝寵千官。冰從太液池邊動，柳向靈和殿裏看。瑞氣因風飄禁仗，暖暉依日上仙盤。須知聖運隨生殖，萬國年年共此懽。宋郊《十二月十五日立春禁中作》

十六日

武則天封嵩山爲神嶽。通天元年。出《武后傳》。

玄宗是日親征祿山，使太子監國，制書云："今親總六師，率衆百萬，鋪敦元惡，巡撫洛陽。"天寶十四載，出《唐曆》，亦出《幸蜀記》。

唐太宗問子孫長久之道，蕭瑀對以封建，上然之，始議封建。貞觀二年十二月十六日。出《會要》。

元順帝至正年是日，用白黑羊毛爲線，帝后及太子自頂至手足皆用羊毛線纏繫之，坐於寢殿。蒙古巫覡念咒語，奉銀槽貯火，置米糠於其中，沃以酥油，以其煙薰帝之身，斷所繫毛線，納諸槽內。又以紅帛長數寸，帝手裂碎之，唾之者三，併投火中。即解所服衣帽付巫覡，謂之脫舊災、迎新福。《元史》

外夷南詔以是日爲星迴節，登避風臺，命清平官賦詩，略曰：避風善闡臺，極目見藤越國名。忽爾古與今，依然煙與月。自我居震旦謂天子爲震旦，翊衛賴稷契。不覺歲雲暮，感極星迴節。元昶謂朕爲元，謂郎爲昶同一心，子孫堪貽厥。彼國謂詞臣曰清平官。出《玉谿編》。

天竺國以是日爲臘，臘則麥熟。《西域諸國志》

詩

臘月初飛二萊薁，祥開崧嶽慶生申。《事文類聚》

十七日

孝宗詔：太上皇帝聖壽無疆，新歲七十，以十二月十七日立春行慶壽禮。是日早，文武百僚並簪花赴文德殿立班，聽宣慶壽赦。隆興二年。出《宋史》。

孝宗詔：西湖係放生池，不得採捕。淳熙十三年。《玉海》

太微玄清左夫人與太元夫人降曲勾金壇。道經

　　詩

憑高遊目快遐瞻，落日孤雲與水兼。萬頃澤空供雪意，一枝梅笑破冬嚴。擎蒼未減飛揚興，引滿何辭斗石添。楊柳催春兼警客，荒溝照影弄纖纖。

從今羞復立功名，鹵莽因循已半生。心遣我愚應有謂，眼看人智亦何成。夢爲蝴蝶因觀化，目送飛鴻謾寄情。堪笑妻兒懷土甚，謫期未滿已流行。張宛丘《十二月十七日移病家居》

燈燼不挑垂暗蕊，香爐重撥尚餘熏。清風欲起雅翻樹，缺月初升犬吠雲。閉眼此心新活計，隨身孤影舊知聞。雷州別乘應危坐，跨海清光與子分。東坡《十二月十七日夜坐達曉，寄子由》

十八日

宋咸上《注周易》十卷，詔褒諭。仁宗至和元年。《玉海》

老君降。

北斗降。以上道經，亦載《翰墨大全》。

十九日

唐高宗親饗廟。《通考》。總章元年。

宋太祖始獵於近郊，賜宰臣至諸軍都校錦袍。親御弧矢，中兔三，從官稱賀。建隆二年。《玉海》

黃潛善由右僕射拜左相。宋高宗建炎六年。《宋濂集》

黃山谷發鄂渚。山谷作《承天院塔記》，朝廷謂其"幸災謗國"，以崇寧癸未二年自鄂謫宜州，十二月十九日發鄂渚。《宋濂集》

蘇東坡於宋仁宗景祐二年是日生。至元符三年，東坡因誕辰，置酒赤壁磯下，倨高峰俯鶻巢，酒酣，笛聲起於江上。客有郭、尤二生頗知音，謂東坡曰："笛聲有新意，非俗工也。"使人問之，則進士李委聞東坡生日，作一曲曰《鶴南飛》以獻。呼之使前，則青巾紫裘腰笛而已。既奏新笛，又快作數聲，嘹然有穿雲裂石之聲，坐客皆飲滿醉倒。委袖出佳紙一幅曰："吾無求於公，得一絕句足矣。"坡笑而從之，詩曰："山頭孤鶴向南飛，載我南遊到九疑。下界何人也吟笛，可憐時復犯龜茲。"《詩話》，亦出《長公外紀》。

　　詩

與公同丙子，三萬六千日。東坡《十二月十九日贈長蘆長老》

二十日

秘書監胡旦是日上《唐乘》七十卷、《五代史略》四十二卷、《演聖通論》七十二卷、《將帥要略》五十三卷，仁宗詔以旦子彤爲監簿。天聖五年。出《玉海》。

迎什入關。鳩摩羅什，天竺人。善經律，其人大德智。苻堅以呂光伐龜茲，載至中國。姚秦弘始三年十二月二十日，迎什入關，待以國師禮，優寵之。出《高僧傳》。

沐浴去災。《雲笈七籤》

天河相交行道，犯之促壽。《三元延壽書》

　　詩

季冬兩十雞鳴初，僚吏造府如雲趨。繡軸捧星香擁爐，共慶

此日生真儒。《事文類聚》

二十一日

仁宗詔正旦日食,自是日不御前殿,減常膳。嘉祐四年。出《玉海》。

理宗淳熙五年,太史奏來歲正旦日食,詔以十二月二十一日避正殿,減膳,命有司講行厥政,凡可以消弭災變者,直言無隱。出《山堂肆考》。

太宗御丹鳳樓觀酺,召侍臣賜飲。自樓前至朱雀門張樂,又集開封府諸縣及諸軍樂人列於御街,音樂雜發,觀者溢道,縱士庶遊觀,遷市肆百貨於道之左右。召畿甸耆老列坐樓下,賜之酒食。賜群臣宴於尚書省,仍作詩以賜。雍熙元年十二月,詔曰:"王者賜酺推恩,與眾共樂,所以表昇平之盛事,契億兆之懽心。累朝以來,此事久廢。"二十一日,御丹鳳樓。出《宋史·禮志》。

核膚有青昔之兆。段思平有異兆,蒙主楊于貞忌之,使人索捕。思平逃匿,饑摘野桃,剖之,核膚有文曰:"青昔。"思平拆之曰:"青乃十二月,昔乃二十一日。今楊氏政亂,吾當以是日舉義乎?"遂借兵。軍至河尾,是夕,思平夢人斬其首,又夢玉瓶耳缺,又夢鏡破,懼不敢進兵,其軍師董迦羅曰:"三夢皆吉兆也。公爲大夫,'夫'去首爲'天',天子兆也。玉瓶去耳爲王,王者兆也。鏡中有影,如人有敵,鏡破則無影,無影則無敵矣。三夢皆吉兆也。"思平乃決。明旦遂引兵渡江,逐楊氏而有蒙國,改國號曰大理。時晉天福二年。出《滇記》。

王晉卿致墨於東坡。元祐二年十二月二十一日,王晉卿致墨於東坡二十六丸,凡十餘品。雜研之,作數十字以觀其色之淺深。若果佳,當搗合爲一品,亦當爲佳墨。東坡昔在黃州,鄰近四五郡皆送酒,東坡合置一器中,東坡笑曰:"昔酒合一器中謂之'雪堂義樽',今又不爲'雪堂義墨'耶?"出《長公外紀》。

諸天上真朝元日。道經

詩

春到梅稍許樣妍，更經九日是新年。曉來忽聽兒童語，此夕人間誕女仙。《事文類聚》。慶女人。

二十二日

萬壽節。唐莊宗十二月二十二日。出《玉海》。

宋太祖崩於開寶九年，太宗嗣位，是日改爲太平興國元年。《容齋續筆》

宋太宗是日郊祀畢，賜宰臣、文武等宴於尚書省，帝作詩以賜。其日晚，又宣旨曰："今日卿等宴會，恐未盡懽，可更賜來日宴。"群臣獻歌詩賦頌者數十人，並付史館。於是飲三日。雍熙元年。《玉海》

戴洋謂劉胤曰：十二月二十二日庚寅勿見客。戴洋，吳興長城人也。好道術，妙解占候卜數。洋往尋陽，劉胤鎮尋陽，胤問洋曰："我病當差不？"洋曰："不憂使君不差，憂使君今年有大厄。使君年四十七，行年入庚寅。太公陰謀曰：'六庚爲白獸，在上爲客星，在下爲害氣。'年與命并，必凶當忌。十二月二十二日庚寅勿見客。"胤曰："我當解職，將還野中治病。"洋曰："使君當作江州，不得解職。"及期，爲郭默所害。據《戴洋傳》，被害在十二月二十四日。此出《史纂左編》。

丹陽羽化胡璋、徐紹祖等見瑞鶴蟠繞空際，丹陽三髻，現於彩雲之上。丹陽祖師弟子也，十二月二十二日羽化。出《左編》。

王嚞生。王嚞，京兆咸陽人。母感異夢而妊，二十有四月生於宋徽宗政和二十年十二月二十二日。師自幼不群，及長，體貌雄偉美鬚髯，倜儻尚文，好屬文，才思敏捷。至正隆四年，師忽嘆曰："孔子四十不惑，孟子四十不動心。予猶碌碌如此，不亦愚乎？"年至四十有八，所遇者皆唐純陽子呂仙翁之化身也。師性少撿束，時人目之曰"害風"，師受而不辭。關中謂狂者爲害風。正月四日已載王嚞事，此日載王嚞之誕辰也。王嚞，號重陽子。出《史纂左編》。

馬鈺枕肱而逝。馬鈺，字宜甫。十二月二十二日夜將二鼓，風雨大雷，師東首枕肱而逝。索筆書頌云："長年六十一,在世無人識。烈雷吼一聲,浩浩隨風逸。"元至元六年,贈丹陽抱一無爲真人。出《左編》,據道書,事在二月二十二日,未知孰是,俱録。

太平護國天尊降。藏經

二十三日

宋徽宗宣和七年是日,上御玉華閣,召宰執吳敏等對,至日晡時,決内禪之議,擢吳敏爲門下侍郎,草傳位詔。是夕,命太子入居禁中,覆以御袍。太子俯伏感泣,力辭。翌日又固辭,不從,乃即大位,御垂拱殿見宰執、百官。時日有五色,暈挾珥赤黄色,有重日相摩蕩久之。乃隱是時金人入寇猖獗。出《史纂左編》。

畢誠卒。畢誠,字存之,鄆州須昌人也。太和中,進士擢第。在相位,以疾固辭,十二月二十三日卒。誠謹厚,長於文學,尤精吏術。出《舊唐書》。

秦檜是日誕辰,高宗詔曰:"省所奏辭免生日賜宴。朕聞聖賢之興必五百歲,君臣之遇蓋亦千載。夫以不世之英,值難逢之會,則其始生之日,可不爲天下慶乎!式燕樂衍,所以示慶也。非喬嶽之神無以生申、甫,非宣王之能任賢無以致中興。今日之事,不亦臣主俱榮哉?宜服異恩,無守沖節。所請不允。"紹興十三年。出《宋史》。

五嶽之神下降人間。道經

詩

纔爭七日春來到,梅吐南枝消息早。《事文類聚》

二十四日

玄宗親祀九宫神於東郊。天寶三載,術士蘇嘉慶上言,請於城東置九宫神壇。其年十二月二十四日親祀。《通考》

晉安帝。四黑龍登天。安帝元熙元年二十四日,四黑龍登天。《傳》曰:

"冬龍見,天子亡社稷,大人應天命之符。"《金雌詩》云:"大火有心水抱之,悠悠百年是其時。"火,宋之分野。水,宋之德也。《金雌詩》又曰:"雲出而雨漸欲舉,短如之何乃相岨,交哉亂也當何所,惟有隱巖殖水黍,西南之朋困桓父。"兩云"玄"字也。短者,云胙短也。巖隱不見,惟應見穀,殖禾穀邊,則聖諱炳明也。《易》曰:"西南得朋。"故能困桓父也。劉向讖曰:"上五盡寄致太平,草付合成集群英。"前句則陛下小諱,後句則太子諱也。出《宋書·符瑞志》。

宋太宗幸講武臺。興國二年,上將有事於晉陽,習武事也。明年,遂平河東。

宋徽宗賜太師蔡京以下赴睿謀殿宴,景龍門觀燈。續有旨,宣太傅王黼赴宴。以上《玉海》。宣和六年。

劉玄英降世。玄英,號海蟾子。初名操,後得道改稱焉。十二月二十四日降世,十一月二十七日上昇,元至元六年褒贈海蟾明悟弘道真君。出《全真傳》。

陰子方晨炊而竈神見,子方再拜受慶,家有黃羊,因以祀之。自是已後,暴至巨富。出《後漢書》。《酉陽雜俎》云:竈神名隗,狀如美女。又曰姓張,名單,字子郭。又曰名壞子。

吳中以是夜祀竈神,謂竈神翌日朝天,白一歲事,故先一日禱之。《風土記》

楚俗以竹枝掃屋塵,換爐火,夜具酒果送竈神朝帝。《楚志》

北人名爲交年,家家用餅糖酒果祀竈祈福。出《宣撫鎮志》。《歲時記》亦云交年節,都人於交年日以酒抹竈門,謂醉司命。

夜床底點燈,謂之照虛耗。《瑣碎錄》

雲南風俗,祀祖,如中州上塚之禮。《天下一統志》

詩

古傳臘月二十四,竈君朝天欲言事。雲車風馬少留連,家有杯盤豐祀典。豬頭爛熟雙魚鮮,豆沙甘鬆粉餌圓。男兒酌獻女兒避,酹酒燒錢竈君喜。婢子鬥爭君莫聞,貓犬觸穢君莫嗔。送

君醉飽登天門，盂長杓短勿復云，乞取利市歸來分。范至能《十二月二十四日祭竈詞》

二十五日

奏到之日。唐高祖武德五年二月朔，太子與劉黑闥戰，黑闥遁至館陶。又二月二十五日，官軍至館陶，黑闥敗走。至十二月二十五日，奏到之日也。黑闥臨刑嘆曰："我幸在家鉏菜，爲高雅賢輩所誤至此！"《舊唐書》

吳中煮赤豆作糜，暮夜闔家同享，云能避瘟氣。雖遠出未歸者，亦留貯口分，至襁褓小兒及僮僕皆預。《荊楚歲時記》。又共工氏有不才之子，以冬至死爲疫鬼，畏赤小豆，故冬至日作赤豆粥以禳之，與前事相似。

尹喜邀老君歸其家，曰："某蠢愚不知所問，願請益。"老君曰："子欲修身養性，行道紀形，結氣成神，終始無窮者，莫先以靜。故天靜以爲定，神靜以爲變，人靜以爲生。將靜之時，反聽內觀，心不妄念，口不妄言，形不妄動。子欲靜神，先沐浴齋戒，然後精煉己身，乃可入室。或丹蛇來者子心，或王母來降，或道身應見，此皆身中之神試子爾，但勿驚怖。"尹喜得老君祕再拜稽首，辭疾去官，十二月二十五日，邀老君歸其家，云云。出《史纂左編》。

三清玉帝司會之日。道經

詩

酡顏玉碗捧纖纖，亂點餘花唾碧衫。歌咽水雲凝靜院，夢驚松雪落空巖。

空花落盡酒傾缸，日上山融雪漲江。紅焙淺甌新火活，龍團小碾鬥晴窗。十二月二十五日大雪始晴，東坡夢人以雪水烹小團茶，使美人歌。夢中作回文詩，覺而記其一句云"亂點餘花唾碧衫"，意用飛燕唾花故事也。後續之，爲二絕。

家家臘月二十五，淅米如珠和豆煮。大杓轑鐺分口數，疫鬼聞香走無處。鏤薑屑桂澆蔗糖，滑甘無比勝黃粱。全家團欒罷晚飯，在遠行人亦留分。褓中孩子彊教嘗，餘波遍霑獲與臧，新元叶氣調玉燭，天行已過來萬福。物無疵癘年穀熟，長向臘殘分豆粥。_{宋范至能古詩，載於《山堂肆考》。}

二十六日

太白犯填星於斗，占曰："天子失土。"_{大明二年十二月二十六日。出《南齊書》。}

天雄軍、德、博州天降紅雪，盡，血雨。_{宋仁宗慶曆三年十二月二十六日。出《五行志》。}

宋仁宗命楊繪爲集賢校理。_{嘉祐三年，楊繪獻《書意》《詩旨》《春秋辯要》，十二月二十六日，命爲集賢校理。出《會要》。}

宰相王旦誕辰，真宗詔賜羊三十口，酒五十壺，米、麪各二十斛。_{十二月二十六日生，祥符五年詔賜。《宋史》}

二十七日

宋真宗命王旦爲兗州太極觀奉上寶冊使，趙安仁副之。_{真宗天禧元年十二月，奉寶冊、仙衣於文德殿，洒齋於天安殿後室。四鼓，帝詣天安殿酌獻天書畢，大駕赴玉清昭應宮，衮冕升大初殿，奉冊訖，奠玉帛，薦饌三獻，飲福、登歌，二舞、望燎，如祀昊天上帝儀。分遣攝殿中監上紫微大帝絳紗袍、七元輔弼真君紅綃衣、翊聖保德真君皁袍。帝改服靴袍，詣寶符閣焚香，群臣詣集禧殿門表賀。帝又服衮冕，詣天興殿奉上聖祖天尊大帝冊寶、仙衣畢，改服詣保寧閣焚香，還宮，命諸州設羅天大醮，先建道場，至二十七日，命王旦爲兗州太極觀奉上寶冊使，趙安仁副之。出《宋史·禮志》。}

東坡夜夢數吏人持紙"請《祭春牛文》"。東坡取筆疾書其上，云："三陽既至，庶草將興，爰出土牛，以成農事。衣被丹青之好，本出泥塗；成毀須臾之間，誰爲喜慍？"吏微笑曰："此兩句復當有怒者。"傍出一吏云："不妨，不妨，此是喚醒他。"_{東坡夢於神宗元豐六年十二月二十七日，時在黃州，年四十七。出《長公外紀》。}

詩

道人曉出南屏山，爲試點茶三昧手。忽驚午盞兔毛斑，打作春甕鵝兒酒。天台蕊花世不見，玉川風腋今安有。先生有意續《茶經》，會使老謙名不朽。南屏謙師妙於茶事，自云得之於心應之於手，非可以言傳學到者。十二月二十七日，聞東坡遊落星寺，遠來設茶，東坡作詩贈之。

瀉①湯舊得茶三昧，覓句近窺詩一斑。清夜漫漫因搜攪，齋腸那得許堅頑。東坡十二月二十七日重贈老謙。

二十八日

日有戴氣，太史奏：君德至於天，爲萬民愛戴，則有是瑞。淳熙六年，宋孝宗於是議蠲稅。《玉海》

唐睿宗立春御宣政殿，命太常卿于休烈讀時令。乾元元年十二月二十八日立春。《玉海》

蜀後主王衍國滅。蜀後主王衍於老君殿中列唐朝十八帝，車駕往謁。識者以爲拜唐乃歸命之先兆也。先是，司天監胡秀材進曆，移閏正月，近臣曰："宜用唐國閏月也。"因改閏十二月。街衢賣曆者云："只有一月也。"是年十二月二十八日國滅。《北夢瑣言》

管輅，字公明。是日吏部尚書何晏請之，鄧颺在晏許。晏謂輅曰："聞君著爻神妙，試爲作一卦，知位當至三公不？"又問："夢見青蠅數十頭來在鼻上，驅之不肯去，此何故？"輅曰："願君上追文王六爻之旨，下思尼父象象之義，然後三公可決，青蠅可驅也。"颺曰："此老生之常譚。"輅答曰："夫老生者見不生，常譚者見不譚。"晏曰："過歲更當相見。"十二月二十八日，何晏請之云云。輅還邑舍，具以此言語舅氏，舅氏責輅言太切至。輅曰："與死人語，何所畏耶？"舅氏大怒，謂

---

① 瀉，底本缺，校本爲"潟"，疑爲"瀉"形誤。"潟"意爲鹽城地，"瀉"意爲很快地流。據文意，應爲"瀉"。

輅狂悖。歲朝,西北大風,塵埃蔽天。十餘日,聞飀、晏皆誅,然後舅氏乃服。輅容貌粗醜,無威儀而嗜酒,飲食言戲不擇非類,故人多愛之而不敬。出《管輅傳》。

修迎新齋。《内景經》

太上老君降伏九十六種邪魔。藏經

　　詩

百日歸期恰及春,餘年樂事最關身。出門便旋風吹面,去[①]馬聯翩鵲哻人。卻對酒盃渾是夢,試拈詩筆已如神。此災何必深追咎,竊禄從來豈有因。

平生文字爲吾累,此去聲名不厭低。塞上縱歸他日馬,城東不鬥少年鷄。休官彭澤貧無酒,隱几維摩病有妻。堪笑睢陽老從事,爲予投檄向江西。東坡十二月二十八日謫授檢校水部員外郎貴州團練副使作。

二十九日

太白蝕月。璞上疏曰:"去年十二月二十九日,太白蝕月。月者屬坎,群陰之府,所以昭察幽情,以佐太陽精者也。太白,金行之星,而來犯之。天意若日刑理失中,自壞其所以爲法者也。臣術學庸近,不練内事,占卦所及,敢不盡言。"是時陰陽錯繆,刑獄繁興。郭璞,字景純,河東聞喜人。有郭公者,客居河東,精於卜筮,璞從之受業。公以《青囊中書》九卷與之,自是遂洞五行、天文、卜筮之術,禳災轉禍,雖京房、管輅不能過。帝見而嘉之。出《郭璞傳》。

後周太祖親饗廟。廣順三年。《通考》

唐太宗從太上皇閱武於城西而還,置酒未央宮。貞觀八年。《玉海》

唐玄宗。有龍見於池,敕太常韋縚草祭儀,縚奏:牲用少牢,樂用鍾鼓,奏姑洗,歌南宮。開元十八年十二月二十九日,龍見於池。《玉海》

---

① 去,底本缺,校本爲"去"。現通行本多爲"走"。

宋徽宗詔景龍門預爲元夕之具，特賜公、師、宰執以下宴，御製詩四韻賜太師蔡京。政和三年。《玉海》

陳師道卒。師道，字無己，號后山，彭城人。以建中靖國元年十二月二十九日卒，年四十九。除官得一正字，在元符三年庚辰冬。其除官之日有詩，詩曰：扶老趨嚴召，徐行及聖時。端能幾字正，敢恨十年遲。肯著金根誤，寧辭乳媼譏。向來憂畏出，不盡鹿門期。出《遺編》。

華嚴菩薩生辰。藏經

詩

東去長安萬里餘，故人那惜一行書。玉關西望堪腸斷，況復明朝是歲除。岑參十二月二十日玉關寄長安友。

三十日

漢文帝二年是日日食，帝謂群臣曰："人主不德，則天示之災以戒不治。朕不能治育群生，上以累三光之明，不德大矣。其悉思朕之過失，及知見之所不及，以告朕。"《山堂肆考》

日窮於次，月窮於紀，星回於天，數將幾終，歲且更始。

日月其除。

送寒迎春。以上《六帖》。

三百六旬之盡，七十二候之窮。《荊楚歲時記》

漢武於歲除狩河間，見清光自地屬天，望氣者曰："下有貴子。"上求之，見一女子在空室中，姿色殊絕，兩手皆拳，數百人擘之不舒，上次①披即舒，號拳夫人，即鈎弋也。後人因效之爲藏鈎之戲。《漢武故事》

唐貞觀初，天下乂安。時屬除夜，太宗盛飾宮掖，明設燈燭，

---

① 次，《漢武故事》中爲"自"。

盛奏樂歌，乃延蕭后觀之。后曰：隋主淫侈，每除夜，殿前諸院設火山數十，爇沉香木根，每一山焚沉香數車。火光暗則以甲煎沃之，燄起數丈，香聞數十里。《紀聞》，又出《外史》。

唐景隆二年，中宗敕中書、門下與學士、諸王、駙馬除夕入閣守歲，設庭燎，置酒奏樂。酒酣，上謂御史大夫竇從一曰：“聞卿久無伉儷，朕甚憂之。今夕歲除，爲卿成禮。”從一但唯唯拜謝。俄而內侍引燭籠、步障、金縷羅扇自西廊而上，扇後有人衣禮衣、花釵，令與從一對坐。上命從一誦《卻扇詩》數首，扇卻，去花易服而出，徐視之，乃皇后老乳母王氏也。上謂侍臣大笑，詔封莒國夫人。嫁爲從一妻，俗謂乳母之婿曰“阿㸙”，從一每謁見及進表狀，自稱“翊聖皇后阿㸙”，時人謂之“國㸙”，從一欣然有自負之色。故唐人成婚之夕，有催粧卻扇詩。李商隱代董秀才卻扇詩云：“莫將畫扇出帷來，遮掩春山滯上才。若道團圓是明月，此中須放桂花開。”出《唐紀》。

吳越王錢鏐嘗於除夜命諸子及諸孫鼓胡琴，一再行，遽止之曰：“人將以我爲長夜之飲。”《九國志》，又出《山堂肆考》。

歲除大儺，選中黃門子弟十歲以上，十二歲以下，百二十人爲侲子，皆赤幘皂衣，執鞭而行。出《東漢後紀》，又《禮樂志》：儺，逐鬼疫也。陰陽之氣不節，厲鬼從而爲禍，故天子使方相氏黃金爲四目，熊皮爲帽，口作“儺、儺”之聲，以驅鬼疫。薛綜注：侲之爲言善也，善男，幼子也。《西京賦》：侲子，善童。

歲除，太常卿領官屬樂吏併護童侲子千人晚入內，至夜於寢殿前，儺蠟燎沉檀，熒煌如晝。其夕，賞賜甚多。《南部新書》

前歲一日，擊鼓驅疫癘之鬼，謂之逐除，亦曰儺。《呂氏春秋》

歲除日，儺皆作鬼神狀，二老人名爲儺翁、儺母。李綽《秦中歲時記》

《吳越錢俶傳》：佐卒，弟倧以次立。歲除，畫工獻《鍾馗擊鬼圖》上，胡進思見之大悟，知倧將殺己。是夕擁兵廢倧，迎俶立之。

西方深山中有長人，丈餘，人見之則病寒熱，名曰山臊。人每以竹著火中，爆烞有聲，則山鬼驚遁，故今除夕爆竹，是其遺意。《神異經》

李畋鄰人仲叟家爲山魈音肖，獨足鬼所崇，叟求報謝而妖彌盛，畋謂曰："公除夕於庭中爆竹數十竿。"叟然其言，妖止。《異聞錄》

爆竹之儺，人家各於門首燃薪滿盆，貧富皆爾，謂之相煖熱。《吳中風土記》

吳俗，村落以禿帚麻秸竹枝等燃火炬，縛於長竿之杪以照田，爛然遍野，以祈絲穀。《山堂肆考》

有商人過清湖，見清洪君，君以一婢名如願許之。商有所求，悉能致之。後除夕將旦，如願晚起，商人撻之，走入糞堆不見。今吳俗，除夜將晚，鷄鳴，婢獲持杖擊糞壤，致詞以致市利，謂之打灰堆。《歲時記》，亦出《山堂肆考》。

吳俗，分歲罷，小兒繞街呼叫，云賣汝癡、賣汝獃。世傳吳人多獃，故兒輩諱之，欲賣其餘。范至能有《賣癡獃詞》：除夕更闌人不睡，厭禳鈍滯迎新歲。小兒呼叫走長街，云有癡獃召人買。二物於人誰獨無？就中吳儂仍有餘。巷南巷北賣不得，相逢大笑相揶揄。櫟翁塊坐重簾下，獨要買添令問價。兒云翁買不須錢，奉賖癡獃千百年。揶揄，兩手相笑也。除夜，謂之分歲。出《山堂肆考》。

賈島常以歲除取一年所得詩稿，祭以酒醣，曰："勞吾精神，以是補之。"《金門歲節記》

裴度除夜嘆老，至晚不寐，爐中焚商陸火，凡數添。《唐書》

洪矩，吳時作廬陵郡，載土船頭歸。除日，矩指船頭云："無物載，土耳。"《宣城記》

昔有人居草菴中，每歲除夕遺閭里藥一貼，令囊浸井中。至元日取水置於酒尊，名曰屠蘇。合家飲之不瘟疫。《山堂肆考》

都下寺院每用歲除鍛磨。是日，作鍛磨齋。《僧園逸記》

都人除夜請僧道看經，備酒果送神，帖竈馬於竈上，以酒糟抹竈門，曰醉司命。夜於竈裏點燈，謂之照虛耗。《夢華錄》

除夜，祭先竣事，長幼聚飲，祝頌而散，謂之分歲。《風土記》

蜀風俗，晚歲相餽問，謂之餽歲；酒食相邀，爲別歲；除夕達旦不眠，謂之守歲。蘇軾云。

歲除家家具肴蔌，謂宿歲之儲，以迎新年，相聚酣飲。留宿歲飯，至新年則棄之街衢，以爲去故納新云。

晉博士張亮議曰：臘，接也，祭宜在新故交接也。俗謂臘之明日爲初歲。《白孔六帖》

洛陽人家除夜以銅刀刻門埋小兒硯，點水盆燈。《山堂肆考》

臘日以後，叟嫗各隨其儕，爲藏彄，分二曹，以較勝負，即藏鉤也。《風土記》。彄，音樞。

廣寧真君上升。郝大通，號廣寧子，寧海人也。初名璘，號恬然子。雖入道而志不苦勵，長真、王陽二師激勸之。至岐山，遇異人授以金丹口訣，爲改名號。修行趙魏間，道成脫化。出道書。

詩

旅館寒燈獨不眠，客心何事轉悽然。故鄉今夜思千里，霜鬢明朝又一年。高適

金吾除夜進儺名，畫褲朱衣四隊行。院院燒燈如白日，沉香火裏坐吹笙。王建

病眼少眠非守歲，老心多感又臨春。火銷燈盡天明後，便是平頭六十人。白居易《除夜》

事關休戚已成空，萬里相思一夜中。愁到曉雞聲絕後，又將憔悴見春風。_{來鵠《除夜》}

緹室重飛玉琯灰，物華全爲斗杓回。依依殘臘無情別，歷歷新春滿眼來。_{司馬光《除夕》}

漏箭更籌日夜催，萬牛不挽白駒回。梅花雪片歲除盡，萱草柳芽春將來。_{曾吉甫}

比量舊歲聊堪喜，流轉殊方又可驚。明日岳陽樓上去，島煙湖霧看春生。_{陳去非《除夕》}

暮景斜芳殿，年華麗綺宮。寒辭去冬雪，暖帶入春風。階馥舒梅素，盤花卷燭紅。共懽新故歲，迎送一宵中。

歲陰窮暮紀，獻節啓新芳。冬盡今朝促，年開明日長。冰消出鏡水，梅散入風香。對飲歡經夜，傾壺待曙光。_{以上唐大宗《守歲》。}

今歲今宵盡，明年明日催。寒隨一夜去，春逐五更來。氣色空中改，容顏暗裏摧。風光人不覺，已著後園梅。_{王諲}

遠客襄陽郡，來過海伴家。樽開栢葉酒，燈發九枝花。妙曲逢盧女，高才得孟嘉。東山行樂意，非是競繁華。_{張子容《除夜樂城逢孟浩然》}

守歲阿戎家，椒盤已頌花。盍簪喧櫪馬，列炬散林鴉。四十明朝過，飛騰暮景斜。誰能更拘束，爛醉是生涯。_{杜工部}

歲序已云殫，春心不自安。聊開栢葉酒，試薦五辛盤。金薄圍神鷰，朱衣印鬼九。梅花應可折，惜爲雪中看。_{庾肩吾}

猶殘一夜臘，併見兩年春。物以終爲始，人從故得新。迎春朝剪綵，守歲夜傾銀。恩賜隨佳節，無功祇自塵。_{王介甫《除日立春》}

歲晚身何托，燈前客未空。半生憂患裏，一夢有無中。髮短愁催白，顏衰酒借紅。我歌君起舞，潦倒略相同。_{陳師道《除夜對酒贈少章》}

乾坤空落落,歲月去堂堂。末路驚風雨,窮邊飽雪霜。命隨年欲盡,身與世俱忘。無復屠蘇夢,挑燈夜未央。文天祥《除夜》

一尊聊有天涯憶,百歲翻然醉裏眠。酒醒燈前猶是客,夢回江北已經年。佳時流落真何得,勝事蹉跎只可憐。惟有到家寒食在,春風因泛沔溪船。王安石《除夜寄弟》

張雲翼跋文①

　　□□□不朽，立言居一，豈非以士□□□□□不能乘運遘期竪撐拄□□□退而獨坐蓬室，作蠹魚□□□穎役煙用抒其昂藏欝□□□令海内具眼者不謂深山□□□人亦腹▨一快，顧談何容□□□與言常載位以出者也，苟□□□德侔顔冉言垿游夏脛□□□自而屆四方矧□□□限士，士非此途一幸往□□□廚祇抱其奇以效卞氏□□□何容易歲在庚戌，余自户□□□水適□□□位茲土叩處▨下間從二□□□得被容接融融然，不啻□□□及秉三尺從事則豹虎□□□震摇而又時出其緒餘□□□啓蒙發寐，文風爲之丕變□□□歎羨以爲古稱三不朽公□□□又自維公德在□□□河無俟揚詡獨其著作□□□坊間而未窺其全，廣之以□□□守者責也。暇日以爲請公□□□曰：予何足述，予友陳君分□□□夢江之花，其學自天文地□□□陰陽、醫卜、圖緯、術□□□若求一臠之嘗□□□盍壽諸梓，余受而卒業□□□藏扶二酉，輸廣五車，有類□□□芟其俗冗，有肆考之核□□□駢幽奇似類林而彼繫□□□若此繫事以日者一見□□□掌詳明近芳鑑而彼僅備□□□百歲不若此賅載一歲之□□□本百千歲以上，按圖一索□□□幅幀。疇昔備員兩都時□□□卿材遊耳中曾有陳君□□□今日知其人讀其書哉。□□□固有德有言之士，第名□□□交遊不出鄉國無□□□刊矣。搢紳學士安□□□名動華夷

―――――――――

　　① 　該文爲《四庫全書存目叢書》本中張雲翼跋文。因殘缺致缺字較多。

交遊盡一世☐☐☐刊竣，人贈一帙，將非久☐☐☐楚有陳君，天下有陳君已☐☐☐人備三不朽之盛事，固☐☐☐其優以成陳君之不朽，則☐☐☐奇且公著作溢篋尚未及刊而☐☐☐及陳君此其意念殆與古嫁前☐☐☐日無二豈非更奇在昔君家☐☐☐京轂不爲人知乃輦千☐☐☐琴期于衆曰明日集宣☐☐☐至期觀者如堵伯玉碎☐☐☐以詩文百軸由是一日☐☐☐溢都今陳君不☐☐☐獲贈者當不止百☐☐☐之徐公又言陳君家世☐☐☐人亦博物君子也，起制☐☐☐厭薄簿書輒解綬歸以☐☐☐種甚富，有《歸雲全集》行☐☐☐謂有陶彭澤風而文采過☐☐☐君少負至性，豪宕不羈，恥濡首☐☐☐語戔戔獵一第爲華遂確意☐☐☐蒐滷探以成茲編半生精☐☐☐是迺爲時制所局弗獲☐☐☐其傳予居恒噫惜焉余☐☐☐然藉令天愛其道蚤年☐☐☐陳君陳君方日汩汩長☐☐☐其胡能遜蒐滷☐☐☐地閒可無是書☐☐☐靳一售乎所得于造物☐☐☐既付之殺青而復跋其☐☐☐中憲大夫陝西鞏昌府知☐☐☐戶部員外郎晉人張雲翼頓☐☐☐。

紀元序[1]

《日涉編》序

日之爲義大矣哉！太陽之精曰日，人君之象也，故日出而陰伏，君以臨朝；日中而光照，君以觀德；日入而專一，君以節制。暘谷有寅賓之迎，昧谷有寅餞之納。析因夷隩，各隨其時；孳希毨氄，各依其候。萬物莫不待日以成功，甚矣！日之爲義，大矣哉！嘗觀大禹惜分陰，惜此日也；文王勤中昃，勤此日也。群居飽食，聖人戒焉；日知所無，賢者勉焉。以及觱發栗冽，于耜舉趾，圖維於一之日二之日焉，拮据於三之日四之日焉。上自天子侯王，下至大夫士庶，莫非孳孳勉勉，惟日不足以體此健行不息者也。克此者聖，失此者狂。余存此心久矣，不意少年早第，即鞅掌薄書三十餘年，雖食不暇飽，席不暇煖，而偶有餘力則博稽載籍，每思成一書以免負此日，而究未遂，乃於庚申之歲抄奉使隴上守南安，退食之。頃得讀升也陳先生所著《日涉編》，實獲我心。夫人生斯世，忽若風吹塵耳。日月升降，曾不少遲，愚蒙任其遷流，賢智亦多疏略，彼有心者，每涉一日必考一日古人之事，記之簡册，積而成編，可謂前人樞轄，後學津梁矣，可謂善讀書，可謂不廢日矣。但經兵燹之後，版籍缺略實多，余搜其遺文付之

① 此序爲康熙本中紀元序。

剞劂，不惜捐俸續之，以永其傳，然其間尚有宜補者。夫天有三百六十度，歲有三百六十日。氣盈朔虛，故三年而一閏，千百年來不知幾經閏月矣，而是書固未及之，至歷代事蹟有闕，勸懲者亦未詳録，此皆可補，但余寡見淺聞，未敢以碔砆混玉，故有老而未逮也。噫！今日不爲，明日無貨。昔之日往矣，不復來矣。《日涉》之編有以哉！余之夙心固如是也，見是書也，不覺其躍躍也，不顧其見笑於大方之家也，而爲一言以續其後。康熙二十七年仲秋日，賜進士第知鞏昌府事文安紀元撰。

嚴一萍序

重印《日涉編》序

《日涉篇》十二卷,明陳堦編輯。萬曆三十九年辛亥(一六一一)巡按陝西、浙江道監察御史徐養量刻。今傳世別有白輝補輯《日涉編》一種,及一名《編日新書》者,亦署"陳堦編輯";此兩書皆無刻刊年月。中央圖書館善本書目均有著録,並稱《編日新書》爲"明末葉周師旦金陵刊本",實誤。蓋《日涉編》原刻罕見,故不易發見兩書之有問題也。今爲陳氏流傳原著,所據係萬曆辛亥初刻本,始見後人作僞之跡。因加考案,明其真相。

白輝補輯本,實即《日涉編》之原板,剗改每卷第一頁之前半,刪除原文三條,另增"晉石艾白輝九峰甫補輯"一行,另補二行(附圖一)。舉正月爲例:

《日涉編》原刻　　　　　　　　補輯本

正月　　　　　　　　　　　　晉石艾白輝九峰甫補輯

正月,建寅。寅,津也,謂生物之津途也。《合璧事類》

大簇,寅之氣也。正月建焉。《周禮》

一日

夏建寅,以正月朔爲歲首。

---

① 此序爲 1970 年《歲時習俗資料彙編》本中嚴一萍序。

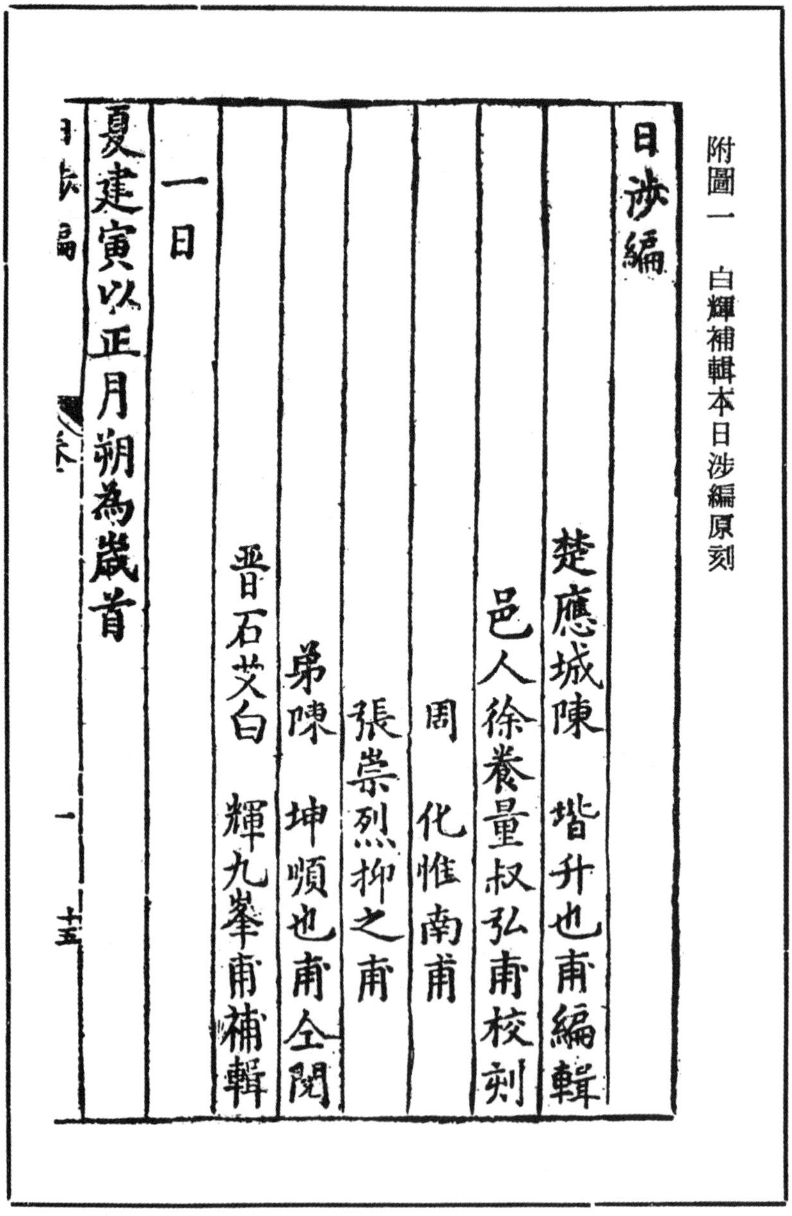
重印日涉編序

附圖一　白輝補輯本日涉編原刻

日涉編

楚應城陳　堦升也甫編輯

邑人徐養量叔弘甫校刻

周　化惟南甫

張崇烈抑之甫

弟陳　坤順也甫仝閱

晋石艾白　輝九峯甫補輯

一日

夏建寅以正月朔為歲首

日涉編　一　十五

二

附圖一　白輝補輯本《日涉編》原刻

事實上，此爲删減内容，未有補輯。且原刻有序文十三篇：李光元、周師旦、徐養量、董元學、岳萬階、張鶴鳴、張以謙、任彥棻、龍膺、祁光宗、張之厚、王道成、陳堵。補輯本删王道成序，存十二篇，其餘内容悉同。推想當時白輝於湖北應城購得《日涉編》之原刻木板，即運回山西剜改重印，作爲補輯之本。欺世盗名，蓋亦明時風氣使然耳。

《編日新書》之内容，與《日涉編》相同，係翻刻《日涉編》而易其書名（附圖二），並删存校者"周化"一名及李光元、徐養量、周師旦、陳堵四序，另增賀逢聖序置書首。以所存四序與《日涉編》相對照，頗見竄易。如李光元序有句曰"所以涉也，涉故能千百世而日不虚也"，兩"涉"字皆改爲"編"。序末併删"不然雖日涉未見成趣也而"及"萬曆辛亥歲獻春"十八字，又易李光元"題"爲"序"字。徐養量序改"《日涉編》成焉，日涉者"爲"《編日新書》成，編日者"八字，又改"從而譜之也"及"亦無從譜爾"兩"譜"字爲"編"。並於"明效也"下，删除"余友太史李麟初氏，有族敝邑，素聞陳君世古學，余以是書告，笑而謂之曰：此從古以來編日史也。麟初唯唯。於是余刻以行，而麟初序其首。諸君子好古者並序云。萬曆辛亥孟陬日"七十字。僅補以"可當編日史矣，因以序諸首"兩句。又易徐氏之官銜爲"賜進士太僕寺少卿徐養量序"。窺其所以删改之意，在泯日涉之名，而掩初刻之跡，至爲顯然。

其次，删削最多者爲周師旦序，僅取原序中間一段，而加以竄改增補，其文曰：（加點字爲原序文）①

---

① 原爲"旁有圈者爲原序文"。竪排版。

重印日涉編序　四

附圖二　託名周師旦纂裒之編日新書原刻

編日新書

明　應城陳堦編輯

周化校正

正月

正月建寅寅津也謂生物之津途也合璧事類

太簇寅之氣也正月建焉周禮

日在營室昏參中旦尾中禮記

孟春行夏令則風雨不時草木蚤落國乃有恐行

秋令則民大疫猋風暴雨總至藜莠蓬蒿並興行

編日新書　正月　一

附圖二　託名周師旦纂裒之《編日新書》原刻

　　吾上蔡先君生平與吉藪陳公爲莫逆交，陳公負當世才，與其尊人養吾公名相亞，意淩視一世，嘗與先君言："吾儕之不朽也，以上一段原序作："夫一朝之日也，一日之人也。鬚眉七尺，則應有所自立以瑰瑋于世。"達者高視原作晄遐托，極其意之所底，不欲使原作"忍使當吾世有未竟以"滋滋錯鄂以留所未竟原作"人爲"兩字有尤達者，感憤無聊，亡原作無所放其意，則原序"則"下有"謂不得志于今"句姑以原作且俟之不可知之千秋原序"秋"下有"至其嬉酣淋漓，出詞落筆多能根裂金石，牢騷鬼神"句。然貴之千秋，阨原作輕之當年，則其思益深而其志原作致亦原作益足悲矣。古稱子雲嘿而好深沈原作湛之思，夫欲期後世有子雲，欲原作無欲字不深得乎？原序"乎"下有"然子雲祿位容顏，不及動人"句。玄亦古無此體也，而桓譚何以知其必傳，則知爲子雲者，不必後世有之矣。原序"矣"下有"吾邑陳吉藪氏，其先大夫養吾公，第嘉靖甲辰進士，稱博雅，著《歸雲集》數種，盛傳海內。吉藪生而鳳毛，咄咄殆逼先人，而數弗偶也"句。屢原作十蹶場屋，自此以下僅取原序一二句。故輒棄去爲古文詞，尤工近體，其怨思悱惻，令人不可讀，稱遒絕原作絕倫矣。更博搜古初上下，歷十數年而《編日新書》原作《日涉編》成。惟是先君互相校讎，至縮符上蔡，陳公稿乃脫，子固知陳公注指之淵且遠也。夫日官日御，古者遞有所設，自天子以及諸侯，皆以日爲程，程于往焉，故也，程于來焉，新也。人無日不往來于日中，一切任其輪轉，滔者滔，遄者遄，無所强于乾行之健。凡國家治亂人事興墮，故愈逝而新愈生。究至公卿士庶，各不司其位，登没鉤繩，皆冥焉消耗其生，生生者既耗，其于生何，此亦古今之大凡之大痛矣。陳公按期之日，徵以嬾懕，諷以咏歌，使夫觀者視爲前師，躍然其有興，功豈微也。然先君與陳公俱善易，每謂日者，八卦之變也，星紀爲氣，交錯爲令，二六消長爲月，四象爲時，其動靜休息，常隱與人相應；是爲立天以定人，天人之心俱見于復，互根代明，復爲常體，君躁潛昭，復爲密用，自一日而七日，七日而三百六十日，皆復也。誠得于復而合之，直反太極混沌之初，則天地之位以立，其何有于生。固知陳公注之淵且遠也。千秋之志愜矣。不肖奉先君遺命，因爲纂棄，且亦併以報陳公。

　　　　賜進士第督學南畿浙江道監察御史周師旦序

案周師旦原序自稱"通家子"，故作僞者遂從此著眼，而結以"不肖奉先君遺命，因爲纂棄"之語，於是《編日新書》爲周氏新刻之書矣。原其用心所在，欲欺世牟利耳。然則作僞者，殆出於明末書坊之手，彰彰明甚。既知周氏之序非原序，則新增賀逢聖之序，亦必出於僞撰。序曰：

蒲陽陳吉藪先生集有《編日新書》，督學直指周公梓諸南畿。論其世以託不朽，謂先生篤行醇儒，博物君子也，微獨書之新美可喜已也。公且梓走一郵於余，謂余宜有言。記余在蒲陽時，吉藪以序委者三；因與余發明《編日》之指：老夫陳人，不能讀父書，耗數十年精力成爲此書，其大指在以事繫日，有一日屬以一日事，書重記日，不重記事，即事無可紀述，亦必採之不廢，廢是日事，是廢是日日也。先生與余言若此，余寡昧，胡能贊一辭，則有感於季札之事焉。吳季札初使時，北過友人，友人好季札劍，口弗敢言，季札心知之，爲使上國，未獻，還則其人已死；於是乃解其寶劍，繫之塚樹而去。從者曰：劍尚誰予乎？季子曰：不然，始吾心已許之，豈以死倍吾心哉。古之君子，心知其人之所好，即弗言也，尚將不忍倍焉；矧吉藪囑余者三，今日其忍欠先生一言？先生爲養吾公令子，養吾先生有《歸雲》諸書，盛行海內，先生再以《編日》續之，千載而上，談遷向歆之業，不復專美前聞也。先生於是不朽矣。噫，先生所重者日，日始于師尹，積爲卿士之月，又積爲王之歲，蓋上下共此不息之健焉。南國故高皇帝豐芑地，高皇帝屬精圖治，日書未行事務，綴集御衣，若鶉結然，行則去之。當時學校之設，先務是急，頒賜經書子史，不難購與其所未備，其欲士皆知學用，以興道而美俗也，往恐弗及如此。主上壽考作人，俾公譽髦斯士。公日有孜孜，所爲廣屬之路甚具，至服膺宗指，特揭羅文公竭才一言，才既竭而無不惜之陰，無不愛之日，可知也。公司命猶未匝歲，其八郡三州士，遂已化時雨而倬雲漢。讀此新書者，考俊民之用章，溯成人于無斁。其稱名也小，其取類也大。謂公趾美思兼可矣，不僅僅蒲陽陳氏書矣。

賜進士及第翰林院編修江夏賀逢聖序

案賀逢聖《明史》卷二百六十四有傳，萬曆十五年丁亥（一五八七）生，四十四年殿試第二人，授翰林院編修，時年三十。徐養量刻《日涉編》在萬曆三十九年辛亥，據周師旦序稱"今吉藪年七十餘，而此編以傳"。是《日涉編》刻成之日，陳楷尚健在，其時賀氏約爲二十五歲。今此序首稱"先生集有《編日新書》，督學直指周公，梓諸南畿"，此爲呼應周序之"纂棐"而言。又曰："余在蒲陽時，吉藪以序委者三。""有感於季札之事"，"吉藪囑余者三，今日其忍欠先生一言"，則明言作序之時陳氏已死。賀氏於萬曆四十四年以前，本傳稱其"舉於鄉，家貧就應城教諭"，其在應城之日，或與陳氏爲忘年交，亦未可知；然以二十許之少年，直呼七十許老翁爲吉藪，實不相稱也。且既出仕應城，豈有不知徐養量刻陳氏《日涉編》之行于世，而尚待陳氏死後之"忍欠一言"乎？賀氏本傳嘗記："湖廣建魏忠賢生祠，忠賢聞上梁文出逢聖手，大喜，即日詣逢聖；逢聖曰：誤借銜，陋習耳。"《編日新書》之作僞者，當亦以賀氏名高，又與陳氏同鄉里，乃借銜以重之，固明人之陋習耳。

綜上所述，知白輝補輯，名不符實。而《編日新書》，乃坊間僞作。繇是原刻之流傳，益見其珍貴矣。因述所見爲之序。

一九七〇年十一月秀水嚴一萍序

附　《四庫全書總目·日涉編十二卷》提要

　　明陳楷撰。楷字升也,應城人。是書雜采故實詩歌,按時令編次,每一月爲一卷。先敘月令節候,而三十日以次列之。皆以故實居前,詩歌居後,所采頗爲蕪雜。前有康熙二十七年鞏昌知府文安紀元重刊序,乃惜其列代事跡有關勸戒者尚未詳録,非也。至謂其不載閏月爲疏漏,則所言當矣。

圖書在版編目(CIP)數據

日涉編 / (明)陳堦撰;高雲萍點校. —杭州:
浙江大學出版社,2023.10
(中華禮藏)
ISBN 978-7-308-23214-2

Ⅰ.①日… Ⅱ.①陳… ②高… Ⅲ.①禮儀－中國－
明代 Ⅳ.①K892.9

中國版本圖書館 CIP 數據核字(2022)第 202836 號

日涉編

(明)陳　堦　撰　高雲萍　點校

出 品 人	褚超孚	
項目策劃	陳　潔　陳麗霞	
項目統籌	宋旭華	
責任編輯	蔡　帆　吳心怡	
責任校對	吳　慶	
責任印製	范洪法	
封面設計	周　靈	
出版發行	浙江大學出版社	
	(杭州市天目山路 148 號　郵政編碼 310007)	
	(網址：http://www.zjupress.com)	
排　　版	浙江大千時代文化傳媒有限公司	
印　　刷	杭州宏雅印刷有限公司	
開　　本	710mm×1000mm　1/16	
印　　張	32.75	
字　　數	354 千	
版 印 次	2023 年 10 月第 1 版　2023 年 10 月第 1 次印刷	
書　　號	ISBN 978-7-308-23214-2	
定　　價	198.00 圓